Literatur der Psychoanalyse

Herausgegeben von Alexander Mitscherlich

Objekte des Fetischismus

Herausgegeben von J.-B. Pontalis

Suhrkamp Verlag

Titel der Originalausgabe: *Objets du fétichisme* (Nr. 2 der *Nouvelle Revue de Psychanalyse,* Herbst 1970)
Aus dem Französischen von Eva Moldenhauer
(Die Beiträge von Robert C. Bak und M. Masud R. Khan wurden von Inge Presser aus dem englischen Original übersetzt.)

Erste Auflage 1972
Nouvelle Revue de Psychanalyse, Nr. 2, Herbst 1970:

Inhalt

III

IV

J.-B. Pontalis
Einleitung

»Ich und Fetischist«, rief M. Hippolyte Patard und ging auf seinen Kollegen zu, »woher wollen Sie wissen, mein Herr, daß ich Fetischist bin?«

Gaston Leroux, *Le Fauteuil hanté*

Es gibt Dinge, die ohne Namen auskommen.

René Magritte

Das Interesse, das die Psychoanalytiker dem Fetischismus entgegenbringen, erscheint diesen zwar selbstverständlich, mag den Laien jedoch überraschen. Handelt es sich hier nicht um eine Perversion, die die Analytiker selbst für relativ selten halten und die noch seltener die Entscheidung zu einer Behandlung motiviert? Weshalb dieser Merkwürdigkeit, die in der Literatur und der speziellen Ikonographie meist ein verblichener Reiz kennzeichnet – die Zopfabschneider, die Knopfstiefel, die Schürze der Kammerzofe oder der englische Regenmantel –, einen besonderen Status zubilligen? Weshalb dem Katalog der *Psychopathia sexualis* diese Anomalie entnehmen und einer ernsthaften Betrachtung unterziehen, eine Anomalie, über die man lächelt oder die den Verkauf fördert, wenn man an die Gewinne denkt, die die moderne Werbung aus ihr schlägt?
Auf diese Fragen könnte zunächst eine Antwort gegeben werden, die aus der Zeit vor der Psychoanalyse stammt. Schrieb nicht schon Binet in einem Aufsatz, dessen »Fin de siècle«-Stil nicht die scharfe Beobachtung übersehen lassen sollte, daß »in der Liebe ein jeder mehr oder weniger Fetischist ist und auch in der normalsten Liebe stets ein Quantum Fetischismus enthalten ist«[1]? Er bemerkte auch, daß die Analyse des Fetischismus,

1 Alfred Binet, »Le Fétichisme dans l'amour«, *Revue philosophique* 1887.

wenngleich sie »nichts Auffallendes, Lautes« biete, dennoch einen besonderen Zugang zu der ihrerseits lauten Frage sein kann: »Warum liebt man eine bestimmte Person, und nicht diese oder jene andere?« Indem Binet im sexuellen Fetischismus mehr ein Geheimnis der Liebe als eine ihrer Abirrungen erkannte, sah er sich veranlaßt, schließlich die Analogie anzuprangern, die er, wie die meisten Autoren seiner Zeit – einschließlich Freud – zum Ausgangspunkt nimmt. Obgleich auch er die herkömmliche Vorstellung eines religiösen Fetischismus aufgreift, »der in der Verehrung eines materiellen Gegenstandes besteht, dem der Fetischist eine geheimnisvolle Macht zuschreibt«, und obgleich er sich auf diese vermeintliche Praxis beruft, um ihre Äquivalente im Liebesverhalten wiederzuerkennen, so steht er doch in Gegensatz zu derjenigen Position, die ein vereinfachter Comtianismus allgemein hinsichtlich der Entwicklung der Formen der Religion förderte. Ihm scheint nämlich die normale Liebe als *polytheistisch* bezeichnet werden zu müssen – insofern sie »nicht aus einer einzigen Erregung, sondern aus einer Myriade von Erregungen resultiert« –, während der Fetischismus – in dem Maße, in dem der Gegenstand des Kultes isoliert, abstrakt, als ein »unabhängiges Ganzes« ausgewählt ist[2] – als *monotheistisch* betrachtet werden muß. Köstliche und arglose Verkehrung! Wertvoll auch durch das, worauf sie hinweist.

Denn wenn sich die Reflexion zahlreicher Psychoanalytiker –

2 Als Beweis für die Genauigkeit und Richtigkeit von Binets Beschreibung wollen wir folgende Zeilen zitieren: »Der Fetischismus in der Liebe hat die Tendenz, den Gegenstand seines Kultus von allem, was ihn umgibt, vollkommen abzulösen und zu isolieren, und wenn dieser Gegenstand Teil einer lebendigen Person ist, wird der Fetischist versuchen, diesen Teil zu einem unabhängigen Ganzen zu machen.« Und er fügt hinzu: »Durch die Notwendigkeit, diese kleinen flüchtigen Nuancen des Gefühls mit einem Wort zu bezeichnen, das als Zeichen dienen kann, sind wir auf den Terminus *Abstraktion* verfallen.« (a.a.O., S. 263) Man sieht, daß Binet das allgemeine Vorurteil nicht teilt, demzufolge der Fetischist im Konkreten versinkt, so daß er das Zeichen nur dann zu fassen vermag, wenn er es zu einem materiellen Ding erniedrigt.

besonders in Frankreich, wo sie in den letzten Jahren einen Aufschwung erlebt hat – mit dem Fetischismus befaßt hat, so bekanntlich nicht deshalb, um die Erforschung *einer* Perversion voranzutreiben, sondern vielmehr, nach dem Titel eines Essays von Rosolato, um die Untersuchung der sexuellen Perversionen *ausgehend vom* Fetischismus in Angriff zu nehmen, und vor allem weil die fetischistische Perversion – die, eher als im Reinzustand, meist in sehr verschiedenen Krankheitsbildern vorhanden oder besser versteckt ist – einige für die Bildung des (sexuellen) Wunschobjekts wesentliche Voraussetzungen bloßlegen könnte, Voraussetzungen, die in der sogenannten normalen Praxis der Sexualität mehr oder weniger verschleiert sind. Mehr noch: der Fetischismus kann dem psychoanalytischen Zugriff der Objektbeziehung als *Modell* dienen, so wie z. B. eine Randerscheinung wie das Vergessen von Namen von exemplarischem Wert für die Zergliederung der Mechanismen war, nach denen sich die Bildungen des Unbewußten formen.
Genau auf diese Weise nähert sich Freud zum ersten Mal dem Paradox des Fetischismus, wenn er in den *Drei Abhandlungen* schreibt: »Keine andere ans Pathologische streifende Variation des Sexualtriebs hat so viel Anspruch auf unser Interesse wie diese.«[3] In der Perspektive der *Drei Abhandlungen* – die scheinbar prästabilierte Harmonie zwischen menschlicher Sexualität, ihrem Objekt und ihrer Funktion abzubauen –, könnte die Existenz des Fetischismus, gleich jeder anderen Perversionsprobe, nur ein Blatt mehr sein, das zu den Akten zu nehmen ist; doch das Interesse, das ihm gilt, ist ein besonderes. In der Nachfolge von Binet, auf den er sich bezieht, bemerkt Freud: »Ein gewisser Grad von solchem Fetischismus ist daher dem normalen Lieben regelmäßig eigen ...«[4] Die Originalität des Fetischismus im Hinblick auf die anderen »sexuellen Abirrungen« bestätigt sich auch sofort darin, daß er sich nicht in eine genetische Aufeinanderfolge fügen läßt: als Freud bei

3 *Drei Abhandlungen zur Sexualtheorie*, GW V, 53.
4 Ibid. Der Terminus »regelmäßig« besagt, daß es hier nicht nur um empirische Häufigkeit, sondern auch um innere Notwendigkeit geht.

der Überarbeitung der *Drei Abhandlungen* schließlich aufeinanderfolgende Organisationen der infantilen Sexualität unterscheiden mußte – und zwar nach verschiedenen Linien –, erwähnte er keine fetischistische Phase.

Zudem bemerkt Freud, daß er wohl besser daran getan hätte, »diese höchst interessante Gruppe von Abirrungen des Sexualtriebs (den Fetischismus) schon bei den Abweichungen in Bezug auf das Sexualobjekt (z. B. bei der Homosexualität) zu erwähnen«. Wenn er den Fetischismus in die Rubrik der »Abweichungen in Bezug auf das Sexualziel« einordnet, während ein Verzicht auf das *Ziel* (die sexuelle Vereinigung oder zumindest die Handlungen, die zu dieser führen) gar nicht notwendig vorliegt, sondern lediglich die Forderung, daß das Objekt bestimmte *Bedingungen*[5] erfüllen muß, so deshalb, sagt er, weil es zunächst die Überschätzung zu betrachten galt[6]. Somit ergibt sich eine Abstufung bei der Auswahl der Objekte: ein Körperteil oder ein unbelebtes Objekt, das zum Sexualobjekt in enger Beziehung steht; Merkmale – ein bestimmter physischer Zug –, die das Objekt aufweisen muß, damit der Wunsch entstehen und befriedigt werden kann; eine der Verliebtheit innewohnende Überschätzung; erst »wenn sich das Streben nach dem Fetisch über solche Bedingung hinaus fixiert und sich an die Stelle des normalen Zieles setzt, ferner wenn sich der Fetisch von der bestimmten Person loslöst, zum alleinigen Sexualobjekt wird«, hat man es mit der eigentlichen fetischistischen Perversion zu tun. Doch die Existenz einer solchen Abstufung birgt die Gefahr, daß wir das Problem verwässern.

Es fällt uns hier eine gewisse Schwierigkeit auf, den Fetischismus einzukreisen, eine gewisse Unschlüssigkeit: Abweichung in

5 Diesem Terminus begegnet man auch in der Analyse des Liebeslebens, wo es darum geht, die für die Wahl des Liebesobjekts erforderlichen *Bedingungen* zu bestimmen. Das Objekt *erfüllt* die Bedingungen.

6 »Die Anknüpfung [des Fetischismus] ans Normale wird durch die psychologisch notwendige Überschätzung des Sexualobjektes vermittelt, welche unvermeidlich auf alles mit demselben assoziativ Verbundene übergreift.« (GW V, 53)

bezug auf das Ziel oder in bezug auf das Objekt? sekundäre Folge der Verliebtheit, unerläßliche Bedingung zur Befriedigung, ausschließliche und nicht nur notwendige, sondern auch zureichende Wahl eines Teils, der für das Ganze genommen wird? Wir müssen im übrigen zugeben, daß es der psychoanalytischen Klinik seit Freud nicht immer gelungen ist, das Spezifische des Fetisch-Objekts und des bangen Wunsches, der die Suche nach ihm beschleunigt, zu präzisieren: letztlich könnte jedes stark besetzte Objekt, »dessen man nicht entraten kann«, als ein Fetisch gelten ... Geht diese Unschlüssigkeit nicht zu Lasten einer begrifflichen Schwäche, oder läßt sich darin etwas erkennen, das mit der Natur des Objekts selbst zusammenhängt?[7]

Eine ähnliche Unschlüssigkeit sehen wir – wiederum in diesen wenigen Seiten aus den *Drei Abhandlungen* – in der Verwendung des Begriffs *Ersatz*. Gewiß läßt sich das Objekt als Ersatz bezeichnen, doch damit verläßt man bereits die Ebene der Beschreibung, ohne indes eine theoretische Antwort zu liefern. Denn man ist in der Tat nicht mehr deskriptiv, wenn man vermutet, daß der Teil *an Stelle* des Ganzen gewählt wurde, während man ebensogut, und zweifellos der Klinik angemessener, die Dinge umkehren und in der »Totalität« – der Person oder des Körpers – einen bloßen Träger, ja sogar ein Anhängsel des eigentlichen Fetisch-Objekts sehen könnte[8]; und man läuft auch Gefahr, sich theoretisch zu verrennen, denn der Terminus der Ersetzung führt dazu, entweder eine für alle Fälle gültige Gleichung aufzustellen (Fetisch = Phallus) oder aber in immer früherer Kindheit nach dem zu suchen, wofür der Fetisch der Ersatz ist. Ist aber die eigentlich psychoanalytische Bedeutung des Begriffs hier überhaupt relevant, mit allem, was er an Verschiebungen entlang den unbewußten Assoziationslinien impliziert und an Kompromissen zwischen

7 Vgl. unten den Aufsatz von Guy Rosolato, »Der Fetischismus, dessen Objekt sich ›entzieht‹«.

8 Wie es in ihrer komplexen Anordnung die Analyse des von Masud R. Khan dargestellten Falles veranschaulicht.

dem Wunsch und dem Abwehrvorgang voraussetzt? Kann der Fetisch, als Quelle von Lust und Macht, *Ersatz* genannt werden? Und genau an diesem Punkt bezieht sich Freud zum ersten Mal auf den Fetischismus der Wilden: »Dieser Ersatz wird nicht mit Unrecht mit dem Fetisch verglichen, in dem der Wilde seinen Gott verkörpert sieht.« *Verkörpern:* Fleisch geben, so als bestünde am Ursprung der Einsetzung des Fetischs eine unerträgliche Nicht-Befriedigung angesichts dessen, was das Liebesobjekt bietet – oder nicht bietet. *Sein Gott:* so als spiele bei der Schaffung und der Aneignung des Fetischs die Forderung mit, daß es mein Stück Besitz, mein Geheimnis, für mich allein der konkrete Zeuge jenes Widerspruchs sei: das Ausüben der Macht auf das, was mich beherrscht. Der Fetisch als »Götterfalle«, schreibt Jean Pouillon; ja, aber um das einzufangen, was den Göttern fehlt, und was ihnen fehlt, ist gerade das, was ihre Existenz sichert, dem Prinzip nach unerreichbar für einen unmittelbaren und direkten Kultus, der sinnlich wahrnehmbaren, faßbaren, einsetzbaren Zeichen geweiht ist. Etwas von diesem Paradox findet sich gewiß auch bei der Auswahl oder der Herstellung eines Fetischs: Hülle, Futteral, Schleier – die verbergen, was sie einkreisen, umgrenzen.

Es ist also nicht verwunderlich, daß Freud in einer 1920 den *Drei Abhandlungen* hinzugefügten Fußnote die Bildung des Fetischs eher mit der der *Deckerinnerung* als mit der des Symptoms verglich.[9] Wenn er gegen Binet sagt, daß »alle hieher gehörigen Beobachtungen ein erstes Zusammentreffen mit dem Fetisch zum Inhalt (haben), in welchem sich dieser bereits im Besitz des sexuellen Interesses zeigt«, erinnert er also nicht nur an jene handgreifliche Tatsache, daß der Reiz eines Objekts, um eine solche Ausschließlichkeit zu besitzen, eine bereits gebieterische Phantasie- und Trieborganisation seitens des Sub-

9 »Der wirkliche Sachverhalt ist der, daß hinter der ersten Erinnerung an das Auftreten des Fetisch eine untergegangene und vergessene Phase der Sexualentwicklung liegt, die durch den Fetisch wie durch eine ›Deckerinnerung‹ vertreten wird, deren Rest und Niederschlag der Fetisch also darstellt.« (GW V, 53, Fn. 1)

jekts voraussetzt; die erwähnte Analogie bedeutet, daß der Fetisch als Deckerinnerung gilt, als unbedeutender und zugleich kostbarer, geistig oder gestisch manipulierbarer Zeuge, hinter dem sich für immer verbirgt und bewahrt, was nicht verlorengehen darf.

Doch warum sich bei diesen wenigen Bemerkungen der *Drei Abhandlungen* aufhalten, die nichts Entscheidendes bringen und banal klingen mögen? Zunächst weil es uns schien, daß sie in ihrem Zögern hellhörig machen für die Fragen, die der Fetischismus aufwirft, und weil die Tatsache, daß Freud dem Fetischismus einen Aufsatz gewidmet hat – und zwar relativ spät (1927) –, zu einer falschen Einschätzung führen kann, die zu erkennen sich lohnt. Es ist nämlich irrig, zu glauben, daß er sich vor diesem Aufsatz kaum für den Fetischismus interessiert habe[10] oder daß die Thesen, die er vorbringt, insofern neu seien, als sie sich auf irgendeinen bisher ungeahnten Fund stützten.

Niemals hat Freud einem bestimmten Leiden – Hysterie, Phobie, Perversion etc. – eine Gesamtstudie gewidmet, wohl deshalb, um keine psychoanalytische Psychopathologie zu begründen, die an die Stelle der psychiatrischen Nosographie treten und dennoch deren Gußform bewahren würde. Den Narzißmus, den Masochismus und den – Fetischismus dagegen hat er »unverfroren« erörtert. Dies ist uns ein Hinweis: es werden hier Grundstrukturen des »Seelischen«, Wunschkategorien enthüllt, nicht aber Gegenstände der Psychopathologie; und die Enthüllung von somit privilegierten Kategorien wirkt sich unweigerlich auf die gesamte psychoanalytische Theorie aus: die Einführung des Narzißmus, mit der neuen Funktion des Ich, zieht eine Umwälzung der Auffassung von den psychischen Instanzen und dem Triebdualismus nach sich; die gründliche Behandlung des »Problems des Masochismus« führt dazu, jenseits der klinischen Analyse der verschiedenen Modalitäten des Masochismus die Frage in einem ganz neuen Rahmen zu

10 Siehe die Aufstellung auf S. 36, die indes keinen Anspruch auf Vollständigkeit erhebt.

stellen, die der gesamten psychischen Ökonomie zugrunde liegt, indem man das Paradox der Lust *im* Leid als *Bezugspunkt* und nicht mehr als *Ausnahme* nimmt.

Ein ähnliches Vorgehen finden wir in der »Einführung« des Fetischismus. Was Freud zu Beginn seines Aufsatzes über den Fetisch sagt – daß das Subjekt seine Existenz nicht erwähnt und daß er die Rolle eines Nebenbefundes spiele, d. h. daß nur die Analyse seinen Platz, seine Funktion und seine Determinanten aufdecken könne –, gilt in gewissem Maße auch für die Psychoanalyse selbst. »Ich werde gewiß Enttäuschung hervorrufen.« Diese Furcht, zu enttäuschen, wenn man die Gleichung Fetisch = weiblicher Phallus aufstellt, antipiziert sozusagen von seiten Freuds die Furcht, von seinen Lesern enttäuscht zu werden ... Eine Furcht, die sich zum Teil als begründet herausgestellt hat, denn viele psychoanalytische Arbeiten über den Fetischismus beschränken sich darauf, die Gleichung »auszustaffieren«, indem sie nach den prägenitalen Ingredienzen suchen, die bei der Herstellung des Fetischs mitwirken.

Aber Freud wünschte offensichtlich nicht, daß man ihm auf diesem Weg folge. Er sagt es im übrigen deutlich, wenn er das »theoretische Interesse« beschwört, das das Problem des Fetischismus für ihn hatte. Dieses Interesse geht in drei Richtungen:

1. die erneute Behauptung der vorherrschenden Funktion des Kastrationskomplexes und der symbolischen Wirksamkeit des Geschlechtsunterschieds[11];

2. Analyse einer besonderen Art des *Glaubens*, der auf der *Verleugnung* gründet, ein Glaube, der in seiner Entstehung und seiner Beharrlichkeit erfaßt wird;

3. Herausarbeiten einer Struktur des Ich in seinem Verhältnis zur Realität: die *Ichspaltung*, zwei entgegengesetzte psychische Haltungen, die nebeneinander, ohne dialektische Beziehung untereinander bestehen.

11 »Die Untersuchung des Fetischismus ist all denen dringend zu empfehlen, die noch an der Existenz des Kastrationskomplexes zweifeln ...«

Wenngleich diese dreifache Thematik am exemplarischen Fall des Fetischismus veranschaulicht wird, der sich besonders überzeugend dazu eignet, beschränkt sie sich offensichtlich nicht auf die in Frage stehende Perversion; sie bildet auch kein untrennbares Ganzes: anders gesagt, jedes der Themen kann in seiner eigenen Problematik weiterverfolgt und auf die Probe gestellt werden. So zeigt Freud in seinem Aufsatz von 1927, daß sich in der Zwangsneurose der Tod des Vaters ebenso behandeln läßt wie beim Fetischisten die Kastration der Frau. Der Begriff der *Ichspaltung*, mit der sich der berühmte, unvollendet gebliebene Text von 1938 befaßt, geht über den Bereich des Fetischismus hinaus; man begegnet ihm in der Psychose wieder; es läßt sich sogar behaupten, daß er überhaupt nicht lokalisiert werden kann und daß er der psychoanalytischen Definition des Subjekts koextensiv ist.

Was die Verschränkung zwischen der Kastration und dem der Verleugnung nachfolgenden Glauben betrifft, so ist sie relativ lange verkannt worden. Die Bedeutung der Freudschen These läßt sich daher nur schwer in den Griff bekommen. Wenn man sich nämlich an die Formulierung von Freud hält, ist das Objekt der Verleugnung die *Realität* einer Wahrnehmung, die der Abwesenheit des Penis bei der Frau, eine Wahrnehmung, die für das Kind unerträglich, im starken Sinne traumatisierend sein soll – denn sie schlägt eine nicht wieder zu schließende Bresche –, insofern sie von der *Realität* der Kastration zeugt. Aber die Wahrnehmung einer Abwesenheit ist doch eine recht merkwürdige Wahrnehmung! Man muß wohl zugeben, daß diese Abwesenheit nur dann »wahrgenommen« werden kann, wenn sie einem früheren »Vorurteil« widerspricht, einem Vorurteil, das behauptet, alle Menschen hätten einen Penis, und das den Unterschied der Geschlechter vernachlässigt.[12] Einzig das Vorhandensein des Vorurteils, d. h. der infantilen Sexualtheorie, kann die Gleichwertigkeit zwischen der Aussage: »die Frau hat keinen Penis« (»Wahrnehmung«, die eine primäre

12 Vgl. den Abschnitt über die »infantilen Sexualtheorien« in den *Drei Abhandlungen*.

Behauptung voraussetzt), und jener anderen Aussage behaupten: »die Frau ist kastriert« (»Theorie«), mit ihrer Implikation: »Ich bin, als Frau, vom Vater kastrierbar.«
In diesem ursprünglichen Augenblick des Fetischismus wird der Unterschied der Geschlechter nicht länger vernachlässigt, er wird anerkannt, wahrgenommen, aber er wird eben *nur* wahrgenommen, als anatomischer Unterschied lokalisiert: er wird anerkannt, aber als ein Naturgesetz, in dem *sich* wiederzuerkennen das Subjekt sich weigert. In diese Zeit fällt das Auseinanderklaffen von Wissen und Glauben, das die Formel des »ich weiß wohl, aber trotzdem« ausdrückt, die Octave Mannoni in der gewöhnlichen Sprache geprägt hat und die auch nur als solche erhalten werden kann; denn in ihrer akrobatischen Unsicherheit, schwankend zwischen dem Triumph und der grotesken Verhöhnung, kann sich diese Spaltung nur in einer Folge weiterer Spaltungen verdoppeln.[13]
Seit Freud ist es klassisch geworden, die Auswirkungen eines solchen Widerspruchs in folgenden drei Phasen am Werk zu sehen: Einsetzung, Herstellung, Behandlung des Fetisch-Objekts: dieses wird sowohl verehrt wie mißhandelt, es zeugt vom Vorher und vom Nachher (»der letzte Augenblick, da man noch glauben konnte, daß die Frau einen Phallus hat«). Wesentlich jedoch ist, daß sich das Subjekt für den einzigen Beseeler seines Wunsches halten kann.[14] Beseeler ja, aber nicht Herr, eine Schwäche, von welcher der Fetischist zeugt, indem er sein

13 In diesem Zusammenhang läßt sich die verwirrende Umkehrung der Termini verstehen, die Freud ohne Umschweife in seinem Aufsatz von 1927 vornimmt. Während die Verdrängung bislang stets als auf die *Vorstellung* bezogen definiert worden war (die Unterdrückung betraf den Affekt, dessen Entwicklung sie hemmt), wird sie nun mit dem Affekt verknüpft, wobei die Vorstellung der *Verleugnung* anheimfällt. Siehe über diesen Punkt den Kommentar von André Green in seinem Bericht über den Affekt auf dem 30. Kongreß der Psychoanalytiker romanischer Sprache.

14 Dieser »Vorteil« und was er an *Geheimem* impliziert, das man für sich behält, wird in dem Aufsatz von 1927 ebenfalls erkannt: ». . . der Fetisch, dem er übrigens nach seinem Belieben jenes besondere Glanzlicht verlieh, das andere nicht wahrnehmen konnten«, und: »Der Fetisch wird von anderen nicht in seiner Bedeutung erkannt.«

Objekt »herstellt« (Masud R. Khan schlägt zu Recht den Terminus *collage* vor), aus Elementen gebastelt, die dem, was die Macht des Anderen bedeutet, entnommen wurden und für diese stehen.

Der Fetischist würde demnach um jeden Preis einen Glauben einsetzen und zu halten suchen, der für ihn durch die Macht des fetischistischen Objekts, das ihm seine Lust verschafft, beurkundet wird. In Fortführung der Theorie, die die Psychoanalyse von ihm gegeben hat, wäre man versucht, das Verhältnis von der anderen Seite her anzugehen: Was ist es, das beim Individuum oder in einer Gemeinschaft innerhalb ihrer Glaubenswelt *als Fetisch dient und fungiert?* Vielleicht läßt sich auf diesem Weg eine Annäherung zwischen der Psychoanalyse und den Wissenschaften vom Menschen herstellen, die zur Metapher des Fetischismus greifen.

Metapher – denn es gibt wenig derart eindrucksvolle Beispiele für die Wanderung eines Begriffs: ganz wie die Objekte, die er zu etikettieren vorgibt, kommt auch der Fetischismus stets von anderswo her! Er verlagert sich, wird entlehnt, ohne eine Heimat zu kennen, wird stets zu seinem Absender zurückgeschickt, der ihn verleugnet, aber ohne daß er, wenn er solcherart von einem Wohnsitz zum anderen wechselt, am Ende verschwindet. Begriff oder Etikett, der Fetischismus zirkuliert zwischen einer von Auguste Comte ererbten Religionstheorie und einer von Marx ererbten Soziologie, zwischen der Ethnologie, die immer mehr dazu neigt, ihn zu verwerfen, und der Sexologie, die diese Anomalie gern in ihr Repertoir aufnehmen möchte. Und zur gleichen Zeit, da er allen explikativen Wert der »primitiven« religiösen Tatsachen verliert – ohne daß man ihn im übrigen, wie den Totemismus, einem kritischen Abbau unterzogen hätte –, begegnet man ihm allenthalben in *unseren* Gesellschaften, wo er unserer Beziehung zu Objekten Rechnung tragen soll, die uns »entfremden«: jeder gefällt sich heute darin, unsere Fetischismen zu entlarven; er gefällt sich darin –

denn alles verschwört sich, um die Faszination zu verewigen. Damit wird der Fetischismus, wie Jean Baudrillard schreibt, zum »Fetisch-Begriff eines vulgären Denkens, das unter dem Deckmantel einer pathetischen Kritik munter auf die erweiterte Reproduktion der Ideologie hinarbeitet«.

Anders gesagt, es scheint ebenso gerechtfertigt zu sein, den Begriff zu kritisieren, wie schwierig, ihn aufzugeben. In dieser Hinsicht wird man in den Texten dieses Sammelbandes, die nicht von Psychoanalytikern stammen, eine um so bemerkenswertere, als nicht vorsätzliche Übereinstimmung finden. Insbesondere die Ethnologen beginnen alle damit, und zwar in sehr ähnlichen Worten, die »Pseudo-Theorie« des Fetischismus zu verwerfen, die, zusammen mit ihrem schimpflichen Ethnozentrismus, den »Missionaren und Kolonisatoren« überlassen werden sollte; sie zeigen, daß sich der Kultus bestimmter Gegenstände, die für ihren Besitzer mit besonderer Macht begabt sind, der Analyse erst dann darbietet, wenn er wieder ganz in die Gesamtheit des Codes der religiösen, magischen und politischen Vorstellungen gerückt ist und keinen Schluß auf eine Form, noch weniger auf eine Etappe der Religion zuläßt. Aber in einer zweiten Bewegung, die dem Prozeß der Verleugnung merkwürdig ähnelt (es gibt keinen Fetischismus, aber trotzdem ...), wird die Existenz von fetischistischen Gegenständen (die nicht nur für den fremden Beobachter rätselhaft sind) geradezu anerkannt und einer minutiösen Beschreibung unterzogen; es werden, selbstverständlich vorsichtige, Interpretationen vorgebracht. Adler: »Es bleibt vielleicht dennoch die Tatsache bestehen, daß es Gegenstände gibt, die innerhalb einer Kultur wie Fetische funktionieren.« Desgleichen stellt Bonnafé die Alternative: entweder es läßt sich keine Übereinstimmung zwischen den als Fetische bezeichneten Gegenständen der Zivilisation und den auserwählten Gegenständen des Perversen herstellen, oder aber die Ethnologen haben etwas voreilig (wir fügen hinzu: um den »Kolonisator« in sich auszutreiben) auf den Begriff verzichtet; und er veranlaßt uns, ohne die Frage theoretisch entscheiden zu wollen, sondern einzig auf dem Weg einer konsequenten Analyse, letzteres anzunehmen. Pouillon, der den metaphorischen und »nicht-kumulativen« Weg des Begriffs nachzeichnet, dessen Sinnverschiebungen jede Auffassung endgültig illusorisch machen, die behaupten würde, sie zu vereinheitlichen, will die Frage gestellt wissen, »nicht mehr, was der Fetischismus ist, sondern wann und bei welchem Anlaß man von Fetisch spricht«.

Damit räumt man ein, daß es hier gleichsam einen Rest gibt, der nicht nur die Folge einer unzulänglichen Information oder einer unvollständigen wissenschaftlichen Behandlung wäre. Hat man die Vorstellung einer fetischistischen Religion einmal verworfen, dann darf man sich legitimerweise von den Rätseln befragen lassen, deren Rest die Fetische selbst sind.[15]

Dieser Versuch einer Konfrontation in der Frage des Fetischismus hat uns etwas weiter geführt, als man es erwarten könnte von einer gleichlaufenden und, wie ich hoffe, den einen wie den anderen zum Vorteil gereichenden Reflexion, wenn sie dadurch angeregt werden, in Bereiche zu blicken, die von ihren jeweiligen Erfahrungen mehr oder weniger verdeckt werden, oder besser aus ihren eigenen Erklärungsgittern die Tatsachen herauszuarbeiten, die sich darin verfangen, weil das Gitter – wir schließen natürlich das der Psychoanalyse mit ein – ihnen von vornherein einen Platz ausgespart hat.

Und wie auch sollte uns das besondere Schicksal des Fetischismus nicht auffallen? Auf Nigritien projiziert, um im Christentum besser verkannt zu werden, in die Kindheit des Menschen verlegt, um aus dem positiven Zeitalter radikaler verbannt zu werden; und, so könnte man hinzufügen, zu einer absoluten

15 Man wird hier die Tatsache vermerken, daß so verschiedene »Philosophien« wie die von de Brosses, Adam Smith und Comte alle darin übereinstimmen, den Fetischismus der Wilden von der Neugier betreffend die offenkundige Regelwidrigkeit, die Anomalie herzuleiten. (Vgl. die von G. Canguilhem in seinem Aufsatz »Histoire des religions et histoire des sciences dans la théorie du fétichisme chez Auguste Comte« zitierten Texte, in *Etudes d'histoire et de philosophie des sciences*, Paris 1968.)

religiösen Form hypertrophiert, die andere Glaubensvorstellungen neben sich ausschließt, um in seinen partiellen Randerscheinungen leichter umgangen zu werden. Bei einigen »Zurückweisungen« des Fetischismus möchte man fast den Seitenhieb von Freud anläßlich der Analität der Trobriander aufnehmen: diese Leute sind als einzige keine Fetischisten!

Wir glauben, daß man bei aufmerksamer Lektüre der folgenden Texte überzeugt sein wird, daß die Begegnung rings um den Fetischismus zwischen Psychoanalytikern einerseits, Ethnologen und Soziologen andererseits möglich und nützlich ist: es entsteht ein Wechselgespräch von einem Autor zum anderen, von der »Couch« zum »Feld«, und es ist fruchtbarer als ein »interdisziplinäres« Colloquium, das die Abgeschlossenheit der Reden nur verschärft; wie es die spontane Verwendung identischer Ausdrücke bei verschiedenen Spezialisten beweist, sobald die Besonderheit des Phänomens eingekreist wird, gibt es hier unbestreitbar Entsprechungen, die es zu vertiefen gilt. Der Eindruck, den man von dieser Sammlung von Beobachtungen und Analysen gewinnt, ist der, daß jene Entsprechungen, wenn sie *innerhalb* jeder der hier versammelten Disziplinen produktiv sein wollen, nicht wortwörtlich gesucht werden dürfen. Man wird zum Beispiel bemerken, daß Roger Dadoun nicht die Filme, die die fetischistische Perversion zu illustrieren versuchen, mit der psychoanalytischen Theorie des Fetischismus konfrontiert, sondern die Horrorfilme. Allgemeiner könnte man sich fragen – und dies würde, jenseits des besonderen Problems, das diesen Band motiviert hat, auf einen Weg der Zusammenarbeit von Psychoanalytikern und Ethnologen hinweisen, deren Begegnung, sowohl mit den Kulturalisten wie mit Geza Roheim, eine mehrfach mißglückte Begegnung war –, ob der Austausch nicht etwas ganz anderes als *Anwendungen* eines Bereichs auf den anderen beinhaltet. Wir schlugen oben vor, eine relative Entmischung der verschiedenen, in der psychoanalytischen Theorie des Fetischismus enthaltenen Elemente vorzunehmen (Kastration, Verleugnung, Spaltung). Einen solchen Vorschlag für eine legitime Arbeitshypothese zu halten, bliebe nicht ohne anthropologische Folgen: die Psychoanalyse hat nicht erwiesen, daß die Funktion des auf den Primat des Phallus zentrierten Kastrationskomplexes überall die gleiche symbolische Bedeutung besitzt oder zumindest äquivalente Termini ins Spiel bringt; nichts garantiert, daß die Verleugnung einzig die »Realität« der Kastration betrifft; schließlich könnte man vermuten, daß die Funktion des fetischistischen *Objekts* beim Perversen innerhalb einer bestimmten Gesellschaft oder sogar jeder Gesellschaft von einem Bereich oder einer Art von *Glaubensvorstellungen* erfüllt wird; die »Entsprechung« wäre eben deshalb nicht unter Objekten zu suchen, die von der Psychoanalyse wie von der Anthropologie gleichermaßen als Fetische etikettiert werden, nicht einmal notwendig unter Subjekten. Denn dann ginge es um einen Ort des Unbewußten und, um mit Bonnafé zu sprechen, »um die Stellung eines ganzen Stücks des ideologischen Feldes«. Wir werden sehen, daß diese beiden Richtungen der Untersuchung – Prüfung rätselhafter Objekte, Bestimmung einer Glaubensweise – ständig in den hier versammelten Beiträgen nebeneinander hergehen.

Fetischistische Illusion? Zugegeben, aber welches Wissen wird sie zurückweisen, wenn es sie in dem, was es verleugnet und verwirft, nur erzeugen kann?

I

Sigmund Freud
Fetischismus*

In den letzten Jahren hatte ich Gelegenheit, eine Anzahl von Männern, deren Objektwahl von einem Fetisch beherrscht war, analytisch zu studieren. Man braucht nicht zu erwarten, daß diese Personen des Fetisch wegen die Analyse aufgesucht hatten, denn der Fetisch wird wohl von seinen Anhängern als eine Abnormität erkannt, aber nur selten als ein Leidenssymptom empfunden; meist sind sie mit ihm recht zufrieden oder loben sogar die Erleichterungen, die er ihrem Liebesleben bietet. Der Fetisch spielte also in der Regel die Rolle eines Nebenbefundes.

Die Einzelheiten dieser Fälle entziehen sich aus naheliegenden Gründen der Veröffentlichung. Ich kann darum auch nicht zeigen, in welcher Weise zufällige Umstände zur Auswahl des Fetisch beigetragen haben. Am merkwürdigsten erschien ein Fall, in dem ein junger Mann einen gewissen »Glanz auf der Nase« zur fetischistischen Bedingung erhoben hatte. Das fand seine überraschende Aufklärung durch die Tatsache, daß der Patient eine englische Kinderstube gehabt hatte, dann aber nach Deutschland gekommen war, wo er seine Muttersprache fast vollkommen vergaß. Der aus den ersten Kinderzeiten stammende Fetisch war nicht deutsch, sondern englisch zu lesen, der »Glanz auf der Nase« war eigentlich ein »Blick auf die Nase« (*glance* = Blick), die Nase war also der Fetisch, dem er übrigens nach seinem Belieben jenes besondere Glanzlicht verlieh, das andere nicht wahrnehmen konnten.

Die Auskunft, welche die Analyse über Sinn und Absicht des Fetisch gab, war in allen Fällen die nämliche. Sie ergab sich so ungezwungen und erschien mir so zwingend, daß ich bereit bin, dieselbe Lösung allgemein für alle Fälle von Fetischismus zu

* 1927, GW XIV, S. 311–317. Mit freundlicher Genehmigung des S. Fischer Verlages.

erwarten. Wenn ich nun mitteile, der Fetisch ist ein Penisersatz, so werde ich gewiß Enttäuschung hervorrufen. Ich beeile mich darum hinzuzufügen, nicht der Ersatz eines beliebigen, sondern eines bestimmten, ganz besonderen Penis, der in frühen Kinderjahren eine große Bedeutung hat, aber später verloren geht. Das heißt: er sollte normalerweise aufgegeben werden, aber gerade der Fetisch ist dazu bestimmt, ihn vor dem Untergang zu behüten. Um es klarer zu sagen, der Fetisch ist der Ersatz für den Phallus des Weibes (der Mutter), an den das Knäblein geglaubt hat und auf den es – wir wissen warum – nicht verzichten will.[1]

Der Hergang war also der, daß der Knabe sich geweigert hat, die Tatsache seiner Wahrnehmung, daß das Weib keinen Penis besitzt, zur Kenntnis zu nehmen. Nein, das kann nicht wahr sein, denn wenn das Weib kastriert ist, ist sein eigener Penisbesitz bedroht, und dagegen sträubt sich das Stück Narzißmus, mit dem die Natur vorsorglich gerade dieses Organ ausgestattet hat. Eine ähnliche Panik wird vielleicht der Erwachsene später erleben, wenn der Schrei ausgegeben wird, Thron und Altar sind in Gefahr, und sie wird zu ähnlich unlogischen Konsequenzen führen. Wenn ich nicht irre, würde Laforgue in diesem Falle sagen, der Knabe »skotomisiert« die Wahrnehmung des Penismangels beim Weibe.[2] Ein neuer Terminus ist dann berechtigt, wenn er einen neuen Tatbestand beschreibt ober heraushebt. Das liegt hier nicht vor; das älteste Stück unserer psychoanalytischen Terminologie, das Wort »Verdrängung«, bezieht sich bereits auf diesen pathologischen Vorgang.

1 Diese Deutung ist bereits 1910 in meiner Schrift »Eine Kindheitserinnerung des Leonardo da Vinci« ohne Begründung mitgeteilt worden.

2 Ich berichtige mich aber selbst, indem ich hinzufüge, daß ich die besten Gründe habe, anzunehmen, Laforgue würde dies überhaupt nicht sagen. Nach seinen eigenen Ausführungen ist »Skotomisation« ein Terminus, der aus der Deskription der Dementia praecox stammt, nicht durch die Übertragung psychoanalytischer Auffassung auf die Psychosen entstanden ist und auf die Vorgänge der Entwicklung und Neurosenbildung keine Anwendung hat. Die Darstellung im Text bemüht sich, diese Unverträglichkeit deutlich zu machen.

Will man in ihm das Schicksal der Vorstellung von dem des Affekts schärfer trennen, den Ausdruck »Verdrängung« für den Affekt reservieren, so wäre für das Schicksal der Vorstellung »Verleugnung« die richtige deutsche Bezeichnung. »Skotomisation« scheint mir besonders ungeeignet, denn es weckt die Idee, als wäre die Wahrnehmung glatt weggewischt worden, so daß das Ergebnis dasselbe wäre, wie wenn ein Gesichtseindruck auf den blinden Fleck der Netzhaut fiele. Aber unsere Situation zeigt im Gegenteil, daß die Wahrnehmung geblieben ist und daß eine sehr energische Aktion unternommen wurde, ihre Verleugnung aufrecht zu halten. Es ist nicht richtig, daß das Kind sich nach seiner Beobachtung am Weibe den Glauben an den Phallus des Weibes unverändert gerettet hat. Es hat ihn bewahrt, aber auch aufgegeben; im Konflikt zwischen dem Gewicht der unerwünschten Wahrnehmung und der Stärke des Gegenwunsches ist es zu einem Kompromiß gekommen, wie er nur unter der Herrschaft der unbewußten Denkgesetze – der Primärvorgänge – möglich ist. Ja, das Weib hat im Psychischen dennoch einen Penis, aber dieser Penis ist nicht mehr dasselbe, das er früher war. Etwas anderes ist an seine Stelle getreten, ist sozusagen zu seinem Ersatz ernannt worden und ist nun der Erbe des Interesses, das sich dem früheren zugewendet hatte. Dies Interesse erfährt aber noch eine außerordentliche Steigerung, weil der Abscheu vor der Kastration sich in der Schaffung dieses Ersatzes ein Denkmal gesetzt hat. Als *stigma indelebile* der stattgehabten Verdrängung bleibt auch die Entfremdung gegen das wirkliche weibliche Genitale, die man bei keinem Fetischisten vermißt. Man überblickt jetzt, was der Fetisch leistet und wodurch er gehalten wird. Es bleibt das Zeichen des Triumphes über die Kastrationsdrohung und der Schutz gegen sie, er erspart es dem Fetischisten auch, ein Homosexueller zu werden, indem er dem Weib jenen Charakter verleiht, durch den es als Sexualobjekt erträglich wird. Im späteren Leben glaubt der Fetischist noch einen anderen Vorteil seines Genitalersatzes zu genießen. Der Fetisch wird von anderen nicht in seiner Bedeutung erkannt, darum auch nicht verweigert, er ist leicht zugänglich, die an ihn gebundene sexuelle Befriedigung ist bequem zu haben. Um was andere Männer werben und sich mühen müssen, das macht dem Fetischisten keine Beschwerde.

Der Kastrationsschreck beim Anblick des weiblichen Genitales bleibt wahrscheinlich keinem männlichen Wesen erspart. Warum die einen infolge dieses Eindruckes homosexuell werden, die anderen ihn durch die Schöpfung eines Fetisch abwehren und die übergroße Mehrzahl ihn überwindet, das wissen wir freilich nicht zu erklären. Möglich, daß wir unter der Anzahl der zusammenwirkenden Bedingungen diejenigen noch nicht kennen, welche für die seltenen pathologischen Ausgänge maßgebend sind; im übrigen müssen wir zufrieden sein, wenn wir erklären können, was geschehen ist, und dürfen die Aufgabe, zu erklären, warum etwas nicht geschehen ist, vorläufig von uns weisen.

Es liegt nahe, zu erwarten, daß zum Ersatz des vermißten weiblichen Phallus solche Organe oder Objekte gewählt werden, die auch sonst als Symbole den Penis vertreten. Das mag oft genug stattfinden, ist aber gewiß nicht entscheidend. Bei der Einsetzung des Fetisch scheint vielmehr ein Vorgang eingehalten zu werden, der an das Haltmachen der Erinnerung bei traumatischer Amnesie gemahnt. Auch hier bleibt das Interesse wie unterwegs stehen, wird etwa der letzte Eindruck vor dem unheimlichen, traumatischen, als Fetisch festgehalten. So verdankt der Fuß oder Schuh seine Bevorzugung als Fetisch – oder ein Stück derselben – dem Umstand, daß die Neugierde des Knaben von unten, von den Beinen her nach dem weiblichen Genitale gespäht hat; Pelz und Samt fixieren – wie längst vermutet wurde – den Anblick der Genitalbehaarung, auf den der ersehnte des weiblichen Gliedes hätte folgen sollen; die so häufig zum Fetisch erkorenen Wäschestücke halten den Moment der Entkleidung fest, den letzten, in dem man das Weib noch für phallisch halten durfte. Ich will aber nicht behaupten, daß man die Determinierung des Fetisch jedesmal mit Sicherheit durchschaut. Die Untersuchung des Fetischismus ist all denen dringend zu empfehlen, die noch an der Existenz des Kastrationskomplexes zweifeln oder die meinen können, der Schreck vor dem weiblichen Genitale habe einen anderen Grund, leite sich z. B. von der supponierten Erinnerung an das Trauma der Geburt ab. Für mich hatte die Aufklärung des Fetisch noch ein anderes theoretisches Interesse.

Ich habe kürzlich auf rein spekulativem Wege den Satz gefunden, der wesentliche Unterschied zwischen Neurose und Psychose liege darin, daß bei ersterer das Ich im Dienste der Realität ein Stück des Es unterdrücke, während es sich bei der Psychose vom Es fortreißen lasse, sich von einem Stück der Realität zu lösen; ich bin auch später noch einmal auf dasselbe Thema zurückgekommen.[3] Aber bald darauf bekam ich Anlaß zu bedauern, daß ich mich so weit vorgewagt hatte. Aus der Analyse zweier junger Männer erfuhr ich, daß sie beide den Tod des geliebten Vaters im zweiten und im zehnten Jahr nicht zur Kenntnis genommen, »skotomisiert« hatten – und doch hatte keiner von beiden eine Psychose entwickelt. Da war also ein gewiß bedeutsames Stück der Realität vom Ich verleugnet worden, ähnlich wie beim Fetischisten die unliebsame Tatsache der Kastration des Weibes. Ich begann auch zu ahnen, daß analoge Vorkommnisse im Kinderleben keineswegs selten sind, und konnte mich des Irrtums in der Charakteristik von Neurose und Psychose für überführt halten. Es blieb zwar eine Auskunft offen; meine Formel brauchte sich erst bei einem höheren Grad von Differenzierung im psychischen Apparat zu bewähren; dem Kind konnte gestattet sein, was sich beim Erwachsenen durch schwere Schädigung strafen mußte. Aber weitere Untersuchungen führten zu einer anderen Lösung des Widerspruchs.

Es stellte sich nämlich heraus, daß die beiden jungen Männer den Tod des Vaters ebensowenig »skotomisiert« hatten wie die Fetischisten die Kastration des Weibes. Es war nur eine Strömung in ihrem Seelenleben, welche den Tod des Vaters nicht

3 »Neurose und Psychose« (1924) und »Der Realitätsverlust bei Neurose und Psychose« (1924). [Diese Ausgabe Bd. XIII.]

anerkannt hatte; es gab auch eine andere, die dieser Tatsache vollkommen Rechnung trug; die wunschgerechte wie die realitätsgerechte Einstellung bestanden nebeneinander. Bei dem einen meiner beiden Fälle war diese Spaltung die Grundlage einer mittelschweren Zwangsneurose geworden; in allen Lebenslagen schwankte er zwischen zwei Voraussetzungen, der einen, daß der Vater noch am Leben sei und seine Tätigkeit behindere, und der entgegengesetzten, daß er das Recht habe, sich als den Nachfolger des verstorbenen Vaters zu betrachten. Ich kann also die Erwartung festhalten, daß im Fall der Psychose die eine, die realitätsgerechte Strömung, wirklich vermißt werden würde.

Wenn ich zur Beschreibung des Fetischismus zurückkehre, habe ich anzuführen, daß es noch zahlreiche und gewichtige Beweise für die zwiespältige Einstellung des Fetischisten zur Frage der Kastration des Weibes gibt. In ganz raffinierten Fällen ist es der Fetisch selbst, in dessen Aufbau sowohl die Verleugnung wie die Behauptung der Kastration Eingang gefunden haben. So war es bei einem Manne, dessen Fetisch in einem Schamgürtel bestand, wie er auch als Schwimmhose getragen werden kann. Dieses Gewandstück verdeckte überhaupt die Genitalien und den Unterschied der Genitalien. Nach dem Ausweis der Analyse bedeutete es sowohl, daß das Weib kastriert sei, als auch, daß es nicht kastriert sei, und ließ überdies die Annahme der Kastration des Mannes zu, denn alle diese Möglichkeiten konnten sich hinter dem Gürtel, dessen erster Ansatz in der Kindheit das Feigenblatt einer Statue gewesen war, gleich gut verbergen. Ein solcher Fetisch, aus Gegensätzen doppelt geknüpft, hält natürlich besonders gut. In anderen zeigt sich die Zwiespältigkeit an dem, was der Fetischist – in der Wirklichkeit oder in der Phantasie – an seinem Fetisch vornimmt. Es ist nicht erschöpfend, wenn man hervorhebt, daß er den Fetisch verehrt; in vielen Fällen behandelt er ihn in einer Weise, die offenbar einer Darstellung der Kastration gleichkommt. Dies geschieht besonders dann, wenn sich eine starke Vateridentifizierung entwickelt hat, in der Rolle des Vaters, denn diesem

hatte das Kind die Kastration des Weibes zugeschrieben. Die Zärtlichkeit und die Feindseligkeit in der Behandlung des Fetisch, die der Verleugnung und der Anerkennung der Kastration gleichlaufen, vermengen sich bei verschiedenen Fällen in ungleichem Maße, so daß das eine oder das andere deutlicher kenntlich wird. Von hier aus glaubt man, wenn auch aus der Ferne, das Benehmen des Zopfabschneiders zu verstehen, bei dem sich das Bedürfnis, die geleugnete Kastration auszuführen, vorgedrängt hat. Seine Handlung vereinigt in sich die beiden miteinander unverträglichen Behauptungen: das Weib hat seinen Penis behalten und der Vater hat das Weib kastriert. Eine andere Variante, aber auch eine völkerpsychologische Parallele zum Fetischismus möchte man in der Sitte der Chinesen erblicken, den weiblichen Fuß zuerst zu verstümmeln und den verstümmelten dann wie einen Fetisch zu verehren. Man könnte meinen, der chinesische Mann will es dem Weibe danken, daß es sich der Kastration unterworfen hat.
Schließlich darf man es aussprechen, das Normalvorbild des Fetisch ist der Penis des Mannes, wie das des minderwertigen Organs der reale kleine Penis des Weibes, die Klitoris.

Sigmund Freud
Die Ichspaltung im Abwehrvorgang*

Ich befinde mich einen Moment lang in der interessanten Lage nicht zu wissen, ob das, was ich mitteilen will, als längst bekannt und selbstverständlich oder als völlig neu und befremdend gewertet werden soll. Ich glaube aber eher das letztere.
Es ist mir endlich aufgefallen, daß das jugendliche Ich der Person, die man Jahrzehnte später als analytischen Patienten kennen lernt, sich in bestimmten Situationen der Bedrängnis in merkwürdiger Weise benommen hat. Die Bedingung hiefür kann man allgemein und eher unbestimmt angeben, wenn man sagt, es geschieht unter der Einwirkung eines psychischen Traumas. Ich ziehe es vor, einen scharf umschriebenen Einzelfall hervorzuheben, der gewiß nicht alle Möglichkeiten der Verursachung deckt. Das Ich des Kindes befinde sich also im Dienste eines mächtigen Triebanspruchs, den zu befriedigen es gewohnt ist, und wird plötzlich durch ein Erlebnis geschreckt, das ihn lehrt, die Fortsetzung dieser Befriedigung werde eine schwer erträgliche reale Gefahr zur Folge haben. Es soll sich nun entscheiden: entweder die reale Gefahr anerkennen, sich vor ihr beugen und auf die Triebbefriedigung verzichten, oder die Realität verleugnen, sich glauben machen, daß kein Grund zum Fürchten besteht, damit es an der Befriedigung festhalten kann. Es ist also ein Konflikt zwischen dem Anspruch des Triebes und dem Einspruch der Realität. Das Kind tut aber keines von beiden, oder vielmehr, es tut gleichzeitig beides, was auf dasselbe hinauskommt. Es antwortet auf den Konflikt mit zwei entgegengesetzten Reaktionen, beide giltig und wirksam. Einerseits weist es mit Hilfe bestimmter Mechanismen die Realität ab und läßt sich nichts verbieten, andererseits anerkennt es im gleichen Atem die Gefahr der Realität, nimmt die Angst

* 1938, GW XVII, S. 59–62. Mit freundlicher Genehmigung des S. Fischer Verlages.

vor ihr als Leidenssymptom auf sich und sucht sich später ihrer zu erwehren. Man muß zugeben, das ist eine sehr geschickte Lösung der Schwierigkeit. Beide streitende Parteien haben ihr Teil bekommen; der Trieb darf seine Befriedigung behalten, der Realität ist der gebührende Respekt gezollt worden. Aber umsonst ist bekanntlich nur der Tod. Der Erfolg wurde erreicht auf Kosten eines Einrisses im Ich, der nie wieder verheilen, aber sich mit der Zeit vergrößern wird. Die beiden entgegengesetzten Reaktionen auf den Konflikt bleiben als Kern einer Ichspaltung bestehen. Der ganze Vorgang erscheint uns so sonderbar, weil wir die Synthese der Ichvorgänge für etwas Selbstverständliches halten. Aber wir haben offenbar darin Unrecht. Die so außerordentlich wichtige synthetische Funktion des Ichs hat ihre besonderen Bedingungen und unterliegt einer ganzen Reihe von Störungen.

Es kann nur von Vorteil sein, wenn ich in diese schematische Darstellung die Daten einer besonderen Krankengeschichte einsetze. Ein Knabe hat im Alter zwischen drei und vier Jahren das weibliche Genitale kennen gelernt durch Verführung von Seiten eines älteren Mädchens. Nach Abbruch dieser Beziehungen setzt er die so empfangene sexuelle Anregung in eifriger manueller Onanie fort, wird aber bald von der energischen Kinderpflegerin ertappt und mit der Kastration bedroht, deren Ausführung, wie gewöhnlich, dem Vater zugeschoben wird. Die Bedingungen für eine ungeheure Schreckwirkung sind in diesem Falle gegeben. Die Kastrationsdrohung für sich allein muß nicht viel Eindruck machen, das Kind verweigert ihr den Glauben, es kann sich nicht leicht vorstellen, daß eine Trennung von dem so hoch eingeschätzten Körperteil möglich ist. Beim Anblick des weiblichen Genitales hätte sich das Kind von einer solchen Möglichkeit überzeugen können, aber das Kind hatte damals den Schluß nicht gezogen, weil die Abneigung dagegen zu groß und kein Motiv vorhanden war, das ihn erzwang. Im Gegenteile, was sich etwa an Unbehagen regte, wurde durch die Auskunft beschwichtigt, was da fehlt, wird noch kommen, es – das Glied – wird ihr später wachsen. Wer genug kleine Knaben beobachtet hat, kann sich an eine solche Äußerung beim Anblick des Genitales der kleinen Schwester erinnern. Anders aber, wenn beide Momente zusammengetroffen sind. Dann weckt die Drohung die Erinnerung an die für harmlos gehaltene Wahrnehmung und findet in ihr die gefürchtete Bestätigung. Der Knabe glaubt jetzt zu verstehen, warum das Genitale des Mädchens keinen Penis zeigte, und wagt es nicht mehr zu bezweifeln, daß seinem eigenen Genitale das Gleiche widerfahren kann. Er muß fortan an die Realität der Kastrationsgefahr glauben.

Die gewöhnliche, die als normal geltende Folge des Kastrationsschrecks ist nun, daß der Knabe der Drohung nachgibt, im vollen oder wenigstens im partiellen Gehorsam – indem er nicht mehr die Hand ans Genitale führt – entweder sofort oder nach längerem Kampf, also auf die Befriedigung des Triebes ganz oder teilweise verzichtet. Wir sind aber darauf vorbereitet, daß unser Patient sich anders zu helfen wußte. Er schuf sich einen Ersatz für den vermißten Penis des Weibes, einen Fetisch. Damit hatte er zwar die Realität verleugnet, aber seinen eigenen Penis gerettet. Wenn er nicht anerkennen mußte, daß das Weib ihren Penis verloren hatte, so büßte die ihm erteilte Drohung ihre Glaubwürdigkeit ein, dann brauchte er auch für seinen Penis nicht zu fürchten, konnte ungestört seine Masturbation fortsetzen. Dieser Akt unseres Patienten imponiert uns als eine Abwendung von der Realität, als ein Vorgang, den wir gern der Psychose vorbehalten möchten. Er ist auch nicht viel anders, aber wir wollen doch unser Urteil suspendieren, denn bei näherer Betrachtung entdecken wir einen nicht unwichtigen Unterschied. Der Knabe hat nicht einfach seiner Wahrnehmung widersprochen, einen Penis dorthin halluziniert, wo keiner zu sehen war, sondern er hat nur eine Wertverschiebung vorgenommen, die Penisbedeutung einem anderen Körperteil übertragen, wobei ihm – in hier nicht anzuführender Weise – der Mechanismus der Regression zu Hilfe kam. Freilich betraf diese Verschiebung nur den Körper des Weibes, für den eigenen Penis änderte sich nichts.

Diese, man möchte sagen, kniffige Behandlung der Realität entscheidet über das praktische Benehmen des Knaben. Er betreibt seine Masturbation weiter, als ob sie seinem Penis keine Gefahr bringen könnte, aber gleichzeitig entwickelt er in vollem Widerspruch zu seiner anscheinenden Tapferkeit oder Unbekümmertheit ein Symptom, welches beweist, daß er diese Gefahr doch anerkennt. Es ist ihm angedroht worden, daß der Vater ihn kastrieren wird, und unmittelbar nachher, gleichzeitig mit der Schöpfung des Fetisch, tritt bei ihm eine intensive Angst vor der Bestrafung durch den Vater auf, die ihn lange beschäftigen wird, die er nur mit dem ganzen Aufwand seiner Männlichkeit bewältigen und überkompensieren kann. Auch diese Angst vor dem Vater schweigt von der Kastration. Mit Hilfe der Regression auf eine orale Phase erscheint sie als Angst, vom Vater gefressen zu werden. Es ist unmöglich, hier nicht eines urtümlichen Stücks der griechischen Mythologie zu gedenken, das berichtet, wie der alte Vatergott Kronos seine Kinder verschlingt und auch den jüngsten Sohn Zeus verschlingen will, und wie der durch die List der Mutter gerettete Zeus später den Vater entmannt. Um aber zu unserem Fall zurückzukehren, fügen wir hinzu, daß er noch ein anderes, wenn auch geringfügiges Symptom produzierte, das er bis auf den heutigen Tag festgehalten hat, eine ängstliche Empfindlichkeit seiner beiden kleinen Zehen gegen Berührung, als ob in dem sonstigen Hin und Her von Verleugnung und Anerkennung der Kastration doch noch ein deutlicherer Ausdruck zukäme ...

Texte, in denen sich Freud auf den Fetischismus bezieht

1905 *Drei Abhandlungen zur Sexualtheorie*

1907 *Der Wahn und die Träume in W. Jensens* Gradiva

1909 a. »Über die Genese des Fetischismus«, Mitteilung vor der wissenschaftlichen Versammlung der *Wiener Psychoanalytischen Vereinigung* (24. Februar). Das Protokoll dieser Versammlung soll verlorengegangen sein; es steht nicht in den *Minutes of the Vienna Psychoanalytic Society*, Bd. II, 1908 bis 1910 (International Universities Press, 1967)
b. *Bemerkungen über einen Fall von Zwangsneurose* (»Rattenmann«)

1910 a. Brief an Karl Abraham vom 24. Februar, in Sigmund Freud–Karl Abraham, *Briefe 1907–1926*
b. *Eine Kindheitserinnerung des Leonardo da Vinci*
c. Anmerkungen zur 2. Aufl. der *Drei Abhandlungen zur Sexualtheorie*

1914 Mitteilung an die *Wiener Psychoanalytische Vereinigung* (11. März): »Ein Fall von Fußfetischismus«. Diese Mitteilung wurde nicht veröffentlicht. Eine Zusammenfassung findet sich in: Ernest Jones, *Das Leben und Werk von Sigmund Freud*, Bd. II

1916–17 *Vorlesungen zur Einführung in die Psychoanalyse* (Kap. XXIII)

1927 *Fetischismus*

1938 a. *Die Ichspaltung im Abwehrvorgang*
b. *Abriß der Psychoanalyse* (Kap. VIII)

Roger Dorey
Psychoanalytische Beiträge zur Untersuchung des Fetischismus

Die psychoanalytische Literatur über den Fetischismus spiegelt in ihrer relativen Fülle recht gut das Interesse wider, das die Psychoanalytiker seit jeher für diese sexuelle Anomalie gezeigt haben, wenngleich man ihr selten im klinischen Bereich begegnet. Freud hat als erster ihre psychopathologische Bedeutung in einer Reihe von bemerkenswerten Schriften hervorgehoben. Schematisch gesehen, vollzog sich seine Beschäftigung mit dem Fetischismus in vier Abschnitten, wobei jeder von ihnen einen wesentlichen Schritt zum Verständnis dieser Perversion kennzeichnet. 1905: in den *Drei Abhandlungen zur Sexualtheorie* definiert er den Fetischismus in bezug auf das normale Sexualleben und fragt nach der Natur des Fetischobjekts. 1910: in den den *Drei Abhandlungen* hinzugefügten Fußnoten sowie in *Eine Kindheitserinnerung des Leonardo da Vinci* legt er den Akzent auf die grundlegende Bedeutung des Fetischs als Ersatz für den Phallus der Frau, wobei er im übrigen auch die Rolle der Partialtriebe hervorhebt. In seinem Hauptaufsatz, *Fetischismus* (1927), definiert er den Fetischismus in bezug auf die Kastration und erklärt ihn durch einen wesentlichen und spezifischen Abwehrvorgang: die Verleugnung. Die vierte und letzte Etappe bildet bekanntlich das Fragment gebliebene Manuskript von 1938: *Die Ichspaltung im Abwehrvorgang*, das hinsichtlich des Fetischismus ein Versuch ist, sich der Besonderheit der Perversion in bezug auf die Neurose einerseits und die Psychose andererseits zu nähern.

Wenn wir uns erlauben, die Hauptmomente von Freuds Denken zu überfliegen, so deshalb, weil wir sie als signifikante Marksteine in allen psychoanalytischen Publikationen über den Fetischismus wiederfinden. Diese greifen in der Tat die wesentlichen von Freud erörterten Themen auf und versuchen, ihr Verständnis zu vertiefen, indem sie entweder seine Perspektive beibehalten oder sich in eine neue, oftmals bereichernde Perspektive stellen. So nehmen z. B. die Theorien von Melanie Klein über die frühkindlichen Phasen einen wichtigen Platz unter ihnen ein. Hinzuzufügen sind einige französische Arbeiten der letzten Jahre, die auf einer ganz anderen Ebene neue Wege in der Erforschung dieser Perversion eröffnet haben.[1] Auf diese will ich aber nur beiläufig eingehen, denn mein Vorhaben beschränkt sich auf eine kritische Untersuchung der angelsächsischen Literatur. Diese bildet im übrigen, zusammen mit den französischen Publikationen, das Wesentliche, was seit 1905 über den Fetischismus gesagt wurde.

Unsere Untersuchung wird sich also auf die vier oben genannten Themen konzentrieren, die noch immer die Hauptzugangswege zu diesem Gegenstand bilden.

Über die Natur des Fetischobjekts

Die Frage nach der Natur des Fetischismus stellt sich im wesentlichen auf vergleichende Weise. In der Tat erlauben es Erfahrungen, die dem normalen Sexualleben des Erwachsenen oder der psychosexuellen Entwicklung des Kindes gleichen oder nahestehen, diese sehr besondere Perversion besser zu verstehen. Man wird im übrigen feststellen, daß es zwischen beiden intermediäre, ans Pathologische streifende Formen gibt, die keineswegs ohne Interesse sind.

Freud (1905) machte den Fetisch zu einem ungeeigneten Ersatz des Sexualobjekts, dessen Besetzung jenem Phänomen ziemlich ähnlich ist, das gewöhnlich im Liebesleben zu beobachten ist und das er »Sexualüberschätzung« nennt. Der dem Sexualobjekt beigemessene Wert beschränkt sich nicht auf die Genitalien, die den Trieb zu befriedigen vermögen, sondern greift

1 Vgl. insbesondere *Le désir et la perversion*, Paris 1967.

auf den ganzen Körper über oder aber elektiv auf diesen oder jenen Teil desselben; allerdings kann diese Überschätzung ebenso den psychischen Bereich betreffen wie alles, was mit diesem Objekt assoziativ verbunden ist. In einigen Fällen wird diese Überschätzung und Kristallisation der Besetzung auf bestimmte physische oder sogar physiologische Eigenheiten zu einer wahren Forderung gegenüber dem Objekt, das nur dann begehrt und geliebt werden kann, wenn es diese besonderen Merkmale besitzt. Für Freud ist diese »ans Pathologische grenzende Variation des Sexualtriebs« von erheblichem Interesse: sie bildet den Übergang zum eigentlichen Fetischismus, bei dem das Fetischobjekt den Charakter absoluter und starrer Notwendigkeit annimmt, sich an die Stelle des normalen Sexualziels setzt oder, mehr noch, sich von der Person loslöst, um zum alleinigen Sexualobjekt zu werden.

Wenn »ein gewisser Grad von solchem Fetischismus ... dem normalen Lieben regelmäßig eigen« ist, so findet man desgleichen in der Kindheit Phänomene, die eine gewisse Verwandtschaft zum Fetischismus haben. Es handelt sich um das, was Winnicott (1953) »transitionelle Phänomene und Objekte« genannt hat. Diese Ausdrücke führt er ein »zur Bezeichnung des Erfahrungsbereichs, der zwischen dem Daumen und dem Plüschbären liegt, zwischen der oralen Erotik und der wahren Objektbeziehung, zwischen der primären kreativen Aktivität und der Projektion dessen, was introjiziert wurde, zwischen der ursprünglichen Unkenntnis der Schuld und der Anerkennung dieser Schuld«. Die transitionellen Phänomene sind persönliche und stereotype Verhaltensmuster, die im Alter von vier bis zwölf Monaten auftreten, in welcher Zeit ein bestimmtes Objekt vom Kind (Knabe oder Mädchen) besonders stark besetzt werden kann, da ihm dieses Objekt unter bestimmten Umständen unentbehrlich ist; dies ist das eigentliche transitionelle Objekt. Winnicott meint, daß es den ersten Besitz in der intermediären Zone zwischen dem Subjektiven und dem objektiv Wahrgenommenen darstellt, einem Feld, das er als das der *Illusion* spezifiziert; die transitionellen Phänomene repräsentieren die ersten Phasen der Verwendung der Illusion. Das transitionelle Objekt stellt die Mutterbrust oder die Mutter im Ganzen dar, zuweilen kann es sogar, auf Grund einer bestimmten analerotischen Organisation, die Fäkalien repräsentieren. Das transitionelle Objekt darf nicht mit dem inneren Objekt verwechselt werden, so wie es von Melanie Klein definiert wurde, nicht einmal mit dem, was das Kind als äußeres Objekt wahrnimmt; es ist vor allem ein Besitz, der erste, genauer der erste nicht-mein*(not me)*-Besitz.

Schon Wulff (1946) hatte auf solche Phänomene und Objekte hingewiesen und sie sehr ähnlich wie später Winnicott beschrieben und interpretiert. Wulff stellt die Frage, ob diese Phänomene der ersten Kindheit, die er »fetischistisch« nennt, von gleicher Natur sind wie die der Perversion des Erwachsenen. Er bejaht diese Frage und präzisiert, daß diese Erscheinungen sehr häufig beim Kleinkind auftreten, daß aber die psychologische Struktur des Kindes von der des Erwachsenen so verschieden ist, daß ein solcher Vergleich letztlich das ätiologische Band nicht aufzuhellen erlaubt, das zwischen den beiden Verhaltenstypen bestehen muß. Daher bringt diese Arbeit auch kaum einen Fortschritt im Verständnis des Fetischismus; sie führt sogar zu einer gewissen Verwirrung, wie Winnicott betont, der Wulff den Vorwurf macht, er verwende zur Bezeichnung von »normalen« und »universellen« Phänomenen ein Wort, das sich auf eine ganz charakteristische sexuelle Perversion bezieht. Winnicott meint, daß eine solche mißbräuchliche Ausdehnung des Terminus Fetisch höchstens geeignet ist, ihm einen Teil seines Werts zu rauben, ohne uns irgendwie weiterzuhelfen. Er schlägt vor, diesen Terminus »der Beschreibung des verwendeten Objekts im Fall der *Halluzination* eines mütterlichen Penis« vorzubehalten, da das transitionelle Objekt nur dessen *Illusion* sei, und in diesem Sinn kann seine Erforschung einiges Licht auf die Entstehung des Fetischobjekts werfen. In der Psychopathologie ist es also notwendig, daß unser Weg vom transitionellen Phänomen zum Fetischismus des Erwachsenen geht und nicht umgekehrt von einer pathologischen Tatsache zurück zu einem Element der normalen affektiven Entwicklung.

Andere Autoren haben sich mit der Untersuchung der Beziehungen zwischen diesen beiden Arten von Phänomenen befaßt und festgestellt, daß sie mit Sicherheit miteinander in Zusammenhang stehen, doch ohne daß die Natur dieser Verbindung näher erläutert würde (Stevenson, 1954). Peabody (1953) berichtet den interessanten Fall eines Fetischisten, der im Laufe seiner Kindheit bedeutsame und dauerhafte transitionelle Objekte gezeigt hatte. Dennoch untersucht er nur sehr oberflächlich den Übergang von einer Erscheinung zur anderen und gibt keinerlei Auskunft über die affektive Entwicklung des frühen Alters.

Alle diese Arbeiten klären uns also nur sehr unvollkommen über die Natur des Fetischobjekts und die Genese des Fetischismus auf. Immerhin liefert uns ein gewisses klinisches, in Wahrheit sehr polymorphes Material einigen Stoff, über diesen Gegenstand nachzudenken. So meint Winnicott bei der Erörterung der *Toxikomanie*, daß diese sich ausdrücken läßt »als Regression ins primitive Stadium, wo die transitionellen Phänomene nicht in Frage gestellt werden«; wenn er dann über *Lüge* und *Raub* spricht, schlägt er vor, sie zu beschreiben »als das unbewußte Bedürfnis des Individuums, eine Lücke in der Kontinuität der Erfahrung gegenüber einem transitionellen Objekt auszufüllen«.

In derselben Perspektive hat Phyllis Greenacre (1960) einigen Verhaltensweisen, die als abgestufte Formen von Fetischismus erscheinen, eine interessante Studie gewidmet. So beschreibt sie z. B. *Pseudotoxikomanien*, im Laufe derer ein Subjekt die Gewohnheit angenommen hat, während einer Periode, die sich über mehrere Jahre erstrecken kann, ein Medikament gegen Schlaflosigkeit zu schlucken. Wenn die Störung nachläßt oder gar verschwindet, schluckt der Patient auch weiterhin die Droge, ohne ihre Dosierung zu erhöhen (es handelt sich also nicht um eine wirkliche Toxikomanie), ersetzt sie zuweilen sogar durch ein weniger wirksames Mittel, wobei es sich letztlich ebensogut um Aspirin wie um Pfefferminzpastillen handeln kann. Worauf es ankommt, ist, wie Greenacre betont, das Aussehen, die Form, die Größe, die Farbe der verwendeten Pillen oder Kapseln. Seltener handelt es sich um ein Medikament in flüssiger Form. Solche Verhaltensformen sind sowohl bei Männern wie bei Frauen zu beobachten, wenngleich letztere im klinischen Material der Autorin häufiger vorkommen. Nach Phyllis Greenacre müssen derartige Erscheinungen mit dem Fetischismus in Zusammenhang gebracht werden. Anhand der untersuchten Beobachtungen scheint es ihr auf der Hand zu liegen, daß die verwendeten Pillen die Mutterbrust und den Penis des Vaters darstellen. Allerdings werden in dieser Brust, repräsentiert durch die Warzen, diese mehr »als ein beneideter Besitz zum Ziel genommen« als mit der Erfahrung des eigentlichen Stillens verbunden. In einem ihrer Fälle hebt die Autorin deutlich hervor, daß das, was beneidet wird, in der Hauptsache die Brust der Mutter und die Mutter selbst ist – als »besessen« von der kleinen Schwester. Der zugrundeliegende Wunsch geht mehr dahin, die Warze mit den Zähnen abzubeißen, als von ihr ernährt zu werden. Greenacre schließt daraus, daß Eifersucht und Zorn, indem sie das Subjekt wachhalten, für die Schlaflosigkeit des Patienten verantwortlich sind. Sie stellt sogar eine Verbindung zur Urszene her und meint, daß jene »fetischistischen« Pillen mehr dazu dienen, das Subjekt vor der Angst des Verlassenwerdens im Augenblick des Schlafs zu schützen, als diesen dank ihrer pharmakologischen Eigenschaften herbeizuführen.

Eine andere von Greenacre untersuchte Erscheinung ist das *Geheimnis* und der fetischistische Gebrauch, der von ihm gemacht werden kann. Mit Bezug auf die Arbeiten von Mamnum über diesen Gegenstand meint sie, daß in solchen Fällen von neurotisch besetztem »fetischistischen Geheimnis« der Patient vor allem danach trachtet, ein stärkeres Ichgefühl zu erlangen, und zwar ausgehend vom Inhalt des Geheimnisses selbst und der Macht, die ihm aus der Möglichkeit erwächst, es anderen vorzuenthalten.

Diese verschiedenen Erscheinungen, so interessant sie vor allem im Hinblick auf den Fetischismus sein mögen, bleiben sehr isoliert von der Sexualität und lassen sich nicht als perverse Tätigkeiten betrachten. Immerhin tendiert die Analyse im Fall des Geheimnisses wie in dem der Pseudotoxikomanien dahin, sowohl den Wert des phallischen Objekts, dem gegenüber die Anhänglichkeit entsteht, wie auch seine defensive Funktion und die Bedeutung, die bei solchen Subjekten eine Fixierung an die Mutter und an die Brust als Teilobjekt hat, die Beständigkeit einer bisexuellen Identifizierung und schließlich eine gewisse Verwirrung bezüglich des Geschlechtsunterschieds anschaulich zu machen. Dennoch sind diese Determinanten niemals so intensiv und einschneidend wie jene, die sich bei Perversionen beobachten lassen. Die Position von Phyllis Greenacre überrascht uns durch den extensiven Gebrauch, den sie von dem Terminus »fetischistisch« macht, denn er wird auf Verhaltensweisen ausgedehnt, die als solche nichts Sexuelles haben. Sie scheint den Merkmalen der Anhänglichkeit an das Objekt selbst, seiner massiven Besetzung und gebieterischen Verwendung eine ganz besondere Wichtigkeit beizumessen. Daher meint sie, Glover zitierend, daß man Zwangsrituale und Ticks auf ein und dieselbe Weise untersuchen könne. Wir hingegen ziehen es vor, ohne das Interesse solcher Phänomene zu vernachlässigen, sie mehr unter dem Blickwinkel der eigentlichen Anhänglichkeit zu betrachten, als in Beziehung zu einem perversen sexuellen Verhalten zu setzen, dessen tiefe Bedeutung uns eine ganz andere zu sein scheint.

Fetischismus, Kastrationsangst und Prägenitalität

Wir kennen die Bedeutung, die Freud dem Fetischobjekt gibt. Es stellt den Phallus des Weibes (der Mutter) dar, an den das Kind einst glaubte und auf den der Perverse angesichts der intensiven Kastrationsangst, die seine perzeptive Entdeckung hervorrufen würde, nicht verzichten konnte. Der Fetisch als

Ersatz »bleibt das Zeichen des Triumphes über die Kastrationsdrohung und der Schutz gegen sie« (1927). Freud sieht also den Ursprung dieser Perversion in der Entdeckung des Geschlechtsunterschieds, d. h. in der phallischen Phase; der Fetischismus scheint nun wesentlich ein Problem der Genitalität zu sein. Freilich versäumt Freud nicht, und zwar schon sehr früh, die Rolle einiger Partialtriebe hervorzuheben, nicht nur die der epistemophilen und skoptophilen Triebe, sondern auch die des koprophilen Triebs, den er schon 1910 erwähnt. Im selben Jahr erscheint auch die interessante Beobachtung von Karl Abraham, der, sich auf eine mündliche Mitteilung Freuds stützend, den Akzent noch stärker auf die Rolle der Analerotik (insbesondere der Koprophilie und der Enthaltungslust) bei der Determinierung des Fetischismus legt.

Aber erst nach der Veröffentlichung der ersten Arbeiten von Melanie Klein verlagert sich das Interesse der Autoren deutlich auf die prägenitalen Phasen. 1933 betont Glover, als er die Beziehungen zwischen der Entstehung einer Perversion und der Entwicklung des Realitätssinns erörtert, daß der Zugang zu diesem Problem am nutzbringendsten über die Untersuchung des Fetischismus geschehe. Er legt den Akzent auf die Rolle der Partialtriebe und insbesondere des Oralsadismus, er weist die Existenz von archaischen Abwehrmechanismen nach – auf die wir noch zurückkommen werden – und insistiert auf der Bedeutsamkeit primitiver Ängste, die bei jeder Perversion, noch spezieller aber im Fetischismus, ungenügend bewältigt wurden, was nach seiner Meinung die grundlegende Störung im Realitätsbezug zur Folge hat. Somit würde das Wesentliche der Fähigkeit zur Objektivität abhängen von der Befreiung hinsichtlich der Mechanismen der Projektion und der Introjektion, da so lange keine stabilen Beziehungen zur Realität herstellbar sind, wie die primitiven Ängste nicht beherrscht werden.

Balint (1935) meint wie Melanie Klein, daß in einer frühen Entwicklungsphase die Fäkalien und die Inhalte des Körpers der Eltern (hauptsächlich die der Mutter) der zentrale Punkt des kindlichen Interesses seien, dessen wichtigstes Sexualziel darin bestehe, sie sich anzueignen. Er leitet daraus zwei neue Interpretationen der Bedeutung des Fetischs ab:

1. Abgesehen von seiner Rolle als Ersatz für den weiblichen Phallus stellt der Fetisch die Fäkalien dar, entweder die des Patienten selbst oder bestimmter die seiner Eltern (insbesondere der Mutter).

2. Bei der Entstehung des Fetischs ergeben sich zwei parallele Verschiebungen, die in dem Fall, wo das Subjekt einen Teil seines Körpers in das Fetischobjekt einführt, vollkommen deutlich sind. Dieses Fetischobjekt stellt die Vagina oder die Gebärmutter dar: dies ist die erste Verschiebung; die zweite betrifft den Teil des eingeführten Körpers, der auf diese Weise als ein Ersatz für den Penis des Vaters erscheint (dem der Koitus gestattet ist).

Die Beiträge von Glover und Balint zur Erforschung des Fetischismus, so begrenzt sie sein mögen, zeugen von einer neuen Orientierung innerhalb der Kleinschen Perspektive, die 1939 von Sylvia Payne aufgegriffen und vertieft wird. Ihre These ist folgende: eine der Hauptdeterminanten des Fetischismus ist es, eine Abwehr gegen ein archaisches Sexualziel zu schaffen: das Liebesobjekt zu töten. Der Akzent liegt auf der Rolle der Partialtriebe und insbesondere des oralsadistischen Triebs, der die Art und Weise der Abwehr bestimmt. Der Fetisch, als äußeres Objekt, ist der Ersatz für das zuerst verinnerlichte, dann nach außen projizierte Liebesobjekt. Er zeugt von der Anstrengung, einen inneren Konflikt zu veräußerlichen. Er symbolisiert die Teilobjekte, die gegessen und damit aufbewahrt wurden; er repräsentiert nämlich: die mütterliche Brust, die Brustwarze, die Fäkalien der Eltern, die Genitalien der Mutter, ihren ganzen Körper, aber auch den im Körper der Mutter enthaltenen Penis des Vaters. Der Fetisch ist also wesentlich überdeterminiert, er ist eine Art Konglomerat, in dem alle Teilobjekte mit dem vereinigten Bild der Eltern verschmelzen. Wir werden auf diese Kleinsche Interpretation des Fetischismus zurückkommen, wenn wir die archaischen Abwehrmechanismen erörtern.

Dennoch konnte es nicht ausbleiben, daß dieses massive Abgleiten zur Prägenitalität, welches die wichtige Rolle der Kastrationsangst bei der Genese des Fetischismus zu schmälern tendiert, Reaktionen nach sich zog, die derlei Interpretationen zu differenzieren suchten. So will Gillespie (1940), auch wenn er die Ansichten von Sylvia Payne über die Bedeutung des Sadismus und die Rolle der frühesten Abwehrmechanismen für richtig hält, dennoch den der phallischen Phase eigentümlichen Phänomenen ihre volle Bedeutung zurückgeben. Er meint, daß man »allzu sehr dazu neigt, das orale Niveau für tiefer, wichtiger, dynamisch aktiver zu halten«, und daß man, wenn man es hauptsächlich in eine psychogenetische Erklärung einbringt, »weiterkommt und der Wahrheit näher ist«. Ihm zufolge können die Züge der Oralität und der Analität sehr wohl eine Verkleidung für zugrundeliegende phallische Ängste sein, wie es beim Fetischismus der Fall ist. Diese Züge haben in sich selbst eine Bedeutung in Verbindung mit verdrängten Phantasien – wodurch sie eine Art Wiederkehr des Verdrängten bilden –, aber sie sind nicht die aktivsten Elemente; die Kastrationsangst bleibt der Schlußstein des Fetischismus. Für Gillespie ist eine der Hauptdeterminanten der aggressive orale Trieb, der sich gegen den in der Mutter inkorporierten Penis des Vaters richtet. Damit spielt auch der sadistische Trieb seine Rolle, jedoch in einem ödipalen Kontext. Da das Ziel der Penis des Vaters im Körper der Mutter ist, haben wir es wirklich mit der eigentlichen Kastrationsangst zu tun und nicht mit irgendeinem undifferenzierten frühen Trauma. Wären im übrigen die Elemente der Oralität und Analität wesentlich, dann wäre es schwer verständlich, warum der Fetischismus vor allem beim Mann und so selten bei der Frau auftritt. Gillespie meint, daß der Fetischismus eine Mischung aus phallischen und prägenitalen Elementen sei, eine spezifische Konstellation nach dem Ausdruck von Glover. Er ist das Ergebnis der Kastrationsangst, jedoch einer besonderen Form von ihr, erzeugt durch »eine bestimmte Mischung oraler und analer Tendenzen«.

Diese theoretische Position, die darauf zielt, sowohl den Elementen der frühen Entwicklungsphasen wie denen der phallischen Phasen Rechnung zu tragen, wobei den letzteren eine dominierende Rolle zugestanden wird, ist am ehesten dazu angetan, uns zu befriedigen, insofern sie der klinischen Vielfalt der Beobachtungen von Fetischismus Rechnung trägt und auf therapeutischer Ebene ein wirksames operatorisches Instrument liefert. Phyllis Greenacre (1953) macht sich eine ähnliche Position zu eigen. Sie ist der Ansicht, daß die Ätiologie des Fetischismus mit diesen beiden Perioden der libidinösen Entwicklung in Beziehung gesetzt werden muß, doch drückt sie dies weniger in Termini von Partialtrieben als in solchen der somatisch-psychischen Strukturierung aus. Sie stellt in der Tat den Fetischismus zur Entwicklung des Körperbildes in Beziehung und schenkt bestimmten Störungen besondere Beachtung, die im Laufe der prägenitalen Phasen auftreten und das Kind strukturell hinfällig und untauglich machen, den ödipalen Problemen zu begegnen, insbesondere die dieser Periode eigentümlichen normalen Kastrationsdrohungen auf sich zu nehmen. Diese frühen Traumata sind ungewöhnlich, hart und »besonders kastrierend«. Das Kind erleidet – sei's als Zuschauer, sei's als Opfer, d. h. an seinem eigenen Körper – blutige oder verstümmelnde Attacken wie chirurgische Eingriffe, schwere Kinderkrankheiten, Unfälle, Fehlgeburten, Geburten (vor allem der Mutter). Solche Ereignisse scheinen in zwei Perioden aufzutauchen: im Alter zwischen sechs und achtzehn Monaten und in der phallischen Phase, d. h. zu Zeiten, da der Knabe besonders verletzlich ist. Ihr Auftreten im Laufe der ersten Phase ruft im allgemeinen ein Gefühl drohender Auflösung hervor, eine schwere Störung der Empfindung des eigenen Körpers (Größe, Gestalt, Ausdehnung) und der Wahrnehmung des Körpers der Mutter, – eine Erfahrung, deren Folge eine Fehlentwicklung des Körperbildes ist. So geschwächt, befindet sich das Kind in der denkbar schlechtesten Verfassung, um der zweiten Periode die Stirn zu bieten, die reich an äußeren Reizen ist (genitale Kastrationsdrohungen), welche die früheren

Ängste neu beleben. Der Fetisch erscheint dann als eine Abwehr gegen die Auflösungsangst und als Versuch, die Integrität des Körpers der Mutter und mithin die des Subjekts selbst wiederherzustellen.

Diese Konzeption des Fetischs als einer Abwehrbildung veranlaßt uns, nunmehr das Ich des Fetischisten ins Auge zu fassen, seine Abwehrmechanismen und Identifizierungen. Wir werden sehen, daß sich der Unterschied zwischen den auf die Kastration zentrierten theoretischen Annäherungen und denen, die sich mehr auf die Störungen der Prägenitalität beziehen, noch verschärft.

Das Ich des Fetischisten, Abwehrmechanismen und Identifizierungen

Für Freud ist der Fetisch bekanntlich eine Kompromißbildung zwischen dem mächtigen Wunsch des Kindes, der sich folgendermaßen formulieren ließe: »Die Frau hat einen Penis«, und der ihm entgegenstehenden Realität, und zwar genau im Augenblick der perzeptiven Entdeckung. Durch den Mechanismus der Verleugnung weigert sich das Kind, die Realität einer Wahrnehmung anzuerkennen, die es indes integriert hat. Damit das Subjekt seinen Glauben an die Existenz eines mütterlichen Penis bewahren kann, schafft es für diesen einen echten Ersatz: den Fetisch, der aus einer Verschiebung resultiert und die wesentliche Funktion hat, die Verleugnung der traumatischen Beobachtung aufrechtzuerhalten. Daß im Ich zwei einander widersprechende Vorstellungen nebeneinander bestehen, führt zu einer *Spaltung*, die für den Fetischismus wie für die Perversion im allgemeinen ziemlich spezifisch ist. Wir wissen, daß Freud die dem Abwehrmechanismus der Verleugnung und seiner Resultante, der Ichspaltung, eine besondere Bedeutung beimaß. Darin folgte man ihm auf doppelt ungleiche Weise. Wir meinen damit, daß die Autoren, die sich hauptsächlich für die archaischen Phasen der Entwicklung interessiert haben, sie nur am Rande erwähnten und daß im übrigen diejenigen, die weiterhin den Akzent auf das Trauma der phallischen Phase legten, sich weit mehr mit der Ichspaltung als mit der eigentlichen Verleugnung befaßt haben. Wirklich systematisch, in ihrer Besonderheit, wurde ihr nur in den französischen Publikationen der letzten Jahre nachgegangen. Die angelsächsische Literatur ist in diesem Punkt wirklich schwach. So greift z. B. Fenichel die Freudschen Sätze lediglich auf, ohne sie in irgendeiner Weise zu vertiefen.

Katan (1963) ist einer der wenigen Autoren, die sich mit dem Mechanismus des Ich bei der Wahl, der Entstehung und der Funktion des Fetischs befassen. Anhand des Freudschen Textes von 1927 versucht er, seine Thesen zu vertiefen, indem er einige Zweideutigkeiten behebt, die sie zu enthalten scheinen. Die erste, die den Autor aufhorchen läßt, ist folgende: wie lassen sich die beiden Behauptungen Freuds miteinander vereinbaren, nämlich: 1) der Fetisch ist der Ersatz für den Phallus des Weibes; 2) »die Situation, die der traumatischen Beobachtung unmittelbar vorhergeht, übt einen tiefgreifenden Einfluß auf die Herausbildung des Fetischs aus. Der Fetisch wird unter den Organen oder Objekten ausgewählt, die gesehen wurden, bevor das Trauma sich ereignete; dieses Fetischobjekt symbolisiert nicht notwendig den Penis; eine solche Symbolisierung ist nicht einmal ein entscheidender Faktor.« Darauf zu antworten, »daß die Besetzung, die ursprünglich der erwartete weibliche Phallus erfuhr, auf den Fetisch verschoben wird, obwohl dieser Fetisch nicht notwendig ein phallisches Symbol ist«, befriedigt nicht ganz; daher bemüht er sich auch, die sukzessiven Phasen der Entstehung des Fetischs in allen Einzelheiten zu untersuchen und in erster Linie das, was er das prätraumatische Stadium des Ich nennt.

Der kleine Knabe, der bei der Entkleidung einer Frau (meistens der Mutter oder Schwester) zugegen ist, empfindet eine große sexuelle Neugier: er befindet sich im Zustand der Erwartung und Überreiztheit; er späht sozusagen nach dem weiblichen Penis, mit um so größerem Interesse, als wahrscheinlich frühere Erfahrungen seine Neugier nicht befriedigt haben. In diesem Augenblick kann jedes Objekt ein sexueller Reiz werden, der eine Erektion verursacht: ein Kleidungsstück, ein Schuh, ein Fuß ... Dann entdeckt das Kind plötzlich die Abwesenheit des Penis bei den weiblichen Genitalien. Diese Wahrnehmung, zutiefst traumatisch, kommt einer Kastrationsdrohung gleich und veranlaßt das Subjekt, die Realität seiner Beobachtung leugnen zu wollen. Katan unterstreicht die Tatsache, daß dieser intensive Schock sich dann ereignet, wenn das Kind sich im Zustand der Überreiztheit (mit Erektion) befindet und dazu neigt, diese Szene mit vorausgegangenen masturbatorischen Aktivitäten zu assoziieren. Ist diese sexuelle Erregung verschwunden, dann ist die Verleugnung kaum noch gerechtfertigt, da der Knabe dann der Realität der Abwesenheit eines Penis bei der Frau ins Auge sehen kann. Diese Verleugnung war also vorübergehend, sie hat dem Ich erlaubt, dem Trauma zu begegnen, indem es sich ihm langsam anpaßte und die Realität integrierte. Was aber geschieht im Fall des Fetischisten? »Er kann auf die Masturbation nicht verzichten. Um sich zu schützen, wird sein Ich entweder die Reste der ersten Verleugnung verstärken oder seine Verleugnung der traumatischen Beobachtung erneuern.« Und Katan fährt fort: »Wir müssen uns der Bedeutung dieser letzteren Form der Verleugnung voll bewußt sein. Entweder hat sie den Knaben daran gehindert, jemals den Zustand zu verlassen, in dem er sich befand, bevor er seine traumatische Beobachtung machte, oder aber er regrediert nun durch seine erneute Verleugnung in diesen Zustand. Das heißt, daß er immer noch in dem Zustand ist, in dem er sich befand, bevor seine sexuelle Erregung jenen schrecklichen Schlag erlitten hat; mit anderen Worten in einer Verfassung, in der er darauf gefaßt war, jeden Moment den weiblichen Phallus zu erblicken, und in der seine Sexualität durch die Beobachtung verschiedener Objekte geweckt war. Um diese erregende Szene noch einmal spielen zu können, wird er die Gegenwart eines dieser Objekte brauchen, vorzugsweise desjenigen, das ihm in dem Augenblick, da er es gewahrte, die intensivste Lust verschaffte. Damit ist die Gegenwart des Fetischs für ihn das Zeichen dafür, daß es ihm gelungen ist, den ursprünglichen Zustand wiederzufinden, in dem seine sexuelle Erregung noch nicht bedroht war.«

Die zweite von Katan isolierte Phase bei der Entstehung des Fetischs erscheint ihm von geringerer Bedeutung. Wir sahen soeben, daß die Verleugnung für die Entstehung des Fetischs maßgebend war, indem sie zur Fixierung des Zustands der sexuellen Erregung führte, welcher den prätraumatischen Zustand des Ich darstellt. Diese Fixierung muß verstärkt werden, damit sich die Verleugnung nicht abschwächt. Gerade diese Verstärkung wird das Endstadium in der Entwicklung des Fetischs bilden. Es handelt sich also für ihn lediglich um eine »sekundäre Verarbeitung«, die »der ersten Grundlage der Entwicklung nichts wesentlich Neues hinzufügt. Sie erfaßt nur in gewissem Maße das, was zu Anfang geschehen war, und besiegelt damit endgültig den gesamten Vorgang«.

Somit besteht das Neue, das Katan uns hinsichtlich des Freudschen Textes bringt, hauptsächlich in der Bedeutung, die er der prätraumatischen Phase zuschreibt, charakterisiert durch einen Zustand intensiver sexueller Erregung, der plötzlich durch die traumatische Wahrnehmung bedroht wird. Die Verleugnung dieser Wahrnehmung fixiert das Ich an jenes prätraumatische Stadium und erlaubt die Bildung des Fetischs, der durch sekundäre Verstärkung die Gewißheit aufrechterhalten wird, daß die sexuelle Funktion nicht bedroht ist. Eine solche These hilft uns verstehen, warum Freud die Wahl des Fetischobjekts mit dem Festhalten an bestimmten Erinnerungen verglich, die dem Trauma bei traumatischer Amnesie unmittelbar vorausgingen. Dennoch kann sie uns nicht gänzlich befriedigen, und zwar aus mehreren Gründen. Da ist zunächst die *Unbestimmtheit* des Bandes zwischen dem Zustand der sexuellen Erregung, den der Knabe im Augenblick des Traumas zeigt, sowie die Kastrationsdrohung, welche die Entdeckung des fehlenden Penis bei der Frau darstellt. Zweitens fehlt es der Verwendung des Begriffs Verleugnung unbestreitbar an Strenge: die Frage bleibt nämlich offen, was verleugnet wird. Schließlich vernachlässigt Katan infolge des Interesses, das er der dem Trauma unmittelbar vorausgegangenen Phase entgegenbringt, »die prä-ödipalen Erfahrungen, die die Situation vorbereitet haben, so daß die Beobachtung des fehlenden Penis beim Weibe solch eine zutiefst traumatische Wirkung bekommt«: er erwähnt sie nur und zitiert kurz Bak, Gillespie und Greenacre. Der Hauptvorwurf, den man ihm also machen kann, betrifft den hier unzureichend ausgeleuchteten Begriff des Traumas: handelt es sich um ein Trauma an sich, oder soll es auf vorherige Erfahrungen verweisen, die allein fähig sind, der perzeptiven Wahrnehmung ihren vollen Sinn und ihre eigentlich traumatische Tragweite zu verleihen? Auf diesem Umweg gelangen wir wieder zum Gegensatz zwischen phalllischer Phase und prägenitalen Phasen; diese letzteren wollen wir nun unter dem Blickwinkel der Abwehrmechanismen und Identifizierungen untersuchen.

Für Sylvia Payne, die, wie wir sahen, in ihrer Arbeit nur das Kleinsche Interpretationsmodell benutzt, sind die bei der Entstehung des Fetischs mitwirkenden Mechanismen die archaischsten: Introjektion-Projektion, Spaltung des Ich und des Objekts. Der Oralsadismus äußert sich in diesen frühen Phasen durch Eifersucht und Furcht vor Vergeltung. Er erfährt eine Entladung in den exkretorischen Akten (urinieren-defäzieren), aber parallel dazu ersetzen die *excreta* und die exkretorischen Akte der Eltern die Sexualität und sind Pole des Interesses für das Kind. In dieser Situation wird die Kontrolle der Eltern gleichbedeutend mit der Kontrolle der Es-Triebe, die auf sie projiziert und dann nach Introjektion der Elternimagos verinnerlicht wurden. Oben sagten wir, daß der Fetisch eine Art Amalgam von Teilobjekten und vereinigtem Elternbild darstellt. Diese mit den Fäkalien identifizierten Teilobjekte werden vom Kind inkorporiert und vor jeder Zerstörung bewahrt. So verinnerlicht, können sie die Bedeutung eines prägenitalen Über-Ich haben und vom Ich gefürchtet oder geliebt werden. In letzterem Fall läßt sich sagen, daß das Ich beim Über-Ich

Schutz und Unterstützung sucht und daß Über-Ich und geliebtes Objekt identisch sind. Wenn dieses verinnerlichte Objekt in den Fetisch projiziert wird, dann stellt dieser das geliebte (nicht zerstörte) Objekt und das Über-Ich dar. Auf diese Weise liefert der Mechanismus der Projektion, dem bei der Herausbildung des Fetischobjekts eine entscheidende Rolle zukommt, dem Subjekt ein gutes äußeres Objekt und gibt ihm die Sicherheit, daß seine sadistischen Wünsche die Objekte nicht zerstört haben. Bemerken wir noch, daß bei der Überdeterminierung des Fetischs, ausgehend von verinnerlichten und dann projizierten Teilobjekten, festzustellen ist, daß in vielen Fällen der Penis des Vaters das gute introjizierte Objekt ersetzt. Man sieht klar und deutlich, daß eine solche Behandlung des Fetischismus, die gänzlich auf den archaischen Entwicklungsphasen gründet, den mit der Kastrationsangst verbundenen Abwehrmechanismen keinen Platz einräumt. Selbst die Ichspaltung bekommt im Kleinschen System einen Sinn und eine Tragweite, die von dem, was in der *Ichspaltung* (1938) enthalten ist, stark abweichen.

Nicht alle frühen Störungen bei der Ichbildung des Fetischisten werden in dieser Perspektive in Betracht gezogen. Mehrere Autoren haben sich mit der Rolle befaßt, die die frühen Identifizierungen bei der Genese dieser Perversion spielen. So meint Greenacre, daß die während der Entwicklung des Körperbildes aufgetretenen Störungen eine strukturelle Schwächung des Ich und dessen zur Folge haben, was sie das *body-self* nennt. Daraus ergeben sich gravierende Störungen der Selbstidentität, insbesondere der sexuellen Identität mit Herausbildung einer bisexuellen Identifizierung, die sekundär auch die Beziehung zur Realität sowie alle Objektbeziehungen in Mitleidenschaft zieht. Diese bisexuelle Identifizierung führt zu einer Art von permanenter Oszillation des *body-self* mit kurzen Identifizierungen mit anderen, vor allem mittels des Sehens, besonders in sexuellen Situationen. Man kann feststellen, daß diese schnellen und sukzessiven Änderungen im Körperbild, wenn sie sich auch auf die Genitalien zu konzentrieren scheinen, sich in

Wahrheit, zumindest sekundär, auf den ganzen Körper erstrecken. Der Fetischist leidet – *in toto* und zugleich an den verschiedenen Teilen seines Körpers – am Elend der Kastrationsangst. Man ist versucht, diese Störung der sexuellen Identifizierung mit dem zu vergleichen, was Gillespie (1940) beschrieb, als er die Existenz einer weiblichen Identifizierung bei seinem Patienten bemerkte, was eine passive Haltung gegenüber dem Vater nach sich zog. Dennoch genügt es nicht, einfach von weiblicher Identifizierung zu sprechen. In Wahrheit besteht eine doppelte Vorstellung der Mutter als eines Identifikationsbildes (Bak, 1953): sie wird wahrgenommen als Besitzerin und zugleich als Nicht-Besitzerin eines Penis. Der Knabe identifiziert sich bald mit der phallischen, bald mit der nicht-phallischen Mutter, bald mit beiden gleichzeitig, und für Bak sind diese widersprüchlichen Identifizierungen verantwortlich für die Ichspaltung. Die Identifizierung mit der Mutter ohne Penis gibt dem Kind den Wunsch ein, auf seinen eigenen Penis zu verzichten, einen Wunsch, der natürlich in scharfen Konflikt gerät mit der narzißtischen Besetzung dieses Organs und dem mindestens ebenso starken Wunsch, es zu behalten. Man sieht, daß der fetischistische Kompromiß das Subjekt vor den beiden Gefahren schützt, denen es ausgesetzt ist: Trennung von der Mutter und Kastration. Das ausgeprägte Beharren des Fetischisten auf einem mütterlichen Penis erscheint wie ein Schutz vor dem unbewußten Wunsch, den eigenen Penis aufzugeben, um die Identität mit der Mutter aufrechtzuerhalten. In einem späteren Text zentriert Bak (1968) das gesamte Identifikationsproblem um die Phantasie von der phallischen Frau und erklärt, daß die hauptsächliche Abwehrstellung in den Perversionen die Wiederbesetzung dieser ursprünglichen Phantasie ist. In dieser Perspektive ist der Fetischismus dann wirklich die Grundperversion. In dem Augenblick, da das Ich das Fehlen des Penis bei der Frau entdeckt, wird es mit einer Realität konfrontiert, die es abzulehnen trachtet. Im Kampf, den es beginnt, wird ein Teil der Realität, wiewohl nicht verloren, durch die Wiederbesetzung der Phantasie von der phallischen

Mutter in *Ungewißheit* verwandelt. Diese Ungewißheit trägt dazu bei, eine schwankende Identifizierung mit jedem Elternteil aufrechtzuerhalten, und verhindert eine deutliche Differenzierung der Geschlechter, die auf eine Gewißheit hinsichtlich der sexuellen Identität hinausliefe. Sie führt im Gegenteil zu einer bisexuellen Identifizierung durch miteinander verschmolzene Vorstellungen. Freilich kann diese Identifizierung Vorläufer haben, sowohl auf der Ebene der frühesten primären Identifizierungen wie auf der der fehlerhaften Trennungs-Individuationsprozesse, die für die narzißtische Spaltung in den Perversionen verantwortlich sind. Hier zeigt sich recht gut die Verwandtschaft, die zwischen solchen Zuständen, spezieller dem Fetischismus, und anderen psychopathologischen, sehr regressiven Zuständen wie den Psychosen bestehen kann.

Der Fetischismus als Perversion in bezug auf Neurosen und Psychosen[2]

In seinem Aufsatz von 1938 stellte Freud dieses Problem anläßlich der Ichspaltung. Der Fetischist wendet sich nämlich, indem er sich anzuerkennen weigert, daß die Frau keinen Penis hat, von der Realität ab, so wie es gewöhnlich der Psychotiker tut. Indes wird diese Realität nicht wirklich verworfen. »Der Knabe hat nicht einfach seiner Wahrnehmung widersprochen, einen Penis dorthin halluziniert, wo keiner zu sehen war, sondern er hat nur eine Wertverschiebung vorgenommen, die Penisbedeutung einem anderen Körperteil übertragen, wobei ihm ... der Mechanismus der Regression zu Hilfe kam.« Die Verwandtschaft mit der Psychose bleibt deshalb nicht weniger groß.

So nähert im Fetischismus die Verleugnung einer wahrgenommenen Realität (die Kastration der Frau) diese Perversion so-

2 In dieser Untersuchung gehen wir nicht auf den Aufsatz von Masud Khan ein, der im vorliegenden Band enthalten ist.

wohl der Neurose an, insofern der Fetisch eine Abwehrbildung (Kompromißbildung) ist, wie auch der Psychose, insofern ein Teil des Ich sich von der Realität löst (Freud, 1927).

Glover (1933) meint, daß die frühen Traumata, die am Ursprung des Fetischismus stehen, so starke Verzerrungen des Ich zur Folge haben, daß sie ebensogut für ausgeprägte psychotische Zustände verantwortlich sein könnten. Wenn es anders kommt, so deshalb, weil das perverse Symptom als solches von einem übertriebenen Kampf gegen die mit den Mechanismen der Introjektion und der Projektion verbundene archaische Angst herrührt; es ist eine Abwehr gegen die Psychose, eine wahre »Herabsetzung der in der Beziehung zur Realität aufgetauchten Fehler«. Aus diesem Grunde läßt sich die Ansicht vertreten, daß zwischen psychotischen Zuständen und Perversionen eine sehr große Verwandtschaft besteht, und Glover behauptet die Existenz von Übergangsformen, wo alles nur eine Frage des Gradunterschieds sei. Für ihn ist die Perversion mehr das Negativ der Psychose denn der Neurose.

Sylvia Payne sieht das Problem auf ganz andere Weise. Sie meint, daß der Fetisch, als in hohem Maße überdeterminierte Mischbildung, das Individuum vor einer wirklich perversen Form der Sexualität bewahrt. Der Fetischist, der den sadistischen Trieb bekämpft, zeigt weit mehr Angst und Schuldgefühl als ein Perverser und steht in diesem Sinn dem Neurotiker sehr nahe. Die Entstehung seines Objekts kann mit der des neurotischen Symptoms verglichen werden oder genauer mit dem des phobischen Objekts: Projektion, Verschiebung, Ersatzobjekt, wobei der Hauptunterschied in der Umkehrung des Affekts besteht: das Objekt ist anziehend, statt für das Subjekt eine Quelle der Angst und der Furcht zu sein.

Sylvia Payne unterstreicht im übrigen den Platz der Sublimierungen, die in einigen Fällen den Fetisch ersetzen können und die auf jeden Fall von der Verwandtschaft zwischen Fetischismus und künstlerischen oder religiösen Aktivitäten zeugen, was für sie ein neuerlicher Beweis für die Verbindung des Fetischs mit den introjizierten Imagos in den archaischen Entwicklungsphasen ist. Wir haben ja gesehen, daß die verinnerlichten Teilobjekte bei der Herausbildung des prägenitalen Über-Ich mitwirken.

Wie man sieht, sind die Positionen von Glover und Sylvia Payne kaum dazu angetan, unseren Wunsch, die Besonderheit der perversen Struktur zu begründen, zu befriedigen. Der eine bezieht sich auf das psychotische Modell, die andere macht sich das Schema des neurotischen Symptoms zu eigen, ohne daß dem ursprünglichen Nebeneinander der beiden Abwehrmechanismen wirklich Rechnung getragen würde: der Verleugnung und der Ichspaltung, die für die Perversion und vor allem für das bevorzugte Modell des Fetischismus charakteristisch bleiben. Dieser Besonderheit kommen wir im Werk von Gillespie weit näher. Für ihn sind die Perversionen nicht nur die bloße Verlängerung der Elemente der infantilen Sexualität, sondern sehr spezialisierte und hochorganisierte Bildungen: nur wenige Wege stehen dem Perversen offen, um die Abfuhr der sexuellen Spannung zu ermöglichen und Objektbeziehungen herzustellen. Doch welches sind diese Bildungen? Wenn Freud erklärt, daß die Neurose das Negativ der Perversion ist, so bedeutet dies für Gillespie (1952) nicht, daß die Neurose das Resultat eines Konflikts zwischen dem Trieb und dem Ich wäre, während sich dieser Trieb in der Perversion im Reinzustand ausdrückte. Zwar sind in der Perversion Abwehrmechanismen zu finden, die von Freud beschriebene Verleugnung und Ichspaltung, aber auch, wie Gillespie betont, andere Mechanismen, die uns von Melanie Klein zur Kenntnis gebracht wurden – schizoide Abwehrmechanismen, die in den frühen Entwicklungsphasen dieselbe Rolle spielen wie in einem späteren Stadium die Verdrängung. Der Unterschied zwischen Neurose und Perversion läge also für diesen Autor nicht im Gegensatz: Abwehr – Fehlen von Abwehr, sondern vielmehr in dem Gegensatz: Abwehr durch Verdrängung – primitivere Abwehr von schizoidem oder Spaltungscharakter. Dennoch muß noch einmal präzisiert werden, daß wir es bei den Perversionen (insbesondere dem Fetischismus) nicht mit einer Abwehr gegen die Kastrationsangst oder mit einer Abwehr gegen eine noch frühere Angstsituation zu tun haben, sondern vielmehr mit einer Modifikation der Kastrationsangst, die in ihrer Form von prägenitalen, vor allem oralen Faktoren bestimmt wird. So sind wir versucht, mit Gillespie zu sagen, daß der Fetischismus als psychopathologisches Modell der Perversion genau zwischen der Neurose und der Psychose liegt. Er ist das Ergebnis einer partiellen Regression angesichts der Kastrationsangst, einer Regression, die bis zu der von der Spaltung des Ich und des Objekts geprägten oralsadistischen Phase reicht (der Phase, in der die transitionellen Phänomene auftauchen). Aufgrund der Existenz eines folgenreichen Kastrationskomplexes nähert sich der Fetischist wie jeder Perverse dem Neurotiker an. Aufgrund der Regression in archaische Entwicklungsphasen nähert er sich dem Psychotiker an. Der Mechanismus der Spaltung würde es also einem Teil der Libido gestatten, an die phallische Phase fixiert zu bleiben, mit einer normalen Beziehung zur Realität, und dem anderen Teil, zu regredieren und damit virtuell psychotisch zu sein. Vom ersten Teil könnte man sagen, daß er »die Rolle des Verbindungsoffiziers« zur Realität spielt und damit die Psychose vermeiden hilft. Es scheint, als läge gerade in dieser sehr eigentümlichen Art der Spaltung die Besonderheit der Perversion.

Bibliographische Hinweise

Psychoanalytische Arbeiten über den Fetischismus[1]

Abraham, K. (1910) »Bemerkungen zur Psychoanalyse eines Falles von Fuß- und Korsettfetischismus«, *Jahrbuch der Psychoanalyse (Jahrbuch für psychoanalytische und psychopathologische Forschungen)*, III, 1912, 557–567

Bak, R. (1953), »Fetishism«, *J. Am. Psychoanal. Assn.*, I [deutsche Übers. in diesem Band]

– (1968), »The phallic woman«, in *Psychoanalytic Study of the Child*, 23

Balint, M. (1935), »A Contribution to Fetishism«, *Int. J. Psycho-Anal.*, 16, 481–483

Buxbaum, E. (1960), »Hair Pulling and Fetishism«, *Psychoanalytic Study of the Child*, 15, 243–260

Dickes, R. (1963), »Fetishistic Behaviour: A Contribution to its Complex Development and Significance«, *J. Am. Psychoanal. Assn.*, 11, 303–330

Fraiberg, S. (1954), »Tales of the Discovery of the Secret Treasure«, *Psychoanalytic Study of the Child*, 9, 218–241

Garma, A. (1956), »The Meaning and Genesis of Fetishism«, *Int. J. Psycho-Anal.*, 37, 414–415

Gillespie, W. (1940), »A Contribution to the Study of Fetishism«, *Int. J. Psycho-Anal.*, 21, 401–415

– (1952), »Notes on the Analysis of Sexual Perversions«, *Int. J. Psycho-Anal.*, 33

– (1964), »The Psycho-Analytic Theory of Sexual Deviations with Special Reference to Fetishism«, in *The Pathology and Treatment of Sexual Deviations*, Hrsg. I. Rosen, London, Oxford University Press

Glover, E. (1932), »On the Etiology of Drug Addiction«, *On the Early Development of the Mind*, London 1936

– (1933), »The Relation of Perversion-Formation to the Development of Reality Sense«, *Int. J. Psycho-Anal.*, 14

Glover, J. (1927), »Notes on an Unusual Form of Perversion«, *Int. J. Psycho-Anal.*, 8

Green, A. (1968), »Sur la mère phallique«, *Rev. Fr. Psa.*, XXXII, 1–38

1 Für die Texte von Freud vgl. oben, S. 36.

Greenacre, P. (1953), »Certain Relationships between Fetishism and Faculty Development of Body Image«, *Psychoanalytic Study of the Child*, 8, 79–98
– (1955), »Further Considerations Regarding Fetishism«, *Psychoanalytic Study of the Child*, 10, 187–194
– (1960), »Further Notes on Fetishism«, *Psychoanalytic Study of the Child*, 5, 191–207
– (1969), »The Fetish and the Transitional Object«, *Psychoanalytic Study of the Child*, 24, 144–164
Hermann, I. (1936), »Sich Anklammern – Auf Suche gehen«, *Int. Ztschr. f. Psa.*, XXIII
Hunter, D. (1954), »Object Relation Changes in the Analysis of a Fetishist«, *Int. J. Psycho-Anal.*, 35, 302–312
Katan, M. (1964), »Fetishism, Splitting of the Ego and Denial«, *Int. J. Psycho-Anal.*, 45, 237–245
Khan, M. R. (1965), »Foreskin Fetishism and its Relation to Ego Pathology in a Male Homosexual«, *Int. J. Psycho-Anal.*, 47 [deutsche Übers. in diesem Band]
Kronengold, E., und Sterba, R. (1936), »Two Cases of Fetishism«, *Psychoanal. Quart.*, 5, 63–70
Lacan, J., und Granoff, W. (1956), »Fetishism: the Symbolic, the Imaginary and the Real«, in *Perversions*, Hrsg. S. Lorand, New York
Lorand, S. (1930), »Fetishism in Statu Nascendi«, *Int. J. Psycho-Anal.*, 11, 419–427
– (1939), »Role of the Female Penis Phantasy in Male Character Formation«, *Int. J. Psycho-Anal.*, 20, 171–182
Mittelmann, B. (1955), »Motor Patterns and Genital Behaviour Fetishism«, *Psychoanalytic Study of the Child*, 10, 241–263
Payne, S. M. (1939), »Some Observations on the Ego Development of the Fetishist«, *Int. J. Psycho-Anal.*, 20, 161–170
Peabody, G. A., Rowe, A. T., und Wall, J. M. (1953), »Fetishism and Transvestitism«, *J. Nerv. Ment. Dis. 118, 339–349*
Romm, M. E. (1949), »Some Dynamics in Fetishism«, *Psychoanal. Quart.*, 18, 137–153
Rosolato, G. (1967), »Étude des perversions sexuelles à partir du fétichisme«, in *Le Désir et la Perversion*, Paris
Schmideberg, M. (1956), »Delinquent Acts as Perversions and Fetishes«, *Int. J. Psycho-Anal.*, 37

Sperling, M. (1963), »Fetishism in Children«, *Psychoanal. Quart.*, 32, 494–504
– (1964), »The Analysis of a Boy with Transvestite Tendencies«, *Psychoanalytic Study of the Child*, 19, 470–493
Spiegel, N. (1967), »An Infantile Fetish and its Persistence into Young Womanhood«, *Psychoanalytic Study of the Child*, 22, 402 bis 425
Stevenson, O. (1954), »The First Treasured Possession«, *Psychoanalytic Study of the Child*, 9, 199–217
Weisman, P. (1957), »Some Aspects of Sexual Activity in a Fetishist«, *Psychoanal. Quart.*, 26, 494–507
Winnicott, D. W. (1953), »Transitional Objects and Transitional Phenomena«, *Int. J. Psycho-Anal.*, 34, 88–97
– (1967), »Location of Cultural Experience«, *Int. J. Psycho-Anal.*, 48, 368–372
Wulff, M. (1946), »Fetishism and Object Choices in Early Childhood«, *Psychoanal. Quart.*, 15

Guy Rosolato
Der Fetischismus, dessen Objekt sich »entzieht«

Die klinischen Beobachtungen bezüglich des Fetischismus sind nicht immer eindeutig. Nicht selten kommt es vor, daß sie in die Beschreibung einer anderen vorherrschenden Perversion einfließen, daß der Fetisch sich auf eine Bedingung des Geschlechtsakts, eine Besonderheit des weiblichen Körpers reduziert oder daß er gar nur noch die Minimalforderungen einer Objektwahl bezeichnet. So ist im Fall von Krafft-Ebing, wo ein solches Zurücktreten zutage tritt, das Objekt nur selten isoliert, ausschließlich und ausreichend. Anderswo läßt sich die Beobachtung zwar gut an, scheitert dann jedoch an ihrer Erklärung: hat man z. B. anläßlich des Fetischs den mütterlichen Penis zu bezeichnen, so beeilt man sich, auf die Autorität von Freud zu verweisen. Das Objekt entzieht sich in seine Implikationen. Handelt es sich hier nur um eine Schwäche, eine Ausflucht, oder müßten wir darin vielmehr eine *Hemmung* sehen, wie wir es bei einem Uhrwerk sagen würden, dessen zentrales Rad aus ebensoviel Zähnen wie Einbuchtungen besteht?

Der bekannte Aufsatz von Freud (*Fetischismus*, 1927) liefert uns einleitend anhand eines klinischen Beispiels sehr lehrreiche Einzelheiten. Erinnern wir uns an die beiden Äußerungen zu Beginn des Aufsatzes, welche die Distanz zeigen, auf die der Autor bedacht ist. Die erste setzt den Fetisch als das Resultat eines »Nebenbefundes«, d. h. daß er, wiewohl von seinen Anhängern als Abnormität erkannt, seine Bedeutung erst im Laufe der Kur erhält. Die zweite Bemerkung betrifft Freuds Zurückhaltung bei der Veröffentlichung solchen Materials: so erkennt er die Notwendigkeit, ein *Geheimnis* zu hüten, aber auch, es sichtbar zu machen.

Die Analyse wird uns auf augenfällige Weise die Rolle des Objekts quasi im Negativ, als Vertiefung, als Abwesenheit vorführen, ein Objekt, das sich gewissermaßen im Fetischobjekt konkretisiert. Sehen wir uns diesen Text näher an.

Am merkwürdigsten erscheint ein Fall, in dem ein junger Mann einen gewissen »Glanz auf der Nase« zur fetischistischen Bedingung erhoben hatte. Das fand seine überraschende Aufklärung durch die Tatsache, daß der Patient eine englische Kinderstube gehabt hatte, dann aber nach Deutschland gekommen war, wo er seine Muttersprache fast vollkommen vergaß. Der aus den ersten Kinderjahren stammende Fetisch war nicht deutsch, sondern englisch zu lesen, der »Glanz auf der Nase« war eigentlich ein »Blick auf die Nase« (glance = Blick), die Nase war also der Fetisch, dem er übrigens nach seinem Belieben jenes besondere Glanzlicht verlieh, das andere nicht wahrnehmen konnten. Die Auskunft, welche die Analyse über Sinn und Absicht des Fetisch gab, war in allen Fällen die nämliche. Sie ergab sich so ungezwungen und erschien mir so zwingend, daß ich bereit bin, dieselbe Lösung allgemein für alle Fälle von Fetischismus zu erwarten. Wenn ich nun mitteile, der Fetisch ist ein Penisersatz, so werde ich gewiß Enttäuschung hervorrufen.

Und einige Zeilen weiter heißt es noch:

Um es klarer zu sagen, der Fetisch ist der Ersatz für den Phallus des Weibes (der Mutter), an den das Knäblein geglaubt hat und auf den es – wir wissen warum – nicht verzichten will.

Freud gibt diesem Beispiel ein außergewöhnliches Gewicht: er wählt es nicht nur für eine einleitende Darstellung aus, er beschreibt es auch als den »merkwürdigsten Fall«. Es wäre also statthaft, hier grundlegende Beziehungen am Werk zu sehen.

Bemerken wir nebenbei, daß der »Glanz auf der Nase« nicht der Fetisch ist, sondern seine *Bedingung*.

Gleich darauf verlegt Freud die Erklärung auf eine sprachliche Ebene: a) für den jungen Mann ist in bezug auf das Deutsche das Englische die erste Sprache: es ist seine Muttersprache;

b) diese Sprache hatte er fast vollkommen vergessen; man wird sich also notwendig an eine Übersetzung halten müssen, um nicht nur die »Bedingung«, sondern den Fetisch selbst zu »lesen«, d. h. eine Nase, der die Eigenschaft, zu glänzen, beigemessen werden kann. Dieser linguistische Umweg, so ungewohnt er in diesem Bereich auch ist, muß uns näher beschäftigen. Bis hierher faßt Freud die notwendigen und hinreichenden Fakten sehr komprimiert zusammen. Das eigentlich Psychoanalytische kommt erst nach einem Sprung: in der Tat, wie gelangt man zu jenem wesentlichen Begriff des mütterlichen Penis? Freud setzt ihn als das Ergebnis seiner Beobachtungen bei ähnlich gelagerten Fällen. Er führt keinen logischen Nachweis. Und er ist sich dieser Abkürzung, die er mit Vorbedacht wählt, nicht nur bewußt, er weist den Leser auch ausdrücklich darauf hin: »Wenn ich nun mitteile, der Fetisch ist ein Penisersatz, so werde ich gewiß Enttäuschung hervorrufen.« Die Enttäuschung könnte, wie es scheint, aus zwei Gründen entstehen: einmal wegen einer allzu banalen Erklärung, bei der es sich im Fall einer Perversion wiederum um Sex handeln würde; doch vor allem wegen der Auslassung, die augenblicklich zum Kernpunkt führt. Im übrigen ist das Thema komplexer, als es hier scheint; es handelt sich nicht um irgendeinen Penis, sondern um den des Weibes, genauer der Mutter.
Die beiden Hauptelemente, *Penis + der Mutter*, werden somit recht abrupt eingeführt. Soll man das Argument der Autorität zulassen und auf eine Art statistische Feststellung, einem klinischen Empirismus vertrauen? Selbst wenn dem so wäre, müßte man sich mit Recht fragen, wie Freud eine solche Entsprechung zwischen Fetisch und mütterlichem Penis aufzuspüren vermochte, zumindest beim ersten Mal, und welche Verknüpfung *ein einziges Mal* für alle anderen dahin geführt hat und bei welcher ersten Beobachtung – wenn nicht letztlich bei der, die Freud uns in seinem Aufsatz als exemplarisch vorführt.
Und es stellt sich heraus, daß uns hier tatsächlich alle zum Verständnis notwendigen Elemente an die Hand gegeben werden, *einschließlich derer, die nur in einer Virtualität aufschei-*

nen, deren Interesse darin besteht, die Aufmerksamkeit auf das fehlende Objekt zu lenken.

Sehen wir uns zunächst an, was zur Mutter führt. Ein einziges Wort beschwört sie ohne Umschweif: die *Mutter*sprache. Diese ist nun aber fast vollkommen vergessen worden, genau wie eine erste Erinnerung, eine erste Wahrnehmung des weiblichen Geschlechts, desjenigen der Mutter.

Muttersprache: nichts erinnert in diesem Wort an die Muttersprache, die sich selbst ausspricht: *mother-tongue;* damit verliert die »Sprache« (*langue,* Zunge) ihren Doppelsinn, den sprachlichen und den eines Körperorgans, das sich in der Mundhöhle befindet, herausgestreckt werden kann, ein Organ der Sinnlichkeit und des oralen Erkennens, ein Organ, *das beiden Geschlechtern gemeinsam ist.* Wir meinen also *nicht,* daß die Sprache für eine Verschiebung nach oben gesorgt hat – zum Geheimnis, das sich durch den Mund offenbart –, eine Verschiebung dessen, was unten unsichtbar und verboten bleibt, es sei denn im Glanz eines flüchtigen und verleugneten Blicks. Es bleibt nur *Sprache,* – so daß man zweifelsfrei in der englischen Sequenz nur das der mütterlichen Seite zurechnen kann, was mit *glance,* dem *Blick* zusammenhängt, dem Ausgangspunkt der Übersetzung.

Wenn somit auch der Weg zur Mutter in der sprachlichen Sequenz vorhanden ist, wo läßt sich der Bezug auf den Penis finden? Sicher wird er nicht ausdrücklich geliefert. Und hier liegt der wesentliche dunkle Punkt in Freuds Exposé. Daraus sollten wir eine Lehre ziehen.

In der Tat würde es nicht genügen, auf eine fix und fertige Symbolik zu verweisen, um die Äquivalenz von Penis und Nase zu behaupten. Es gilt zudem, über die historischen Determinationen hinaus (die Freud beiseite läßt) in der konkreten Rede zu erkennen, auf welche Weise die Wörter als Stütze dienen und mit dem *glance at the nose* und dem *Glanz auf der Nase* zum fetischistischen Organ, der Nase, lenken.

Als erstes sehen wir, daß der Übergang von einem Ausdruck zum anderen eine Sinnveränderung nach sich zieht, ausgehend von einer Homonymie der gemeinsamen Phoneme: *glan(t)s – glans*. Dieses lateinische Wort (*glans*, Eichel) ist sowohl vom Englischen, der Muttersprache, wie vom Deutschen (der Sprache, die *nicht* mütterlich ist und der sich das Subjekt in zweiter Linie zuwendet) übernommen worden. Erinnern wir uns daran, daß in den angelsächsischen Ländern (und auch anderswo) die Anatomie noch heute hinsichtlich aller technischen Termini dem Lateinischen verpflichtet ist, was ganz gewiß auch für Freuds Zeit zutraf. Daraus ergibt sich, daß die Umgangssprache einige dieser Wörter geerbt hat, sofern nicht der Slang bei sexuellen Tabus für Abhilfe sorgte. Wenn wir im Französischen »pénis« oder seltener, etwas pedantisch, »phallus« sagen (natürlich in einer normalen, weder technischen noch psychoanalytischen Sprache), verfügen wir hingegen über keinen lateinischen Terminus, der mit dem von *gland* (Eichel) wetteiferte. Vor allem im Englischen, weniger im Deutschen (hier gibt es außer *glans* noch »Eichel«) wurde *glans* auf die gleiche Weise übernommen wie »pénis« im Französischen.

Vergessen wir nicht, daß Freud gleich zu Beginn bestätigt, daß sich der Knoten wesentlich beim Übergang von einer Sprache zur anderen schürzt, was eine *Lesart* voraussetzt: tatsächlich erfährt hier lediglich das Wort »Nase« eine Übersetzung, während die Sinnverschiebung mit Hilfe einer Homonymie vonstatten geht.

Diese Übersetzungsbeziehungen bilden den Fetisch; sie lassen sich nicht von ihm trennen. Ihre Verzerrungen formen und bewegen ihn.

Daß es sich um ein lateinisches Wort handelt, darf uns aus den genannten Gründen seinen Einbruch in jene Wirkungen nicht *a priori* beiseite schieben lassen, d. h. seine bedeutsame Anwesenheit in der Sprache, – also in welcher Zeit und welchem Alter des betreffenden Subjekts auch immer der Fetisch *sich sagt*. Immerhin wollen wir betonen, daß Freud das Wort *glans* nicht nur nicht ausspricht (für das er in kultureller und medizinischer Hinsicht hätte empfänglich sein können), sondern auch vorsätzlich die genaue Beziehung des Fetischs zum mütterlichen Penis im Dunkeln läßt. *Das Wort, das sich verfinstert hat und dennoch in seinem klanglichen, phonematischen Inhalt als signifikant gegenwärtig ist und zwischen den Sprachen umläuft, entzieht sich – in Ermangelung des Fetischobjekts, das in bezug auf die Wörter, die ihm entsprechen und eine greifbare Übersetzung erfahren (nose: Nase), der Fixpunkt bleibt.*

In dieser Perspektive erhellen sich die syntagmatischen Verbindungen der englischen und der deutschen Formel.

Glance at the nose: der Blick betrifft die Nase. In dieser Formel findet sich die gesamte Dialektik bezüglich des Blicks beim Fetischismus zusammengedrängt.[1] Wir wissen, wie wichtig es ist, daß der Fetisch gesehen wird, den Sinnen erreichbar ist, daß er ins Blickfeld tritt. Der Blick aber, den zwei Personen *austauschen* (in diesem Fall Mutter und Sohn), begründet eine *Reziprozität* in einem Augenblick, einem Augenwink: der Blick *in die Augen* kann nur deren Kontrolle sein; *was* ausgetauscht wird, erweist sich als gleichartig, wie durch einen Spiegeleffekt, den *beide* Augen, durch *einen einzigen* Blick wahrgenommen, aufrechterhalten. Außerhalb der Wörter wird die Übereinstimmung, auch wenn nur nach ihr gefragt wird, auf diese Weise gewährleistet. Damit die Nase in das Feld dieses Austauschs gelangen kann, muß der Blick nur eine leichte Ablenkung, eine kaum spürbare Verschiebung erfahren, ohne daß eine wirklich motorische Abwendung der Augen notwendig würde; ein einzelnes Objekt, das selbst *nicht blickt,* wird in den Kreis einbezogen – befand sich schon in ihm. Man darf vermuten, daß eine solche leichte Verschiebung sich immer beim Anderen vollzieht. Die Reziprozität, wiewohl durch einen Umweg über das »einbezogene« Objekt, dauert an. Die Nase darf gesehen werden, im Gegensatz zum Geschlechtsorgan.

1 Vgl. unsere *Essais sur le symbolique,* Paris 1969, »Généalogie des perversions«, S. 273.

Sie bleibt innerhalb des Austauschs: *als Objekt wird sie von Blicken »umhüllt«.*

Sie ist der Zeuge, den in dem Augenblick, da man ihn sieht, der Blick des Anderen ebenfalls sieht, reziprok – das, was man nicht selber sehen kann, und zwar in dem Maße, wie die Mutter (der Andere) sich um *ihr* phallisches Objekt sorgt. Die allgemeine Tragweite der Formel wäre die, daß man das sehen kann, was man sieht, sowie das, was unsichtbar bleibt. Und durch die Reziprozität versichert man sich, daß *dies* am selben Zielpunkt gesehen wird. Die Entwicklung müßte folgendermaßen aussehen: das »sehen, daß man gesehen wird« verwandelt sich in »sehen, daß man sieht«, dem vorausgehend, was wir nachher betrachten werden: »sehen, daß man das sieht, was nicht sehen kann« – »was *sich* nicht sehen läßt« – »das *man* sieht.«

Noch ein weiteres Mal ist der Einbruch der englischen Sequenz zu unterstreichen *(glance),* d. h. des Blicks in die mütterliche Aura. Dies erlaubt es, der Reziprozität ihren vollen Sinn zu verleihen: sie setzt sich über jeglichen Unterschied, auch über den *der Geschlechter* hinweg; sie läßt eine dunkle Gemeinschaft spüren, jenen virtuellen Penis, am Rande, der, wollte man ihn visuell in seiner Existenz verifizieren, die narzißtische Spiegelung der Blicke unterbrechen müßte. Die Nase bildet jenes intermediäre, nicht verschleierte, gemeinsame Objekt, das im gleichen Feld verharren kann, vermittels eines leichten Flackerns, das zu keiner Unterbrechung des Blicks führt.

Mit der späteren Sequenz, dem *Glanz auf der Nase,* die mit den Täuschungen der Übersetzung zusammenhängt, behauptet sich das Objekt in seiner Unabhängigkeit; es wird mit einer Qualität bedacht, dem *Glanz* auf der Nase. Diese Qualität hat eine ganz präzise Funktion. Jener »Glanz« knüpft die Beziehung zwischen Blick und Penis noch fester. Denn wenn auch von dem Objekt kein Blick zu erwarten ist, wenn dieser getilgt zu sein scheint, wie in einer Art Freilassung des Fetischisten, so ist doch die Wirkung einem Spiegel nicht unähnlich:

freilich wirft aber das glänzende Objekt kein exaktes Bild zurück, vielmehr ein konzentriertes Licht, – ein Brennpunkt, der von selbst zu strahlen scheint; es lebt zwar kein Bild in ihm, aber es bewahrt die stellvertretende Eigenschaft hinsichtlich eines Blicks, der nicht mehr ganz derjenige der beiden vorhergehenden Protagonisten ist, da der eine abwesend ist und der andere (das Subjekt selbst) sich streng genommen nicht spiegeln kann: jener Glanz wird eine autonome, rohe, »gedankenlose«, »urteilsfreie« Qualität, ein einsames materielles Leuchten, das allerdings in der Gewalt – und ein Vektor – eines *möglichen anonymen* Blicks bleibt, eines ungreifbaren und stets implizierten Blicks (sagen wir hier der des *phallischen Vaters).*

Noch ein weiteres Merkmal dieses Glanzes muß aufgezeigt werden, zumal es deutlich bei vielen fetischistischen Objekten auftritt. Der Schuh, der blank gemacht werden kann, das »Gewachste«, das Undurchdringliche oder Beschützende, schließlich der *Spiegel* selbst, auf dessen Bedeutung bei einsamen Exhibitionen gar nicht oft genug verwiesen werden kann, – sie alle behalten, wiewohl verhüllende Schleier, die Eigenschaft des Glatten, Spiegelnden, Zurückstrahlenden, vor allem des *Undurchdringlichen.* Man erinnere sich, ein wie hervorragendes fetischistisches Objekt der Spiegel ist: er verhüllt sich selbst, denn je besser er spiegelt, *desto besser bringt er sich in Vergessenheit,* und wenn er sich mit den Bildern zu prägen scheint, die er einfängt, so deshalb, um seine undurchdringliche, unverletzte Oberfläche, die Oberfläche eines Objekts, besser verhüllen zu können; unermüdlich wirft er zurück und täuscht dabei zugleich vor, eine Prägung zu erfahren oder sich zu öffnen; und daher rührt unter anderem seine Faszination.

Es gilt also, den Hinweis auf das verfinsterte Wort von vorhin wieder aufzugreifen, um in der *Glans,* im Organ selbst den ursprünglichen Glanz auf der Haut zu finden, der aber genau auf dem Höhepunkt der Erektion aufscheint, frei von jeder Hülle. Halten wir an diesem Punkt inne, um zu unterstreichen, wie viel dem Fetischisten daran gelegen sein muß, jenen

Spiegelglanz wiederzufinden, Zeugnis desjenigen seines Wunsches, als einer Macht, die strikt auch den geringsten Trieben, dem geringsten Aufleuchten des Wunsches gehorchen würde, als *eines* ungehemmten Willens. Auch die glanzlosesten, schmutzigsten Objekte haben stets diese Fähigkeit – die um so augenfälliger demonstriert wird, als sie sich *a contrario* aufzwingt –, einen Glanz zu bekommen, der einzig und allein durch den Zauber existiert und hervorquillt, den ihnen ihre Fetischrolle verleiht. Der Glanz der Eichel wäre also nur das sichtbare Zeichen des Wunsches auf dem Höhepunkt der Lust, um so extremer, als ein Objekt ihn besitzt, durch bloßes Werben und Erscheinen am Organ. Und Freud weist deutlich auf diese Beschlußkraft hin: ». . . [dem Fetisch] dem er nach seinem Belieben jenes besondere Glanzlicht verlieh«, und er fügt hinzu: jenes Glanzlicht, »das andere nicht wahrnehmen konnten«, so als müsse es vor jeder Prüfung, jedem Einfluß geschützt, als müsse seine Befehlskraft hervorgehoben werden. Die Konfrontation materialisiert sich zwischen dem Penis und dem Objekt im Spiel der Erektion und in der geistigen Ausdehnung, die das fetischistische Objekt zwischen dem Maximum seiner sexuellen Kraft und dem Minimum seines Zurücktretens, seinem Schwinden als Sexualobjekt erreicht, wie in einer perspektivischen Schrumpfung. *Damit sich all dies vollziehen kann, kommt es also darauf an, daß das Objekt langsam schwindet, sich in seiner metonymischen Verkleinerung entzieht, nicht erst am Ende der Szene, sondern virtuell schon an ihrem Beginn im Zustand der permanenten »Verleugnung«.*

Man wird bemerkt haben, daß die bezüglich des Blicks des Anderen eingenommene Entfernung hauptsächlich die Mutter betrifft. Doch durch den Glanz bleibt auch die *Spur eines* Blicks vorhanden, der in eben dieser Entfernung den Bezug auf die unabhängige Autorität (des Vaters) weckt und zugleich oder vielmehr in Folge der erreichten Lust nach seiner Ent-

2 Vgl. *Le désir et la perversion*, Paris 1967, »Etude des perversions sexuelles à partir du fétichisme«, S. 36.

setzung strebt.[2] Der anonyme Blick – reflektiert oder zum Glanz des Objekts geronnen, eingefangen, objektiviert – teilt das Schicksal des Fetischs, nämlich trüb zu werden, während er seine faszinierende erotische Kraft einbüßt.

An diesem Punkt müssen wir aufmerksam die spezielle Rolle untersuchen, welche die Übersetzung spielt. Sie ist möglich aufgrund der Tatsache, daß das, was die Sprachen voneinander scheidet, darauf beruht, daß die homophonen Elemente eine unterschiedliche Bedeutung und daß umgekehrt ungleiche Einheiten denselben Sinn haben. In unserem Beispiel geschieht die *Transposition* (von *glance* zu *Glanz*) eben durch Betonung der Homophonie, wovon ausgehend die beiden Bedeutungen sich artikulieren können. Was als Bodensatz jenseits aller Übersetzung übrig bliebe, ist also das Hervorheben der gemeinsamen Phoneme: *glans*. Alles geht so vor sich, als ob eine Universalsprache, ein Esperanto – hier das Lateinische, das, wie wir sahen, für *diesen* Terminus, ähnlich einem Losungswort, in beide Welten, das Englische und das Deutsche, *eingedrungen* ist, um die Entferntheit zu schaffen, die sexuellen Dingen ansteht – den *Unterschied* ausschalten würde, *der zwischen den Sprachen besteht*. Übersehen wir jedoch nicht die *Hinfälligkeit* dieser Tilgung: es ist nötig, daß das Wort ausgesprochen wird, ohne ausgesprochen zu werden (*glance* oder *Glanz*), daß der Kommentar es nicht erwähnt, daß sein Aufspüren für null und nichtig und ungeschehen angesehen werden kann, für die Frucht einer hinfälligen Phantasie. Wir hätten damit auf sprachlicher Ebene ein Beispiel (*das wir nur als solches geben*) für die *Verleugnung:* das Wort *(glans)*, in seiner phonematischen Sequenz vorhanden und zugleich getilgt, ungültig. Das von Freud vorgeschlagene Wortspiel zeigt die Bedeutung der sprachlichen Kombinationen bei der Entstehung des Fetischs. Strittig bleiben muß der Stellenwert eines vorhandenen und verdeckten Worts, dem die gesamte Last der sexuellen Benennung zufällt. Es wäre interessant, zu untersuchen, ob nicht bei jeder fetischistischen Beobachtung eine sprachliche Infrastruktur und vielleicht jener Organisationstyp selbst zu finden ist: so daß der bloße Verweis auf ein Objekt (Schuh) in seinem Verhältnis zum (mütterlichen) Körper oder in einer geschichtlichen, anamnesischen oder traumatischen Beziehung Gefahr läuft, eine wesentliche, in Freuds Beispiel deutlich dargestellte Gegebenheit zu verfehlen.

Im vorliegenden Fall gewinnt das Objekt (diesmal die Nase) nur dadurch seine Faszination, daß es sowohl die Überwindung des *Unterschieds der Sprachen* wie die des *Unterschieds der Geschlechter* zentriert: es wird benannt, wird sichtbar durch die *Übersetzung* (nose: Nase), an Stelle eines abwesenden, universellen, exklusiven (*glans*) und unnennbaren Worts, des unmöglichen Penis beim Weib und bei der Mutter, – eingesetzt für einen ebenso unmöglichen Mangel, dem es abhilft.

Dadurch, daß das fetischistische Objekt diese Aufgabe übernimmt, erinnert es an das Volk, dem Gulliver begegnete und das die Universalsprache gefunden hatte, indem es an Stelle der Wörter die Dinge selbst gebrauchte, die ein jeder mit sich zu tragen bestrebt war. Das Objekt löst die Wörter ab: mit dem Unterschied beim Fetisch, daß das Objekt ein einziges ist und daß es alle sexuelle Potentialität in sich konzentriert. Wenn die Sprache die Tötung des Dings bedeutet, dann kehrt sich diese Ordnung beim Fetisch um, und das Objekt versteint und verdrängt die signifikanten Sequenzen, die zu ihm führen. Von hier aus läßt das fetischistische Objekt das hervortreten, was man das *perspektivische Objekt* nennen könnte: nämlich das Objekt im Negativ, das jeder Objektbildung als Organisator dient, auf das sich die diesbezüglichen Sprachketten stützen, ohne daß es ihnen gelänge, es auf eine vollständige Definition zu reduzieren, und das sich als *mangelndes Objekt* abhebt. *Perspektivisches Objekt:* das den Blick an sich zieht, ohne die Wörter, und ihn über den visuellen Schein des Objekts hinaus oder durch ihn hindurch trägt und ein notwendiger Bestandteil ist – wie der Fluchtpunkt in der malerischen Perspektive oder wie die leeren Mengen.

Mit Bestimmtheit hat Freud diese Vorstellung des »perspektivischen Objekts« durch den mütterlichen Penis bezeichnet, eine Art Konkretion, Kristallisation des ebenso unabdingbaren wie unmöglichen Objekts. Das »perspektivische Objekt« nimmt Gestalt an mit dem Fetischobjekt, das in ein und derselben Bewegung sowohl die Ursache des Wunsches zum Vorschein bringen wie sich *entziehen* muß. Das Hin und Her ist derart, daß, wenn der Fetisch eingesetzt ist, das »perspektivische Objekt« in den Vordergrund rückt und aufgrund dessen *verfälscht* wird, so als wäre der Mangel behoben, und daß, sobald der Fetisch entfernt wird, das »perspektivische Objekt« an seinen Platz zurückkehrt, in bezug auf den die anderen Objekte sich ordnen.

Somit zeichnet sich, in Funktion des »perspektivischen Objekts«, der Charakter des Fetischs als der eines *analen Penis* ab. Man beachte, daß diese subtile Vergegenwärtigung der Abwesenheit den Umkehrungen der Werte analen Typs entspricht: ebensosehr, im Sinn der Annullierung, das unschätzbare und lächerliche Geschenk (Gold und Kot), die auf Nichts reduzierte unwägbare Potentialität, wie räumlich die fäkale Progression nach drei Koordinaten: Verbergen/Zeigen, Körperverlängerung/die sich ablöst, und Beziehung von Behälter und Inhalt, wobei letzterer durch Bedeckung und Schrumpfung von ersterem auftaucht. Und diese Sequenzen sind vor allem *reversibel*, gesichert durch eine Kontrolle und eine Ökonomie. In diesem Rahmen findet sowohl das »perspektivische Objekt« Platz wie auch das fetischistische Objekt, das es trägt; so daß jene Charakteristika mit dem letzteren sichtbar werden: die fäkalen Züge sind wohlbekannt; es gilt, die letztgenannte Beziehung von Behälter und Inhalt dem anzunähern, derart, daß deutlich die Hüllen gezeigt werden, durch die hindurch der (fäkale) Penis sich drängen kann. Damit signalisieren die verschiedenen Verschleierungseffekte auf dem Körper, die große Häufigkeit von *Kleider*fetischen (Schuh, ein beliebiges

3 Vgl. unten, S. 130.

Kleidungs- oder Wäschestück, Haare, die für solche gehalten werden, etc. oder, im Fall von Masud Khan[3], die Vorhaut, welche die Eichel überzieht oder bloßlegt) nicht allein das Versteckspiel, sondern auch das genaue Umschlossensein von einer Hülle, in die das Objekt sich hineinschiebt und aus der es sich herauszieht, bald bekleidet, um sich zu verkleiden, bald *entkleidet*. Auf diese Weise wird auch das Komplement, der Behälter dargestellt – Vagina, die den Penis umhüllt, ihn bekleidet, ihn verbirgt, und ihn wie in Umstülpung eines Handschuhfingers ans Licht bringt und erzeugt. Man darf diesen potentiellen Aspekt des mütterlichen, versteckten und geheimen Penis nicht außer acht lassen: der Fetisch umfaßt sowohl den Schleier (der nichts anderes ist als der Körper, sein digestives, vaginales Versteck) wie auch *das, was* maskiert ist (den Penis), in einer reziproken Beziehung, in der ein jeder sich durch die Wirkung des anderen *entzieht*, Ergebnis einer metaphorisch-metonymischen Oszillation.
Doch vor allem trägt diese zum Empfangen geschaffene Höhlung (man denke an den Schuh), die gleichzeitig Penisobjekt ist, vollkommen dem negativen, verschanzten Aspekt des »perspektivischen Objekts« Rechnung, das der Fetisch umkehrt und hervorhebt, in einer Oszillation, die seine Faszination verstärkt. Zudem erlaubt die anale Stellung durch die Manipulation, die sie sichert, mittels einer regressiven Kontrolle die *Kastration zu simulieren:* alles Bedingungen, die das Funktionieren der *Verleugnung* begünstigen, die sich beim Fetischismus in der Tat auf die Kastration bezieht. (Die phallische Problematik wird dann nicht nur dank dem Objekt transponiert, sondern eben dadurch abseits gehalten.)
Dieses »perspektivische Objekt« läßt sich nun aber verschiedenen Behandlungen unterziehen. Im Fetischismus (und, wie ich meine, im Kunstwerk) treibt es in eine große Ambiguität, die der Verleugnung, und materialisiert sich. Aber auch ein ganz anderer Weg wäre denkbar: nämlich der am wenigsten starre, der das Objekt in einer Perspektive belassen würde, ohne es herauszuholen oder hervortreten zu lassen, und doch seine

Funktion, seinen Ort, seine Verschränkungen wahrnimmt: in diesem Sinn ist es eine der Hauptaufgaben der Psychoanalyse, es in bezug auf den Wunsch aufzuspüren. Eine andere Absicht ist bestrebt, dieses Objekt unmittelbar zu beherrschen, indem sie nur an ihm festhält und jede andere Beziehung zugunsten dieser zentralen Leere kurzschließt; eine solche systematische und geschlossene Haltung, denn sie gibt sich für eine Antwort auf alles aus, eine Art absolutes Wissen des Nichtwissens, rechnet mit einer analen Kontrolle des »perspektivischen Objekts«, die eine unfehlbare Beherrschung des verschwindend Kleinen, der Verkehrung, des Spiels der Verneinung voraussetzt und, in einer großen Sparsamkeit der Mittel, nichts verlorengehen und nichts fallen läßt.

Wir verstehen nun, ausgehend von dem implikationsschweren Beispiel Freuds von dem Fetisch, daß jede Beobachtung oder wissenschaftliche oder ästhetische Tätigkeit bezüglich des dem »perspektivischen Objekt« vorbehaltenen Schicksals Partei ergreifen muß. Und ob es nun darum geht, es auf dem fetischistischen Umweg festzumachen, oder darum, auf Kosten irgendeines anderen, für vergänglich erachteten Objekts seinen Freiraum zu schonen – das Ergebnis ist, daß man das perspektivische Objekt sich entziehen sieht. Dies hat auch seinen Widerhall in der analytischen Praxis.

Was die Kommentare hinsichtlich des Fetischismus selbst betrifft, so führt die genaue Wahrnehmung des Problems dazu, gleichsam durch eine Korrektur (oder Konkurrenz) der behandelten Materie das auszulöschen, was die Rolle dieses Objekts spielen könnte. Doch es bleibt ein Spielraum bestehen.

Zur Frage: *Warum gibt es nicht . . . (vielmehr nichts)?* Das »Etwas«, das man entdeckt und das den Ethnologen, den Soziologen, wenn nicht den Psychoanalytiker verwirrt, zeugt von der Bedeutsamkeit dieses Nichts, das Freud den mütterlichen Penis genannt hat.

Victor N. Smirnoff
Die fetischistische Transaktion

Daß die Perversionen nur die Karikatur der Liebe sind, dafür liefert der Fetischismus ein anschauliches Bild. Es steht außer Zweifel, daß die Liebeswahl stets eine Bestimmung enthält, die weit über ihren genitalen Grundcharakter hinausgeht. Die fetischistische Komponente der Sexualität in unseren Sitten und unserer Kultur ist zu offensichtlich, als daß wir länger darauf insistieren müßten. Doch im Fetischismus ist das fetischistische Objekt nurmehr ein von jedem menschlichen Objekt losgelöstes Komplement und wird zum ausschließlichen Ziel des Subjekts, das es zu besitzen und sich seiner zu erfreuen trachtet. Eine solche Modulation der Liebe mag als die merkwürdigste aller Abirrungen erscheinen. Daß ein lebloses Ding die Stelle des menschlichen Liebesobjekts einnimmt, verändert radikal die Beziehung zum Anderen und schließt jedes Einverständnis aus.

Im Jahr, in dem die *Traumdeutung* veröffentlicht wurde, erschien ein ungewöhnliches und skandalöses Buch, einer jener gelben Bände, die die Gymnasiasten meiner Zeit der Familienbibliothek entwendeten und heimlich lasen. Im *Tagebuch einer Kammerzofe* wird ein freundliches Dienstmädchen von einer bürgerlichen Familie in der Provinz eingestellt. Bei ihrer Ankunft wird sie von einem Mann mit anständigem Benehmen empfangen, der sie unbedingt Marie nennen möchte und sie davon in Kenntnis setzt, daß er ihr gewisse Dienstleistungen abverlangen werde: »All dies sagte er mit heiterer, ehrerbietiger Miene, ohne mich scharf anzuschauen oder mit einem bloßstellenden Blick meine Bluse und meine Röcke zu beäugen, wie es die Männer sonst zu tun pflegen. Er hat mich kaum angesehen. Seit er in den Salon eingetreten war, ruhten seine Augen hartnäckig auf meinen Stiefeln.«

Er hält ihr, ohne sichtbare Erregung, folgende Rede: »Verstehen Sie mich recht, mein Kind. Ich bin etwas wunderlich. So halte ich es nicht für passend, daß eine Frau ihre Stiefel wichst, noch weniger die meinen. Ich achte die Frauen sehr, Marie, und ich kann das nicht ausstehen. Ich werde Ihre Stiefel putzen, Ihre kleinen Stiefelchen ...« Am nächsten Morgen wird Monsieur tot in seinem Zimmer aufgefunden. »Monsieur hielt einen meiner Stiefel zwischen seinen Zähnen, so fest, daß ich nach ungeheuren und nutzlosen Anstrengungen gezwungen war, das Leder mit einem Rasiermesser zu durchschneiden, um es ihm zu entreißen. Komisch, daß es solche Leute gibt, wo es doch so einfach ist, so schön, sich freundlich liebzuhaben wie alle Welt ...«

I. Überschätzung

Jedes Liebesobjekt wird überschätzt. Eine solche Formel führt uns augenblicklich zu einer ökonomischen Auffassung des zu einer wahren Wertbörse aufgerückten Liebesaustauschs, wo das Gesetz von Angebot und Nachfrage herrscht. Genau auf diese Weise wird seit 1905 das Problem des Fetischismus gestellt, in einem Werk, das mehr als irgendein anderes dazu beigetragen hat, die Sexualität von den dürren Versuchen der sittsamen und zugleich perversen Nosographie derjenigen abzusondern, die um die Jahrhundertwende eine Bestandaufnahme der Mißgestaltungen der Liebe vornehmen wollten. Im Kapitel »Anatomische Überschreitungen« stellt Freud das Problem folgendermaßen:

Die psychische Wertschätzung, deren das Sexualobjekt als Wunschziel des Sexualtriebes teilhaftig wird, beschränkt sich in den seltensten Fällen auf dessen Genitalien, sondern greift auf den ganzen Körper desselben über ... Die gleiche Überschätzung strahlt auf das psychische Gebiet aus und zeigt sich als logische Verblendung (Urteilsschwäche) angesichts der seelischen Leistungen und Vollkommenheiten des Sexualobjektes sowie als gläubige Gefügigkeit gegen die von letzterem ausgehenden Urteile. Die Gläubigkeit der Liebe wird so zu einer wichtigen, wenn nicht zur uranfänglichen Quelle der Autorität.[1]

Die Überschätzung des Sexualobjekts greift also vom Physischen auf das Psychische über: Verblendung, Urteilsschwäche, Gläubigkeit, Gefügigkeit markieren die Momente der sexuellen Abirrung.

Die gleiche Überschätzung hebt auch das Sexualobjekt aus allen anderen möglichen Objekten heraus: zwingende Notwendigkeit jeder Liebeswahl, den unendlichen Variationen der Eigenschaften unterworfen, mit denen das Objekt sich schmückt. Doch sobald sich einige Attribute von der Person loslösen, um zum ausschließlich umworbenen Sexualobjekt zu werden, kann man von Fetischismus sprechen. Die erste Überschätzung heftet sich an dieses besondere Merkmal, an dem sie erstarrt; die Besetzung wird auf das Attribut übertragen, das für die sexuelle Befriedigung des Subjekts *unabdingbar* und vom ursprünglichen Objekt, das sein Träger war, losgelöst ist.

Diesem neuen Objekt gibt Freud den Namen Fetisch, in Analogie, wie er sagt, zu dem Objekt, »in dem der Wilde seinen Gott verkörpert sieht«.[2] Ein Vergleich, der hervorgehoben zu werden verdient, denn er lenkt unsere Aufmerksamkeit auf die Verehrung, die das Subjekt dem fetischistischen Objekt entgegenbringt. Dennoch sind die Fetische, entgegen dem, was Freud zu implizieren scheint, keine Repräsentanten der Götter und haben keinen Ikonenwert. Ihre Funktion im Glaubenssystem, dem sie sich integrieren, rührt von einem anderen Darstellungsmodus her. Im Jahre 1958 faßt Darryl Forde in einem Aufsatz, der einen vielsagenden Titel trägt, *The Context of Belief*, seine Studien über den Fetischismus zusammen, den er bei einer nigerianischen Population, den Yakö, untersucht hat.[3] Diese Fetische versammeln sich in einer Reihe von Ob-

1 Freud (1905), *Drei Abhandlungen zur Sexualtheorie*, GW V, 49 f.

2 Freud, a.a.O., S. 52.

3 D. Forde (1958), *The Context of Belief: A Consideration of Fetishism among the Yakö*, Liverpool University Press.

jekten, die dazu bestimmt sind, entweder einen wohltätigen Einfluß auszuüben oder durch den Schutz, den sie bieten, Mißgunst und Zauberei abzuwenden, deren Opfer einige werden könnten. Es handelt sich also sehr wohl um Objekte und nicht um Bilder, die mit einer spezifischen Kraft begabt sind und sich darin in ihrer Konstitution selbst, wie wir später sehen werden, dem fetischistischen Objekt annähern. Dennoch erinnert uns Darryl Forde mit dem Titel, den er seiner Arbeit gegeben hat, daran, daß der Fetischismus in einem bestimmten Glaubensbereich steht – anklingend an die von Freud erwähnte Gläubigkeit –, d. h. in einem System, in dem sowohl die Bejahung wie die Verneinung Platz greifen könnten. Wir kommen auf diesen wichtigen Punkt noch zurück.

Bemerken wir noch, daß der Begriff der Überschätzung in dieser ökonomischen Metapher durch den *Ersatzwert* des Fetischs verstärkt wird, der einen Teil des Objekts ersetzt – entweder durch einen Teil des Körpers oder durch eine Eigenschaft, die dem Körper nahesteht – und den André Green *paradigmatischen Wert*[4] nennt. Doch dieser Wert wird nur durch die Tatsache der Loslösung von jenem Objekt erworben, und genau diese Trennung macht seinen Fetischcharakter aus. Das heißt, daß der Fetisch zwischen dem ursprünglichen Objekt, mit dem er sich seis durch Metapher, seis durch Metonymie verbindet, und dem Objekt liegt. Es gehört folglich weder dem einen noch dem anderen an, sondern wird zu einem Repräsentanten dieses Objekts oder vielmehr, wie wir sehen werden, seines Werts: als solcher rückt das fetischistische Objekt in den Bereich der Zugehörigkeit und nicht in den der Herrschaft oder Unterwerfung, welcher derjenige des Masochismus ist. Wie Green bemerkt, ist es unwichtig, das fetischistische Objekt als einen *Teil* des ursprünglichen Objekts zu betrachten, der hier für das Ganze gilt. Von wesentlicher Bedeutung hingegen ist die Tatsache, daß dieses Objekt vom ganzen und ursprünglichen Objekt getrennt und unabhängig ist; gerade diese Un-

4 A. Green (1968), »Sur la mère phallique«, *Rev. Fr. Psa.*, XXXII, 1–38.

abhängigkeit verleiht dem Fetisch eine Verfügbarkeit, die es dem Subjekt erlaubt, ihn nach Belieben zu benutzen und in einen Bereich zu verlegen, der ihn von jeder Unterjochung befreit.

Es ist möglich, den Sinn der Überschätzung bei der Bildung des fetischistischen Objekts noch etwas mehr zu verdeutlichen. »... die kulturelle Zügelung des Liebeslebens (bringt) eine allgemeinste Erniedrigung der Sexualobjekte mit sich ...«, sagt Freud im Jahre 1912.[5] Durch die Unterscheidung zweier Tendenzen im Liebesleben, die *zärtliche* und die *sinnliche* Strömung, wird an die Zweiteilung des Sexualobjekts angesichts des Inzestverbots erinnert. Wenn man die normale Überschätzung des Sexualobjekts mit der ödipalen Fixierung an die Mutter in Zusammenhang bringt; wenn das Inzestverbot auf diese Weise verlangt, daß das geliebte Objekt gegen die Sinnlichkeit des Subjekts beschützt wird; wenn man meint, das Sexualobjekt müsse eine »Erniedrigung« erfahren, um einer zu großen Nähe zum Zärtlichkeitsobjekt zu entgehen, dann wird die Zweiteilung des geliebten Objekts zu einer Notwendigkeit. Und außer der radikalen Lösung der sexuellen Impotenz bietet das ödipale Verbot, sofern es nicht überwunden wird, dem Menschen nur zwei Möglichkeiten: entweder zu einer »abgeschwächten« Form dieser Impotenz Zuflucht zu nehmen, in der der Geschlechtsakt ungehindert, doch ohne wirklichen Lustgewinn vollzogen wird; oder sein Leben zwischen einer geachteten Gattin und einer Geliebten zu teilen, von der behauptet wird, daß sie niemals geachtet werden könne, so anbetungswürdig sie sein mag. So vermeidet die *Back Street* die Verunreinigung: nicht mehr nur die bloß bürgerliche Heuchelei kommt dabei auf ihre Kosten, sondern das gesamte Inzestproblem wird auf diese Weise umgangen.

Man könnte vermuten, daß das fetischistische Objekt eine unerwartete Lösung des ödipalen Konflikts bringt und die Zweiteilung der Frau unnötig machen würde: indem man von

5 Freud (1912), »Über die allgemeinste Erniedrigung des Liebeslebens«, *Beiträge zur Psychologie des Liebeslebens*, GW VIII, 88.

seiner Sexualpartnerin die Lust ablöst, die nun in den Fetisch gesetzt wird, vermeidet man die Erniedrigung der geliebten Frau. Die inzestuöse Lust, für die der Fetisch der Garant ist, erlaubt die Erfüllung einer scheinbar normalen Sexualität: der zärtliche Affekt findet sein Objekt bei der geliebten Frau, und der sinnliche Affekt wird auf ein Objekt verschoben, das einen erniedrigten und vom inzestuösen Liebesobjekt verkannten Aspekt darstellt.

Damit ist das fetischistische Objekt mit einem unschätzbaren Wert besetzt, denn es sichert eine Lösung »parallel« zu der des Ödipuskomplexes sowie eine Vermeidung der Kastrationsangst.

II. Durcharbeitung

Es ist zweifellos beachtlich, daß in Freuds Werk der Prototyp des Fetischs – ein weiblicher Fuß – nicht in der Rubrik des Fetischismus, sondern in der der Verliebtheit erscheint. In *Der Wahn und die Träume in W. Jensens »Gradiva«* ist es das Bild eines Fußes, der den Boden in fast senkrechter Haltung berührt, nur mit den Zehenspitzen, der bewirkte, daß dem Helden dieses »Phantasiestücks«, Norbert Hanold, in einer griechisch-römischen Antikensammlung das Reliefbild der *Gradiva* auffiel. Was ihn anzieht und seinen »Wahn« enthüllt, ist die bildliche Darstellung eines *bestimmten Gangs,* konnotiert durch den Eigennamen seiner Jugendfreundin, *Zeo Bertgang,* sowie durch den Namen, den Norbert dem Steinbild gegeben hat: *Gradiva* (Schöner Gang). Und diesen schwebenden Gang verbindet Norbert Hanold mit seinem Liebesobjekt. Ebenso bemerkenswert ist, daß das faszinierende Element das Bild einer körperlichen Dynamik ist und nicht das Instrument dieses Gangs; und wenn Freud auch ausdrücklich sagt, daß Norbert kein Fetischist sei, so betont er nichtsdestoweniger, daß wohl niemandem der erotische Wert des Fußes entgehen werde. Man konnte Norbert sogar für einen Fußfetischisten halten, wenn er bei seinen Wanderungen durch seine Geburtsstadt allzu eifrig nach den Füßen der Passantinnen schaute, um, wie er glaubte, herauszufinden, ob es diese faszinierende Gangart auch anderswo als bei der *Gradiva* gebe. Das *Vergessen*, dem das *Urbild* der *Gradiva*, Zeo Bertgang, anheimgefallen war, und seine spätere Erinnerung oder Rekonstitution erlaubt es, den Fetischismus mit vergessenen Kindheitserinnerungen zu verknüpfen. Doch in dieser Geschichte sind körperliche Dynamik und »fetischistisches« Objekt miteinander vermengt: als Beweis wollen wir nur die Bitte von Norbert an die wiedergefundene Zeo anführen, sie möge ihm einige Schritte vorausgehen und ihren Rock ein wenig raffen: ein skoptophiles erotisches Vergnügen, dessen Sinn weder der Heldin, die ihm willig gehorcht, noch Norbert verborgen bleibt, der für einen Augenblick seine archäologische Nachforschung aufgibt. Wenn somit immer noch ein Zweifel über den Status dieses Fußes in der *Gradiva* bestehen bleibt, so gilt dies später nicht mehr. Schon 1909 erwähnt Freud die verdrängte Liebe zum Kotgeruch bei der Auswahl des Fetischs[6], und in einem Brief vom 24. Februar 1910 an Karl Abraham[7] sieht er die kokrophile Riechlust als den Träger der meisten Fälle von Schuh- und Stiefelfetischismus an. Im selben Jahr greift Karl Abraham seinerseits diese der Riechlust zuerkannte Bedeutung auf, diesmal jedoch verbunden mit einer Komponente der Sehnsucht – derjenigen, welche die Trennung des Kindes von seiner Mutter betrifft.

Doch Karl Abraham erwähnt auch die Phantasien seines Kranken: dieser war besonders erregt durch eine lebhafte Vorstellung der physischen Beschwernis, die den Frauen das Tragen von unbequemen Schuhen mit zu hohem Absatz zufügte, oder auch durch die Vorstellung von Frauen, die in enge, ihre Brüste zusammendrückende Korsetts geschnürt waren; Phan-

6 Diese Bemerkung findet sich im »Rattenmann« *(Bemerkungen über einen Fall von Zwangsneurose)*, GW VII, 462, sowie in einer 1910 hinzugefügten Fußnote zu den *Drei Abhandlungen* . . ., a.a.O., S. 54.

7 Sigmund Freud/Karl Abraham, *Briefe 1907–1926*, Frankfurt 1965, S. 93.

tasien, in denen sich sowohl das Verschwinden der offenkundigen Zeichen der Weiblichkeit wie die sadistisch-anale Grausamkeit andeuten, in denen jedoch zu erkennen ist, daß das Hindernis hier nicht nur einen Zwang erzeugt, sondern auch die Unerreichbarkeit des Objekts garantiert.

So sehen wir in zahlreichen Beschreibungen fetischistischer Praktiken Reglosigkeit, Beschränkung, Anhänglichkeit, Aussetzung – wörtlich oder übertragen verstanden – einen vorrangigen Platz einnehmen, sofern sie nicht die *conditio sine qua non* der Lust bilden; die Sentenz, die besagt, daß Lust mit Zwang unvereinbar sei, wird von der beständigen Gegenwart eines solchen Zwangs in den fetischistischen Phantasien und Praktiken dementiert. Man kann nicht umhin, anläßlich dieser Hindernisse an etwas anderes als an die Vorstellung eines lästigen Zwangs zu denken: all diese Wülste, Reifröcke, Korsetts, auf halbem Weg zwischen schützender Hülle und Spitze, Haut oder Panzer – was sowohl schützt wie exponiert, Schirm wie Schleier ist, dem Blick etwas verbirgt und ihn zugleich anlockt: es ist die Ambiguität der »Mammi ganz nackt im Hemde«, von der der kleine Hans spricht.

Doch kehren wir nochmals zu Freud zurück, der in seiner Untersuchung über Leonardo da Vinci die *genitale Symbolik* des Fetischs betont: »Die Fixierung an das einst heißbegehrte Objekt, den Penis des Weibes, hinterläßt unauslöschliche Spuren«, und die »Verehrung des weiblichen Fußes und Schuhes scheint den Fuß nur als Ersatzsymbol für das einst verehrte, seither vermißte Glied des Weibes zu nehmen«.[8] Von 1914 an gewinnt das Thema der Kastrationsangst, als begründende Problematik des Fetischismus, seinen endgültigen Platz.

Zunächst in einer Mitteilung an die Wiener Psychoanalytische Vereinigung vom 11. März 1914 über einen Fall von Fußfetischismus, in der Freud die Natur des traumatischen Elements präzisiert[9]: es handelt sich um einen Patienten, der bei dem

8 Freud (1910), *Eine Kindheitserinnerung des Leonardo da Vinci,* GW VIII, 165 f.

9 Diese Mitteilung wurde nicht veröffentlicht. Für eine Zusammenfassung

Versuch, mit einem Mädchen sexuell zu verkehren, vom Wohnungsverwalter überrascht und von seinem Vater mit Kastration bedroht worden war. Hinzu kam die Entdeckung des Geschlechtsunterschieds, als er einmal den Kopf zwischen die Schenkel seiner Schwester legte und die weiblichen Genitalien erblickte: der weibliche Körper wurde in einer Art »Froschperspektive«, von unten nach oben gesehen, was häufig in fetischistischen Phantasien auftaucht.[10] Diese Schwester krankte an einer rachitischen Deformation des Fußes, und dieser »verstümmelte« Fuß erschien in der Folge in den Träumen des Patienten als ein mit besonderer Erogenität versehenes Objekt ... Bemerken wir noch, daß diese »Fixierung« im siebten Lebensjahr verstärkt wurde, als er sich in den Fuß seiner Erzieherin verliebte. In seinen Träumen heiratete er eine Frau, die einen Penis besaß.

In dieser ersten Beobachtung von Freud finden sich alle Bedingungen vereint, die geeignet sind, *Schrecken* zu erregen: geheime Entdeckung einer Urszene, Entdeckung des weiblichen Genitalapparats, Kastrationsdrohung, die von einem Mutterersatz ausgestoßen wird, und zudem die Ankündigung, daß deren Durchführung dem Vater obliegen werde. Allerdings bedarf es zur Entstehung der Kastrationsangst des Zusammenwirkens der Erinnerung an eine *gesehene Sache* und dem Aussprechen der Kastrationsdrohung: die Ungeheuerlichkeit einer solchen Drohung oder die Feststellung der Abwesenheit eines Penis beim Mädchen würden als isolierte Elemente nicht ausreichen, die Kastration in den Bereich des Möglichen zu rücken und den Knaben glauben zu lassen, daß eine derartige Gefahr real sein könnte.

Damit wird die Bedeutung der Partialtriebe, der Grausamkeit und der Schaulust, hervorgehoben: dieser Schaulust, dem zentralen Element der fetischistischen Perversion, begegnet man

siehe E. Jones, *Das Leben und Werk von Sigmund Freud*, Band II, Bern 1962, S. 362.

10 Vgl. R. Dadoun, *Le Fétichisme dans le film d'horreur*, siehe unten, S. 337.

im Masochismus wie im Transvestismus wieder, denn sie trägt dazu bei, den bloß gehörten oder phantasierten Dingen eine gewisse Glaubwürdigkeit zu verleihen. Mit eigenen Augen sehen, trägt zur »Wertverschiebung« bei, von der Freud später als von der ausschlaggebenden Komponente bei der Schaffung des fetischistischen Objekts spricht, denn dieses *Sehen* bewirkt eine Mutation unserer Sinneswahrnehmungen, da das Sehen mit einem besonderen Vorzeichen hinsichtlich dessen ausgestattet ist, was unseren Realitätssinn ausmacht. Im übrigen finden wir diese Besetzung der visuellen Szene in der Wahl des Fetischs selbst wieder, der sich, wie M. Katan (1964) erinnert, dem Mechanismus der traumatischen Amnesie annähert, bei der die letzte Erinnerung diejenige ist, die dem verdrängten Trauma vorhergeht und es eben dadurch maskiert. Die Bedeutung der letzten Erinnerung für die Herausbildung des Fetischs, die Freud schon in seiner Monographie von 1891 über die *Aphasie* skizzierte, wo er von der Beziehung zwischen den Sprach*resten* und den letzten festen Erinnerungen vor der Gehirnschädigung spricht, tritt immer stärker hervor: der Fetisch konnotiert den Augenblick, der der Enthüllung des fehlenden weiblichen Phallus vorausgeht, d. h. den letzten Augenblick, da die Frau noch als Besitzer eines Penis angesehen werden kann.

Bemerken wir auch, daß die Herausbildung des Fetischs aus einer Summierung verschiedener Effekte entsteht: Überdeterminierung der symbolischen Bedeutung des Fetischs; seine Erzeugung aus heterogenen Elementen; Wiederholung von affektiven Traumata, von denen keines an sich entscheidend ist, sondern deren Häufung das produziert, was Masud R. Khan das »kumulative« Trauma nennt.

Alle diese Elemente vereinigen sich und gipfeln schließlich in der Phantasie von der phallischen Frau, – einem Thema, das sich filigranartig bereits im Traum des Patienten abzeichnet, von dem Freud in seiner Beobachtung von 1914 spricht, und das er in seinem ausschließlich um den *weiblichen Phallizismus* zentrierten Aufsatz von 1927 erneut aufgreift.

In diesem Aufsatz stellt Freud eine Reihe von Sätzen auf, die eine kohärente Theorie des Fetischismus begründen. Er zeigt darin den Prozeß eines Glaubens auf: des Glaubens an den Penis des Weibes in seiner Beziehung zur Kastrationsangst; ein Glaube, der bewahrt und zugleich aufgegeben und dennoch aufrechterhalten wird dank dem besonderen Prozeß der *Verleugnung*.[11] Der Fetisch, als Objekt, erlaubt es dem Subjekt, diese Verleugnung zu verteidigen: der Fetisch, als Ersatz für den mütterlichen Phallus identifiziert, konkretisiert hier die Ambiguität dieser Verleugnung selbst, denn er ist sowohl das Mahnmal, das den Kastrationsschreck in Erinnerung ruft, wie das Zeichen des Triumphes über die Kastrationsdrohung.

In dieser Ambiguität erscheint der transaktionelle Charakter des Fetischs. Der so »gerettete« Penis ist nicht mehr dasselbe, das er früher war: etwas anderes ist an seine Stelle getreten und nun das Erbe jener früheren Zuneigung geworden. Wenn Freud im Jahre 1938 von einer Wertverschiebung spricht, bezeichnet er damit die ganze Besonderheit des fetischistischen Objekts.

Die Vermittlung betrifft hier die Beziehung von Glaube und Realität: wenn das Kind den Glauben an den weiblichen Phallus bewahrt, hat es ihn gleichzeitig auch aufgegeben. Es rettet seinen eigenen Penis, indem es die Realität der weiblichen Kastration verneint, aber gleichzeitig erkennt es auch die weibliche Kastration an, indem es die Bedeutung des vermißten Phallus durch einen Fetisch konkretisiert. Ein solches Ergebnis, sagt Freud, kann nur auf Kosten eines Einrisses im Ich erreicht werden, der nie wieder verheilen, aber sich mit der Zeit vergrößern wird und als Kern einer Ichspaltung bestehenbleibt.

11 Wir kommen hier nicht auf die *Verleugnung* zurück, einen Begriff, für den wir den Leser auf die Arbeiten von J. Lacan, G. Rosolato und M. Katan verweisen. Wir wollen lediglich darauf hinweisen, daß Freud sich strikt jeder Interpretation dieser Verleugnung entgegenstellt, die sie mit einer »Skotomisation« vergleichen würde, indem er betont, daß der Fetischist in seiner Beziehung zur weiblichen Kastration nichts davon wissen will.

Wir haben nun zwar gezeigt, daß der Fetisch das Objekt ist, das die Kastration anerkennt und zugleich verneint, indem wir den Akzent auf das phallische Moment des Fetischismus legten, haben dabei aber nichtsdestoweniger die Seite der prägenitalen Determinanten des fetischistischen Objekts beiseite gelassen.
Es ging darum, ob die Heraufkunft des Fetischs mit der Kastrationsangst während der phallischen Phase zusammenhing oder ob er schon auf archaischeren Stufen entstand.
Die klinische Geschichte, die uns Sylvia Payne (1939)[12] übermittelte – die Geschichte eines hübschen, sehr glatten und glänzenden, nach Gummi riechenden Regenmantels –, zeigt uns die polyvalenten Funktionen dieses Objekts, jenseits oder diesseits seiner phallischen Bedeutung. Der Fetisch ist hier weitgehend überdeterminiert: er repräsentiert kokrophile Tendenzen, sowohl durch seinen Geruch wie dadurch, daß er an undurchlässige Windeln erinnert; skoptophile Tendenzen im Spiel dessen, was er verhüllt, aber auch dessen, was er enthüllt, wenn man in ihn hineinschlüpft; die Erotisierung der Haut durch die taktilen Empfindungen, die er auslöst; den symbolischen Schutz vor sadistischen Angriffen gegen das Subjekt oder gegen die Eltern; die Abwehr gegen Einbruchs- und Durchdringungsphantasien; die Kontrolle der Muskeltätigkeit, insofern er jede aggressive Entladung verbietet; – kurz, eine Gesamtheit von deutlich gesehenen, wenn nicht sogar explizit in der klinischen Geschichte des Falles auftretenden Bedeutungen.
Der Fetisch (der Regenmantel) schützt das Subjekt vor dem Eindringen seiner Partialtriebe, vor einer perversen Form der Sexualität: einer sadistischen, masochistischen, homosexuellen. Wenn in diesem Fall (wie bei dem von Gillespie, 1940) der Fetisch auch keine andere Sexualität erlaubt als die Onanie, so hat er doch die Funktion, das Subjekt vor sadistischen Phanta-

12 Für alle derartigen Angaben bitten wir den Leser, sich an die Bibliographie auf S. 59 zu halten.

sien und jeglicher zerstörerischen Abhängigkeit zu schützen sowie die inneren Objekte zu kontrollieren.
Man kann indes sagen, daß der Fetisch nichts ist ohne das fetischistische Ritual. Das Fetisch-Objekt fließt in die fetischistische Praxis ein: einfache Onanie seis mit Hilfe dieses Objekts, seis in seiner Gegenwart; Tatsache ist jedoch, daß sehr häufig das Subjekt zu zuweilen komplizierten, wenn nicht gefährlichen Manövern Zuflucht nimmt. Die frappierendsten Beispiele haben J. Glover (1928), Kronengold und Sterba (1936) und Masud Khan (1965) zusammengetragen; sie zeigen die Wichtigkeit der verwirklichten oder imaginierten Szene, die der Verwendung des Fetischs seine wahre Bedeutung verleiht. Das fetischistische Ritual steht in Gegensatz zum masochistischen Zeremoniell, das in seiner aufschiebenden Erwartung erstarrt ist, sowie zur sadistischen Inszenierung, die nach und nach in einer relativen Improvisierung entwickelt wird.
Wenn man sich die Frage stellte, welchen Platz die Objekte bei perversen Praktiken einnehmen, würde man feststellen, daß beim Masochismus die Objekte, die nicht unbedingt Fetische, aber fetischisierbar sind, um das Sexualobjekt kreisen, Satelliten auf einer Umlaufbahn; während beim Fetischismus das Objekt im Mittelpunkt der Praktiken selbst steht, die um dieses Objekt kreisen.
Man kann der fetischistischen Praxis eine doppelte, eine transvestitische und eine masochistische Seite zuerkennen. Eine transvestitische Seite, die im Groben die weibliche (mütterliche) Identifizierung des Subjekts darstellt. Sofern man sie nur richtig versteht: Wunsch, sich als Frau zu kleiden und sich so bekleidet in einem Spiegel zu sehen – nicht, gesehen zu werden. Der Spiegelreflex muß nämlich sowohl von der Nicht-Kastration der Frau (denn unter seinem Putz ist das Subjekt schlechterdings der Träger eines Penis) als auch von der Eskamotage seines eigenen Phallizismus zeugen, der hinter der Verkleidung verschwindet. Diese transvestitische Seite macht die identifikatorische Stellung des Fetischisten deutlich. Und eine masochistische Seite: denn die masochistische »Waffensammlung« ist

gerade eine Sammlung fetischistischer Objekte. Doch das masochistische Zeremoniell wird hier mit nur einer, dazu noch gespiegelten Person gespielt, in der man das gespaltene Bild seiner zugleich mütterlichen und phallischen Identifizierung wiederfindet. Denn der fetischistische Akt stellt die masochistische Identifizierung mit der *mater dolorosa* dar, in ihrem Leid und ihrer verkannten Kastration: doppeltes Bild einer phallischen und einer kastrierten Mutter, die ein Echo zur Ichspaltung beim Fetischisten bildet. Die masochistische Seite zeugt in dieser Hinsicht von der dem Fetischismus zugrundeliegenden Spaltung.

Ebenso wichtig wäre es, zu fragen, was für den Fetischisten die sexuellen Beziehungen bedeuten. Es steht außer Zweifel, daß für viele der Geschlechtsakt nur die besten Bedingungen dafür realisiert, das Ziel des fetischistischen Aktes zur Geltung zu bringen, ihm ein *setting* zu liefern – ein sexueller Akt, der ebenso Maskerade wie Vermeidung sein kann. Hier tritt das fetischistische Ritual am deutlichsten zutage. Und wenn Guy Rosolato sagt, daß im Spiel der Verführung und der Liebe »der Perverse trotz allem eine gewisse Lust erreicht«, müssen wir uns über den Platz fragen, den dieses Objekt einnimmt, sei es auch nur noch ein Faden, damit die Lust sich einstellen kann. Eine *gewisse Lust* – womit vorzüglich die mangelnde Sicherheit ausgedrückt ist, die der Fetischist noch in seiner Lust bekundet.

IV. Entstehung

Die Bedingungen, die zur Einführung eines Fetischs prädisponieren, lassen sich in den Erlebnissen der Kindheit suchen. So hat z. B. Phyllis Greenacre (1953), als sie das plötzliche Auftauchen des Fetischismus mit einer Störung bei der Verarbeitung des Körperbildes in Zusammenhang zu bringen versuchte, vorgeschlagen, hierin eine richtige *Anlage* zu sehen.

So werden als erstes die frühen »Traumata« evoziert oder vielmehr gewisse tückische Störungen, die die Mutter-Kind-Beziehungen zutiefst beeinträchtigen und zu denen z. B. alle die so oft beschriebenen »Ungeschicklichkeiten« während der Schwangerschaft gehören, die zwar nichts Spezifisches an sich haben, auf deren Folgen jedoch hingewiesen werden muß, insofern sie die Erfahrung der ersten Monate verunsichern: durch Störungen der Hautempfindlichkeit, des Bewegungsgefühls, beim Erwerb der Motorik.[13]

Sehr viel spezifischer scheint uns die Störung bei der Formung des Körperbildes zu sein, die zu einer fluktuierenden Empfindung der körperlichen Dimension und des »innerkörperlichen Drucks« *(intra-body pressure)* führt. Diese Fluktuation bei der Wahrnehmung der Körperdimension kann zahlreichen Faktoren zugeschrieben werden, die das homöostatische Gleichgewicht der infantilen Erfahrung verändern, z. B. Veränderungen auf Grund der Ernährung: Gewichtsverlust und Gewichtszunahme, Ödeme, die das wahrgenommene Volumen des Körpers zum Schwanken bringen, alle plötzlichen und vorübergehenden, vasomotorischen oder sensorischen Schwankungen, die ein Gefühl von körperlicher Veränderung nach sich ziehen; somatische Erscheinungen des »Zorns«, solche, die bei Fieber und Krämpfen auftreten; Hautkrankheiten, und schließlich alle mehr oder weniger heftigen, vorübergehenden Reize: Massagen, Manipulationen, Kitzeln, was eine wahre Erektion des ganzen Körpers zur Folge hat, die plötzlich wieder vergeht, ohne den Weg zu einer adäquaten motorischen Abfuhr zu finden. Modell der Tumeszenz und orgasmischen Detumeszenz, die Freud seit 1905 in der Erfahrung des Kindes während des Stillens erkannt hat, d. h. in einem Lebensabschnitt, auf den sich Greenacre bezieht.

Schließlich unterstreicht Phyllis Greenacre die wichtige Rolle, welche bei der Formung des Körperbildes beim Kind das Erkennen des eigenen Bildes spielt, insofern es ihm gestattet,

13 Man beziehe sich auf die Beobachtung von B. Mittelmann, »Motor Patterns and Genital Behavior in Fetishism« (1955), wo diese Störung der motorischen Erfahrung auf exemplarische Weise erscheint.

der primären Identifizierung zu entgehen. Bei dieser Herausarbeitung des Selbstbildes scheint Phyllis Greenacre das *Sehen* strukturierender und zugleich bedeutsamer zu sein als das taktile Erkennen. Die Bedeutung des Sehens bei der Selbsterkenntnis (das auch mit der Herausbildung des *Ich* im Spiegelstadium zusammenhängt, von dem Lacan spricht) finden wir beim Fetischismus und dem fetischistischen Objekt immer wieder, als eine uranfängliche Dimension bei der Bildung dieses Objekts. Nicht der ganze Körper ist indes dem Blick erreichbar; ein Teil ist formell ausgeschlossen: das Gesicht; und ein anderer schwer zugänglich: die Geschlechtsorgane.

Jede Kenntnis dieses Teils des Bildes führt also teilweise über seine visuelle Erkenntnis beim Anderen – Auftrag der Erkenntnis, sogar Spionage, die zur Einverleibung des Anderen führt. In der Schwierigkeit, sich dieser primären Identifizierung zu entledigen, liegt eines der Elemente, die die Schaffung des fetischistischen Objekts begünstigen. Denn das Körperbild dieses Fetischismus-»Aspiranten« bleibt labil und schlecht gesichert, aufgrund der lange verteidigten Persistenz der primären Identifizierung. Der visuelle Körperkontakt mit einer weiblichen Person (Mutter oder Schwester) begünstigt die Bedeutung dieser Identifizierung und erklärt vielleicht die Stoßkraft der visuellen Sphäre bei allem, was mit der Schaffung des Fetisch-Objekts zusammenhängt.

Später, d.h. nach 18 Monaten, kommen zu den Schwierigkeiten in der Mutter-Kind-Beziehung noch zwei andere Dinge hinzu. Einmal die besondere Intensität des Kastrationskomplexes, der Phyllis Greenacre zufolge dem ungewöhnlichen Platz zu verdanken ist, den im Leben des künftigen Fetischisten die psychischen Traumata einnehmen, die die Familienerfahrung markieren (Tod, Verletzungen, chirurgische Eingriffe, Fehlgeburten etc.), oder die physischen Traumata (zuweilen geringfügige, aber oft blutige chirurgische Eingriffe – Mandeloperation). An Beobachtungen fehlt es nicht[14], sowenig wie an der visuel-

14 Die visuelle Introjektion blutiger Operationen spielt eine wichtige Rolle,

len Konfrontation des Kindes mit allem, was auf der Ebene der weiblichen Genitalien mit Blut, Bauchnarben, aber auch allen sonstigen Merkmalen zusammenhängt, die um so erschreckender sind, als sie zweifelhafter sind und es nur der Phantasiebildung gelingt, sie zu verarbeiten.

Was immer es mit dem Einfluß dieser Erfahrung und dem Eindringen dieser Realität auf sich haben mag, es ist bemerkenswert, daß alle Autoren, angefangen mit Freud (1927), Lorand (1930), Wulff (1946), Winnicott (1953), Greenacre (1953), Buxbaum (1960), Dickes (1963) und Melitta Sperling (1963), die effektive Mitwirkung der Eltern bei der Entstehung des Fetischs betonen. Sperling und Dickes insbesondere unterscheiden den Gebrauch, den Eltern von dem transitionellen Objekt machen – das noch kein Fetisch ist –, als Mittel zur Lösung ihrer eigenen Probleme: Kastrationsangst, Penisneid, sadistische Phantasien etc. Und wenn sich Winnicott auf die »hinlänglich gute Mutter« bezieht, so ist dies ebenfalls der Rückgriff auf eine gewisse elterliche Realität.

Diese läßt sich wohl kaum leugnen: handle es sich um leichtfertige, ehrgeizige, anspruchsvolle, narzißtisch in ihrer Weiblichkeit gekränkte Mütter oder sogenannte »verfehlte Knaben«, die die Ehe und Mutterschaft nur mit Mühe akzeptiert haben; handle es sich um abwesende, unzulängliche, kastrierte, in ihrem Beruf und Familienleben unstabile Väter, die in Konflikt mit strengen Eltern standen oder ihre soziale Rolle nicht übernommen haben; oder handle es sich um eine Verführung exhibitionistischen Typs von seiten der Eltern, die das Kind auffordern, ihr Bett zu teilen, den Waschungen oder den Verrichtungen der natürlichen Funktionen beizuwohnen: alle diese Elemente kehren mit verwirrender Beharrlichkeit in allen Beobachtungen wieder. Sind sie deshalb auch spezifisch für den künftigen Fetischisten? Man mag daran zweifeln; dennoch haben sie einen unstreitigen Wert in der Phantasiebildung der Eltern wie des Kindes.

die schon Freud 1938 unterstrich. Siehe auch die Beobachtung von E. Buxbaum (1960), die besonders viele Vorgänge enthält.

Dem fügt Phyllis Greenacre die Rolle hinzu, die jede Art von »Kastration« im Zusammenhang mit den ersten Lustgefühlen der phallischen Phase spielt, – Grundlage des entscheidenden Konflikts, unter dem Blickwinkel einer phantasierten Identifikation von Körper und Phallus. Eine solche Identifizierung findet sich schon bei der Verwechslung von körperlicher Tumeszenz und genitaler Erektion: hinzu kommt die Vermengung von Weiblich-Männlich, zwischen dem phallischen Bild und dem »kastrierten« Bild der Frau.

Die Problematik der ödipalen Phase stellt sich in Termini, die ihre Überwindung nur dank einem Kunstgriff erlauben. In diesem Sinn kann von einer stabilisierenden Funktion des Fetischs gesprochen werden, insofern dieses Objekt die Unsicherheit lösen muß – in gewisser Weise dadurch, daß es sie beiseiteschiebt oder umgeht –, die hinsichtlich des genitalen Status des Subjekts besteht.

Deshalb muß der Fetisch bestimmte Bedingungen erfüllen, damit er dem Ziel, das er sich setzt, entsprechen kann: er muß stabil, sichtbar, berührbar sein, ein reales und nicht phantasiertes Objekt; fähig sein, sowohl den Penis wie dessen Fehlen zu symbolisieren; einverleibt werden können, ohne seine Form oder sein Volumen einzubüßen (daher die Bedeutung der Geruchsqualitäten beim Fetisch); dauerhafte Eigenschaften besitzen, um den Destruktionstrieben Widerstand leisten zu können; unbelebt sein, um dem Subjekt die Sicherheit zu geben, daß es von ihm keine Repressalien zu gewärtigen hat, aber auch, um jede Furcht zu neutralisieren, es könnte sich im Umfang verändern, so daß gegen die primäre Identifizierung reagiert werden kann; der Fetisch muß also eine Rückversicherung bringen, die dem Subjekt ein Liebesleben ermöglicht, ohne daß es sich in unerträgliche Angst verwickelt.

Der Fetisch bildet die Garantie gegen eine solche kastrierende Identifizierung, indem er dem Subjekt ein ihm äußerliches und in Form eines Objekts konkretisiertes phallisches Symbol liefert, das eine neuerliche Introjektion dieses Phallus sowie eine Affirmation der genitalen Integrität erlaubt. Damit würde der

Fetisch, Symbol des weiblichen Phallus, dank der visuellen, taktilen und olfaktorischen Introjektion es gestatten, den eigenen Phallus des Subjekts wiedereinzuführen.
Läßt sich jedoch sagen, daß die Funktion dieses Objekts kein anderes Ziel hat, als die ungewisse Genitalität des Subjekts zu sichern und zu stabilisieren, das Opfer sowohl einer besonders labilen Körpererfahrung, einer primären Identifizierung ist, von der es sich nicht zu lösen vermag, als auch einer Kastrationsangst, die ihm nur die Wahl läßt, entweder auf die Sexualität zu verzichten oder ein phallustragendes (homosexuelles) Objekt zu wählen? Müßte man sich nicht fragen, ob der Fetisch, Mittler des unbewußten Wunsches des Subjekts, nicht auch jenseits seiner heilsamen Funktion eine Rolle spielt?

V. *Das fetischistische Objekt*

Der 1953 von D. W. Winnicott geprägte Begriff des transitionellen Objekts ist vielleicht einer der fruchtbarsten für die Genealogie des Fetischs. Wir wollen hier keine detaillierte Beschreibung des Objekts geben, das der Autor als die erste *not-me possession* identifiziert: Zipfel des Bettuchs, Wollfussel, Taschentuch oder Plüschbär, die das Kind unter all den Objekten, die ihm zur Verfügung stehen, unterscheidet, isoliert und sich aneignet. Wir beschränken uns darauf, die Hauptmerkmale zu verzeichnen, die D. W. Winnicott dem transitionellen Objekt zuerkennt:
– bedingungslose Zugehörigkeit; das Kind betrachtet und behandelt dieses Objekt als seinen Besitz, wiewohl es ihm nicht gegeben, sondern von ihm erwählt wurde;
– Permanenz; das Objekt darf keine Veränderung durch die Außenwelt erfahren: es darf weder gewaschen noch repariert werden, sondern muß dem eigenen Schicksal unterworfen bleiben;
– Unverletzlichkeit; das Objekt muß fähig sein, der Liebe und dem Haß sowie auch der Aggression Widerstand zu leisten,

wenn diese in den Beziehungen des Kindes zum Objekt auftaucht;
– Unabhängigkeit, von der die Konsistenz, die »Wärme«, das Gewebe des Objekts zeugen;
– ein eigener Status, nämlich daß es die *Schöpfung des Kindes* ist, denn das Kind erkennt ihm keinen äußeren Ursprung zu; dennoch handelt es sich nicht um ein »inneres Objekt«, auch nicht um ein »halluzinatorisches« Objekt;
– allmähliches Zurücktreten, denn das Objekt unterliegt nicht der Zerstörung, sondern einer langsamen Abziehung der Besetzung, die es nach und nach in den Hintergrund rückt: es wird weder vergessen, noch verinnerlicht, noch verdrängt, sondern verliert seinen ursprünglichen Sinn. Dieses Verschwinden des Objekts schafft einen intermediären Bereich, in dem die transitionellen Phänomene zum Zuge kommen können.

Wenn es auch stimmt, daß sich das transitionelle Objekt als das Symbol eines Teilobjekts betrachten läßt (z. B. der mütterlichen Brust), so ist dies doch nicht seine Hauptbedeutung: es bezeichnet auf dem Weg, der die Phantasie von der Realität unterscheidet, den intermediären Augenblick, da das Objekt nicht mehr lediglich Phantasie, aber auch noch nicht Symbol ist. Und dieses transitionelle Objekt, das den Gegenstand der ersten Objektbeziehung darstellt, erlaubt es dem Kind, von der allmächtigen phantasmatischen Kontrolle zu einer kontrollierten Manipulation des Objekts überzugehen, bei der sich die muskuläre Erotik, die Koordinierung der Bewegungen, die olfaktorische und taktile Besetzung etc. wiederfinden. Es kann auch, je nach dem Stadium, in dem es beobachtet wird, ein orales, anales, fäkales, urethrales etc. Objekt sein.

Doch dieses Objekt ist, wie D. W. Winnicott betont, kein Fetisch, sei es auch nur in dem Sinn, daß sein Auftauchen nicht pathologisch ist: es signalisiert lediglich einen bevorzugten Augenblick. Diese Interpretation wird von Melitta Sperling (1963) nicht geteilt, die bereits in diesem transitionellen Objekt das Zeichen einer Störung in der Herstellung von Objektbeziehungen sieht. Die unterschiedlichen Ansichten von D. W.

Winnicott und Melitta Sperling scheinen uns einen in der analytischen Theorie irreduziblen Widerspruch zum Ausdruck zu bringen.

Die Auffassung von D. W. Winnicott weicht auch von der Interpretation Wulffs (1964) ab, der diese ersten Objekte für Fetisch-Objekte hält, die als solche aus einer Reaktionsbildung gegenüber einer frühen Frustration resultieren. Er betont auch den »oralen« Charakter dieses Fetisch-Objekts, das als Ersatz für die Mutterbrust unmittelbar mit der Ernährungssituation zusammenhängt.

Für Wulff gewinnt das Fetisch-Objekt nur in dem Maße an Wert, in dem es jene heilsame Funktion besitzt, die darauf abzielt, einen durch eine Frustration leer gebliebenen Platz auszufüllen. Wir sehen, daß damit der Frustration eine objektive Realität zuerkannt und gleichzeitig dem Fetisch-Objekt der Wert eines Objekts beigemessen wird, das darauf abzielt, diesen leeren Platz effektiv einzunehmen. Das Fetisch-Objekt ist Wulff zufolge ein Ersatz für das frustrierende Objekt: Brustwarze, Mutterbrust oder die Mutter insgesamt.

Melitta Sperling (1963) geht noch weiter. Sie versucht zu zeigen, daß das mütterliche Verhalten zur Entstehung und Aufrechterhaltung dieses Fetischs beiträgt.

Der Fall des kleinen zweijährigen Martin und seiner Mutter, beide in der Analyse, erlaubt es ihr, ein gewisses Zusammenwirken bei der Genese des fetischistischen Verhaltens aufzuzeigen: unbewußt weigert sich die Mutter, sich von ihrem Kind zu trennen und auf ihre eigenen (oralen und analen) Befriedigungen in ihrer Beziehung zu ihm zu verzichten. Der Fetisch wird zum Träger der mütterlichen Vorstellung, ein konkretes Objekt, das jenseits seiner symbolischen Bedeutung wirkliche Befriedigung bringen muß. Damit erlaubt es der Fetisch der Mutter wie dem Kind, einen »Schein von Normalität« in ihrer Beziehung zu wahren, indem er die reale Trennung möglich macht, wobei er dazu dient, diese Trennung zu leugnen, aber auch auf magische Weise zu wahren. Alle von der Mutter verwehrten Befriedigungen werden vom Fetisch gewährt, der da-

mit dem Prozeß der Verinnerlichung entgegensteht und – in der theoretischen Position, die M. Sperling sich zu eigen macht – die Bildung des Ichs und Überichs behindert.
Zudem wird die Mutter in dem Maße, wie sie selbst unfähig ist, das Trauma zu überwinden, das für sie das Stillen bedeutet, beim Kind die Einführung des Fetischs begünstigen, der nun Zeuge für eine Störung der Objektbeziehungen ist und die Trennungsangst zu vermindern sucht.
Weniger radikal in ihrem Gegensatz zu den Thesen von D. W. Winnicott scheinen jene Autoren zu sein, die in der Identifizierung mit der Mutter die Bedingungen sehen, welche die Entstehung des Fetischs ermöglichen (Bak, 1953; Weisman, 1957; Dickes, 1963).
So liefert Bak, sich auf zwei Fälle stützend, die klinische Illustration für seine Behauptungen. Er sieht in der Intensität der Trennungsangst den Beweis für eine Ichschwäche, die das *Sich-Anklammern* (nach einem Ausdruck von Hermann, 1936) an die Mutter determiniert, sei diese total oder *pars pro toto* genommen, womit sich die prägenitalen Fixierungen erklären. Die fetischistische Abwehr bezieht sich hier noch auf die Prägenitalität und wird nicht als Kompensierung eines Mangels, sondern als Identifizierung mit dem Mutterbild betrachtet, – simultane und alternierende Identifizierung mit einem »gespaltenen« Mutterbild – phallische Mutter und Mutter ohne Penis. Auch hier stellt sich eine chronologische Sequenz her, in der man eine prägenitale Identifizierung mit der phallischen Mutter erkennt, die um so dringender ist, als das Trauma der Trennung als ein noch bedrohlicheres Trauma denn das der Kastration erlebt werden kann: eine Identifizierung mit der penislosen Mutter in dem Augenblick, da die ödipale Problematik sich einstellt, die die erste Gefahr einer jeden Trennung nur neubelebt und ihr die Bedeutung eines Identitätsverlusts verleiht.
Die unbedingte Aufrechterhaltung dieser uranfänglichen identifikatorischen Bindung gibt Anlaß zur Herausbildung des Fetischs: er ist ein Kompromiß, dazu bestimmt, alle in der

Kastration enthaltenen Widersprüche zu versöhnen. Die Identifizierung mit der Mutter aufrechterhalten, ein Sexualobjekt finden, das in doppelter Hinsicht die Minimalforderungen erfüllt, die nötig sind, um ein Liebesobjekt zu werden – das verleiht sowohl dem Fetischismus wie der Homosexualität und dem Transvestismus ihre ferne, doch unbestreitbare Verwandtschaft.

Die Anhänglichkeit an die Mutter wird schließlich aufgegeben – aufgrund der Kastrationsangst. Vielleicht aber kann die Kastrationsangst auch von dem Wunsch abhängen, die *Identität mit der Mutter* aufrechtzuerhalten, und jeder neue Kontakt mit einem Liebesobjekt sowohl diesen Wunsch nach einer mehr oder weniger totalen Verschmelzung wie die trennende oder kastrierende Drohung wiederbeleben, der das Subjekt die Stirn bieten muß, um sie zu überwinden. In diesem Zwischenraum – dessen Natur wir noch präzisieren werden – wird jene irreversible Trennung eingeleitet, in der der Fetischismus seinen Ursprung nimmt.

Auf diese Weise läßt sich die grundlegende Divergenz zweier Auffassungen aufspüren. Die erste, vorgebracht von M. Sperling und Wulff (und nuancierter von Bak), meint, daß das »intermediäre« Objekt, sobald es auftaucht, bereits pathologisch ist und lediglich dem Ablauf der verschiedenen libidinösen Phasen folgt; es funktioniert als Abwehr gegen die Trennungsangst in der oralen Phase und gegen die Kastrationsangst in der phallischen Phase. Somit gäbe es einen prägenitalen und einen genitalen Fetisch. Die andere Auffassung, die von D. W. Winnicott, gründet dagegen auf der Unterscheidung zweier Momente: der progressiven Individuation des Kindes in seiner Eroberung eines persönlichen Raums und der sekundären Verwendung eben dieses selben Phänomens, das im Dienst der Kastrationsthematik von seinem ursprünglichen Sinn abgelenkt wurde. Für ihn kann der Fetisch nicht aufgrund einer Trennungsangst entstehen – sei es auch ein »prägenitaler« Fetisch, dem er im übrigen keinerlei kompensatorische Funktion beimißt; hingegen geht die Bildung des Fetischs

von der Kastrationsangst aus und bedient sich dann nur eines archaischen Modells, das er in der normalen Entwicklung des Subjekts findet.
Wenn wir sagen, daß uns diese beiden Auffassungen unvereinbar erscheinen, so deshalb, weil sie auf diametral entgegengesetzte Weise an die Mutter*imago* und die Mutterfunktionen herangehen. M. Sperling stützt sich ganz offensichtlich auf ein Modell der genetischen Psychoanalyse, deren bemerkenswertestes und konsequentestes Zeugnis das Werk von René A. Spitz ist. Wir haben hier nicht vor, eine Kritik der genetischen Auffassungen zu liefern. Wir meinen, daß das Werk von Spitz wie seine Forschungen durch uns nicht in Frage gestellt werden können. Wir meinen aber auch, daß der Gebrauch, den einige davon gemacht haben, nicht eben erfreulich ist und daß die Arbeit von M. Sperling ein Beispiel dafür liefert – in der Verkennung einer Verwirrung zwischen den Registern des Imaginären und des Symbolischen sowie der Bezugnahme auf eine wörtlich genommene mütterliche Realität, ohne daß berücksichtigt würde, was der Phantasie untersteht.
Die Auffassungen von D. W. Winnicott gründen auf einer anderen Sicht der Mutter-Kind-Realität. Erinnern wir uns an das, was der Autor den intermediären Raum nennt, Ort des transitionellen Phänomens. Das transitionelle Objekt bedarf zu seiner Entstehung einer unabdingbaren Voraussetzung: das innere Objekt (in dem Sinn, den Melanie Klein ihm zuschreibt) muß lebendig sein, real und *good enough* – hinlänglich gut –, darf das Subjekt nicht zu sehr verfolgen. Das äußere Objekt aber muß »hinlänglich gut« sein, um nicht das nach sich zu ziehen, was Winnicott die *deadness* (Eigenschaft dessen, was tot ist) des inneren Objekts nennt.[15]
Winnicott bezieht sich also auf eine »hinlänglich gute« Mutter, eine Mutter, die sich aktiv den Bedürfnissen des Kindes anpaßt. Zu Beginn muß diese Anpassung fast vollkommen

15 Da wir hier die Auffassung des Autors über die *good enough mother* und den Begriff *holding* nicht darlegen können, verweisen wir den Leser auf die Quelle.

sein, doch nach und nach entsteht eine Kluft zwischen den Forderungen des Kindes und dem, was die Mutter bietet.
Zu Beginn gewährt eine hinlänglich gute Mutter dem Kind die Illusion, daß ihre Brust ein integrierender Bestandteil des Kindes sei. Die Mutter legt ihre reale Brust an die Stelle, wo das Kind sie in seiner Allmacht zu schaffen sucht. Eine solche Stellung schafft die *Illusion*, daß es für das Kind eine äußere Realität gibt, die seiner eigenen Schaffenskraft entspricht.
Die wesentliche Aufgabe der Mutter, nachdem sie der Illusion Gestalt gegeben hat, wird nun aber darin bestehen, das Kind zu desillusionieren. Bei dieser allmählichen Desillusionierung, der Entwöhnung, entsteht durch die Erfahrung der Frustration ein intermediäres Erfahrungsfeld, das, *wenn alles gut geht*, nicht wieder in Frage gestellt wird. Ein wenn man will »neutrales«, aber nicht unbewohntes Territorium, denn in diesem transitionellen Raum kann die eigene Kreativität des Kindes Platz greifen. Der transitionelle Raum liegt zwischen der ursprünglichen Unwissenheit bezüglich der Schuld und der Erkenntnis dieser Schuld; sie ist dasjenige Gebiet der Erfahrung, zu dem sowohl die innere Realität wie das äußere Leben beitragen.
Wenn die verinnerlichte Brust die magische Allmacht des Kindes, die äußere Brust die Kontrolle einer anerkannten Realität darstellt, so kennzeichnet das symbolische und reale transitionelle Objekt den Raum der Illusion.
Zu diesem transitionellen Raum gehört unserer Meinung nach der Fetisch. Es soll nicht geleugnet werden, daß der Fetisch der symbolische Repräsentant des mütterlichen Penis sein kann: aber es gilt, den *illusorischen Charakter* dieses mütterlichen Phallus zu unterstreichen; in dem Sinne, daß in diesem Bereich die Illusion des mütterlichen Phallus allmählich abgebaut werden müßte, statt sich in einer Täuschung zu festigen, die die Desillusionierung verneint und das Objekt im »Wahn« ansiedelt, der bewirkt, daß das Objekt als versteinerte Phantasie fortbesteht.
Hier gewinnen Kastration und Trennung ihren wahren Wert,

denn sie werden von einem symbolischen Äquivalent eingefangen, das der fetischistische Kompromiß aufzulösen sucht, indem er vermeidet, daß dieses transitionelle Objekt mit dem Problem der Kastration konfrontiert wird.
In einem neueren Aufsatz betont Winnicott abermals die Tatsache, daß in diesen intermediären Raum auch die kulturelle Erfahrung fällt, – in diesen potentiellen Raum zwischen dem Individuum und der Außenwelt.[16] Wie der einzelne diesen Raum verwendet, hängt von seinen frühen Erfahrungen ab. Dieser potentielle (intermediäre) Raum wird zum Bereich der Erfahrung, d. h. des Spiels und des kulturellen Ausdrucks, wo jedes bereits vorhandene Objekt vom Kind gefunden werden muß. *Homo ludens:* sein Spiel verwendet Objekte, die er jedesmal mit neuer Bedeutung versieht.
Wenn J. Baudrillard von dem »Dings« (*machin*) spricht, von dem er sagt, daß es »der unbestimmte Terminus dessen bleibt, was keinen Namen hat, von dem man nicht weiß, zu was es gebraucht wird«, hebt er die Tatsache hervor, daß dies es nicht daran hindert, zu funktionieren:

Die wahre Funktionalität des »Dings« liegt im Bereich des Unbewußten: daher die Faszination, die es ausübt... Der Mythos einer wunderbaren Funktionalität der Welt ist der Phantasie einer wunderbaren Funktionalität des Körpers korrelativ. Das Schema des technischen Vollzugs der Welt ist verknüpft mit dem Schema des sexuellen Vollzugs des Subjekts. In dieser Hinsicht ist das Dings ein Phallusersatz, ein hervorragendes operatorisches Medium der Funktion...
In dem Maße, wie seine praktische Instrumentalität zurücktritt, kann es mit libidinöser Instrumentalität besetzt werden. Dies gilt schon für das Spielzeug beim Kind, für irgendeinen Stein oder ein Holzstück beim Primitiven, für den kleinsten Stift, der in den Augen des »Nicht-Zivilisierten« wieder zum Fetisch wird.
In jedem beliebigen Objekt kann stets das Realitätsprinzip ausgeklammert werden. *Es genügt, daß das Objekt seine konkrete Praxis*

16 D. W. Winnicott (1967), »Location of Cultural Experience«, *Internat. J. Psycho-Anal.*, 48, 368–372.

verloren hat, um auf geistige Praktiken übertragen zu werden. Das heißt, daß hinter jedem realen Objekt ein geträumtes Objekt steht ... Wie immer das Objekt funktionieren mag, wir empfinden seine Wirkungsweise als die unsere, selbst wenn sie absurd ist wie in dem »Dings«.[17]

Nun ist es aber gerade die Wirkungsweise – sowohl die des transitionellen Objekts wie des Fetischs –, die deren Funktionsmodus als technische Objekte charakterisiert. Es liegt auf der Hand, daß beide mit einer *symbolischen Magie* besetzt sind, die bewirkt, daß sich beide in Vermittlerstellung befinden. Wenn das transitionelle Objekt dem Kind die Möglichkeit bietet, sich seiner angeblichen und illusorischen Allmacht zu stellen, so dient ihm der Fetisch dazu, sich mit der Manneskraft auseinanderzusetzen. Das technische Objekt steht, wie Heidegger gezeigt hat, in sehr enger Beziehung zum Bereich der Schöpfung: Kulturobjekte in dem Sinn, in dem die Kultur nicht eitle und lächerliche Anhäufung ist, sondern Verfügung einer »Macht« im Dienst der Kreativität.

Das Kulturobjekt ist dem Menschen ebensowenig gegeben wie das fetischistische Objekt. Hier kreuzen sich die Schicksalswege des Objekts.

In der unvermeidlichen und schöpferischen Erfahrung der Desillusionierung richtet sich die Sehnsucht ein, die nicht mit Neid, Eifersucht oder Groll zu verwechseln ist, sondern in der man einen Verzicht zu sehen hat, der die Trennung oder die Kastration zur Kenntnis nimmt. Diese Desillusionierung beseitigt (nicht durch Verdrängung oder Verwerfung, sondern durch Entziehung der Besetzung) die unmögliche Suche nach dem Paradies oder dem verlorenen Objekt.

Im Raum dieser Desillusionierung ist die Wertverschiebung des transitionellen Objekts zu suchen. Es hängt vom Schicksal jedes einzelnen ab, ob dieses Objekt sich in einen Fetisch verwandelt oder zur Schöpfung wird im Sinne von Spiel, Kunst oder Kultur.

17 J. Baudrillard (1968), *Le système des objets*, Paris.

Dem fetischistischen Objekt muß eine dreifache Funktion zuerkannt werden:
Zunächst die schon seit langem dargelegte Funktion der *Wiedergutmachung*, wo seine Instrumentalität sowohl in der Waffensammlung, die das Subjekt gebraucht und mißbraucht, wie in dem Platz zutage liegt, den das Objekt im grausamen Spiel seiner sexuellen Inszenierung einnimmt; oder auch wenn es ein unabdingbares Beiwerk kontraphobischer Manöver wird, deren reinstes Beispiel es ist. Eine Wiedergutmachung, die sich notgedrungen in die Kastrationsdialektik einfügt und sich insbesondere auf die Verleugnung der weiblichen Kastration bezieht, in der Absicht des Doppelspiels der Erkenntnis und der Annullierung dieser Kastration.
Zweitens bezeichnet das fetischistische Objekt die *Wiederherstellung* einer verlorenen Kontinuität. Dort, wo die Kluft, der Bruch in die Erfahrung des Subjekts treten auf dem Umweg der Kastration, die nicht nur beim Abnehmen der Beschaffenheit seines mit Geschlechtsorganen ausgestatteten Körpers, sondern als Hauptsignifikant jeder grundlegenden Trennung erlebt wird: Geburt, Entwöhnung und analer Konflikt haben die Welt des Kindes in eine diskontinuierliche Reihe von Punkten verwandelt, an der die unabweisbaren Beweise für eine Trennung des Subjekts von dem Gegenstand seines Wunsches hängen. Das Fetisch-Objekt sucht diese Kluft zu überbrücken, den Beweis für jene illusorische Fortdauer zu garantieren. Das Kind findet in diesem Objekt sowohl die Trennung wie ihre Verleugnung wieder, die freie Verfügung des Objekts in seiner *Losgelöstheit*, deren ursprüngliche Erfahrung ihm bereits die Bindfadenspule des *Fort! Da!* zu machen erlaubte. Verfügung, Kontrolle und Dauer des metonymischen Objekts machen das Subjekt mit der unvermeidbaren Trennung vertraut und versuchen zugleich, auf lächerliche Weise, sie abzuwenden. Kontinuität seiner libidinösen Erfahrung, in der sich das phallische Objekt findet, Illusion seiner eigenen Macht und Überschrei-

tung des unerbittlichen Schicksals, das es hinfort nicht mehr ignoriert.

An der Kreuzung dieser doppelten Strömung zeigt sich ein dritter Weg, dem zufolge das Fetisch-Objekt eine Funktion übernimmt, die ihm seine wahre Wirksamkeit verleiht. In der Funktion des *Erkennens*, die sowohl mit der Wiederherstellung der Kontinuität wie mit den Wiedergutmachungsversuchen zusammenhängt, zwingt das fetischistische Objekt dem Subjekt eine Ortung auf.

Das Pfand, welches der Fetisch ist, ist dasjenige, das im Bezugssystem des Subjekts als Bürgschaft für seinen sexuellen Status oder, wenn man lieber will, seine Solvenz hinterlegt wurde.

Der Fetisch ist etwas dem Subjekt Hinzugefügtes: Amulett, Flitter, Talisman, Maskottchen, aber auch *Orden* im doppelten Sinn des Wortes, denn er stellt dem Subjekt das *Abzeichen* seines Status zur Verfügung. Während der sexuelle Fetisch noch einen *metonymischen Wert* zu haben scheint, wird das Fetisch-Objekt zum *Symbol* und gibt in dieser Eigenschaft dem Eingeweihten den Sinn zu verstehen, den er trägt. Ebenso wie bunte Streifen jedem anderen Dekorierten die ruhmreichen Feldzüge ihres Trägers signalisieren, so wie die Abkürzungen hinter den Namen englischer Autoren diese in den Augen ihrer Kollegen definieren, ebenso sicher verleiht der Fetisch dem Subjekt einen bestimmten sexuellen Status, sofern man nur seine Zeichen kennt. Die offensichtliche Undurchdringlichkeit des sexuellen Fetischs verdoppelt sich mit seiner offensichtlichen Evidenz: all jene raschelnden Röcke, Stiefel, Peitschenarsenale, Fesseln und Schnüre – worin unterscheiden sie sich von Orden, Amuletten, Sammelgegenständen? Alle sind der Kultur entnommen, d. h. der kaum verschlüsselten Sprache einer Gruppe, die den Besitzer oder Benutzer solchen Tands kennzeichnet: Namenszug des Schneiders, Signatur des Bildes, Echtheitsstempel.[18]

18 Die kulturelle Determinierung des Fetischs liegt oftmals auf der Hand. Krafft-Ebing, der doch wenig dazu neigt, sich über die scheußlichsten Perversionen zu entrüsten oder zu beklagen, fand indes keine Worte, die stark

Was ist deutlicher als die schwarze Hose der Mutter des kleinen Hans? Was konventioneller als der Seidenstrumpf oder der Lederstiefel? In eine andere Zeit, eine andere Zivilisation transponiert, bewahren der Schleier, das Korsett, das Gewachste nur den lächerlichen Charakter ruhmreicher Feldzüge, von denen herrische Invaliden um die Wette zehren.
Doch was es auch mit der kulturellen Determinante des fetischistischen Objekts auf sich haben mag – sein Sinn im symbolischen Repertoire bleibt noch aufzudecken, unbewußt verzeichnet auf den Attributen, deren sich der Fetischist bedient, um sich als solcher zu geben.
Was ist nun leichter, als im Fetisch-Objekt jenes Erkennungszeichen zu sehen, das das Subjekt – ohne sein Wissen – vorbringt, das seines unbestimmten Status zwischen weiblichem Phallizismus und männlicher Kastration? In diesem Fetisch-Objekt versucht das Subjekt sein eigenes, nachprüfbares Erkennen zu verankern, als das eines mit dem Stempel seiner Unsicherheit geprägten Subjekts.

VII. Transaktion

Wenn Freud darauf hinweist, daß der Fetischismus oft nur ein *Nebenbefund* im Laufe der Analyse ist, so bedeutet das, daß der »wahre« Fetischist nur in Ausnahmefällen die Couch unserer Kollegen aufsucht. Meist mehr als eine besondere Befriedigungsart erlebt denn als eine Perversion, veranlaßt die fetischistische Praxis das Subjekt nur mit Maßen dazu, sich in die Analyse zu begeben, falls nicht andere, gebieterischere Motive dafür sprechen. Noch ein anderer Grund kommt hinzu; die Furcht, daß die Analyse ihm das entziehen könne, was ihm, wenn auch mühsam, zur sexuellen Befriedigung verhilft.

genug wären, um die »Zopfabschneider« zu geißeln, die durch ihre Schandtaten die Zukunft ihrer unschuldigen Opfer gefährdeten. Wo sind nur unsere Fetischisten von einst?

Heißt das, daß der Fetischismus außerhalb des analytischen Feldes bleibt? Aufgrund unserer klinischen Erfahrungen könnten wir versucht sein, zu antworten, daß, obschon der Fetischismus als »Perversion« in der Tat nur selten auftritt, die fetischistische Struktur dagegen häufig vorkommt, wenn man bedenkt, daß der »Fetischist« im weitesten Sinn ein Mensch ist, der sich einer dreifachen Garantie versichern will: seinen grundlegenden Mangel wiedergutzumachen, die Kontinuität aufrechtzuerhalten und abzusichern, und sich in seinem sexuellen Status hinsichtlich der Phantasie von der phallischen Mutter zu erkennen. Es wäre daher erstaunlich, wenn man nicht in einer großen Zahl von Analysen eine Beziehung finden würde, die mit derjenigen identisch ist, die den Fetischisten mit seinem Objekt verbindet.

Welchen Dienst könnte das Subjekt in der analytischen Situation von einem solchen exzentrischen Objekt verlangen? Welches Band könnte es zwischen dem extravaganten Gebrauch des Fetischs und jenem scheinbar leeren Raum knüpfen, der die illusorische Distanz zwischen dem Analytiker und dem Analysanden konnotiert?

Wenn man den von D. W. Winnicott vorgeschlagenen Begriff akzeptiert, den des *Illusionsraums* – womit der Raum umrissen wird, über den das Subjekt verfügt, um seine wachsende Autonomie zu strukturieren –, ist es möglich, in ihm ein Modell der analytischen Situation zu sehen. Man verstehe uns recht: es geht uns nicht darum, den Analytiker mit der *good enough mother* zu identifizieren, ebensowenig wie die Situation des Analysanden mit der des *infans* zu verwechseln. Es sei deutlich gesagt, daß die analytische Situation nicht jenes dyadische Universum ist, in das sich der Analytiker und der Patient bei der Konfrontation mit der imaginären Forderung einschließen; daß es nicht darum geht, die Entfernungen zu reduzieren, dem Analysanden eine Realität entgegenzuhalten oder ihm zu erlauben, seine Abhängigkeit mit der Elle zu messen. In dem Sinne, in dem wir ihn verstehen, ist der *Illusionsraum* derjenige Raum, in dem sich in Form eines transitionellen Objekts die erste Andeutung eines Symbols enthüllt, dessen Gebrauch das Subjekt als den seinen erkennen kann.

Der Raum der Analyse zeigt sich vor allem als Raum der Stille, als ein Raum, der der Heraufkunft eines möglichen Worts offen steht. Diesen Raum, aus dem jedes unangebrachte Gesäusel, jedes Geschwätz von vornherein ausgeschlossen scheint, wird der Analysand zu bevölkern trachten, indem er seinen Phantasien Gestalt und freien Lauf gibt und indem er mit allen ihm verfügbaren Mitteln versucht, ein Objekt in ihn einzuführen, das in bezug auf das andere vermittelnd und zugleich distanzierend ist. Was der Analysand hier vorbringt, ähnelt in einigen Merkmalen dem transitionellen Objekt, d. h. er erkennt in seinen Worten ein Objekt, das ihm eigentümlich bleibt; daß diese Worte weder ein äußeres noch ein inneres Objekt sind, sondern schlechthin seine *Schöpfung;* daß sie keine Unterbrechung vertragen; daß sie jeder äußeren Einmischung widerstehen. Die Beständigkeit seiner Worte geht einher mit ihrem allmählichen Verblassen aufgrund der Entziehung der Besetzung: am Ende bleiben nur noch bestimmte Teile der Rede übrig. Die Haltung des Analytikers gegenüber den ausgesprochenen Worten ist der mütterlichen Haltung gegenüber dem transitionellen Objekt analog: die Achtung, die er den Reden des Patienten zollt, seine Nichteinmischung (was Balint *the unobtrusive analyst* nennt) sowie die Tatsache, daß er jene Worte als das erkennt, was sie sind: eine Art, sich in seiner Autonomie zu konstituieren. Die Verwendung dieses »transitionellen Objekts« wird jedoch »pervertiert«, und der Fetischcharakter der Rede des Analysanden tritt klar zutage, wenn man hört, welch verfälschten Gebrauch er von ihr macht. Keineswegs wird sie vom Analysanden als ein Objekt benutzt, das seine Autonomie hervorhebt, sondern im Gegenteil (in der Übertragungssituation) mit aller Ambiguität der Forderung, mit der er vorgibt, sich zu erkennen zu geben und gleichzeitig verkannt zu bleiben. Er verlangt vom Analytiker, daß er seinen Wunsch enthüllt, Mitwisser seines Geheimnisses ist und zugleich zum Zeugen, ja sogar Komplizen einer Beziehung wird, in der der Analytiker als Ersatzobjekt für alle anderen Objekte steht, die von nun an »kein Gewicht mehr haben«. Mit anderen Worten: er soll den leeren Platz seines eigenen Mangels markieren und ausfüllen. Diesen Platz – den des phallischen Mangels – nimmt der Analytiker im übrigen auch ein, doch ohne daß der Analysand zu Beginn etwas anderes aufzuspüren vermag als das illusorische *Versprechen* eines Phallus, den er, säuberlich abgestempelt, am Ende seiner Couchzeit mitnehmen kann. Ob Reise rings um das Zimmer, ans Ende der Nacht oder in den Mittelpunkt der Erde – was ihn am Ende dieser Wegstrecke auf jeden Fall erwartet, ist, daß er mit der durch seine Perversion oder seine Neurose programmierten Täuschung fertig wird. Im besten Fall kann man hoffen, daß die Illusion der phallischen Identifizierung am Ende des Wegs enttäuscht wird. Vielleicht aber ist auch der Analytiker selbst nicht immer mit einer solchen Illusion ins Reine gekommen: wir erinnern nur an das Los der Empfehlung, daß der Analytiker keine allzu offensichtliche »Mißbildung« haben dürfe: Vorsorge für eine mögliche Identifizierung oder Präventivmaßnahme gegen eine allzu intensive Kastrationsangst? Es fällt schwer, hierin nicht einen Versuch zu sehen, sich auf den Analytiker als auf ein mögliches Modell zu berufen, möge es auch enttäuschend sein. Dieser Appell an die körperliche Integrität verweist sehr wohl auf die phallische Metapher, ob man sie nun wie den Analytiker »als« Phallus oder als »Träger« eines solchen verstehen muß.

Die Stellung des Analytikers wäre streng genommen unhaltbar, wenn er zur Gestalt eines phallischen Repräsentanten erstarrte; trügerisch, wenn er als der Repräsentant einer illusorischen Allmacht aufträte. Die Verwirrung, die daraus entstünde, wäre derart, daß der analytischen Situation kein Ausweg offenstünde. Nur in dem Maße, in dem man durch die Deutung der Übertragung den phallischen Irrtum zu entlarven und zu denunzieren vermag, wird das Subjekt seinen eigenen Wunsch bezeugen und sich von dem des Analytikers lösen können.

Wenn man den Fetisch als das Pfand für die Identifizierung des Subjekts mit einer Mutter definiert, deren Beziehung zum Phallus in einer notwendigen Ambiguität gehalten wird, so stellt sich das Wort des Analysanden dagegen als Einsatz einer Beziehung zum Analytiker dar, dessen vermeintliche Stellung gegenüber der eigenen Macht zugleich verneint und bejaht wird. Sobald der Schatten, den der Analytiker auf die Wände oder die Decke seiner analytischen Höhle wirft, zum Gegenstand von Interpretationen seitens des Patienten wird, sieht man, daß dieser Schatten bald als Figuration eines hieratischen Phallus wahrgenommen wird, der die gesamte analytische Situation prägt, bald als Schattenspiel einer Figur, die zur persönlichen Mythologie oder zum Roman des Subjekts gehört, Symbol oder Stütze der Phantasie.

Wenn der Analytiker als Phallus erkannt wird, dann ist die Achse, nach der die Übertragungsbeziehung eingeleitet wurde, auf eine Konfrontation ausgerichtet. Dann steht der Status des Analysanden bezüglich des Gesetzes auf dem Spiel: seine Auflehnung und seine Hinnahme. Diese Beziehung vollzieht sich gemäß der Dialektik von Unterwerfung und Herrschaft.[19] Man erinnere sich ferner an die masochistische Problematik unter dem Blickwinkel der Herausforderung. Aus diesem Grunde auch stellt das Subjekt seinen Wunsch als symbolische Bedeutung seines Erlebens in Frage; die Worte des Analysanden nötigen seine Rede zur Entdeckung einer *anderen* Bedeutung.[20]

19 Siehe V. N. Smirnoff (1969), »The Masochistic Contract«, *Int. J. Psycho-Anal.*, 50, 665–671.

20 Wir überlassen diejenigen gern ihren Interpretationen, die sich eines Ereignisses bedient haben, um ihren analytischen Scharfsinn darin zu üben, in der Mai-Revolte von 1968 das infantile Auftauchen eines Protests gegen einen schreckenerregenden Vater oder die Allmacht einer »sadistisch-analen« Mutter aufzuspüren. Und zwar um so bereitwilliger, als sie – aber ist das ein Zufall? – die Bedeutung des Ereignisses selbst verkannten: desjenigen, das Michel de Certeau sehr zu Recht die *Wortergreifung* nannte. Mögen auch andere darin den erneuten Versuch sehen, den Ödipuskomplex zu lösen – in Wahrheit ging es darum, dem Wort Vorrang über das Ding zu verschaffen. Ohne hier das, was damals von den schönen Seelen zu Papier gebracht

Wenn hingegen der Schatten des Analytikers als eine Person erkannt wird, die zur Legende des Patienten gehört – und deren Hinweise in den Erzählungen und Schrecken der Kindheit zu suchen sind –, ist die Analyse in Beziehung auf den Phallus dieser Person ausgerichtet. Sie steht dann unter dem Zeichen des Habens, und das Übertragungsspiel unterliegt den Gesetzen des Wuchers. Hier findet sich die zu Beginn evozierte ökonomische Metapher in der Überschätzung der Güter und ihrer Verteilung. Der Analytiker wird zu demjenigen, dessen Status als Besitzender der Analysand so gut wie möglich zu festigen sucht. Das Wort verdinglicht sich, indem es zum fetischistischen Mittler seiner Beziehung zu jener Person wird, die das *Objekt seiner Phantasie* besitzt oder nicht besitzt: sprechen heißt dann nur, der Wortführer einer Rede sein, die schon anderswo und von einem Anderen gehalten wurde.

Diese letzte Modalität zeugt von einer Degradierung des ursprünglichen Objekts, das in und durch seinen Gebrauch ein fetischistisches Objekt wird: von einem Prozeß der »Verdinglichung« befallen, ist es nurmehr das Objekt einer unabdingbaren Transaktion, doch seine Gegenwart konnotiert die Tatsache, daß das Subjekt nicht die Erfahrung der Desillusionie-

wurde, abzustreiten, wollen wir nur an die Rolle erinnern, die während jener Maitage die Wandzeitungen gespielt haben: daß das Wort *auch* ein Kulturobjekt ist – das Kulturobjekt *par excellence*, das einzige, das revolutionären Wert haben kann –, steht für uns außer Zweifel. Doch nicht jedes beliebige Wort. Wir nennen als Beweis nur die Rolle, die seit jeher die Worte gespielt haben, die von Saint Just oder Lenin, von Babeuf oder Mao Tse-tung, um die historische Wirklichkeit eines Augenblicks zu markieren und sie erreichbar, also verwendbar zu machen. Daß vom Standpunkt der revolutionären Strategie aus die Macht die notwendige Waffe für eine solche Wortergreifung darstellt, ist ein Faktum: »Es ist unmöglich, das Wort zu ergreifen und es zu behalten ohne eine Machtergreifung. Sich ausdrücken wollen, heißt die Geschichte machen wollen.« Aber daß dieses Wort sich vornimmt, die hohle Rede einer Gesellschaft, die heuchlerische Rede des »guten Gewissens« zu stürzen, um zu einer davon *verschiedenen* Sprache zu gelangen – genau das scheint uns der Kern einer jeden revolutionären Handlung zu sein.

Es gab eine Zeit, da auch die Psychoanalyse dies für sich in Anspruch nahm.

rung gemacht hat, deren Struktur derjenigen der Trauer oder der Kastration vergleichbar ist, da beide das Subjekt in die Problematik des Mangels einführen. Das Subjekt bleibt also in der analytischen Situation in seine grundlegende Phantasie verbannt, in der das Wortobjekt die Funktion sichern muß, allem zum Trotz die Fiktion des weiblichen Phallizismus aufrechtzuerhalten und damit jede Kastrationsdrohung zu hintertreiben. Sprechen, um nichts zu sagen – unter der Bedingung, daß man diesem *um* den ganzen Wert seiner unbewußten Vorsätzlichkeit gibt –, ist sicher das, was andere ein Abwehrmanöver nennen. Aber es ist auch ein Beziehungsmodus, der gleich einem Regenmantel das Subjekt schützt, es mit seinem Panzer bekleidet, die Konturen verwischt und jede Konfrontation mit der Kastration unnötig, ja unmöglich macht.

Die Illusion hinsichtlich des Analytikers aufrechtzuerhalten und ihn zur Stütze, wenn nicht zum Komplizen dieser Illusion zu machen, ist die bei jenem fetischistischen Gebrauch der Übertragung eingegangene und zuweilen auch gehaltene Wette. Gleichzeitig wird der Analytiker das unerläßliche Objekt einer solchen Transaktion: nicht, wie einige meinen, durch die Aufrechterhaltung einer infantilen Abhängigkeit, einer Anlehnung, in der nichts anderes zu sehen wäre als eine regressive Erscheinung, sondern weil er ein als Garant jener Beziehung zum Anderen eingesetztes Objekt ist, Alibi eines phallischen Mutterbildes. Somit würden alle Anstrengungen des Patienten darauf abzielen, ihn in seinem Status zu bestätigen, indem er die Funktion der Wörter perpetuiert und den Analytiker zum Schweigen verurteilt: jede Intervention seinerseits würde vom Analysanden wiederum als Anfangspunkt für einen neuen Prozeß der Fetischisierung verwendet werden.

Eine solche Situation stellt uns vor ein technisches Problem. Näher darauf einzugehen, scheint uns hier nicht möglich, denn es würde eine Standortbestimmung der Übertragung und eine Neudefinierung des Übertragungsphänomens, nicht nur als Grundlage der analytischen Kur, sondern in der spezifischen Topologie der »perversen« Rede, nötig machen. Eine Theorie der Übertragung muß immer wieder neu erarbeitet werden, von jedem in seiner eigenen Praxis; doch dies ist hier nicht unsere Absicht. Es kam indes darauf an, den »fetischistischen« Gebrauch des Worts freizulegen, sei es auch nur, um auf die Fallen aufmerksam zu machen, in die der Analytiker nur allzu leicht stolpern könnte. Etliche therapeutische Sackgassen finden hier vielleicht ihre Erklärung. Nicht nur die sekundären Gewinne, die der Fetischist zu bewahren suchen könnte, würden erklären, warum er so selten in unserer Praxis auftaucht, denn ein solches Argument könnte für sehr viele Patienten gelten. Seine Scheu könnte sehr wohl von der Beziehung herrühren, die der Fetischist mit dem gesprochenen Ding unterhält, deren mißbräuchliche Funktion er nur allzu gut kennt – denn er hat sie erlebt –, und von der er fürchtet, daß ihre Widerruflichkeit dazu führen könnte, sie ihm zu rauben.

Weil man den Fetischismus zu leichtfertig in den Bereich der »Perversionen« verbannt und ihn im Umkreis der *Psychopathia sexualis* angesiedelt hat, ist er seinerseits Objekt geworden. Wir haben versucht, ihn von seinen Fesseln zu lösen, indem wir uns ihm auf dem Umweg des Fetisch-Objekts genähert haben, das, wie jedes Objekt, seinen sichersten Bezugspunkt in der körperlichen Metapher findet. Jede Verwendung von Objekten ist stets und notgedrungen pervers. Es mag Sammelgegenstand, Patent, Prothese, Buch oder Paß sein, immer bleibt seine Verwendung mit dem Siegel des Wunsches geprägt; in dieser Hinsicht gelangt es zur Fetischwürde. Es ist eine Illusion zu glauben, man könne eines Tages zur Einfachheit in der Liebe gelangen.

Robert C. Bak
Fetischismus*

Der Fetischismus ist, wie Freud gezeigt hat (6), eine besondere Antwort auf die Kastrationsdrohung. Sie wird durch den Mechanismus der Verleugnung eines Teils der Realität herbeigeführt und besteht in der Weigerung, die Penislosigkeit der Frau zur Kenntnis zu nehmen. So ist der Fetisch ein Ersatz für den Phallus des Weibes (der Mutter). Er kann den Penis symbolisieren oder das Objekt in dem »letzten Moment« darstellen, »in dem man das Weib noch für phallisch halten durfte«. Die Wahl des Fetischs wird häufig durch die Wiederkehr einer verdrängten kokrophilen Riechlust beeinflußt (3). Seinen schützenden Werten entsprechend dient er vor allem als »Schutz gegen die Kastrationsdrohung«. Die Realität dieser Gefahr wird beim Anblick des weiblichen Genitales erkannt, gleichzeitig jedoch verleugnet, und die beiden widerstreitenden Wahrnehmungsmomente in der Verleugnung konstituieren so einen Einriß im Ich (7). Freud betonte immer wieder, daß die Schlüsselproblematik im Entsetzen vor dem weiblichen Genitale zu suchen ist, und stellte darüber hinaus die Frage, warum das Trauma, das beim Anblick der Penislosigkeit entsteht, in den meisten Fällen überwunden wird, in einigen hingegen zu Fetischismus und Homosexualität führt.

Im folgenden werden wir versuchen, einen Beitrag zu dieser Problematik zu leisten. Freud hat aufgezeigt, daß die entscheidenden Deckerinnerungen bei Fetischisten gewöhnlich nicht weiter zurückreichen als bis zum Alter von fünf oder sechs Jahren. Deshalb müssen frühere Erfahrungen die Wahl des Fetischs bestimmen. Mit anderen Worten: wenngleich die fetischistische Abwehr der Kastrationsangst in der phallischen

* Originaltitel: »Fetishism«, in *Journal of the American Psychoanalytic Association,* Bd. I, Nr. 2, 1953. Die Zahlen in Klammern verweisen auf die Bibliographie am Ende des Aufsatzes.

Phase auftaucht, so ist sie dennoch durch präphallische Erfahrungen vorherbestimmt. Die konstitutionelle Voraussetzung besteht nach Freud in einer »exekutiven Schwäche des Sexualapparats«, die die Erklärung für die mühelose Ablenkung vom normalen Ziel durch zufällige Einschüchterung liefert.

In der Entwicklung des Fetischismus werden wir folgende Punkte hervorheben:

1. Schwäche der Ichstruktur. Sie kann konstitutiv sein oder sekundär durch physiologische Dysfunktionen oder durch Störungen im Mutter-Kind-Verhältnis, die das Überleben des Kindes bedrohen, hervorgerufen werden. Hierin dürfte die überaus starke Trennungsangst ihre Erklärung finden, die sich in einem wachsenden Sich-Anklammern (11) entweder an die Mutter in ihrer Gesamtheit oder, als *pars pro toto*, an einen Teil der Mutter äußert, der als Ersatz für sie dient und eine Erotisierung der Hände sowie eine Vorliebe für das Berühren hinterläßt.

2. Fixierung in den prägenitalen Phasen, besonders die Analerotik und das Riechen, die der Aufrechterhaltung der Mutter-Kind- Einheit dienen; hier spielt neben der Skoptophilie die respiratorische Introjektion eine besondere Rolle (Fenichel, 2; Greenacre, 8).

3. Wenn die symbolische Bedeutung des Fetischs mit den prägenitalen Phasen korrespondiert, so kann sie gesondert oder kombiniert Brust-Haut, Hinterbacken-Exkremente sowie den weiblichen Phallus repräsentieren.

4. Die gleichzeitige oder alternierende Identifikation mit der phallischen und der penislosen Mutter, eine Identifikation, die der »Ichspaltung« (Freud) entspricht.

5. Die Identifizierung mit der penislosen Mutter (14) führt zum Wunsch, den Penis aufzugeben, und ruft einen einschneidenden intrastrukturellen Konflikt hervor. Historisch gesehen kann, trotz der neuen Realität (Penislosigkeit), die prägenitale Identifikation mit der phallischen Mutter in der phallischen Phase nicht aufgegeben werden, da die Trennung von der Mutter als eine ebenso große, wenn nicht größere Gefahr

als der Verlust des Penis empfunden wird. Diese beiden Phasen der Gefährdung, Trennung und Kastration, werden durch den fetischistischen (zweiphasenhaften) Kompromiß abgewehrt.

Die Dreiheit – Fetischismus, Transvestitismus, Homosexualität – verkörpert die verschiedenen Phasen des Kompromisses zwischen den beiden Polen der Identifikation mit der Mutter. Das offensichtliche Beharren auf der Vorstellung vom Phallus der Mutter ist ein Schutz gegen den Wunsch des Es, den Penis zu beseitigen, um die Identifikation mit der Mutter aufrechtzuerhalten. Auf die verschiedenen Identifikationsgrade mit der Mutter, die zu Homosexualität und Fetischismus führen, hat Lorand (14) hingewiesen.

Erster Fall. Ein junger Mann, Anfang Zwanzig, suchte psychiatrische Hilfe wegen seiner Neigung zur Homosexualität. Zwar hatte er sich noch nicht auf offen homosexuelle Handlungen eingelassen, aber er richtete seine gefühlsmäßigen wie physischen Sehnsüchte schon seit den Anfängen der Pubertät auf Männer. Gegenstand der Zuwendung waren gleichaltrige oder wenig ältere Knaben, deren Äußeres bestimmte Besonderheiten aufweisen mußte. Die wichtigste Rolle spielten dabei die Hinterbacken. Sie sollten klein, fest und knabenhaft geformt sein, die Hosen mußten eng anliegen. Ein nahezu unwiderstehlicher Wunsch bewegte ihn, die Hinterbacken dieser Männer zu liebkosen, die Stoffalten über den Hinterbacken zu betasten und vor allem den Kopf und die Nase zwischen beide Hälften zu legen. Die Hinterbacken durften nicht nach Kot riechen, denn davor fürchtete er sich besonders stark. Andere Fetische waren Stiefel aus Gummi oder aus Leder, Gummiregenmäntel und Kleidung aus Gabardinmaterial, wie es häufig für Reithosen verarbeitet wird. Männer, die damit bekleidet waren, erregten ihn sexuell. Er folgte ihnen, ohne vorher ihr Gesicht gesehen zu haben. Sexuelle Befriedigung wurde durch Masturbation vor dem Spiegel erzielt; hierfür zog er Stiefel oder eines der erwähnten Kleidungsstücke an. Zusätzliche Erregung gewährte der Geruch von Gummi oder Schweiß. Der Patient war in einem kleinen Dorf aufgewachsen, im Milieu von Landadel und Beamtentum des Kreises. Er hatte einen vier Jahre älteren Bruder. Von Anfang an gab es Ernährungsprobleme: er konnte keine Muttermilch zu sich nehmen, erbrach auch den Milchersatz und war in seiner Säuglingszeit dem Verhungern nahe. Als kleiner Junge mußte er seiner Allergien wegen eine besondere Nahrung zu sich nehmen und konnte nicht außer Haus essen. Er erinnerte sich an viele Geschichten, daran, wie man ihn schützen mußte, weil er so »empfindlich« war. Mutter wie Großmutter lobten seinen zarten Körperbau und seine glatte Haut, und daß er sanft und nett war wie ein Mädchen.

Die Reinlichkeitsgewöhnung wurde erst sehr spät erzielt. Bis zum Alter von 12–13 Jahren war er Bettnässer, und er bekotete sich noch gegen Ende der Latenzperiode. Die Mutter zeigte beträchtliches Interesse an seinen analen Aktivitäten. Ihre Geduld und Nachsicht mit dem täglichen Koten waren unerschöpflich: »Komm, ich kümmere mich um meinen Liebling – es gibt nichts, was ich für ihn nicht täte.« Zur größten Zufriedenheit des Patienten reinigte sie ihn mit dem »Gesichtstuch« im Bad. Er beobachtete sie auch dabei, wie sie das Tuch im Waschbecken säuberte. Er stellte sich vor, daß sie anschließend das »Gesichtstuch« zum Abtrocknen ihres Gesichts verwendete. Damals drückte sich darin alle Liebe zwischen ihm und der Mutter aus. Später plante er, ein viereckiges Stück Stoff aus einer Hose zu schneiden, um es als Fetisch zu benützen. Diesen »vollkommenen« Fetisch verwirklichte er nie. Er roch lediglich an der getragenen Wäsche seiner Mutter und seiner eigenen, wann immer er konnte. Die Mutter selbst betastete den Stoff seiner Hose und beroch sie vorn und hinten, um festzustellen, ob er sich beschmutzt hatte. War das der Fall, so zeigte sie gespieltes Entsetzen, entkleidete und wusch ihn und küßte ihn anschließend auf die Hinterbacken. Der Patient suchte mit Vorliebe nach seiner Mutter die Toilette auf, um den Geruch ihres Kots einzuatmen. Ebenso häufig bat er seine Mutter in

Babysprache um das Klistier. Selbstverständlich genoß er die Entleerung überaus. Er hielt den Kot zurück, dann »biß er ein Stück ab«, entzückte sich am Gefühl des fallenden Kotstücks und trug es in den Hosen.[1] Die gesamte Familie nahm an diesen analen Vergnügungen teil. Zur Freude der Kinder flatulierte die Mutter in aller Offenheit. Die Brüder spielten Flatusspiele und wetteiferten im Flatulieren. Trotz dem Vergnügen an diesen fäkalen Aktivitäten wurde der große Bruder als Beispiel für Reinlichkeit herausgestellt: er war derjenige, der »seine Hosen nie schmutzig machte«.

Zunächst war die sexuelle Neugier ungehemmt. Im Alter von fünf Jahren erforschte er mutig das Genitale seiner Freundin mit einem Löffelstiel, den er in ihren »Schlitz« steckte. Man ertappte ihn dabei und tadelte ihn sehr. Der Hauptgegenstand seines Interesses blieb jedoch die Mutter, die er häufig beim Entkleiden oder in wenig bekleidetem Zustand beobachtete. Er erinnerte sich, sie in Schlüpfern gesehen zu haben; besonders im Gedächtnis war ihm die Gummischürze, die die Mutter, um Knitterfalten zu verhindern, hinten unter dem Rock trug. Mit großem Vergnügen kroch er darunter und roch an der Mutter und dem Gummi. Wenn er ihr in die Toilette folgte, wunderte er sich darüber, warum sie sich zum Urinieren hinsetzte. Er nahm an, daß sie der Meinung war, sie müsse koten, dann aber doch nur urinierte. Er zog keinen bewußten Vergleich zwischen dem Genitale seiner kleinen Freundin und dem seiner Mutter, aber etwa im gleichen Alter entwickelte er ein großes Interesse für die Schubladen, Schränke und Geldbörsen der Mutter. Die Entdeckung eines großen Schlauchs mit Gummiball stellte seiner Meinung nach das interessanteste Fundstück dar, und er zeigte es heimlich der Freundin. Etwas

1 Der von Romm (16) mitgeteilte Fall einer Haarfetischistin zeigt Verhaltensmuster kokrophagen Ursprungs (Essen und Verschmieren von Nasensekreten, Essen von Schuppen und Schorf), die den »Pflege«-Zeremonien von Menschenaffen ähneln, in denen Hermann (10) die Wiederherstellung der Mutter-Kind-Einheit sah; in dem erwähnten Fall deutet auch der »vollständige Kreis« der Autofellatio und die Christusphantasie auf diese Wiederherstellung hin.

später faszinierten ihn die Kleider und der Kleiderschrank der Mutter. Er roch an den Kleidern und legte sein Gesicht an Seide und Pelz. Er bat auch die Mutter, ihm alle Kleider, die sie nicht mehr trug, zu schenken. Er änderte sie um und probierte sie aus. Manchmal hatte er drei bis vier Kleider in seinem Schrank; er zog sie an und schmückte sich mit Stöckelschuhen, Juwelen und Make-up. Mutter und Großmutter spornten ihn an und äußerten wiederholt, wie sehr er der Mutter ähnlich sei. Die Mißbilligung von Vater und Bruder beeindruckte ihn damals noch nicht; das trat erst viel später ein. Sein ausschließliches Spiel mit Mädchen und seine Verbundenheit mit dem Heim wurden ebenfalls ermutigt, genitale Aktivitäten ausgenommen. Im Gegenteil, man ermahnte ihn sehr früh und sehr eindringlich, nicht mit seinem »kleinen Hintern« zu spielen (dieser Ausdruck bezog sich sowohl auf den Hintern wie auf den Penis). Über die Vorboten der sexuellen Reife war er nicht erbaut. Mit Entsetzen stellte er fest, daß Haare an seinem Körper wuchsen – er wollte auf keinen Fall so bärtig, grob und rüpelhaft werden wie Vater und Bruder. Er verabscheute seinen wachsenden Penis und versteckte ihn zwischen den Schenkeln. Bis zum sechzehnten Lebensjahr tobte er mit seiner Mutter im Bett herum. Er erinnerte sich deutlich, wie er einmal mit der Mutter im Bett lag und aus Furcht vor einer Erektion bis zur Bewegungslosigkeit erstarrte.[3] An die Mißbilligung des Vaters konnte er sich nur dunkel erinnern.

Nach anfänglicher Liebe und Verbundenheit wandelte sich die Beziehung zum älteren Bruder in Haß und mörderische Rivalität. Bis zum Erwachsenenalter hielt er an der Vorstellung fest, daß ein jüngerer Bruder kein Mann werden könnte, und sollte das doch geschehen, dann hätte diese Person sicher keinen Vater, oder sein Vater wäre früh gestorben. Der Bruder tyrannisierte und verspottete ihn, nannte ihn einen Weichling und sagte, sein Hintern sähe aus wie der eines Mädchens. Vater und Bruder weigerten sich, ihn bei ihren männlichen Ausflügen,

3 Lorand behauptet, daß die Erkenntnis des Geschlechtsunterschieds *eo ipso* allen sexuellen Spielen mit der Mutter ein Ende bereite.

zum Reiten und Springen, mitzunehmen. Offensichtlich zog der Vater den älteren Knaben vor, auch für die Mutter war der Ältere »der Junge« und der Patient das »Söhnchen«. Er spürte, daß es eine Trennungslinie in der Familie gab: der Bruder gehörte zum Vater, er hingegen zur Mutter und Großmutter. Damals war er leidenschaftlich an Mädchen interessiert.

Zur gleichen Zeit, im dreizehnten Lebensjahr, verliebte er sich heftig in seine Musiklehrerin und verspürte den zwanghaften Wunsch, sie zu küssen. Die plötzliche Hinwendung zur offenen Homosexualität trat zu Beginn der Pubertät ein, und zwar zur Zeit, in der sein Bruder das Haus verließ, um als Freiwilliger bei einem vornehmen Husarenregiment zu dienen. Er verliebte sich in einen Knaben, der denselben Vornamen trug wie sein Bruder. Der Knabe hatte einen verkrüppelten Fuß, den er durch besondere Stiefel verbarg. Auch ihn stellte man dem Patienten als Vorbild hin. Jene zarten homosexuellen Beziehungen mit Masturbationsbefriedigung dauerten etwa bis zur Zeit der Behandlung.

In seinen homosexuellen Phantasien und ihrer späteren Durchführung dramatisierte dieser Patient seine prägenitalen Beziehungen zur Mutter. Die Objekte verkörperten sein eigenes idealisiertes Selbst, das dem Bruder nachgebildet war, während er die Rolle der Mutter spielte und die gleichen zärtlichen Sätze, die er von der Mutter gehört hatte, an das Objekt richtete. Dieses erneute Durchspielen wiederholte nicht nur die freudvolle Kindheit, sondern bewältigte auch das erfolglose Rivalisieren mit dem Bruder, der sein Ich-Ideal geworden war. Beim Akt des Saugens und Einatmens konnte er sich das Objekt einverleiben. »Wenn mich mein Bruder liebt und ich eins mit ihm werde, werde ich ein Mann.« Das unbewußte Ziel des homosexuellen Akts bestand darin, Männlichkeit zu erlangen, Identität mit dem Bruder und Einheit mit der phallischen Mutter. Es enthielt auch Aggression und Rache gegen die »falsche Mutter« sowie die Verleugnung des Hasses gegen den brüderlichen Rivalen. Wesentlicher Inhalt der Identifikation mit der Mutter war: »Ich brauche dich nicht. Du kannst mich nicht verlassen. Ich bin wie du und liebe meinen Bruder.« Während der Behandlung zentrierte sich der Hauptwiderstand um die Rache an der Mutter. Der Patient blieb krank, um ihr Schuldgefühle zu suggerieren. Nach dem Besuch einer Vorstellung von *Othello* entwickelte er große Angst wegen des Mords an Desdemona.[4]

Zu Beginn waren die Fetische deutlich mit der Mutter verknüpft. Nur mit geringen Abwandlungen wurden ihre Kleider, ihr Geruch, die Gummischürzen, die sie vorn und hinten trug, und das Gesichtstuch zu Fetischen. Sie verschafften ihm Ersatz für die Empfindungen beim Berühren ihrer Haut, für ihren Körpergeruch, den Geruch ihres Kots und letztlich für ihren Penis. In manchen Träumen erschien die Mutter mit einem »langen Gartenschlauch zwischen den Beinen«, in anderen »ging er nach Hause und suchte etwas auf dem Dachboden; während er unter Regale kroch, ejakulierte er beim Geruch von Gummistiefeln«. In den Fetischen sind Haut, Kot und Penis der Mutter so verdichtet, als hätten sich die verschiedenen Phasen der prägenitalen Beziehung zu einem einzigen Symbol zusammengeschoben.

Freud erwähnte, daß der Fetisch eine Art Unabhängigkeit vom Liebesobjekt schafft. Wir wollen eher sagen, daß der Fetisch die Trennung von der Mutter durch das Anklammern an den symbolischen Ersatz aufhebt. Der Fetischist verhält sich ähnlich wie ein Kleinkind, das sich beim Einschlafen an der

4 J. Glover (9) war der erste, der den Sadismus des Fetischisten und seine Rachemotive betonte. Bei unserem Patienten ist der homosexuelle Akt *per se* Rache an der Mutter, die zu ihm gesagt hatte: »Wenn du das nicht überwindest« (gemeint war die Homosexualität), »will ich nicht mehr leben.« Gleichwohl ist der Inhalt des Akts auch völlige Verleugnung des Sadismus gegen Mutter und Bruder, Kronengolds und Sterbas (13) erster Fall zeigt Ambivalenz gegenüber dem Fetisch in Form seiner zeitweiligen Aufgabe; Ambivalenz gegenüber der Mutter und Trennungsversuch drückt sich hier als Reaktionsbildung auf das Sich-Anklammern aus (siehe unseren zweiten Fall). In ihrem Fall ist die gestörte Mutter-Kind-Beziehung evident. Der Patient war ein uneheliches Kind, das wenige Tage nach der Geburt von der Mutter getrennt wurde.

Mutter oder ihrer Kleidung festhält. Es ist selbstverständlich, daß die prägenitalen Identifikationen mit der Mutter durch Festhalten, Wärme- und Nahrungsaufnahme oder Einatmen ihres Geruchs keine Kastrationsdrohung beinhalten. Diese taucht erst beim Anblick des mütterlichen Genitales auf. Überhaupt scheint der Fetischist im Zustand der Unentschiedenheit verblieben zu sein. Er weiß wohl, daß die Mutter keinen Penis hat, aber identisch mit ihr zu sein, würde bedeuten, den eigenen Penis aufzugeben; gerade von diesem Wunsch kann sich der Fetischist nie befreien. Bei unserem Patient blieb er ohne Konflikte bis zu dem Zeitpunkt bestehen, in dem er den Platz seines älteren Bruders einnehmen wollte. Ein Traum macht die beiden Phasen dieser Entwicklung deutlich:

Ich trage das Unterteil eines Seidenkleids und tanze herum. Nach einer Weile lege ich es ab. Beim Zurückkommen trage ich entweder Reitstiefel oder halte eine große Peitsche in der Hand.

Drei Träume, die in ein und derselben Nacht auftraten, machen deutlich, auf welche Weise er die Kastrationsprobleme, die aus der Identifikation mit den Frauen seiner Familie herrührten, zu bewältigen suchte.

Erster Traum: Großmutter sah aus wie eine junge Frau, ihre Haut war glatt, ihr Haar blond. Meine Mutter, die Tante, die Großmutter und ich gingen zur Jagdhütte. Beim Treppensteigen bemerkte ich, daß Großmutters Gesicht *geliftet* war. Ich sah eine kleine Narbe auf ihrer Wange. Wir sollten in einem riesigen Raum schlafen, der zwei Betten hatte. Das glaubte ich nicht tun zu dürfen. Ich hatte das Gefühl, daß Dr. K. es mißbilligen würde, wenn ich im gleichen Raum mit der Mutter schliefe.

Zweiter Traum: Mutter lag im Bett, und ich wollte gerade zu ihr kriechen, da bemerkte ich zwei kleine Strumpfgürtelschlangen, die mich erschreckten und davon abhielten. Dann sah ich die Mutter im Bett sitzen, in ihrem Schoß lag ein Buch. In dem aufgeschlagenen Buch lag der Kopf einer riesigen Schlange, der offensichtlich abgeschnitten worden war. Sie benützte ihn als Buchzeichen. Obwohl die Schlange tot war, öffnete sie ihre Kiefer, aber anstelle von Giftzähnen hatte sie ein menschliches Gebiß. Ich war nicht ganz sicher, ob das wirklich ein Schlangenkopf oder nicht doch ein Katzenkopf war. Er schien Merkmale von beiden zu haben.

Dritter Traum: Einige Häuser wurden oder waren umgebaut worden. Auch das Haus meiner Familie und unseres Nachbarn. Beide Häuser hatte man mit einem reichverzierten Säulenportal versehen. Das Haus unseres Nachbarn bekam Übergewicht und stürzte über eine Abzäunung. Mein Vater – er war in Reitstiefeln – zog nun eine riesige Reitpeitsche heraus, stemmte sie gegen die Hausecke und drückte das Haus wieder auf seinen Platz zurück.

Im ersten Traum wird der Wunsch, mit den Frauen im gleichen Zimmer zu schlafen, zwar realisiert, aber auch die Verletzung, die er durch die Frauen erfährt, wird erkannt. Im zweiten Traum erschrecken ihn Nähe und Anblick der Mutter. Der Träumer kann die Verletzung, die im Bild des abgeschlagenen Schlangenkopfs erscheint, trotz versuchter Verschleierung des beobachteten Objekts (Schlange oder Katze?), nicht abstreiten. Im dritten Traum schließlich wird der Versuch unternommen, alles »umzubauen«, und zwar mit Hilfe des gigantischen Penis des Vaters.[5]

Sein ganzes Leben hindurch war dieser Patient verzweifelt darum bemüht, seiner Mutter zu beweisen, daß er dem Bruder ebenbürtig war. Alle diese Versuche schlugen fehl, obwohl er in Wirklichkeit seinen Bruder in vieler Hinsicht übertraf. Die Enttäuschungen auf diesem Gebiet mobilisierten seine fetischistischen Tendenzen. Wenn er sich von der Mutter verlassen oder verspottet fühlte, entstand der unwiderstehliche Wunsch, andere Männer zu »bemuttern« und sie in den Armen zu halten. Die Liebe einer Frau konnte ihn nicht überzeugen, und er stellte sich vor, daß er sich mit dem Bruder oder Vater der geliebten Frau nicht messen könne. Der leiseste Zweifel daran, daß man nicht ausschließlich ihn vorzog, mobilisierte erneut die fetischistischen Tendenzen. Als er dann eine gewisse Potenz in heterosexuellen Beziehungen entwickelt hatte, zeigte sich deutlich, daß er durch den Koitus zur Frau wurde. Phantasien über

5 Nach Payne (15) ist die Potenz dieser Patienten abhängig von dem Glauben an den introjizierten Penis des Vaters oder Bruders.

einen Geschlechtsverkehr mit vollbusigen Frauen, die einen großen Hintern haben, ließen in ihm ein Gefühl von Männlichkeit entstehen. Das bedeutete für ihn, daß er auch bei Frauen, die wie seine Mutter waren, Erfolg hatte. Auch in der Gleichsetzung von Brust und Penis konnte er Männlichkeit durch Identifikation erwerben.[6] Die orgastische Lust rief die Angst hervor, der stoßende Penis könnte abreißen. Nach dem Koitus wuchs das Bedürfnis, den Penis durch homosexuelle Handlungen wiederzugewinnen.

Zweiter Fall. Ein dreiundzwanzigjähriger Mann suchte psychiatrische Hilfe, nachdem man ihn aus der Armee entlassen hatte. In Europa hatte er kaum Kontakte zu den Kameraden gepflegt; zum Lernen unfähig, war er durch die Offiziersprüfungen der Armee gefallen. Ständig hatte er in der Angst gelebt, man würde ihm die Hoden abschießen. Obwohl er von dem brennenden Wunsch beseelt war, die Deutschen mit seinem Gewehr niederzumähen, hatte er eine Heidenangst und wurde wegen nervöser Störungen entlassen, noch ehe er einen Schuß abgegeben hatte. Für den jungen Mann, dessen Vorbild General Patton war, bedeutete dies das Höchstmaß an Versagen, und er verfiel in Depressionen.

Von Kindheit an war dieser Patient schüchtern und gehemmt gewesen. In seiner intellektuellen Entwicklung hinkte er etwas nach und konnte das College nicht abschließen, was ihm die Verachtung seines Vaters einbrachte.

Vor der Behandlung hatte dieser Patient noch keine sexuellen Beziehungen gehabt, und erst nach einem Jahr vertraute er dem Analytiker seine fetischistischen Symptome an. Auch die-

6 Hermann (12) betonte das kindliche Bild von den Eltern, die als Riesen erfahren werden. Besonders die Bauchregion der Mutter oder des Vaters muß dem Kind ungeheuer groß erscheinen. Aus dem Bild der Größe heraus formt es das Bild vom Phallus, und zwar nicht als irrige Wahrnehmung, sondern als innere Lüge. Bei meinen Patienten ist das Festhalten an diesem Kind-Eltern-Verhältnis charakteristisch; es taucht auch in der Beziehung zum eigenen Körper auf, ebenso in der Verschiebung auf diverse Aufgaben, die als »riesig« erscheinen.

ser Patient war ein leidenschaftlicher Pferdefreund, der sich für Reiten und vor allem für Reitkleidung interessierte. Frauen, die Jodhpur-Hosen trugen, erregten ihn, vor allem, wenn sich die Konturen ihrer Beine abzeichneten, und noch mehr, wenn sie Stiefel trugen. Eine gesteigerte Erregung trat ein, wenn der Schnitt der Hosen so war, daß sie seitlich weit abstanden und an den Knien mit einem Wildlederfleck versehen waren. In Reithosen masturbierte er vor dem Spiegel. Er verspürte auch den zwanghaften Wunsch, solche Hosen zu kaufen; zeitweilig besaß er ein halbes Dutzend davon. Fürchtete er, entdeckt zu werden, dann verpackte er ein paar und ließ sie heimlich in irgendeinem verlassenen Stadtteil zurück. Sein Interesse an Lederwaren, Gewehren, Revolvern und Autos war sehr groß. Neben dem Reithosenfetischismus bestand noch der zwanghafte Wunsch, seidiges Haar zu streicheln. Sein weibliches Ideal sah er in dem Typ des langhaarigen, blonden, schlanken »Park-Avenue-Mädchens«, das nicht-jüdisch und unerreichbar war. Einen großen Teil seiner Kindheit hatte er in Skandinavien verbracht. Seine einschneidendste Erinnerung führt zurück ins vierte Lebensjahr; damals verreisten seine Eltern und ließen ihn allein. Bald nach ihrer Rückkehr wurde der jüngere Bruder geboren, an den er bis zu seinem zehnten Lebensjahr so gut wie keine Erinnerungen bewahrte. Der Schock über das Verlassenwerden und die Geburt des Bruders muß groß gewesen sein, da der kleine Junge bis zu diesem Zeitpunkt seiner Mutter sehr nahegestanden hatte. Zwischen dem zweiten und dritten Lebensjahr war es ihm sehr schwergefallen, sich von ihr zu trennen und allein zu schlafen; er bestand darauf, ein Stück Samt mit ins Bett zu nehmen, das er streichelte und auf das er beim Einschlafen die Wange legen konnte. Daran erinnerte sich der Patient jedoch nicht. Es handelte sich hier teilweise um eine Rekonstruktion, die später von den Eltern verifiziert wurde. Dieser erste Fetisch des Kindes erfuhr eine Wandlung, als es sich für andere Gewebearten interessierte, und ging in die Wildlederflecken der Reithosen ein. Ähnliche Berührungsempfindungen wurden durch das Streicheln von Haar hervorgerufen, wobei sich der Patient an das lange Haar seiner Mutter und an sein eigenes langes blondes Haar erinnerte, das er auf Fotos aus seiner Kindheit gesehen hatte. Bis zum vierten Lebensjahr wurde er wie ein Mädchen gekleidet und trug sein weiches blondes Haar sehr lang. In einer immer wiederkehrenden Phantasie sah er sich mit langem Haar nackt vor dem Vater tanzen, während die untere Körperhälfte undeutlich blieb. Im Alter von fünf oder sechs Jahren erlitt er während der Ferien in Skandinavien einen Schock beim Anblick des weiblichen Genitales. Mutter und Tante kamen im Reitdreß mit ihren Pferden zum Seeufer und kleideten sich in einem Badehaus um. Er konnte sie dabei beobachten, und er erinnerte sich an die angsterfüllte Neugier, die er bei diesem Erlebnis empfand. Besonders im Gedächtnis geblieben war ihm der Augenblick, da sie ihre Stiefel und Reithosen ablegten und dann rasch die Badeanzüge überstreiften, um schwimmen zu gehen. Damals war er besonders von solchen Reithosen fasziniert, die seitlich abstanden. Er erinnerte sich, daß er seine Tante immer wieder fragte, warum sie eigentlich so abstünden. Wann immer sich eine Gelegenheit bot, schnüffelte er herum und atmete den Geruch der Reithosen ein. Wenig später entwickelte er eine Phobie vor dem Baden und fürchtete, von den Fischen gebissen zu werden. Vergeblich suchte man ihn durch die Versicherung zu ermutigen, daß die Fische kleiner seien als er selber. Er wagte sich einfach nicht ins Wasser. Häufig träumte er von großen Haifischen, die im Wasser auf ihn zuschwammen; solche Träume hatte er bis zum Erwachsenenalter. Er erinnerte sich auch an den Geruch seiner Exkremente und an die Angst, sie verschwinden zu sehen, desgleichen an seine Abneigung, die Toilette aufzusuchen, die sich außerhalb des Hauses im Freien befand. Er fürchtete, daß aus dem dunklen Loch etwas auftauchen und ihn verletzen könnte. In diesem Teil seiner Kindheit hatte er den Eindruck, ein Wurm unter Riesen zu sein. Diese Kindheitseindrücke kehrten in einigen Träumen wieder, aus denen ich nur einzelne Szenen wiedergeben möchte.

Ich stand am Rande eines großen Pinienwaldes. Während ich dort so stand, kam ein riesiges gehörntes Wesen, das wie ein gigantischer Moschusochse oder Elch aussah, aus dem Wald gedonnert. Es raste auf den Abhang der Böschung zu, verlangsamte sein Tempo ein wenig, und dann wuchsen ihm Schwingen, und es erhob sich mit der Leichtigkeit eines Flugzeugs in die Lüfte. Diesem Wesen folgte sofort ein anderes, dann nochmal eins und nochmal eins – ein wahres Getümmel dieser Wesen erstand vor meinen Augen (ich stand da und fühlte mich ganz unbedeutend und vor Ehrfurcht erstarrt), und alle erhoben sie sich mit der Kraft und der Schnelligkeit großer Flugzeuge hinauf in den Himmel. Mein ganzes Bewußtsein war von ihnen gefangen und erfüllt; und ich hatte auch Angst. Aber sie bemerkten mich nicht einmal. Diese Wesen trugen zumindest teilweise Armeekleidung und die alten amerikanischen Feldmützen. Ihnen gegenüber fühlte ich mich sehr klein und unbedeutend. Ich wollte gerne so sein wie sie, aber das schien mir völlig aussichtslos.

Teil eines anderen Traums: Ich befand mich in einem riesigen, barbarisch-deutschen Festsaal. Er erweckte in mir den Eindruck von äußerstem Heidentum und völliger Barbarei. Die riesenhaften, furchterregenden und lärmenden Wesen, die sich hier aufhielten, sahen eher wie Monstren und zottige Tiere aus denn wie Menschen. Niemand verfolgte oder belästigte mich, trotzdem hatte ich das Gefühl, daß mir etwas geschehen würde, wenn ich mich hier nicht heraushielte. So blieb ich halb versteckt hinter einer Eisentür, die mit archaischen Gravierungen verziert war. Auf einmal entstand ein schreckliches Getöse und Gebrüll. Die ganze Halle fing an zu beben und mit ihr die Welt. Die Halle wurde zur Welt, und plötzlich erschien dicht neben mir, am unteren Ende einer Skisprungschanze, die wohl irgendwo in der ewigen Nacht der Unendlichkeit begann, ein gigantischer, zerzauster, haariger wilder Bär von wahrhaft märchenhaften Ausmaßen; aufrecht stand er da, möglicherweise auf Skiern. Seine germanische Rüstung glänzte noch stärker als die aller anderen Mitglieder dieser großen Versammlung. Auf seiner Brust trug er einen Farbstreifen (wahrscheinlich militärische Orden oder ähnliche Auszeichnungen), auch eine Art Waffe hatte er bei sich. Ihm folgten zwei oder drei andere, ihm ähnliche Riesen. Es ist mir unmöglich, die ohrenbetäubenden Bewunderungsschreie und den Applaus zu beschreiben, mit dem diese riesigen und monströsen Helden begrüßt wurden, als sie von jenem Skihang herunter in die heidnische, archaische Festhalle kamen. Wie sehr ich sie beneidete! Ihnen gegenüber war ich wie eine Krume auf dem Boden.

Die Genitalien seiner Eltern stellte er sich in ähnlich gigantischen Proportionen vor. Als er im dreizehnten Lebensjahr wegen Lernschwierigkeiten einen Schulpsychologen aufsuchte, erwähnte er, wie sehr er den riesigen, roten Penis seines Vaters haßte. Bis gegen Ende der Pubertät folgte er jedoch getreu dem ehrgeizigen Wunsch der Mutter, sich eine künstlerische Karriere zu zimmern. Gerade in der Pubertätszeit aber sah er die künstlerische Karriere als weibisch an und wollte sie eigentlich aufgeben. Bestrebungen, es dem Vater oder einigen der riesigen Onkel seiner Kinderzeit nachzutun, wurden durch die Feindseligkeiten, die der Vater dem wenig begabten und enttäuschenden Sohn entgegenbrachte, aufgegeben. In seinem äußerlichen Verhalten setzte dieser bedauernswerte junge Mann alle Kunstgriffe ein, um wie ein Mann zu erscheinen. Imponierende Gangart und Kopfhaltung, großer Schnurrbart, Pfeife, sportliche Kleidung, männliche Sprache, all das wurde über das Phantasiebild vom langhaarigen, blonden Jungen mit unbestimmtem Geschlecht gestülpt. Es ist eigentlich unnötig, zu erwähnen, daß in der Objektwahl des Park-Avenue-Mädchens sein eigenes Kindheitsbild wiederkehrte. Die Vorliebe für nicht-jüdische Mädchen entstammt der Identifikation mit der Mutter, die er ihrer ländlichen, skandinavischen Herkunft wegen als nicht-jüdisch einstufte. Diesem Patienten blieb aber auch die homosexuelle Objektwahl nicht erspart; später hatte er den zwanghaften Wunsch, in Jodhpur-Hosen auf der Straße zu spazieren, um von Männern aufgelesen zu werden. Seine heterosexuelle Wahl fiel schließlich auf eine Künstlerin der Werbebranche, die ein durch Kinderlähmung verkrüppeltes Bein hatte, ihm intellektuell weit überlegen war und ihn beherrschte.

Die phallische Natur seiner Fetische liegt auf der Hand, dennoch ist auch die Feststellung gerechtfertigt, daß die präphallischen Fetische, die die Haut und den Geruch der Mutter repräsentieren, gleichsam verdichtet in ihnen erscheinen. Auch diese Art von Fetischen verkörpert »das Objekt des letzten Moments«, das die Mutter noch als phallisch bewahrt; aber wir sollten auch eine Identifikation mit der penislosen Mutter in seinen Phantasien und Objektwahlen sehen. Der Wunsch des Fetischisten, eins zu werden mit der penislosen Mutter, gewinnt ebensolche Realität wie die Identifikation mit der phallischen Mutter. Trotz seinem ängstlichen Vorurteil gegen Krüppel, das ihn manchmal sogar davon abgehalten hatte, seinen Sold zu holen, weil er bei dieser Gelegenheit mit einem versehrten Kriegsveteranen hätte sprechen müssen, wählte er schließlich eine verkrüppelte Frau. Es wird häufig gesagt, der Fetischist wolle die Gewißheit haben, daß die Frau kastriert ist und keinen Penis aufweist. Hier sollte man jedoch bedenken, daß er damit nicht seine Männlichkeit beweisen will, sondern im Gegenteil das Objekt zu finden sucht, das gleich ihm keinen Penis besitzt.

Die Angst vor dem Verlassenwerden mobilisierte auch bei diesem Patienten die Neigung zu fetischistischen und transvestitischen Zeremonien. Die Furcht, von der geliebten Frau verlassen zu werden, die Tatsache, daß sie das Haus verließ und er alleine zurückblieb, weckte in ihm den zwanghaften Wunsch, sich ihre Kleider anzulegen.

Lassen wir nun die besonderen Probleme der Perversion beiseite und wenden uns allgemeineren Implikationen zu. Freud zufolge (4) führt die Aufgabe einer Objektbeziehung in den meisten Fällen zur Identifizierung. Vielleicht sollten wir die Frage neu stellen und fragen: Wie gelingt es dem Knaben, seine inzestuösen Objekte preiszugeben, ohne sich mit ihnen zu identifizieren? Freud gab eine klare Antwort: die enge Bindung an die Mutter wird aufgrund der Kastrationsangst aufgegeben. Freud sah letztlich die Gefahr nur von außen kommen (5). Wir neigen jedoch zu der Annahme, daß die Intensität der Kastrationsangst nicht nur vom Faktor der äußeren Bedrohung, sondern auch vom inneren Wunsch nach Identität mit der Mutter abhängt. Bei jedem neuen Kontakt mit dem Liebesobjekt kann der Wunsch nach Identität mit ihm die innere Drohung neu beleben.

Bibliographie

1 Abraham, K., »Bemerkungen zur Psychoanalyse eines Falles von Fuß- und Korsettfetischismus«, *Jahrbuch der Psychoanalyse (Jahrbuch für psychoanalytische und psychopathologische Forschungen)*, III, 1912, S. 557–567

2 Fenichel, O., »Über respiratorische Introjektion«, *Internationale Zeitschrift für Psychoanalyse*, Nr. 17, 1931, S. 234–255

3 Freud, S. (1904), *Drei Abhandlungen zur Sexualtheorie*, GW V

4 Freud, S. (1923), *Das Ich und das Es*, GW XIII

5 Freud, S. (1926), *Hemmung, Symptom und Angst*, GW XIV

6 Freud, S. (1927), *Fetischismus*, GW XIV

7 Freud, S. (1938), *Die Ichspaltung im Abwehrvorgang*, GW XVII

8 Greenacre, P., *Trauma, Growth and Personality*, New York 1952

9 Glover, J., »Notes on an unusal form of perversion«, *International Journal of Psychoanalysis*, Nr. 8, 1927, S. 10–24

10 Hermann, I., »Zur Psychologie der Chimpanzen«, *Internationale Zeitschrift für Psychoanalyse*, Nr. 9, 1923, S. 80–87

11 Hermann, I., »Sich Anklammern – Auf Suche gehen«, *Internationale Zeitschrift für Psychoanalyse*, Nr. 23, 1936, S. 22

12 Hermann, I., »The giant mother, the phallic mother, obscenity«, *Psychoanalytical Review*, Nr. 36, 1949, S. 302–306

13 Kronengold, E., und Sterba, R., »Two cases of fetishism«, *Psychoanalytical Quarterly*, Nr. 5, 1936, S. 63–70

14 Lorand, S., »Fetishism in statu nascendi«, *International Journal of Psychoanalysis*, Nr. 11, 1930, S. 419–427

15 Payne, S. M., »Some observations on the ego development of the fetishist«, *International Journal of Psychoanalysis*, Nr. 20, 1939, S. 161–170

16 Romm, M., »Some dynamics in fetishism«, *Psychoanalytical Quarterly*, Nr. 18, 1949, S. 137

M. Masud R. Khan
Der Fetischismus als Negation des Selbst

Notizen zu einem Fall von Vorhaut-Fetischismus bei einem Homosexuellen

Dieser zweiteilige Aufsatz berichtet über die Behandlung eines Patienten und bezieht sich auf zwei Phasen der analytischen Arbeit mit ihm. Der erste Teil, der bereits 1965 publiziert wurde, gibt Aufschluß über die ersten fünf Jahre der Analyse. Nach dieser ersten Phase der Behandlung war der Patient ins Ausland gegangen, um dort eine Stellung anzutreten. Elf Jahre später sah ich ihn wieder, und der zweite Teil berichtet über die einjährige analytische Arbeit nach seiner Rückkehr.
Es liegt mir fern, den beiden Teilen eine künstliche Einheit aufzuerlegen. Ich hoffe jedoch, daß die innere Logik dieser beiden Phasen, soweit eine solche Logik begrifflich faßbar ist, deutlich wird. Zu den Dingen, die ich bei der Behandlung dieses Patienten lernte, gehört, daß manche Patienten in einen Prozeß der Selbstheilung verwickelt sind, der sich nur allmählich offenbart und unerbittlich seinen eigenen Lauf nimmt. Jedes therapeutische Unterfangen, das den Bedürfnissen und dem Charakter des Patienten gerecht werden will, muß für die vollständige Durchführung dieses Selbstheilungsprozesses Raum lassen. Der Titel dieses Aufsatzes spiegelt weitgehend das Verständnis der fetischistischen Träumereien und Praktiken wider, wie es sich uns in der zweiten Phase der Analyse erschlossen hat.

I*

In der psychoanalytischen Literatur wurde der Fetisch ausschließlich als Hilfsobjekt im Dienst heterosexueller Befriedigung und als Abwehr gegen Perversionen, besonders gegen die Homosexualität, behandelt. Freud hatte 1927 die Ätiologie des Fetischismus aus der in der phallischen Phase auftretenden Kastrationsangst abgeleitet. Er sah in den psychischen Inhalten des Fetischs die Verleugnung der Kastration und stellte fest: »Der Fetisch ist der Ersatz für den Phallus des Weibes (der Mutter), an den das Knäblein geglaubt hat und auf den es ... nicht verzichten will.« Indem er die einzigartige Bedeutung des Mechanismus der Verleugnung (Nichtanerkennung) und der Spaltung beim Versuch des Ich, mit der Kastrationsdrohung fertig zu werden, betonte, legte Freud später (1927, 1938) auch die Grundlagen für die Erforschung der Ich-Pathologie und ihrer Beziehung zur Perversion. Diese Forschungen haben seither die Ätiologie des Fetischismus beträchtlich erweitert. Sie schließen folgendes ein:

a) primäre präödipale Beziehungen zur (nährenden) Mutter (Lorand, 1930; Wulff, 1946; Buxbaum, 1960);

b) innere Objekte und erste Stadien der Ich-Entwicklung (Payne, 1939; Gillespie, 1940, 1964; Hunter, 1954);

c) das Phänomen der transitionellen Objekte und die primitive Geistestätigkeit (Winnicott, 1953; Lacan und Granoff, 1956; Fraser, 1963);

d) Trennungsangst und Furcht vor dem Verlassenwerden (Bak, 1953, Weissman, 1957);

e) pathologische Entwicklung des Körper-Ichs und Auflösungsdrohung, ausgehend von Störungen in der Mutter-Kind-Beziehung (Greenacre, 1953, 1960; Mittelmann, 1955);

f) die primären bisexuellen Identifikationen mit der Mutter und den Wunsch, ein Kind auszutragen (Kronengold und Ster-

* Dieser erste Teil erschien unter dem Titel »Foreskin-Fetishism and its Relation to Ego Pathology in a Male Homosexual« im *International Journal of Psychoanalysis,* Bd. 46, Nr. 1, 1965.

ba, 1936; Kestenberg, 1956; van der Leeuw, 1958; Socarides, 1960);

g) Flucht vor dem Inzest (Romm, 1949);

h) Abwehr gegen archaische Angstaffekte, die das Verhältnis zur Realität bedrohen und von der Furcht begleitet sind, in psychotische Zustände zu fallen (Glover, 1932, 1933, 1949; Socarides, 1959; Katan, 1964).

In der Literatur wird meines Wissens nur von einem Fall berichtet (Bak, 1953), wo der Patient sich auf Masturbationshandlungen einläßt und dabei fetischistische homosexuelle Phantasien entwickelt, die sich auf Knaben mit besonders geformten und glatten Hinterbacken beziehen. Ich werde hier Material über einen Mann vorlegen, der offen homosexuell ist und dessen sexuelle Handlungen und Interessen sich ausschließlich auf eine fetischistische Beziehung zur Vorhaut unbeschnittener Knaben konzentrieren. Ferner werde ich versuchen, die Psychodynamik dieses Fetischs genau zu schildern, desgleichen seine abwehrende Selbstschutzrolle bezüglich der tiefen und latenten Ich-Pathologie, die sich aus einer schwer gestörten und intimen Beziehung zur Mutter während seiner Kindheit herleitet.

Der Patient, ein vierzigjähriger Mann, stammt aus einer Familie mit vier Kindern. Er hat einen älteren Bruder und eine zweieinhalb Jahre jüngere Schwester. Als er sieben Jahre alt war, reichten die Eltern die Scheidung ein; kurz danach heiratete die Mutter ein zweites Mal, und nach knapp einem Jahr wurde ein weiterer Knabe geboren. Beide Ehen der Mutter waren sehr leidenschaftlich, laut und hysterisch unglücklich gewesen, und in all ihre Leiden und emotionellen Krisen wurde der Patient mit hineingezogen. Sie war eine sehr schöne und ehrgeizige Frau, die sich beide Male verrechnet hatte. Wie sie dem Patienten später immer wieder anvertraute, hatte sie ihren ersten Gatten nie geliebt, den sie nach der Scheidung als ekelhaften Mann mit dreckigen sexuellen Gewohnheiten darstellte. Sie hatte auch herausgefunden, daß alle drei Söhne (eingerechnet der jüngste, den sie nach der Scheidung geboren hatte) von ihrem zweiten Mann stammten, und um das auch gebührend zu unterstreichen, hatte sie den Kindern seinen Nachnamen geben lassen. Die Tochter war von einem anderen Mann. Ihr zweiter Gatte war sehr viel älter als sie, ein reicher und geachteter Bürger, der jedoch sein ganzes Vermögen bereits innerhalb des ersten Jahres ihrer Ehe verlor. Das hatte ihre Angst vor Armut und Krankheit noch gesteigert, und die Kinder wurden Zeugen ihres wortreichen Lamentierens und Klagens gegen das Schicksal und die Ehemänner. Statt ihre frühere wirtschaftliche Lage verbessert zu haben, mußte sie nun in der Tat mit recht bescheidenen Mitteln zurechtkommen. Dem Patienten war sie jedoch sehr zugetan; er selbst idealisierte sie während seiner ganzen Kindheit und war ihr bis ins Erwachsenenalter in tiefer Liebe verbunden.

Der Patient, den man nach der Geburt beschnitten hatte, konnte sich erstaunlich gut an einzelne Ereignisse und Phantasien aus der Kindheit erinnern, die er in der ersten Woche der Behandlung schematisch wiedergab. Sie gehörten hauptsächlich in die Zeit zwischen dem dritten und sechsten Lebensjahr. Wir wollen sie hier kurz zusammenfassen:

Erinnerungen aus der Zeit um das dritte Lebensjahr:

1. Er sitzt auf einem Porzellanei und stellt sich vor, er habe es gelegt; als er entdeckt, daß das nicht stimmt, ist die Enttäuschung groß.
2. Er zeigt großes Interesse am Penis von Wallachen und stellt sich vor, mit ihnen durch die Urethra verbunden zu sein. (Diese Phantasie hielt bis ins Alter von 14 oder 15 Jahren an und wurde später in seine Masturbationsphantasien integriert.)
3. Er trinkt Milch direkt vom Kuheuter während des Melkens und hat großen Abscheu davor.
4. Man erzählt ihm – er selbst konnte sich nicht mehr direkt daran erinnern –, seine Eltern hätten eines Tages entdeckt, daß alle Rhabarberstauden an den Wurzeln angenagt waren. Zunächst hatten sie angenommen, es seien die Ratten gewesen, dann aber entdeckt, daß er selbst es getan hatte.

5. Als er und sein Bruder die Gewohnheit annahmen, am Morgen zu den Eltern ins Bett zu schlüpfen, zeigte sich bei ihm der zwanghafte Wunsch, am Penis des Vaters zu saugen, wobei er wünschte, die Mutter möge verschwinden. Einmal versuchte er es zaghaft, und man stieß ihn zurück. Mit sieben Jahren, als die Mutter und ihr neuer Ehemann wieder einmal den Vater schlechtmachten und ihn als Wüstling hinstellten, bekannte er der Mutter, er habe tatsächlich am Penis des Vaters gesaugt, was sie ihm bereitwillig glaubte.
6. Die einzige weitere Erinnerung an den Vater war, daß ihm dieser einmal aus Versehen beim Kartoffelernten mit der Hacke in den Fuß gestochen hatte. Darüber hinaus hatte er nur eine äußerst dunkle Vorstellung von seinem Vater; er meinte, er sei eine freundliche Person gewesen.
7. Er erinnert sich, wie er mit der neugeborenen Schwester neben dem Feuer spielte und dabei die Decke in Brand setzte. Er verbrannte sich die Hand, und das Kindermädchen befeuchtete sie mit einer nassen Babywindel. Diesem Kindermädchen war er sehr verbunden. Als die Mutter zum zweiten Mal heiratete, entließ man es, weil es den Kindern erzählt hatte, daß nicht der Vater die ekelhafte Person sei, sondern vielmehr die Mutter, die alle Moral verloren habe.
8. Was die Mutter anbelangt, so konnte er sich am besten daran erinnern, daß sie ihn während seiner ganzen Kindheit unentwegt gekitzelt hatte, besonders an den Fußsohlen, und daß er dabei vollkommen zur Hilflosigkeit verdammt war.

Erinnerungen aus dem fünften Lebensjahr:

9. Seine Mutter singt ein Lied von Fischern, die auf dem Meer umkamen, und er weint bitterlich.

Erinnerungen vom achten Lebensjahr an:

10. Seine Mutter beklagt sich heftig über die sexuellen Gewohnheiten des ersten Gatten und beschwert sich auch über den zweiten Mann. Der Sohn ergreift immer ihre Partei.

11. Nach ihrem letzten Kind hat die Mutter schmerzhaften Blutandrang in den Brüsten. Er bietet sich an, an ihnen zu saugen, und ist sehr erleichtert, als dies abgelehnt wird.
12. Er hat bei dem ersten Zusammentreffen mit dem Stiefvater große Angst vor ihm und wünscht, er würde gehen und sie allein lassen (er lernte ihn nie wirklich kennen).
13. Die Mutter geht auf Hochzeitsreise, und er ist zutiefst unglücklich. Er fängt an, mit dem Bruder sexuelle Spiele zu spielen, und droht ihm anschließend, ihn zu verraten.
14. In der gleichen Zeit (die Mutter war sechs Wochen abwesend) bemerkt er, daß sich sein beschnittener Penis der Form nach von denen anderer Knaben unterscheidet.
15. Im achten Lebensjahr ziehen dic Eltern in ein anderes Land. Sein Besessensein von Vorhäuten datiert aus der Zeit der Scheidung und Wiederverheiratung der Mutter und des Umzugs. Zunächst denkt er, der Besitz einer Vorhaut sei eine Abnormität. Mit zehn Jahren schreibt er anonym an den Vater eines Klassenkameraden, er solle seinen Sohn beschneiden lassen, da dessen Vorhaut unnatürlich sei. Man findet heraus, daß er es war, bestraft ihn jedoch nicht.
16. Er ist zehn Jahre alt, und die Mutter hat einen Abortus im Haus. Er sieht die Krankenschwester, Schüsseln voll Blut und ähnliches.
17. Er ist elf und beginnt zu masturbieren, während er den hysterischen Streitereien der Eltern lauscht.
18. Als er neunzehn ist, zieht die Mutter mit dem Gatten wieder ins Mutterland, und er bleibt im College zurück. In dieser Zeit beginnt sein anales Jucken, das bis zum Zeitpunkt der Analyse andauert.
Der Patient gab diese Erinnerungen mit einer gewissen Leidenschaftlichkeit wieder. Obwohl er behauptete, sich gut an seine Kindheit zu erinnern, konnte er während der ersten sechzehn Monate der Analyse kaum etwas darüber hinaus berichten. Phyllis Greenacre (1955) hat auf die begrenzte Phantasiewelt des Fetischisten hingewiesen, und genau dies traf auch bei diesem Patienten zu. Er war nicht in der Lage, sich an irgend-

welche Beziehungen zu anderen Personen außer zu Mutter, Bruder und Vater während der Kindheit und Adoleszenz zu erinnern. Von der Pubertät an blieben seine Masturbationsphantasien all die Jahre hindurch fast ausschließlich auf diesen Vorhaut-Fetisch konzentriert. Bei der Untersuchung seiner Ich-Pathologie werden wir an späterer Stelle darauf zu sprechen kommen, wie sehr dieses leere und affektlose Bild seiner Jugend die äußerst gestörte und verkrüppelte Ich-Entwicklung sowie die Unfähigkeit zu Objektbeziehungen verdeckte (vgl. Khan, 1964 a).

Der Patient wollte behandelt werden, weil er, wie er es ironisch formulierte, »eine theoretische Abneigung gegen die Homosexualität« hegte. Damit wollte er sagen, daß er weder ein »Schwuler« sein noch als solcher bezeichnet werden wollte, das heißt, er wollte nicht als offen Homosexueller gelten. Sein gegenwärtiges Dasein beschrieb er euphorisch als ein Leben, das der sexuellen Liebe und der sexuellen Verführung junger Männer mit Vorhäuten gewidmet sei. Die Suche nach Vorhäuten an Körpern schöner junger Männer war zu seiner Hauptbeschäftigung geworden, die er sehr gut mit einem komplizierten Berufsleben zu verbinden wußte. Er war ein gebildeter und wortgewandter eleganter Mann mit gepflegtem Äußeren und verfeinerten Manieren.

Die sexuellen Wünsche und Bestrebungen dieses Patienten sowie ihre Beziehung zur Diffusion seiner Identität während der ersten sechzehn Monate der Analyse habe ich in einem anderen Aufsatz (1969) beschrieben. An dieser Stelle möchte ich nun die Phänomenologie seines besonderen sexuellen Wunsches und der entsprechenden Aktivität vorstellen: er muß einen Knaben mit Vorhaut finden, den Akt der Fellatio mit ihm praktizieren und anschließend in die Vorhaut masturbieren. In der ersten Phase seiner Analyse wurden euphorische und exhibitionistische Aufzählungen über die nächtlichen Ausflüge und die Suche nach Komplizen gemacht. Mit Absicht verwende ich hier das

Wort »Komplize«, denn der Patient hat kein einziges Mal einen Knaben zu sexueller Intimität gezwungen, der nicht selbst nach ähnlichen Erlebnissen suchte. Zudem gab es auch kaum etwas wirklich Bösartiges, Sadistisches oder auch nur Unangenehmes in seinen Beziehungen zum Sexualobjekt. Die ganze Suche nach dem passenden Sexualobjekt, die Technik der Verführung und die Beziehung zu der Person, die ihm sexuelle Befriedigung gewährte, wurden zwanghaft ritualisiert. Er fühlte sich gezwungen, nach dem Vorhautobjekt zu suchen, und wenn dieser Versuch fehlschlug – was sehr selten geschah –, mußte er sich auf die Masturbation beschränken. Auf sie reagierte er stets mit Abscheu, Apathie, einem großen Verlust seiner Selbstachtung und dem Gefühl der Sinnlosigkeit.

Als der Patient mit der Analyse begann, hatten seine sexuellen Handlungen einen Höhepunkt orgiastischer Ausschweifung erreicht. Er war sich voll und ganz der Gefahr bewußt, die sich rechtlich und sozial für ihn ergeben konnte; schon zu Beginn der Analyse versicherte er mir, daß er für den Fall einer ausweglosen Situation, bei einer Anzeige oder Polizeirazzia, genügend Gift vorrätig habe. Diese Art der Spaltung und Verleugnung war typisch für ihn. Obwohl er in seinem Beruf sehr fähig und gewissenhaft war, machte er sich Vorwürfe, daß er allen Ehrgeiz verloren habe und nurmehr in den Tag hineinlebe, ohne sich um die Zukunft zu kümmern.

Vorher hatte sich der Patient in einem anderen Land bereits sechzehn Monate lang einer Analyse unterzogen, und erst während dieser ersten Behandlung kam es zu sexuellen Beziehungen, an denen er wirklich Anteil nahm. Bis dahin hatte es nur zwanghafte und einseitige sexuelle Kontakte mit masturbatorischen Kraftleistungen gegeben, nach denen ihm stets vor sich selbst ekelte. Sobald er jedoch mit seinen sexuellen Abenteuern begann, entdeckte er sein großes Talent in diesen Dingen. Als er zu mir zur Behandlung kam, konnte er daher mit einigem Recht damit prahlen, daß kein Knabe, den er verführen wollte, ihm je hatte widerstehen können.

Außer dem Repertoire seiner Erinnerungen, die er mir zu Anfang präsentiert hatte, gab es in der ersten Phase der Behandlung kaum Material, das man schlüssig mit seinen Kindheitserfahrungen hätte in Verbindung bringen können. Natürlich ließen sich seine manische und leidenschaftliche sexuelle Jagd auf Knaben, seine lyrischen Kommentare über ihre Schönheit und sein gieriger Verschleiß ihres Samens nur allzu leicht auf seine Kindheitserfahrungen mit Mutter und Vater übertragen. Mir aber kam es darauf an, mich nicht zu dieser Art der intellektuellen Analyse verleiten zu lassen. Auch das Ergebnis seiner ersten Analyse war mir Warnung genug für meine Weiterarbeit. Was mich von Anfang an meisten erstaunte, war die Tatsache, daß er sich eine ahistorische Deck-Identität des »Als ob« bezüglich seiner Praktiken und seiner Suche nach dem fetischistischen Vorhautobjekt zugelegt hatte. Diesen Aspekt seines Verhaltens habe ich theoretisch in meinem Aufsatz »The Function of Intimacy and Acting Out in Perversions« (1964 c) abgehandelt. Während der ersten sechzehn Monate wurde die analytische Arbeit auf die Abschwächung der manischen Abwehr (siehe Winnicott, 1935), die sich in seinen Sexualpraktiken äußerte, konzentriert. Er sollte dadurch in die Lage versetzt werden, unbedeutendere Angstzustände durchzustehen, ohne sofort in erotische oder zwanghafte Abwehrmanöver zu flüchten (Khan, 1964 b). Erst als der Patient seine hektische und qualvolle Suche nach sexuellen Abenteuern einschränkte, wurde es möglich, die psychischen und affektgebundenen Inhalte seines Vorhaut-Fetischismus genauer zu untersuchen. In diesem Stadium wurde seine Stimmung zunehmend bedrückt, in den Affekten zeigte er sich apathisch und depressiv, und in seiner Beziehung zu mir und der analytischen Situation wurde er immer abhängiger.

Bei ihrer Definition des Fetischs hat Phyllis Greenacre (1953) betont, daß »in manchen Fällen nicht nur der Besitz des Objekts, sondern auch seine ritualisierte Verwendung von Bedeutung ist«. Bei diesem Patienten war das Ritual seiner Beziehung zu der Person, die den Vorhaut-Fetisch aufwies, besonders aufschlußreich. In gleicher Weise bedeutend war das innere affektive Klima, das ihn zu seinen nächtlichen Streifzügen und zur Suche nach dem Vorhaut-Fetisch zwang. Dieses innere affektive Klima war ein amorpher und wirrer Zustand der Erregung, Angst, die an einen psychisch nicht zu entschlüsselnden Terror grenzte, sowie Furcht vor dem völligen Versagen und totaler Ausweglosigkeit (vgl. Khan, 1964 b).

Im folgenden fasse ich Details zusammen, die während eines langen Zeitabschnitts im analytischen Verfahren mit großer Mühe zusammengetragen wurden. Die fetischistische Träumerei und Suche verwandelte diesen massierten, wirren und hektischen affektiven Zustand in einen Zustand wacher und aktiver Schwärmerei. Die fetischistische Suche nach einem Objekt leistete daher zweierlei: einmal organisierte sie die amorphe Affektivität des Patienten, zum anderen rettete sie ihn aus Apathie und Trägheit, indem sie jene Affektivität in einen aktiven Verhaltensmodus verwandelte. Der ermutigende Aspekt dieser Art des Ausagierens, als Flucht vor einer innerpsychischen Krise, mit der der Patient nicht fertig werden konnte, hatte eine ausgesprochen selbstschützende Funktion. In der frühen Phase der Analyse wurde nämlich deutlich, wie außerordentlich hilflos und paralysiert er werden konnte, sobald er wegen schlechter Witterung im Hause bleiben mußte und auf masturbatorische Abfuhr beschränkt blieb.

Die fetischistischen Praktiken des Patienten umfassen zweierlei Beziehungen: a) die Beziehung des Ich zum fetischistischen Objekt, d. h. zu unbeschnittenen Knaben mit Vorhäuten; b) die enge physisch sexuelle Beziehung zum eigentlichen Fetisch, d. h. zur Vorhaut. Auch der Patient war sich dieser Dualität seiner Erfahrung und Beziehung zu Knaben und deren Vorhaut durchaus bewußt. Schon immer hatte er die Besonderheit seines Interesses für diese Knaben idealisiert und sich gerühmt, wie sehr er sie schätze; die Praktiken mit der Vorhaut hingegen verstand er als »kindische und absurde Spiele«. Schon zu Beginn der Analyse wurde mir klar, daß die Affekte und Abwehrmechanismen, die in seiner Beziehung zum fetischistischen Objekt auftraten, sich völlig von jenen unterschieden, die sich in seinen sexuellen Spielen mit der Vorhaut ausdrückten. Erst durch die Analyse der ersteren wurde der Inhalt und die Bedeutung letzterer verständlich, und erst nachdem der Patient in die Lage versetzt worden war, sich *selbst* im fetischistischen Objekt zu sehen.

Ich habe bereits den amorphen, von Angst und Apathie geprägten Zustand der latenten Erregung geschildert, aus dem heraus sich der Patient in seine nächtlichen Abenteuer stürzte. Diese Art, die innerpsychische Krise *auszuagieren*, ermöglichte es dem Ich, objektivierende Erwartungsfunktionen auszunutzen (Hartmann, 1956). Die Suche nach dem fetischistischen Objekt konnte eine ausgewählte Anzahl von Ich-Funktionen mobilisieren und den negativen, phobischen Zustand der Apathie vermeiden. Eine schwere Form von Apathie und des phobisch-paranoiden Rückzugs in sich selbst hatte den Patienten während seiner Latenzzeit, während der Adoleszens und frühen Jugend beschädigt. Seine einzige Befriedigung in diesem Zustand fand er in der unmittelbaren Abfuhr durch Masturbation und den sie begleitenden stereotypen fetischistischen Phantasien über Vorhäute. Die Suche nach Knaben und die Beziehung zu ihnen versetzten ihn in die Lage, sich als lebendiges, aktives und tätiges Wesen zu erfahren. Dies wiederum führte allmählich zu einem nahezu manischen Zustand dünkelhaften Selbstvertrauens und übertriebener Selbstüberschätzung. Er glaubte nun omnipotent und unerschütterbar zu sein und fühlte sich als Retter und Ernährer schöner verlassener Knaben. Er sah sich nicht nur in Berührung mit der Realität, sondern wähnte zudem, ihr gegenüber von allmächtiger Großmut zu sein. Er behauptete, daß er diesen jungen Männern dazu verhelfe, sich ihrer natürlichen Würde und Überlegenheit bewußter zu werden, und dadurch ihre Selbstachtung stärke.

Zum fetischistischen Objekt wählte er einen ganz bestimmten Knabentypus: er mußte unbeschnitten, körperlich stark und schön sein. Der Knabe sollte stimmungsmäßig bedrückt, arbeitslos und auf der Suche nach einer angenehmen Bekanntschaft sein. Das fetischistische Objekt durfte kein offen praktizierender Homosexueller sein, d. h. der Knabe sollte homosexuelle Beziehungen nicht als eine ich-syntonische Form der sexuellen Befriedigung ansehen. Er sollte vielmehr solche Praktiken ausdrücklich ablehnen. Sobald der Patient das Gefühl hatte, daß der Knabe selbst schon erregt war und nach homosexueller Befriedigung Ausschau hielt, ließ er ihn sofort fallen. Diese Mischung aus Verwirrung, Apathie und Hilflosigkeit in der Stimmung der Knaben war für den Patienten von großer Bedeutung, denn nur dies allein bewirkte, daß er den Knaben (unbewußt) mit sich selbst identifizieren konnte. Ich halte diesen Typus der projektiven Identifikation, die als Vehikel der Objektbeziehung dient, für einen wesentlichen Bestandteil der Ich-Pathologie des Perversen. Socarides (1959) hat sehr interessantes Material vorgelegt, das die Rolle der projektiven Identifikation bei der pädophilen Perversion eines Homosexuellen aufzeigt.[1]

Sobald er herausgefunden hatte, daß das Objekt die erforderlichen Attribute aufwies (Vorhaut und geeignete Stimmung), verwickelte er es in ein Gespräch. Die Knaben, die er auflas, waren samt und sonders »verlorene Seelen«, die sich verlassen fühlten, verbittert und mißtrauisch waren, sich vom Leben übervorteilt wähnten und glaubten, ein besseres Los verdient zu haben. In der Regel waren sie völlig ungebildet und häufig

1 An dieser Stelle möchte ich meiner Ausführung über die Ich-Pathologie dieses Patienten vorgreifen und anmerken, daß die Bezeichnung projektive Identifikation für diesen Typus der Beziehung nicht ganz angemessen ist. Diese Art des Ich-Interesses und der Besetzung der anderen Person ist ihrem Wesen nach eher ein Übergangsstadium zwischen der Beziehung zum Selbst und der Beziehung zum Objekt, wobei weder das Selbst noch das Objekt deutlich voneinander unterschieden und als getrennte Entitäten gesehen werden. Ich meine, daß wir den Begriff projektive Identifikation zur Bezeichnung einer affektiven Beziehung verwenden sollten, bei der die innere Objekt-Repräsentanz auf ein äußeres Objekt verschoben und ferner diesem Objekt die eigene psychische und existentielle Realität abgesprochen wird. Die existentielle Realität des äußeren Objekts wurde aber bei meinem Patienten lebhaft wahrgenommen und war von entscheidender Bedeutung.

auch grobschlächtig in ihrem Benehmen. Die erste Aufgabe, die er sich in seiner Beziehung zum fetischistischen Objekt setzte, war, die negative Stimmung und den Argwohn der Knaben abzubauen und sie in einen Zustand des Vertrauens und der Teilnahme zu versetzen. Dieses Ziel erreichte er immer bemerkenswert leicht und schnell. Er wollte lange Zeit nicht wahrhaben, daß seine Erfolge hauptsächlich auf der simplen Tatsache beruhten, daß sich die Knaben, die er ansprach, in einer ausgesprochen sexuellen Notlage befanden, die sie ihm zutrieb. Als er schließlich dieses Faktum hinnehmen mußte, geriet er in tiefe Verzweiflung und gab allmählich seine Abenteuer auf. Er versuchte immer, die Knaben von zweierlei zu überzeugen: a) daß sie einzigartig wertvolle Menschen seien und b) daß sie sich selbst mit Würde, Zurückhaltung und Ehrerbietung begegnen sollten und dies auch von anderen, die mit ihnen in Verbindung stünden, erwarten sollten. Ich muß wohl kaum hinzufügen, daß der Patient das gleiche von sich selbst erwartete. Um diese besondere Qualität der narzißtischen Selbstachtung bei ihnen zu entwickeln, erklärte er sich dazu bereit, ihnen eine gepflegte Sprache und gute Manieren beizubringen und sie in kulturellen Dingen zu unterweisen. Er ernährte sie auch und brachte ihnen die notwendige Körperpflege bei. Die Knaben waren in der Regel verwahrlost, schmutzig und unterernährt. Er schenkte ihnen auch kleinere Geldbeträge. Und all das in wenigen Stunden. Unweigerlich führte dies zu körperlicher Intimität, aber bevor ich zu diesem Punkt komme, möchte ich einige Anmerkungen über die Bedeutung dieser Art von Beziehung zum fetischistischen Objekt machen.

Es ist offensichtlich, daß das fetischistische Objekt alle Aspekte des Patienten selbst repräsentierte: seine Verlassenheit, Armut und Verzweiflung, aber auch die Idealisierung und Besonderheit seiner Person. Für den Patienten war es von großer Bedeutung, daß ihn die ausagierte Beziehung in die Lage versetzte, sein eigenes Ich sowie das äußere Objekt wiederherzustellen. Das stand in auffallendem Gegensatz zu der hoffnungslosen inneren Beziehung zu sich selbst und zu der ähnlich aussichtslosen Beziehung zur Mutter während der ganzen Kindheit. Darüber hinaus identifizierte er sich in seiner Rolle als Nahrungsbeschaffer und fürsorgende Person mit der primären, guten Mutter, die aktiv, allmächtig und voller Hingabe ist (vgl. van der Leeuw, 1958). Ich bin überzeugt, daß diese Art der Beziehung zum fetischistischen Objekt es dem Patienten ermöglichte, eine positive frühe Beziehung zur Mutter wieder aufleben zu lassen, die durch das wechselhafte Leben seiner Familie seit dem vierten Lebensjahr verlorengegangen war.

Winnicott (1956) hat die Behauptung aufgestellt, daß sich hinter der antisozialen Tendenz auch die *Erinnerung* an eine gute (Mutter-)Beziehung verbirgt, die verlorengegangen ist, und daß der Zwang, der der antisozialen Tendenz zugrunde liegt, darin besteht, zu diesem Zustand zurückzufinden und ihn wiederzuerwecken. In seiner Beziehung zum fetischistischen Objekt war der Patient aktiv der gute Elternteil, der sich um das verlassene ideale Kind kümmerte (den kleinen Knaben).

Das fetischistische Objekt war auch eine vollständige Person: intakt und von ihm getrennt. Die Fähigkeit, mit ihr in Kontakt zu treten, ließ in ihm die Hoffnung entstehen, daß doch nicht alles verloren sei. Der illusionäre Wert dieser Art von Beziehung als Abwehr gegen einen psychotischen Typus der Depression, Apathie und Verzweiflung, kann nicht genug betont werden. Darüber hinaus stellte die Beziehung auch ganz konkret die Realität seiner Identifikation mit der guten Mutter her. In der flüchtigen Spanne solch einer Beziehung wurde er zur guten Mutter. Es läßt sich vermuten, daß bei diesem Patienten die früheste Beziehung zur Mutter nicht verinnerlicht worden war. Sie ist nur in der Identifikation erreicht und nicht als stabile innere Vorstellung von der guten Mutter. Daher empfand der Patient, wenn er nicht auf diese identifikatorische Weise handelte, sein Selbst als ein finsteres und trübes Vakuum. Die Unfähigkeit des Ich, die Erfahrung zu verinnerlichen, zeigt sich auch in der Notwendigkeit, zwanghafte Wiederholungen durchzustehen. Das Scheitern einer guten und dauerhaften Beziehung zur Mutter während seiner Kindheit wurde bei jeder neuen Begegnung zwanghaft wiederholt in dem regressiven Zusammenbruch, der von der Ich-Besetzung des fetischistischen Objekts als Person zu den archaischen und primitiven sexuellen Praktiken mit dem Vorhaut-Fetisch führte. Freud (1927) hat die Mischung aus Zärtlichkeit und Feindseligkeit in der Behandlung des Fetischs betont. Bei diesem Patienten nahm die Aggression gegenüber dem fetischistischen Objekt eine besondere Form an: er manipulierte nämlich die Knaben geschickt und indirekt in einen Höhepunkt sexueller Spannung, in dem sie dann um die befreiende Abfuhr flehten. Dies geschah auf so subtile Weise, daß es schwer ist, sie mit kurzen Worten wiederzugeben. Mit Hilfe seiner Redegewandtheit und der narzißtischen Verherrlichung der Selbstachtung dieser Knaben gelang es ihm (nach seinen eigenen Worten), sie »sexuell zu überhitzen«. Dabei war es von Bedeutung, diese Tatsache in der ersten Phase des Handlungsablaufs zu verleugnen. So wurde mit Worten bei den Knaben ein psychischer Widerstand gegen die sexuelle Intimität aufgebaut. Die verbale Aggression nahm die Form des Strebens nach völliger Herrschaft über den Erregungszustand der Knaben an. Diese Erregung durfte sich nicht personalisieren. Sie wurde heimlich weiter manipuliert. Die Knaben sollten sie auf dissoziierte Weise erleben: zunächst steigerte sich, dem drängenden Werben seines Ich entsprechend, ihre narzißtische Selbstachtung, und dann mußten sie ihre Erregung als einen Fremdkörper in der Erfahrung ihrer Person ansehen und ihn mit zynischer Ungeniertheit behandeln. Daß sie es gewöhnt waren, von ihren »Beschützern« sexuell ausgebeutet zu werden, wurde strikt geleugnet: vom Patienten mit Absicht und von ihnen dadurch, daß sie sich von seiner Technik überrumpeln ließen. Sie protestierten daher regelmäßig, wenn er die Richtung änderte und nach anfänglicher Schützenhilfe für das Ich auf sexuelle Verführung hinsteuerte. Er wußte ganz genau, wann ihre Erregung auf dem Höhepunkt angelangt war. Sehen und Beobachten spielten hierbei eine äußerst wichtige Rolle. Er spähte auf ihren Gesichtern und an ihrer Körperhaltung nach jeder kleinsten Gefühls- oder Spannungsnuance, bis er endlich bei ihnen eine »ungeheure Erektion« verursacht hatte. In diesem Augenblick war dann sein Gefühl des Erfolgs, des Triumphs und der Herrschaft über das fetischistische Objekt vollkommen. Bereitwillig und mitfühlend bot er sich nun an, sie abzusaugen und/oder sie zu masturbieren. Die erregte Hilflosigkeit dieser verwahrlosten, kräftigen und aggressiven Knaben bereitete dem Patienten ein besonderes Vergnügen. Hier kam ein deutlich aggressiv-sadistisches Element in seine Beziehung zu ihnen. Heimlich genoß er ihre Niederlage: sie waren in seiner Macht. Je erregter und rasender sie aufgrund der sexuellen Spannung wurden, desto unerschütterlicher war seine Ruhe, desto sanfter seine Art. Häufig zwang er sie, ihm dabei zuzusehen, wie er sie masturbierte und zur Ejakulation brachte. Immer schluckte er ihr Sperma. Der Knabe, der sich unmittelbar vor der Ejakulation befand, war gleichzeitig Mutter und erregtes Selbst. In diesem Augenblick änderten sich für ihn der innere Status und der psychische Wert des Objekts. Er wurde zum Baby, das sich am erregten Brust-Penis des Knaben (der Mutter) nährte. Jedesmal quälte ihn das schuldhafte Gefühl, daß dieser Zustand sexueller Erregung für die Knaben nicht angenehm sein könnte. Hier war die Identifizierung der Knaben in Erektion mit der Mutter und ihrer schmerzhaft geschwollenen Brust vollkommen. Der Knabe in Erektion verkörperte demnach die phallisch-nährende Mutter. Während er die Knaben absaugte oder masturbierte, drängte es ihn, sich ganz fest an sie zu klammern. Er konnte sie nie stark genug umarmen und war immer sehr enttäuscht, daß seine nach Umarmung verlangende Glut ihnen so wenig bedeutete. Zu diesem Zeitpunkt bereits setzte die Enttäuschung über das fetischistische Objekt ein. Er war sich auch voll und ganz bewußt, welche Demütigung sie in den Masturbationshandlungen erfuhren und welch verwerflich passive Rolle sie dabei spielten. Da er sie anfangs dazu ermutigt hatte, sich ihrer heterosexuellen Neigungen und ihrer Männlichkeit zu brüsten, verleugneten die Knaben die Situation, in der sie sich nun als homosexuell Verführte befanden, indem sie der ganzen Handlung gegenüber eine rohe und zynische Haltung an den Tag legten. Das wiederum quälte den Patienten entsetzlich. Daß er sie nie dazu bringen konnte, dies als eine positive Erfahrung anzuerkennen, bereitete ihm schmerzliche Sorge. Wenn es sich andererseits ergab, daß ein Knabe durch die Masturbationshandlung tatsächlich sehr erregt wurde und an ihr Gefallen fand, dann verlor er das Interesse, wurde ängstlich und zurückhaltend. Seine Furcht vor dem erregten und erregenden Objekt war sehr intensiv. Der Erregungszustand des fetischistischen Objekts mußte abgekapselt, auf bestimmte Weise lokalisiert und ganz unter seiner Kontrolle sein (vgl. Anna Freud, 1952). Erst nach der Ejakulation des Knaben trat der eigentliche Fetisch in Erscheinung, wenngleich dies nicht ganz genau stimmt, da die Beziehung zum Fetisch zwei Phasen aufwies: zum einen war er Merkmal des erigierten Penis, zum anderen ein Behälter, in den er masturbierte. Der gesamte fetischistische Vorgang läßt sich in drei Stadien zerlegen: 1. Ich-Beziehung zum fetischistischen Objekt als Person; 2. orale und manuelle passive sexuelle Beziehung zum erigierten Penis und zur Vorhaut; 3. intrusive, ejakulatorische, aktive Beziehung zur Vorhaut als Auffangbehälter.

Ehe wir zur Untersuchung der psychischen Inhalte des eigentlichen Vorhautfetisch kommen, soll noch einmal die Bedeutung der Beziehung zum fetischistischen Objekt bei diesem Patienten hervorgehoben werden. Beim heterosexuellen Fetischismus hat der Fetisch die Funktion der Rückversicherung gegen die Ängste (der Kastration), die mit dem weiblichen Sexualobjekt und dessen Sexualorganen in Verbindung stehen. Bei meinem Patienten fungierte die Ich-Beziehung zum homosexuellen fetischistischen Objekt als Rückversicherung gegen die archaische und regressive Natur der Beziehung zum Fetisch selbst. Allmählich wurde es dem Patienten und auch mir klar, daß er wegen der inneren Bedrohung seines Ich und seiner Persönlichkeit zur Behandlung gekommen war, einer Bedrohung durch die chaotischen und archaischen Gefühle und Erregungszustände, die sich aus seinen Praktiken mit dem Vorhautfetisch ergaben. Im ersten Jahr seiner Analyse und auch später verschleierte seine idealisierte und ekstatische Jagd nach fetischistischen Objekten die Furcht vor dem, was in den sexuellen Praktiken selbst passierte. Er neigte dazu, flott darüber hinwegzugehen, und charakterisierte seine besessenen Sexualhandlungen als »Heilung durch Erschöpfung«. Das Hochgefühl und die Gier, die er in seiner Beziehung zum Vorhaut-Fetisch durchlebte, waren für ihn wahrhaft erschreckend. In einem frühen Stadium der Analyse zeigten seine Träume den kaum verhüllten Wunsch, am Vorhautpenis zu saugen und den Samen zu schlucken. Daß er nie wirkliche Befriedigung erfuhr, blieb ihm verborgen und wurde auch in den Berichten über seine sexuellen Heldentaten energisch geleugnet.

Zunächst möchte ich die Bedeutung des Vorhaut-Penis im Zustand der Erektion und die Beziehung des Patienten zu ihm schematisch aufzeigen. Dem erigierten Vorhaut-Penis maß er eine sehr besondere magische Bedeutung zu. Er verkörperte für ihn den idealen Brust-Penis aus dem ersten Stadium der oralen Phase. Er erfüllte ihn mit einem Gefühl der Ehrfurcht, Verzauberung und qualvollen Erregung. Sobald er den Vorhaut-Penis in jenen Zustand drangvollen Lebens versetzt hatte, empfand er ihn als seine »Schöpfung« und behandelte ihn entsprechend. Sehen, Berühren und Riechen spielten in der Beziehung zu ihm eine große Rolle. Er konnte all die lustvollen Möglichkeiten dieser Situation nie ganz ausschöpfen. Er wollte in ihr aufgehen und mit ihr verschmelzen. Das Ganze glich eher einem halluzinatorischen Bild als der Wahrnehmung eines von ihm getrennten Organs an einer anderen Person oder der eines symbolischen Trägers einer Beziehung. Lacan und Granoff (1956) haben diesen Punkt in ihrer Abhandlung über die Rolle des Symbolischen, Imaginären und Realen beim Fetischismus auf interessante Weise dargelegt. Diese regressive Art der Beziehung zum Fetisch Vorhaut-Penis implizierte den Zusammenbruch des symbolischen Prozesses wie des Sekundärvorgangs. Der Patient hatte das Gefühl, dieses magische Objekt *erschaffen* zu haben, ja durch Anblick und Berührung selbst zu diesem Objekt *geworden* zu sein. Das bedeutete für ihn, daß er die ursprüngliche Einheit mit der allmächtigen, nährenden Brust der Mutter wiederfand und sie konkret neu erschuf. Nunberg (1947) hat in seinem Aufsatz »Circumcision and Problems of Bisexuality« gesagt, daß Beschneidung den Verlust der Mutter bedeuten kann, und hat ferner die Bedeutung der Vorhaut als Symbol für Vagina, Rektum und Weiblichkeit aufgezeigt. Der Wunsch, am Penis des Vaters zu saugen, war bei unserem Patienten nach der Geburt der jüngeren Schwester entstanden. Sein beschnittener Zustand gab ihm stets das Gefühl, eine mangelhafte, unnatürliche und verstümmelte Geschlechtlichkeit zu besitzen (vgl. Greenacre, 1964, und Stoller, 1964). Die Verschmelzung mit dem Vorhaut-Penis stellte die verlorengegangene allmächtige Einheit zwischen dem infantilen Lust-Ich und dem mütterlichen Brust-Penis wieder her. Sie hatte auch die Funktion, die spätere traumatische Trennung von der Mutter, die durch ihre zweite Heirat entstanden war, zu verleugnen; ebenso diente sie dazu, die Entdeckung, daß die Mutter ein kastriertes, penisloses Objekt war, zu negieren. Nunberg (1947) hat die Phantasie eines Patienten untersucht, die in der weiblichen Labia eine Art Vorhaut sah, welche einen Penis barg und schützte. In der Phantasie meines Patienten traf dies auf den Vorhaut-Penis zu. Dieser war das ideale bisexuelle Organ: es bestand aus Eichel-Penis und Vorhaut-Vagina, die in untrennbarer (nicht kastrierender) Einheit verbunden waren. Daher rührte auch die überschwengliche Lust, die es ihm bereitete. Die durch die Vorhaut geschützte Eichel, die er, ohne ihr Schaden zuzufügen, handhaben konnte, repräsentierte zudem das primitive kindliche Selbst des Patienten im idealen, nährenden und schützenden Umfeld der Mutter (der Vorhaut), das ihm Freude spendete und ihn sicher trug.

Der orale Wunsch, mit dem Vorhaut-Penis zu verschmelzen,

sowie die Idealisierung des tranceähnlichen Glücks, das er empfand, stützen auch die Hypothese, die von Greenacre (1953), Bak (1953) und Socarides (1960) aufgestellt wurde, daß nämlich Trennungsangst und Furcht vor dem Verlassenwerden die primären Angstaffekte des Fetischisten sind. Bei unserem Patienten war es so, daß die ständige Erneuerung dieser illusorischen Einheit mit der Mutter mittels der konkreten und physischen Sprache seiner oralen und manuellen Beziehung zur Vorhaut die Trennung von der Mutter verleugnete und gleichzeitig ein neues, vorübergehendes *Ereignis* schuf, das seine eigene Realität und die Affekte negierte, die sich auf das (innere) mütterliche Bild bezogen. Diese Fähigkeit, widersprüchliche Affekte und Motivationen zu tragen, läßt die fetischistischen Praktiken für die Abwehrmanöver des Ich gegen primitive und archaische emotionelle Bedürfnisse besonders geeignet erscheinen. Das Zeitelement spielt hierbei eine große Rolle. Das Wissen um die kurze Dauer dieses künstlich herbeigeführten Zustands, der stets mit der Ejakulation ein Ende fand, verringerte die Angst vor dem Ausbruch der äußerst primitiven Körper-Bedürfnisse und -Erfahrungen mit ihren traumatisch genetischen Assoziationen. Das Element der Lust durch Befriedigung, die zeitliche Flüchtigkeit und das »Als-ob« des ganzen fetischistischen sexuellen Spiels ermöglichten eine Ich-Spaltung: wenn ein Teil des Ich involviert war, sah ein anderer mit amüsierter Objektivität zu. Aber diese Dissoziation verhinderte auch die regressive Absicht, mit der nährenden Mutter zu verschmelzen; rückblickend betrachtet, hatte der Patient kein zufriedenstellendes Bild der ganzen verfügbaren Erfahrung verinnerlicht.

So wie die Versuche, das fetischistische Objekt (die Knaben) zur narzißtischen Selbstachtung anzustacheln, darauf hinausliefen, daß er sie zwang, sich sexuellen Ausschweifungen zu unterwerfen und folglich sich zu erniedrigen, endete auch die oral-manuelle Beziehung zur Vorhaut in ihrer übertriebenen und idealisierten Erregung mit einem Kollaps (der Detumeszenz) des omnipotenten Organs durch Ejakulation. Den Knaben gegenüber fühlte sich der Patient immer voller Mitleid und Schuld; er glaubte, sie verletzt und geschädigt zu haben. Hier zeigte sich die unbewußte Intention, die geliebte Person im Zustand der höchsten Erregung kannibalisch zu ermorden (vgl. Payne, 1939).

Bevor ich die dritte Phase der fetischistischen Aktivität genauer beschreibe, d. h. die intrusive (aggressive) Beziehung zur Vorhaut, möchte ich auf die Bedeutung eingehen, die das Samenschlucken für diesen Patienten hatte. Er hatte eine sehr klare Vorstellung vom Sperma: er hielt es für eine besonders mächtige Substanz mit magischen Eigenschaften, in der alle Kraft und Schönheit der Knaben verkörpert seien. Halb im Scherz, halb in pathetischem Ernst versuchte er den Knaben das Versprechen abzuringen, ihren Freundinnen nicht zu gestatten, den Akt der Fellatio mit ihnen zu praktizieren. Die Rationalisierung, die er hierfür anbot (und dies zeigt in aller Deutlichkeit die sadistische gierige und feindselige Absicht seines Verhaltens), war die, daß die Mädchen sich anschließend nicht mehr respektieren würden. Die zwanghafte Gier, das Sperma zu schlucken, bezeichnete der Patient einmal als Sucht. Das war sie in der Tat. Sie hatte die unbewußte Bedeutung, daß die Einverleibung einer guten Substanz seine schlechten inneren Substanzen neutralisieren würde. Im folgenden werden wir noch auf den magisch heilenden Wert dieses Vorgangs als eines Abwehrmechanismus gegen hypochondrische Zustände zu sprechen kommen. Glover (1932) hat festgestellt, daß vorübergehend fetischistische Phänomene auftauchen können, wenn beispielsweise ein Alkoholiker sein zwanghaftes Trinken aufgibt. In unserem Fall sehen wir, wie eine Sucht bis in die Struktur einer fetischistischen Praxis hineinreicht. Daß der Fetischist den ungeheuren Komplex der archaischen Körperprozesse, der prägenitalen Impulse und der archaischen, dem Primärvorgang unterliegenden kognitiven und affektiven Regungen in einem unorganisierten Zustand ertragen kann, ist ein bemerkenswertes Phänomen, das noch einer adäquaten Erklärung harrt.

Die dritte Phase begann erst nach der Ejakulation und Detu-

meszenz der Knaben. Jetzt wechselte der Patient von einer passiv-oralen Beziehung zu einer aktiv-intrusiven phallischen Beziehung über. Er war immer von dem Wunsch erfüllt, mit seinem Penis den Vorhaut-Behälter zu durchdringen. Das war eine Variante der symbiotischen Verschmelzung, diesmal allerdings auf phallischer Ebene. Da die Knaben seine Gefühle nie erwiderten, erfuhr er hier seine schmerzlichsten Kränkungen. Er wollte festgehalten und geliebt werden, während sie sich zu diesem Zeitpunkt geistesabwesend und gelangweilt zeigten. Sein Penis wurde daher nie als gutes Objekt geschätzt, und alles endete für ihn in einer bloßen Abfuhr, die ihn in einem traurigen, trostlosen Zustand zurückließ. Eine entscheidende Phantasie bei diesem Vorgang betraf den Wunsch, in den Mutterschoß einzudringen, von ihm umfangen und geschluckt zu werden. Das Versinken seines Penis in der Vorhaut war sowohl Erfüllung wie Abwehr des Wunsches. Er ängstigte sich zutiefst vor seinem passiv-masochistischen Wunsch, sich der durch die Vorhaut verkörperten phallisch-omnipotenten Mutter zu unterwerfen. Diese Angst trat in seinen Träumen zu Tage, in denen die Klaustrophobie eine wesentliche Rolle spielte und er sich als Gefangener und Erstickender wähnte.
Da er beim Orgasmus nie Lust empfand und sein Sperma verabscheute, setzte seine eigene Ejakulation den fetischistischen Handlungen auf traurige Weise ein Ende. Durch ein Fürsorge-Ritual am fetischistischen Objekt wurde dem betrüblichen Ausgang der erregenden Ereignisse entgegengewirkt: er wusch und reinigte seinen Partner und versicherte ihm, daß nichts Schlimmes passiert sei. Durch Rede und Widerrede breitete er so wohltuendes Vergessen über die ganze Episode. Selten wiederholte er diese Vorgänge mit der gleichen Person. Die Person, die zu seinem ersten ständigen und anerkannten Liebesobjekt wurde, war ein beschnittener junger Mann. Zu diesem Zeitpunkt hatte er die manisch-fetischistischen Jagden aufgegeben und war in einen depressiven, hypochondrischen Zustand geraten, in dem sich die wahre Natur und das ganze Ausmaß seiner Ich-Pathologie zeigten. Bevor ich diesen Punkt zur Spra-

che bringe, möchte ich die drei wesentlichen Motive, die auf eklatante, amorphe und bruchstückhafte Weise in seiner Beziehung zum fetischistischen Objekt und dem Vorhaut-Fetisch zum Tragen kamen, kurz zusammenfassen: 1. Wunsch, ein Baby zu haben, d. h. zu gebären; 2. Erotisierung und Kontrolle der Wut- und Mordimpulse in bezug auf Mutter, Vater und Geschwister; 3. Sehnsucht nach und Angst vor einer passiven masochistischen sexuellen Unterwerfung, was sein stärkster unbewußter Wunsch war und auch eine Bedrohung für die Einheit und Existenz seines Ich darstellte.

Der Wunsch nach einem Baby bei einem Kind männlichen Geschlechts und seine besondere Bedeutung für den Fetischismus wurden von Kestenberg (1956), van der Leeuw (1958) und Socarides (1960) untersucht. Sie haben ihn ferner mit dem Begriff des transitionellen Objekts, den Winnicott (1953) prägte, in Verbindung gebracht. Van der Leeuw meinte, daß »das transitionelle Objekt nicht nur Brust und Phallus ist, sondern auch das Kind, das von der Mutter geboren wurde«. In der Ich-Beziehung meines Patienten zu den fetischistischen Objekten erschien der Wunsch nach einem Baby in seinem Bemühen, die Knaben mit einer neuen Identität und einem neuen Bewußtsein ihres Selbst auszustatten und in ihnen »eine psychologische Geburt« zu fördern. Im Kontext des erregten Austauschs waren sie für ihn seine *Schöpfungen,* seine Babies: sein eigenes ideales Selbst, das in ihren Formen und Umrissen durch seine psychologischen Handlungen hervorgebracht wurde. Die Identifikation mit der erzeugenden, aktiven, allmächtigen Mutter war hier augenscheinlich. Aber er wußte auch, daß dies unmöglich war, daher die Wut und die sadistischen Attacken. Das zeigte sich in dem zwanghaften Wunsch, die Identität des gesamten fetischistischen Objekts in das regressive Partialobjekt, den Vorhaut-Fetisch, zu zerlegen. Die psychologisch aufgebaute Selbstachtung des »geschaffenen« Knaben wurde durch den sexuellen Angriff auf sie »ermordet«. Die gleiche Thematik kam in der Beziehung zum Vorhaut-Fetisch zum Ausdruck: die kannibalistische orale und manuelle Beziehung zum Penis war das Vehikel des Wunsches nach oraler Schwängerung. Die unbewußten Phantasien, die dem Akt zugrundelagen, die Eichel aus der Vorhaut hervortreten und wieder in sie versinken zu lassen, wobei der Knabe zum Zusehen gezwungen wurde, sowie die Eichel in seinen eigenen Mund (die Vagina) eindringen und wieder daraus hervortreten zu lassen, waren samt und sonders Variationen zu dem Thema, das Selbst und den Knaben zu gebären, symbolisiert durch den Penis. Der Vorgang hatte ferner die Funktion einer Rückversicherung gegen das Verschlungenwerden. Ein Element der Kastrationsangst bei diesem Patienten bestand in der Furcht, von der Mutter aufgegessen (überwältigt) zu werden.

Auch dies endete durch die Ejakulation mit einem Fiasko. Die sadistische Freude an ihrer Hilflosigkeit auf dem Höhepunkt des Orgasmus und der folgenden Detumeszenz des Penis stellten hier in seinen unbewußten Phantasien einen Angriff auf die schwangere Mutter und ihren Baby-Phallus dar. Das Schlucken des Samens verlieh ihm dann die magische Kraft des Schwängerns, und die Verwendung der Vorhaut als (Vaginal-Mund-)Behälter für seinen »Geschlechtsverkehr« war der Wunsch, sowohl zu schwängern als auch aus diesem Vorhaut-Uterus geboren zu werden. Auch dies endete mit dem Gefühl der Leere nach der Abfuhr, und es folgten die psychologische Fürsorge um die fetischistischen Objekte sowie das Bedürfnis, sie zu ermutigen, wie auch der Wunsch, den psychisch-geistigen Abstand zwischen dem Selbst und dem Objekt wiederherzustellen. Das dritte Element, der masochistische passive Wunsch nach völliger Unterwerfung und die Furcht vor ihr, sehen wir in seinem Zwang, die Knaben bis zu einem unerträglichen Höhepunkt der sexuellen Erregung zu treiben. Ihr Ich – nicht seines – erlebte die Preisgabe an die Erregung. Diese Art des Abspaltens des masochistischen passiven Wunsches, indem er ihn zunächst auf die Knaben projiziert und ihn dann durch seine hilfreichen sexuellen Dienste von ihnen *erleben* läßt, war eine der Selbstschutzfunktionen der fetischistischen Praktiken (vgl. Khan, 1962, 1964 c).

Melanie Klein (1932) hat die Komplexität der Phantasien von Knaben, die sich in der »weiblichen Phase« der Entwicklung befinden, genau geschildert. Sie hat diese Phase als »die Periode des maximalen Sadismus« bezeichnet und behauptet: »In dieser Phase hat der Knabe ebenso wie das Mädchen eine orale Saug-Fixierung an den Penis des Vaters. Diese Fixierung ist, wie ich glaube, die Basis der wahren Homosexualität in ihm.« Die Regression von der phallischen Phase in diese weibliche Phase zeigt sich ganz deutlich in den fetischistischen Phantasien und Praktiken meines Patienten, mit all seinen sadistischen Allmachtswünschen, in den Penis des Vaters einzudringen und ihn zu besitzen, wie auch darin, den Körperinhalt im Leibe der Mutter anzugreifen. Eine Konsequenz dieser regressiven Steigerung der Phantasien der »weiblichen Phase« sowie seiner Beziehungen zum Partialobjekt war die Auflösung seiner entstehenden phallischen Identität. Wie Sylvia Payne (1939) in ihrer Abhandlung über den Fetischismus feststellt, ist »die Schwäche der Ich-Entwicklung ein Aspekt der Schwäche der Genitalität und weist auf eine Störung bei der Erotisierung, Bildung und Integration des Körper-Ich, besonders der *Penis-Imago* hin. Das bringt eine Überbetonung der primären Mechanismen und eine übertriebene Abhängigkeit von den introjizierten Objekten mit sich, jedoch keine dauerhafte Identifikation mit irgendeinem von ihnen.«

Die Regression der phallischen Bestrebungen führte bei meinem Patienten zu einer grundlegenden Diffusion der *Penis-Imago* in ihrer Funktion als narzißtisches Modell des Selbst. Seine selbstbetrügerische sexuelle Beziehung zu Knaben war daher ein Versuch, Rückversicherung gegen die Auflösung der *Penis-Imago* zu finden. In dieser Hinsicht war die Beziehung zum fetischistischen Gesamt-Objekt ein Schutz vor dem Verfolgungswahn, der sich hinter den Phantasien, die den Vorhaut-Fetisch betrafen, verbarg. Das Betrachten des Gesamt-Objekts als sexualisiertes phallisches Objekt rückversicherte ihn auch gegen die Ängste vor den Empfindungen, die bei der Größenveränderung des Phallus während des Sexualverhaltens entstanden.

Die analytische Arbeit der ersten sechzehn Monate befähigte den Patienten allmählich, seine inneren panikartigen Angstzustände zu ertragen, ohne unmittelbar in die idealisierte erotische Rückversicherung der Sexualpraktiken mit dem Vorhaut-Fetisch zu flüchten. Gleichzeitig kam Enttäuschung über seine Beziehungen zu den fetischistischen Objekten in ihm auf: alles in allem waren sie gar keine so idealen und liebenswerten Menschen. Jetzt konnte er erkennen, daß sein Programm, die »Ausgestoßenen, für die das Leben keine Vorkehrungen getroffen hatte«, mit Liebe zu versorgen, nicht geglückt war, und zwar aus drei Gründen: 1. wegen seiner Unfähigkeit zu lieben, 2. wegen ihrer Unfähigkeit, Liebe zu empfangen, und 3. wegen seiner Wahl von Knaben, die eine psychopathische, delinquente, ans Kriminelle grenzende Persönlichkeit aufwiesen. Es war sehr demütigend für ihn, zugeben zu müssen, daß er ihnen gleichgültig war, daß sie ihm sein Geld und Gut gestohlen und ihn mit höhnischer Verachtung behandelt hatten.

Er konnte nun sagen, daß er es nicht mehr wünschte, daß irgend jemand von ihm abhängig sei. Er wollte selbst abhängig sein, geliebt und umsorgt werden. In dieser Verfassung begann er nach einer humaneren und, wie er sagte, »persönlicheren« Verbindung zu suchen. Er traf einen Knaben und knüpfte eine Beziehung zu ihm an, die weder fetischistisch noch zwanghaft sexuell war (Khan, 1965). Der Knabe war beschnitten und eine recht ordentliche Person. Gerade diese Beziehung enthüllte die wahre Natur seiner Ich-Pathologie und den Grad seiner Identifikationen mit der Mutter. Bald nach der Aufnahme dieser Beziehung entdeckte er, daß er wahnhaft eifersüchtig war und hysterisch emotional die Aktivitäten des Knaben überwachte. Er lebte in einen alptraumartigen Zustand der Qual, wenn der Junge nicht da war, und hatte die zwanghafte Vorstellung, daß letzterer von jemandem verführt würde. Sein Zustand der Unerschütterbarkeit wandelte sich; er bekam Anfälle rasender Eifersucht und wollte auf absurdeste Weise Besitz ergreifen. Er machte es sich zur Gewohnheit, den Jungen auszufragen, sich endlos mit ihm herumzustreiten, seine Wäsche nach sexuellen Tatspuren zu inspizieren usw. Unterdessen betrog er insgeheim selbst den Jungen mit anderen – wie das seine Mutter auch getan hatte.

Jetzt begann er zu erkennen, daß dies genau dem Verhalten glich, das er an der Mutter gegenüber ihrem zweiten Mann beobachtet hatte. Sie fühlte sich ungerecht behandelt, betrogen, war eifersüchtig und untröstbar. Der Patient war ihr engster Vertrauter gewesen und hatte alle ihre Stimmungen geteilt, ihren ganzen Gram mitempfunden. Sein Stiefvater hatte ihm häufig gesagt, er solle nicht jede Erklärung der Mutter als Gottes Wort ansehen.

Die Beziehung zu diesem Knaben ließ zwei seiner alten Symptome wiederkehren: anales Jucken und Alpträume. Er kratzte sich in der Nacht wie besessen und konnte nicht schlafen, da er Alpträume hatte, die ihn so erschreckten, daß er sich nie an sie erinnern konnte. Meistens handelte es sich bei ihnen um körperliche Gefühle der Verstümmelung und/oder phantastische Vergrößerung bestimmter Gliedmaßen. Letztere Empfindungen konnte er auch im wachen Zustand flüchtig wahrnehmen. (Greenacre, 1953)

Hier konnten wir ein weiteres Motiv in den fetischistischen Praktiken mit der Vorhaut nachweisen: den sadistischen Wunsch, in einen anderen Körper einzudringen und darin die Wahrheit zu entdecken – ihm seinen kostbaren Inhalt zu entreißen, der eigentlich ihm zustand, den man ihm aber vorenthielt. Sein anales Jucken führte auch zu einem allgemeinen Zustand der Hypochondrie. Gillespie (1940) und Greenacre (1953) haben die Bedeutung der hypochondrischen Zustände bei der fetischistischen Perversion nachdrücklich betont. Bei diesem Patienten konnten die hypochondrischen Zustände in zwei deutlich unterscheidbare Stimmungen eingeteilt werden: a) jene, die sich auf das akute Gefühl der eigenen Wertlosigkeit und des Verlusts der Selbstachtung bezogen, und b) jene, die sich auf ein Gefühl des Ekels vor dem eigenen Körper und dessen Sekrete bezogen. Sie standen in innerer Verbindung zu seinen eifersüchtigen Wutanfällen und seiner Angst, von seinem neuen Freund verlassen zu werden. Diese Furcht vor dem Verlassenwerden war auch ein immer wiederkehrendes Thema im Gefühlsleben der Mutter. Zwei Schreckensbilder hatten ihr Leben beherrscht: a) von ihrem Gatten verlassen zu werden und b) arm zu sein und mittellos zurückzubleiben.

Die Geschichte seiner Beziehung zur Mutter, wie wir sie aus seinen Erinnerungen rekonstruieren konnten, sein Ausagieren und seine Übertragungsbeziehung lassen sich schematisch wie folgt darstellen:

Seine Mutter, eine schöne junge Frau, hatte ihr Leben als Erwachsene ziemlich traumatisch begonnen. Ihr Vater hatte Selbstmord begangen, und das ehrgeizige Mädchen war entschlossen, eine reiche und gesicherte Ehe einzugehen. Sie hatte einen vermögenden Landwirt geheiratet, dem sie (wie sie selbst bekannte) die ganze Zeit hindurch untreu gewesen war. Als der Patient zweieinhalb Jahre alt war, empfing sie außerehelich ein Kind, was zu offenen Mißstimmigkeiten zwischen ihr und dem Gatten führte. Auf ihre Schwangerschaft reagierte sie mit Schuld- und Angstgefühlen und wandte sich nun voller Leidenschaft ihrem jüngsten Kind (meinem Patienten) zu, den sie aus der Obhut des Kindermädchens, das sich bislang um ihn gekümmert hatte, übernahm. Das Kindermädchen blieb jedoch weitere vier Jahre (bis zur Scheidung) im Dienst; dann entließ man sie, weil sie den Kindern erzählt hatte, daß nicht der Vater das Ekel sei, sondern vielmehr die Mutter, die sich als treulose Frau mit loser Moral erwiesen habe.

Erst in diesem Zusammenhang fügten sich allmählich die drei Erinnerungen – der Wunsch, am Penis des Vaters zu saugen, der Wunsch nach Vereinigung mit der Urethra von Wallachen und das Sitzen auf den Eiern mit der Vorstellung, er habe sie gelegt – zu einem sinnvolleren Bild zusammen. Wir konnten erkennen, auf welche Weise das kleine Kind die Anfänge der phallischen Phase erreicht hatte. Die elterliche Zwietracht und die Schwangerschaft der Mutter wirkten sich traumatisch auf ihn aus. Er reagierte darauf a) mit dem Wunsch, wie seine

Mutter zu sein und ein Kind vom Vater zu bekommen, b) mit der Furcht vor des Vaters Penis und der Wut auf diesen (und auf das Baby als Penis des Vaters), die sich im Anbeißen der Rhabarberstauden ausdrückten, c) mit der Antwort auf den plötzlichen Einbruch von Unsicherheit bei der Mutter und darauf, daß sie ihn hierein verwickelte, indem er sich in die magische Phantasie flüchtete, mit der Urethra von Wallachen verbunden zu sein. Die Urethra bedeutete hier des Vaters Penis als hohler, schoßähnlicher, sicherer Ort wie auch das sichere Leibesinnere der Mutter.

Als Kind hatte der Patient wiederholt den Körper der Mutter und das Genitale der jüngeren Schwester beobachten können. Seine Mutter hatte sich einen merkwürdigen Mythos von der Unschuld der Kinder bewahrt und sich bis zu seinem elften Lebensjahr häufig, wenn auch versehentlich, nackt vor ihm gezeigt. Sie unterließ es, als sie eines Tages argwöhnte, er habe zu masturbieren begonnen, und erzählte ihm dann aus freien Stükken, daß, wenn Knaben an ihrem Penis rieben, eine weiße Flüssigkeit herauskomme. Die Beziehung all dieser Elemente seiner Kindheitserfahrungen mit der Mutter zu seinen fetischistischen Praktiken wurde in der Analyse deutlich nachgewiesen.

Seine gegenwärtige Beziehung zu dem Knaben wurde ruhiger, und es kam zu einer relativ stabilen und herzlichen Verbindung zwischen ihnen. Er mußte nun auch gelten lassen, daß der Knabe ihm mehr half als er ihm. Hierbei kam alles zum Vorschein: die Aussichtslosigkeit seiner Bemühungen in der Kindheit, der Mutter zu helfen, sie in ihren leidenschaftlichen hysterischen Zuständen zu trösten und sie in ihrer Furcht vor dem Verlassenwerden und der Armut zu beruhigen. Wir konnten nun erkennen, daß das restitutive Element, nämlich dem fetischistischen Objekt sexuelles Vergnügen zu bereiten, von allergrößtem Wert für ihn war. Er war aufgewachsen mit dem Gefühl und der Erfahrung, daß Menschen einander nur traumatisieren und verletzen und darüber untröstlich sind.

Während der Behandlung geriet er nun nach und nach in völlige Apathie, Trägheit und einen hilflosen Zustand freudloser

Zurückgezogenheit. Auch seine Phobien kehrten nun wieder. Er glaubte, den Leuten nicht gegenübertreten zu können, und hatte ein quälendes Gefühl von Daseinsarmut und Unzulänglichkeit. Er konnte nicht arbeiten gehen und bat um einen zweijährigen unbezahlten Urlaub, der ihm gewährt wurde. Anschließend nahm er Kontakt zu seinem Vater auf, den er über dreißig Jahre nicht gesehen hatte und der sich bereit erklärte, seine Lebenskosten zu bestreiten.

Der Zustand des Patienten wandelte sich mehr und mehr zu einer tiefen regressiven Abhängigkeit, in der ihn nur noch seine Behandlung aufrechterhielt. Diese Phase dauerte fast ein Jahr. In allen entscheidenden Elementen wiederholte er die Lebensweise seiner Jugend vor dem Beginn des sexuellen Ausagierens. Als er das Elternhaus verlassen hatte und in eine Internatsschule gekommen war, hatte er sich in einen scheuen, ängstlichen und zurückgezogenen Knaben verwandelt. Er hatte sich mit niemandem angefreundet und ganz seinen fetischistischen Träumereien und der Masturbation gelebt. Trotz guten Leistungen an der Universität und einem guten Abschluß glaubte er den Anforderungen eines wettbewerbsorientierten Berufslebens nicht gewachsen zu sein. Nach der Universitätszeit ängstigte er sich derart vor dem Verrücktwerden, daß er sich entschloß, Arbeiter zu werden, und tatsächlich arbeitete er bis zu Kriegsbeginn in einem Bergwerk. Wenig später bekam er die Einberufung zur Armee; er geriet in Kriegsgefangenschaft. Das äußerst harte und grauenvolle Dasein in einem japanischen Lager überstand er, ohne sich der Gefahr besonders bewußt zu sein, in der er sich befand. Er äußerte einmal, daß er dabei nur das Gefühl gehabt habe, sich in einem Irrenhaus zu befinden, nichts weiter. Die finstere Realität des japanischen Kriegsgefangenenlagers fror seine schlimmsten Ängste ein. Sein apathisches Verhalten und sein mechanischer Gehorsam retteten ihn davor, von den japanischen Soldaten gequält zu werden. Als er nach dem Krieg nach Hause zurückkam, gab man ihm eine gute Stellung und riet ihm, sich einer psychiatrischen Behandlung zu unterziehen. Dies veranlaßte ihn zu seiner ersten Analyse und zum Ausagieren seiner fetischistischen Masturbationsphantasien in tatsächlichen Beziehungen.

In seiner regressiven Krankheit während der Analyse entschloß sich der Patient erneut, ein Fabrikarbeiter zu werden, weil er die Leere seines Lebens nicht ertragen konnte: es war in der Tat sehr schmerzlich, mitansehen zu müssen, wie er lebte. Dies allein jedoch machte es möglich, uns durch die Traumata seiner Beziehung zur Mutter hindurchzuarbeiten.

Wir konnten nun erkennen, wie in seiner Kindheit die Verführung der Mutter, auf die er leidenschaftlich geantwortet hatte, seine emotionellen und seiner Entwicklung entsprechenden Bedürfnisse außer acht gelassen hatte. Er hatte sich ungeliebt, verlassen und schrecklich geängstigt gefühlt. Hinzu kam die Belastung durch die hysterische Erregbarkeit der Mutter. Er hatte versucht, damit fertig zu werden, indem er sich einerseits ihren Launen und ihrer Verführung unterwarf und andrerseits heimlich sein eigenes Selbst mittels fetischistischer masturbatorischer Träumereien völlig abspaltete – die einzige Art Privatleben, zu dem die Mutter keinen Zugang hatte und das sie nicht kontrollieren konnte. Ich kann an dieser Stelle nicht den ganzen Umfang des Materials und der analytischen Arbeit, die mit dieser Phase zusammenhängt, im einzelnen behandeln.

Am Tiefpunkt seiner depressiven Apathie, seines phobischen Rückzugs und seines Gefühls des völligen Zusammenbruchs hatte der Patient folgenden Traum, der die ganze Geschichte sehr lebhaft wiedergibt:

Auf dem Tisch steht ein acht bis zehn Zentimeter hohes rechteckiges Gefäß, wie man es gewöhnlich für Früchte oder Blumen verwendet. Es ist angefüllt mit Kotstücken, die wie Würste und Bananen aussehen. Er verspürt ein lebhaftes Gefühl der Besorgnis, daß sich jeden Augenblick der Schein verflüchtigen könnte und die Kotstücke als das erscheinen würden, was sie wirklich sind. Ein Stück ragt über den Rand des Gefäßes hinaus, und er fürchtet, daß es seiner teigigen Beschaffenheit wegen abreißen und herunterfallen könnte. Mit einem Silberlöffel nimmt er es auf, um es vor dem Herunterfallen auf das Tischtuch zu bewahren. Er tut so, als wäre es eine Wurst, schiebt es in den Mund, entdeckt, daß es Scheiße ist, und spuckt es aus.

In diesem Traum spiegelt sich in aller Knappheit die innere emotionale Wahrnehmung des Patienten von der Beziehung zu seiner Mutter (der Löffel im Traum war derjenige, den ihm seine Mutter einst gegeben hatte) und zum Vorhaut-Fetisch. Hinter den Idealisierungen und der Verleugnung sehen wir hier das wahre Bild der verzweifelten Gefühle des bedrückten und beraubten Kindes (vgl. Spitz und Wolf, 1949).

Dieser Traum, den er in der Mitte des vierten Jahres der Analyse träumte, führte zur Diskussion seiner *Negativitäts*haltung. Er beschrieb sich nun als *Un-Person,* als jemand, der nie existiert, nie irgend etwas wirklich erfahren hatte. Sein ganzes Leben lang hatte er Ereignisse lediglich beschleunigt und war abseits und fern von ihnen geblieben – ein Zuschauer, weder bereichernd noch bereichert. Ein anderes, seiner Negativitätshaltung paralleles Thema war die geheime Vorstellung, etwas Besonderes zu sein, tief in seinem Inneren etwas Kostbares zu tragen, das er niemals teilen und daher auch selbst nicht erfahren konnte. Den lebensrettenden Wert dieser Illusion für unseren Patienten kann man nicht genug hervorheben. Sie befähigte ihn, die Adoleszenz und die regressive und depressive Apathie während der Analyse zu überleben. Häufig hatte er ganz nüchtern empfunden, daß eigentlich kein Grund zum Weiterleben bestand, aber er konnte nicht Hand an sich legen. Er stand außerhalb dieses idealen inneren Selbst und hatte kein Recht, es zu zerstören.

Dies führte uns zu seinen Ängsten:

a) die Überreizung durch Identifikation mit der Mutter, der kastrierten sexuellen Mutter;

b) die Furcht, ausgeleert zu werden, wie eine Hülse zurückzubleiben und verlassen, d. h. des primären Selbst und der nährenden Mutter beraubt zu werden;

c) das Entsetzen vor dem eigenen Wunsch, sich der sadistischen Mutter zu unterwerfen, und eine panische Angst vor passiver Vernichtung;

d) der Abscheu vor Männern und eine archaische Form der Kastrationsangst.

Die fetischistischen Praktiken hatten diese Ängste umgekehrt. Allmählich wurde es dem Patienten ganz klar, daß die leidenschaftliche Liebe zur Mutter in der Kindheit sehr oberflächlich gewesen war. Im Grunde genommen hatte er sich gleichsam selbst abgekapselt und durch Identifikation mit ihren Stimmungen eine Pseudoexistenz gelebt. Dies wiederum hatte eine männlich-phallische Entwicklung unmöglich gemacht. Er hatte nie wirklich an etwas Anteil genommen. Schon sehr früh hatte er sich in zwei Personen gespalten: einmal war er das sich anklammernde, phobisch ängstliche Kind, das eng mit der Mutter verbunden war, zum anderen der negativistische, zurückgezogene Knabe, der auf seine inneren fetischistischen Objekte fixiert war. Allen Menschen begegnete er mit phobisch paranoidem Argwohn. Später war noch die raffinierte Verwendung der Sprache hinzugekommen, die jede Beziehung durch scherzhaftes Geplänkel auflöste.

Als Kind hatte der Patient auf die häßliche Zwietracht der Eltern mit einer Regression in einen ganz privaten und abgekapselten Zustand der Phantasie reagiert. Seine schematischen Erinnerungen bezeugten dies, und seine fetischistischen Praktiken spielten es durch. Charakteristisch für diese Phantasiezustände war eine nicht integrierte Mischung aus überaus archaischen Gefühlen, Partialobjektbeziehungen und exzessiver Erotisierung. Payne (1939) und Gillespie (1940) haben auf die Bedeutung des Sadismus und der Introjektions-Projektions-Mechanismen hingewiesen. Gillespie (1940) hat ferner die Beimengung von Einverleibungstendenzen in den phallischen Bestrebungen hervorgehoben. In den Inhalten der fetischistischen Phantasien meines Patienten waren all diese Elemente in aller Deutlichkeit vorhanden. Ich glaube in der Tat, daß eine der wichtigsten Funktionen beim Hervorbringen seiner fetischistischen Phantasien hinsichtlich des Vorhaut-Fetischs darin bestand, diese sehr primitiven und sadistischen Impulse abzukapseln und zu kontrollieren. Das, was die spezifische Drohung für das Ich des Fetischisten ausmacht, ist die regressive Verschmelzung von Bestrebungen der phallischen Phase mit oralen und analen Impulsen und Partialobjektbeziehungen. In der Kindheit meines Patienten hatte die offene Feindseligkeit der Mutter gegen den Vater, ihre Herabsetzung des Vaters und die plötzliche und stürmische Auflösung des Heims bei dem Kind zu Folgendem geführt:

a) zur Identifikation mit der Mutter, einmal als Quelle der Sicherheit, zum anderen als Verleugnung der Kastrationsdrohung von seiten des Vaters;

b) zur weiblichen Identifikation mit der Mutter, um auf diese Weise den inneren Besitz des Vaters (Penis) aufrechtzuerhalten;

c) zur Regression auf Partialobjektaspekte der Eltern (Vater als Penis, Mutter als Vagina-Vorhaut) und zum Versuch, durch die Amalgamierung dieser beiden Partialobjekte zu einem einzigen Vorhaut-Penis ein elterliches Paar zu schaffen;

d) zum heimlichen Einverständnis mit der leidenschaftlichen Emotionalität der Mutter, wobei die daraus erwachsende Überreizung eine exzessive Sexualisierung jener Zustände fetischistischer Träumerei nach sich zog.

Die Angstzustände, die dieser Patient in seiner Kindheit erlebt hatte, waren heftig und zugleich diffus und grenzten ständig an Panik, ohne jedoch viel psychischen Inhalt zu haben. Nur allzu leicht fühlte er sich entpersonalisiert und von Schrecken befallen, worauf er entweder mit apathischer Depression, mit Ausagieren oder mit Hypochondrie reagierte. Er hatte das Gefühl, daß ihn für alle Zeiten innerlich Zerfall und Vernichtung bedrohten. Eben dieser Angstzustand hatte die Kastrationsangst überhöht. Wie Greenacre (1953), Payne (1939) und Gillespie (1952) betont haben, sind es gerade die archaischsten Angstzustände, die beim Fetischisten die Kastrationsangst in der phallischen Phase überfrachten. Das Ich des Patienten hatte darauf mit Dissoziation reagiert. Diese Dissoziationen des Ich wurden durch die Verleugnung, die omnipotente Idealisierung der Mutter, den regressiven Gebrauch der Einverleibungsmechanismen und deren Sexualisierung sowie schließlich durch die völlige Unterdrückung des sadistisch-aggressiven Verhaltens aufrechterhalten.

Sylvia Payne (1939) hat darauf hingewiesen, welche besondere Bedeutung beim Fetischisten dem Sadismus zukommt sowie dem Unvermögen, ihn in die Sexualität und die Ich-Prozesse zu integrieren. Sie hat festgestellt, daß das angestrebte sexuelle Ziel des Fetischisten die Tötung des Liebesobjekts ist. Oben habe ich gezeigt, wie in der fetischistischen Praxis die Ejakulation des Partners und die darauf folgende Detumeszenz von dem Patienten unbewußt als »sexueller Mord« am Penis empfunden wurden. Das Bewußtwerden dieses Tötungswunsches führte dann zu den Versuchen, durch Fürsorge und zärtliche Pflege alles rückgängig zu machen. Darin ist das Ich des Fetischisten dem des Zwangscharakters sehr ähnlich: es schwankt beständig zwischen dem archaischen Wunsch nach sexueller Verschmelzung und dem mörderischen Angriff auf das Objekt hin und her. Beide Prozesse intensivieren das Bedürfnis des Ich nach Selbstschutz. Dies wiederum führt beim Fetischisten zur Mobilisierung phobischer Verhaltensweisen und zum Abstumpfen der Affektivität. Die Beziehung des Fetischisten zu seinem Objekt ist eher ein sexualisiertes Ich-Interesse als triebhafte Besetzung und Liebe. Gillespie (1939) hat treffend bemerkt, daß beim Fetischisten »das Motiv der Befriedigung von der Frustation oder besser von einer Art partieller Frustration abhängt« und daß eine der Schutzvorkehrungen, die der Fetischist braucht, gerade darin besteht, daß er frustriert sein muß. Mein Patient erlebte auch nicht ein einziges Mal volle sexuelle Befriedigung. Befriedigung bedeutete Auslöschung und Vernichtung. Sie zog entweder die Auslieferung des Ich an den masochistisch archaischen Wunsch nach völliger Verschmelzung oder eine sadistische Vernichtung des Objekts im Erregungszustand nach sich. Die Sexualität wurde lediglich dazu genutzt, die Abwehrmechanismen und die archaischen furchterregenden Partialobjektbeziehungen zu erotisieren. Was Anna Freud (1952) als Negativismus und Furcht vor emotionaler Hingabe beim Perversen beschrieben hat, ist ein weiterer Aspekt dieser Vernichtungsdrohung.

Bei diesem Patienten hat die Trennung vom Vater und die

Verwicklung in die Emotionalität der Mutter die phallischen Bestrebungen sowie die phallische Entwicklung sabotiert und im Laufe der Kindheit und Adoleszenz zu Fixierungen an fetischistische Träumereien und zur Diffusion seiner Identität sowohl als Mann wie als Person geführt.

Ich habe hier Material aus der Behandlung und Lebensgeschichte eines homosexuellen Patienten erörtert, der an akuter Ich-Verzerrung litt, infolge einer pathogenen Verwicklung in die mütterliche Gefühlswelt und Persönlichkeit. Die Fragen, die ich nun stellen will, sind folgende:

a) Warum hat der Patient als Kind keine ernsthafte Psychose entwickelt?

b) Was befähigte ihn dazu, in einem so frühen Zeitpunkt einen Zustand fetischistischer Träumerei zu schaffen, der ihn vor völliger Auslieferung an die pathologische Intrusion der Mutter in seine Persönlichkeit schützte?

Ich denke, man kann dic erste Frage dahingehend beantworten, daß die Fähigkeit des Ich, sich zu dissoziieren und einen fetischistischen Traumzustand zu schaffen, es davor bewahrte, völlig in der Pathologie der Mutter zu versinken. Die von der Mutter ausgehende Erotisierung ermöglichte aber auch die Stabilisierung des Fetischs. Die fetischistischen Träumereien schützten das Ich vor einem psychotischen Zusammenbruch. Was den Patienten zu einer analytischen Behandlung nötigte, war die Tatsache, daß er unbewußt erkannte, welche Bedrohung für sein Ich das Ausagieren der fetischistischen Phantasien darstellte. Die Frage, was ein Kind dazu befähigt, einen Fetisch zu schaffen, ist nicht so leicht zu beantworten. Bei meinem Patienten bestand zu Anfang mit Sicherheit eine gute Beziehung zur nährenden Mutter (Brust) und einem stabilen und gesunden Kindermädchen. Die Traumata tauchten etwa zu Beginn der phallischen Phase auf; sie unterbrachen die entstehenden (negativen und positiven) ödipalen Beziehungen, und an ihrer Stelle bildete sich eine präödipale, regressive Beziehung des heimlichen Einverständnisses zur Mutter heraus. Der Reife- und Wachstumsprozeß befähigte jedoch das Ich, mittels Dissoziation und Regression einen selbstschützenden Abwehrkampf zu führen. Ich habe zu zeigen versucht, wie das fetischistische Objekt und der Vorhaut-Fetisch das frühe infantile Selbst und das Primärobjekt (die Mutter) einschlossen. Der Fetisch ist wie eine *Collage* konstruiert: er enthält komplexe und archaische Affekte, psychische Prozesse und Beziehungen zu inneren Partialobjekten und bringt es zustande, sie in einem nicht-integrierten Zustand aufrechtzuerhalten.[2] Ich neige zu der Annahme, daß wir in der Fähigkeit, einen Fetisch zu schaffen, eine dem Ich des Säuglings innewohnende Kraft zu sehen haben, sich selbst vor dem völligen Zusammenbruch und der totalen Auflösung zu retten. Die Fähigkeit, einen Fetisch zu schaffen, setzt voraus, daß das Ich sich so weit entwickelt hat, daß es Zugang zu seinen synthetischen Funktionen hat. Folgende grundlegenden Mechanismen sind hier im Spiel: Spaltung, Verleugnung, Isolierung, Idealisierung, Somatisierung, Objektivierung und Sexualisierung. Die primären Angstaffekte beziehen sich auf die Furcht, sich der Erregung und dem erregenden Objekt zu unterwerfen, auf den Sadismus und die Angst vor körperlicher Auflösung, Vernichtung und Verlassenwerden. Der Fetisch ist sowohl ein phobisches wie ein der Phobie entgegenwirkendes Phänomen. Diese Dualität der fetischistischen Phänomene bringt sie in enge Verbindung mit den Zwangszuständen. Mit Hilfe des Fetischs versucht das Ich, einen Ausweg aus seiner Negativität und seinem paranoiden Rückzug zu finden, und durch den Prozeß der Sexualisierung versucht es, die aggressiven, sadistischen und unkontrollierbaren Wutimpulse zu bändigen. Der Fetisch ermöglicht das Funktionieren des Ich und Objektbeziehungen, deren extremes Gegenstück der autistische Rückzug ist.

2 Hanna Segal hat in ihrer Untersuchung mit Recht gesagt, daß es exakter wäre, den Fetisch als *portemanteau* (Kleiderständer) zu definieren. Bei diesem Patienten war der Fetisch (als ein Traumzustand und -objekt) ein Behälter für äußerst archaische und primitive psychische und sexuelle Prozesse.

Das Ineinanderspielen zweier verschiedener Arten von psychischen Prozessen ist bei diesem Patienten auffallend: der eine bezieht sich auf die Ich-Funktion, der andere auf die sexuelle Erregung. Das Funktionieren des Ich war während der ganzen Kindheit, Adoleszenz und frühen Jugend des Patienten durch eine zutiefst apathische und phobische Haltung gelähmt worden. Während dieser Periode hatte er eine im hohen Grade organisierte Erregung und Emotionalität aufrecht erhalten, wobei die Masturbationsphantasien bezüglich des Vorhaut-Penis den beherrschenden integrierenden Faktor darstellten. Die Fallgeschichte zeigt, daß der Patient als Kind in seiner psychosexuellen Entwicklung eine rudimentäre phallische Phase erreicht hatte. Durch die Umwelt der guten Obhut und durch seine Objektbeziehungen in dieser Zeit waren jene starken phallisch-genitalen Erregungsmomente nicht nur ermöglicht, sondern auch gefördert worden. Der Zusammenbruch des elterlichen Umfelds hatte dann zu einer chaotischen Regression in prägenitale Formen oral-analer Einverleibungsphantasien geführt, in denen aber die Penis-Imago – wenn auch in einem prekären Zustand pathologischer Dissoziation – durch alle diese Wechselfälle hindurch beibehalten wurde. Fortan war der auffallendste Zug der inneren Realität dieses Patienten die starke und amorphe Erregung, die diese Vorhaut-Imago in ihm mobilisieren konnte. Ich habe auch darauf hingewiesen, daß diese Zustände der phallischen sexuellen Erregung als manische Abwehr fungierten (Winnicott, 1935) und als Abwehr gegen das Wissen um die traumatischen Umwälzungen seiner Kindheit und die daraus resultierende Drohung der Ich-Auflösung, der Verzweiflung und des Zerfalls der Persönlichkeit. Später hatte er einen Ausweg in die Realität und die Objektbeziehungen gefunden, indem er dieses eingekapselte phallisch-prägenitale Amalgam innerer Erregung und sexueller Raserei ausagierte. Das hatte ihn dazu befähigt, eine pathologische Ich-Herrschaft über seine Impulse und das Objekt zu erzielen und zugleich das Ich aus seiner phobisch-paranoiden Haltung apathischen Mißtrauens herauszutreiben. Aber dieses Ausagieren hatte nicht nur die Funktion eines Rettungsaktes erfüllt, es hatte ihn auch mit dem völligen Verlust des Selbst durch Hingabe an sexuelle Impulse und an das Objekt bedroht. Wegen dieses amorphen Zustands fehlender Identität und Lebensinhalte hatte er behandelt werden wollen. Ich möchte an dieser Stelle die Behauptung wagen, daß gerade dieser Typus von innerer Angst die grundlegende Schwierigkeit des Fetischisten bildet. Fetischismus ist ein Zustand umfassender, aber auch prekär kontrollierter Manie. Daher ist er zugleich höchst angenehm und erschreckend verwundbar. Von der Analyse hatte der Patient erwartet, daß sie diese manisch sexuelle fetischistische Erregung und Affektivität in eine Ich-Stärke umwandeln würde, die sich dann mit dem Selbst, dem Objekt und der Umwelt in Bezug bringen ließe. Dies wurde durch die Analyse gewiß erreicht. In den zehn Jahren nach der Analyse hat der Patient ein aktives, beruflich, sozial und intellektuell erfolgreiches Leben geführt.

Schon sehr früh hat Freud die bestimmende Rolle der Kastrationsangst bei der Genesis des Fetischismus betont. Die seitherigen Forschungen, besonders die von Glover, Payne, Gillespie und Greenacre, haben den Akzent auf die Rolle der frühen internalisierten Angstsituationen, Objektbeziehungen und Veränderungen in der Körper-Ich-Entwicklung gelegt, die die besondere Intensität der Kastrationsangst beim Fetischisten charakterisieren. In dem Material meines Falles treten alle diese Faktoren in aller Deutlichkeit in Erscheinung. Unsere Fallgeschichte zeigt, wie diese frühen Angst- und Erregungszustände die Kastrationsdrohung beim Fetischisten verstärken. Darüber hinaus läßt sich nachweisen, woher diese gleichsam »erwachsene« Qualität der sexuellen Großtaten und Verhaltensweisen des Fetischisten ihre Ich-Syntonik herleitet. Den dynamischen Schlüssel zu allem trägt die phallisch-genitale Erregung (vgl. Katan, 1964). Zum Zeitpunkt der Kindheitstraumata haben sowohl das Ich als auch die psychisch-sexuelle Entwicklung, obgleich noch nicht stabilisiert, den phallischen Status erreicht. Der Regressionsprozeß bringt ein Einströmen von prägenitalen Impulsen und archaischen psychischen Mechanismen mit sich. Dieser regressive Prozeß wird insgeheim durch das Verhalten der Mutter in vielfältiger Weise verstärkt (vgl. Greenacre, 1960). Daher rührt auch die bizarre, vielversprechende und absurde Natur aller fetischistischen Phänomene. Der mutative Faktor bleibt jedoch beim Fetischisten die Intensität der phallischen affektiven Erregung und die regressive Intrusion der prägenitalen Partialobjektbeziehungen. Zu dem Hauptcharakteristikum der fetischistischen Persönlichkeit zählt die allumfassende Kontrolle des Objekts, die dazu dient, diese manische phallische Erregung abzuführen. Damit werden die archaischen Partialobjektbeziehungen unter Kontrolle gehalten, was aber in keiner Weise die auf der Stabilität des Ich lastende Drohung mildert. Diese wird im Gegenteil sogar gesteigert. Gerade die Mittel, durch die der Fetischist aufgrund seiner inneren Ängste und Impulse gezwungen ist, sich mittels des heimlichen Einvernehmens mit den äußeren Objekten und der Realität rückzuversichern, setzen das Ich ernsthaften und dauerhaften Gefahren aus. Daher ist die Drohung der Kastration (der Vernichtung) und des Zusammenbruchs des Ich beim Fetischisten so heftig. Niemals besitzt das Ich die völlige Herrschaft über die inneren Krisen oder die äußeren Objekte. Die Verwendung primitiver Mechanismen wie Spaltung, Projektion, Einverleibung und Idealisierung durch das Ich, die dazu dient, die Illusion omnipotenter Kontrolle zu erzeugen, hindert das Ich daran, normal zu funktionieren. Der Fetischist gewinnt sein Gefühl der Sicherheit, der Selbstachtung und des Wohlbefindens ausschließlich durch die Manipulation der agitierten Erregbarkeit der Penis-Imago und der damit verbundenen komplexen archaischen und prägenitalen Impulse und Objektbeziehungen. Diese Verwendung primitiver Mechanismen verstärkt die Drohung einer Überreizung des Ich und konfrontiert dieses mit der Schwierigkeit, sich entweder völlig zu erschöpfen und zu vernichten oder sich masochistisch dem Objekt auszuliefern. Die Unfähigkeit, sadistische Impulse und ihre Verschmelzung mit libidinösen Bestrebungen zu neutralisieren und die mörderische Intention zu modifizieren, vergrößert noch die gegen das Objekt gerichtete Drohung sowie auch die Vergeltungsdrohung für das Selbst (Payne, 1939).

Nur unter Berücksichtigung dieser innerpsychischen Konstellation prägenitaler Sexualimpulse primitiver Objektbeziehungen und primitiver Affektivität gelingt es uns, die Bedeutung und Notwendigkeit der mütterlichen Imago als eines phallischen Objekts für den Fetischisten voll und ganz zu entschlüsseln. Freud (1927) hat ausdrücklich erklärt, daß der psychische Inhalt der fetischistischen Praktiken in der Fixierung an die phallische Mutter-Imago besteht: »Der Fetisch ist der Ersatz für den Phallus des Weibes (der Mutter), an den das Knäblein geglaubt hat und auf den es, wir wissen warum, nicht verzichten will.« Das Material meines Falles deutet darauf hin, daß die phallische Mutter-Imago, auf die der Fetischist fixiert ist, aus Gefühlen, die sich in seinen Erregungszuständen vom eigenen Phallus herleiten, und dem mütterlichen Objekt besteht, auf das sich diese Zustände richten. Ebenfalls mit einbezogen sind die passiven Wünsche nach dem Penis des Vaters. Durch einen *tour de force* des psychischen Prozesses erzeugt der Fetischist in seiner Kindheit eine einheitliche Imago anhand von Erfahrungen und Merkmalen, die zwei verschiedenen Personen zugehören: dem Selbst und dem Objekt. Ich habe nachgewiesen, daß der Vorhaut-Fetisch meines Patienten Attribute des Selbst wie der Mutter und des Vaters aufwies. Sobald diese Züge miteinander verschmolzen waren, wurden sie von der Realitätserprüfung gegenüber dem äußeren Objekt dissoziiert. Gerade in dieser Phase spielt die Verleugnung eine solch bedeutende Rolle in der Psychodynamik des Fetischismus. Und dies ist es, was die fetischistischen Phänomene auf besondere Weise mit dem psychischen Prozeß vom Typ des transitionellen Objekts verbindet (vgl. Winnicott, 1953). Die Triebregression wird verstärkt durch die Regression des Ich in archaischere und magischere Formen des psychischen Geschehens. Der Fetisch wird ausgehend von den Gefühlen des Körper-Selbst und der Objektwahrnehmungen geschaffen. Die Drohung für das

Körper-Ich, die aus der Vernichtungs(Kastrations)angst erwächst, wird dadurch abgewendet, daß die Penis-Imago auf die Mutter projiziert wird, die dann als ein allmächtiges phallisches Objekt inkorporiert wird. Dies hat den zusätzlichen Vorteil, daß hierdurch nicht nur die bedrohte Penis-Imago gerettet, sondern auch die archaische, Sicherheit bietende Bindung zur Mutter wiederhergestellt wird. Ähnlich wird der Penis des Vaters als magisches »Nahrungs-Objekt« verinnerlicht. Die Aufrechterhaltung dieser komplexen Affektivität und dieses komplexen psychischen Prozesses bringt eine schwerwiegende, die Entwicklung und das Wachstum des Ich störende Behinderung mit sich. Der Fetischist ist deshalb ein Mensch, der sich in der trügerischen Sicherheit wiegt, zu einem magischen Objekt Zugang zu haben, das er omnipotent zu besitzen und zu kontrollieren glaubt.

Die Fixierung auf das innere magische Objekt gerät beim Fetischisten in Konflikt mit der Neutralisierung aggressiver und sexueller Impulse. Die spezifische Ich-Pathologie des Fetischisten steht daher mit dem Scheitern bei der Erlangung einer »sekundären Autonomie« in Verbindung. Hartmann (1964) hat den Begriff der »sekundären Autonomie« wie folgt definiert:

»... viele, wenn auch nicht alle Ich-Aktivitäten lassen sich genetisch auf Determinanten im Es oder auf Konflikte zwischen Ich und Es zurückführen. Im Laufe der Entwicklung gewinnen sie jedoch normalerweise ein gewisses Maß an Autonomie gegenüber diesen genetischen Faktoren. Die Errungenschaften des Ich können unter gewissen Umständen reversibel sein; aber es ist wichtig, zu wissen, daß dies für viele von ihnen unter normalen Bedingungen nicht zutrifft. Für das Funktionieren des Ich ist entscheidend, bis zu welchem Grad seine Aktivitäten von ihren Ursprüngen unabhängig geworden sind, ebenso, bis zu welchem Grad sie gegen Regression und Triebüberschwemmung geschützt sind. Die Grade dieser Unabhängigkeit des Ich nennen wir Grade der sekundären Autonomie.« (Hartmann, 1964, S. XI)

Hartmann zufolge können wir daher behaupten, daß der Fetischismus ein pathologischer Ersatz für die »sekundäre Autonomie« ist. Gerade dieser besondere Typus von Ich-Pathologie erklärt die Komplexität und die seltsamen Merkmale der fetischistischen Phänomene.

II

Nach mehrjähriger Abwesenheit kam der Patient zurück und wünschte eine Fortsetzung der Analyse. Ich werde hier den klinischen Verlauf der Behandlung schildern. Während der ersten vier Jahre war der Patient durch gelegentliche Korrespondenz in Kontakt mit mir geblieben und hatte über sein Befinden Auskunft gegeben. Die fetischistischen Sexualpraktiken hatte er völlig aufgegeben, und auch die fetischistischen Träumereien hatten beträchtlich nachgelassen. Es war ihm möglich gewesen, in einem neuen Forschungsgebiet zu arbeiten, und er war zu einem Punkte vorgedrungen, wo er seine Arbeit publizieren konnte. Dann hörte ich zwei Jahre lang nichts mehr von ihm. Eines Tages rief er mich an und sagte, er sei in der Stadt und wolle mich aufsuchen. Der Mann, den ich nun zu Gesicht bekam, beeindruckte mich durch eine völlig andere äußere Erscheinung. Natürlich war er zehn Jahre älter als die Person, die ich damals gekannt hatte, aber es war nicht sein Alter, was mich aufmerken ließ, vielmehr eine gewisse Ruhe, eine Art des Erloschenseins und des Ausgebranntseins. Er nahm Platz und erzählte mir, was ihm in den letzten beiden Jahren widerfahren war.

Eines Abends vor zwei Jahren war er ausgegangen; es war eine schwüle Nacht. Er sah einen Knaben herumlungern, der offensichtlich aufgelesen werden wollte. Der Patient sprach ihn an, nahm ihn mit in seine Wohnung und praktizierte Fellatio an ihm. Das Erlebnis hatte ihn nicht wirklich erregt. Er zahlte dem Knaben einen kleinen Betrag und schickte ihn fort. Etwa zwei Stunden später klopfte es an seine Tür: es war die Polizei. Der Patient geriet in äußerste Panik und machte sofort den ersten entscheidenden Fehler. Noch bevor er irgendeine

Auskunft gab, bat er um einen Rechtsanwalt. Im gleichen Augenblick wurde ihm klar, daß er damit seine Schuld zugegeben hatte. Ich darf hier erwähnen, was ich im ersten Teil dieses Aufsatzes versäumt habe: seiner Ausbildung nach war der Patient Jurist, wenngleich er diesen Beruf nie ausgeübt hatte. Die Polizei war einverstanden, und der Fall begann zu rollen. Der Knabe hatte bei der Polizei Anklage wegen Verführung und Durchführung obszöner Akte an ihm erhoben. Die Polizei war gekommen, um von ihm zu hören, ob der Knabe gelogen hatte. Zunächst hatten sie nicht beabsichtigt, ihn anzuklagen. Der Patient nahm sich also einen Verteidiger und beging dann den zweiten Fehler.

Der Verteidiger gab ihm den Rat, den Prozeß auf juristischer Basis anzufechten, doch im Prozeßverlauf wurde es dem Patienten immer klarer, daß er keine Chance hatte, freigesprochen zu werden, da seine Verteidigung auf einem falschen Klagepunkt aufgebaut war. Aber er unternahm nichts. Er wurde zu zwei Jahren Gefängnis in seinem Heimatland (das nicht England war) verurteilt und nahm dieses Urteil mit ungewöhnlicher Gelassenheit und Resignation an. Wie er so dasaß und mir alles erzählte, war ich wirklich davon überzeugt, daß er sich zutiefst danach gesehnt hatte. An dieser Stelle hielt er in seiner Erzählung inne und erinnerte mich daran, daß ich am Anfang der Behandlung, vor zehn Jahren, ihm einmal gesagt hatte, er sehne sich nach einer Zufluchtsstätte, in der er völlig sicher und geschützt sei, einmal vor dem Zwang, seine fetischistischen Träumereien auszuagieren, zum anderen vor dem ungreifbaren Zustand der Angst und Erregung, den er empfand. Er kam in ein ausgesprochen streng geführtes Gefängnis, in dem die meisten Gefangenen wirkliche Kriminelle waren. Auf seine Bitte hin gab man ihm eine Einzelzelle, in der er fünfzehn Monate verbrachte. Dann entließ man ihn wegen guter Führung. Nach Darstellung des Patienten war dies die friedlichste Zeit seines ganzen Lebens gewesen. Man hatte ihm auch gestattet, seine Forschungsarbeit fortzusetzen, und es war von ihm aus gesehen eine merkwürdige Ironie, daß

Teile seiner Arbeit publiziert wurden und internationale Aufmerksamkeit zu erregen begannen, während er im Gefängnis saß.

Als er aus dem Gefängnis entlassen worden war, etwa fünf Monate vor der Wiederaufnahme der Analyse, hatte er Vorkehrungen getroffen, um nach England zu kommen und die Analyse fortzusetzen. Wie ich so dasaß und ihm zuhörte, konnte der Patient sehen, daß ich von seinen neuesten Berichten schmerzlich berührt war. Er hatte sehr viel gelitten, doch hatte ihm das seiner Meinung nach wirklich dazu verholfen, ein Mensch zu werden; zum ersten Mal vermochte er sich als menschliches Wesen zu begreifen und brauchte nicht mehr unentwegt nach jemandem zu suchen, durch den er sich selbst erfahren konnte.

Das waren die Ereignisse, die vor der Wiederaufnahme der Analyse lagen. Er wollte nur einmal wöchentlich kommen, denn seine Absicht war lediglich, all das, was sich zugetragen hatte, zu verarbeiten, und ich stimmte zu. Der Patient bewohnte ein Zimmer in einer Pension und setzte dort seine Forschungsarbeit fort. Was mir während dieser neuerlichen Behandlung in den ersten drei Monaten am meisten auffiel, war das gänzliche Fehlen irgendeiner Objektbeziehung oder eines menschlichen Kontakts in seinem Leben. Dieser so leidenschaftliche Mann hatte sozusagen all seine Glut verloren. So besessen er früher von seinem Vorhaut-Fetischismus gewesen war, so vertieft war er nun in seine Forschungsarbeit. Es erstaunte mich einigermaßen, zu sehen, welche Isolation und Verlassenheit ein menschliches Wesen ertragen kann. Er war keineswegs deprimiert oder auf irgendeine Weise apathisch oder krank. Er war lediglich ein von der menschlichen Gesellschaft isoliertes, ihr gleichsam fremdes Wesen.

Es gab drei wichtige Punkte, die er verstehen wollte:

a) Wie konnte es geschehen, daß er, der eine so umfassende Erfahrung in der Verführung von Knaben besaß, die Sache so falsch angepackt hatte, daß der Knabe zur Polizei gegangen war, um ihn zu verraten?

b) Warum hatte dieser Zwang in ihm bestanden, es bei all seinem juristischen Wissen darauf anzulegen, überführt zu werden?

c) Wie hatte ihn die Zeit der Gefangenschaft und der Einzelhaft dazu befähigt, sich selbst als menschliche Entität zu begreifen?

Als wir die Episode mit dem aufgelesenen Knaben genauer untersuchten, zeigte sich, daß sie sich von all seinen früheren Erfahrungen durch sein fehlendes Interesse an dem ganzen Vorgang unterschied. Er hatte funktioniert, auf das Werben des Knaben gleichsam reflexhaft reagiert. Der Grund, warum der Knabe ihn bei der Polizei angezeigt hatte, war, daß der Patient ihn beleidigt hatte. Nach dem Akt der Fellatio hatte er nämlich dem Knaben gegenüber die Bemerkung gemacht: »Dein Same schmeckt ranzig.« Diese Bemerkung war während der Verhandlung gegen ihn angeführt worden. Als ich ihn bat, mir mehr über die Gründe zu erzählen, die ihn zu dieser Bemerkung veranlaßt hatten, meinte er, daß er damit, wenn er jetzt darauf zurückblicke, eigentlich hatte sagen wollen, wie absurd und sinnlos das ganze Ritual der Verführung sei; aber er habe den Eindruck gehabt, der Knabe würde das nicht verstehen, und daher jene alberne Bemerkung gemacht. An dieser Stelle begann ich ihn zu fragen, warum er mir nicht mitgeteilt hatte, daß er in Schwierigkeiten war. Er sagte, er habe oft daran gedacht, sei aber durch zwei Gründe davon abgehalten worden. Einmal wollte er mich nicht in Sorge und Angst versetzen, denn er war ganz sicher, schuldig gesprochen zu werden. Zum zweiten argwöhnte er dunkel, daß es mir gelingen könnte, einzugreifen oder seinem Verteidiger den Rat zu geben, ein medizinisches Gutachten erstellen zu lassen, das einen Freispruch hätte erwirken können. Tatsächlich erwähnte er weder gegenüber seinem Rechtsanwalt noch im Kreuzverhör, daß er auf irgendeine Art psychiatrisch oder analytisch behandelt worden war. Er machte absolut keine Anstrengung, sich zu verteidigen.

Von hier aus begannen wir natürlich seinen Wunsch nach einer

Zufluchtsstätte genauer zu untersuchen. Die Gefangenschaft hatte in seinem Leben ihre Vorläufer gehabt. Als junger Mann, als er seine Universitätsausbildung abgeschlossen hatte und jeder dachte, ihm stünde eine brillante Karriere bevor, da er auf akademischem Feld ein sehr begabter und erfolgreicher Student war, hatte er alles aufgegeben, war weggegangen, um anonym und weit weg von zu Hause als Arbeiter in einem Bergwerk sein Brot zu verdienen. Diese Episode war durch seine Einberufung zum Kriegsdienst unterbrochen worden; dann hatte er zwei qualvolle Jahre in einem japanischen Kriegsgefangenenlager verbracht: er gehörte zu den wenigen, die dieses besondere Lager überlebten. Diese beiden Erfahrungen lassen sich als die Vorboten seiner Gefangenschaft betrachten. Als er aus dem Gefangenenlager entlassen worden war, nach dem Kriege sein Leben wieder aufgebaut und mit seiner ersten analytischen Behandlung begonnen hatte, setzten seine Sexualpraktiken ein, über die im ersten Teil des Aufsatzes berichtet wurde. Für uns war nunmehr aber nicht der Beginn der Sexualpraktiken von Bedeutung, vielmehr sein Leben als Bergarbeiter und die beiden Jahre der Kriegsgefangenschaft. Er hatte in dieser Zeit, nach seiner eigenen Beschreibung, in einem dunklen Zustand geistigen Stumpfsinns gelebt. Gehorsam befolgte er alles, was man ihm zu tun befahl, und kam dann einfach zum Stillstand. Seinen eigenen Worten zufolge hatte dies große Ähnlichkeit mit einem katatonischen Zustand, einem Zustand, in dem es auch keine Phantasien gab, an die er sich erinnern konnte. Aber gerade diese besondere Fähigkeit, die Umwelt überhaupt nicht wahrzunehmen, war es, die ihm während der Jahre der Kriegsgefangenschaft das Leben rettete. Die Japaner waren sehr grausam und sadistisch, sie nutzten jeden Vorwand, um den Gefangenen physische Strafen aufzuerlegen. Die Todesrate war in diesem Lager besonders hoch, er aber war davongekommen, ohne ein einziges Mal von einem Soldaten tätlich angegriffen worden zu sein. Seinem Bericht zufolge war er der einzige Gefangene, der ohne Schaden und ohne körperliche Belästigungen entkommen war.

Aber all dies hatte ihm in gewisser Weise auch Angst eingeflößt, weshalb er mit der ersten Analyse begonnen hatte. Er befürchtete, allen Kontakt zur Realität zu verlieren, ohne irgendeinen Bezug zu sich selbst zu finden. Seiner Überzeugung und Darstellung nach war seine letzte Gefangenschaft deshalb ganz anders gewesen, weil seine Beziehung zu mir in ihm so lebendig geblieben war. Ich fragte ihn daher, was ihm diese fünfjährige Beziehung zu mir bedeutet habe, denn in der Tat hatte mich die neutrale, zurückhaltende und kühle Art seiner Übertragung immer sehr erstaunt; ich hatte diese Haltung stets respektiert und nie dadurch eingegriffen, daß ich sie als Widerstand oder Abwehr interpretierte. Seiner Behauptung nach war ich die erste Person in seinem Leben, die sich wirklich um ihn sorgte und dabei völlig unaufdringlich war. Und dann machte er eine überaus hellsichtige Bemerkung über das, was er den einzigen unvermeidbaren Mangel der analytischen Beziehung nannte: wie er sagte, hatte er sich nur fünfzehn Minuten am Tag, fünfmal die Woche, sicher gefühlt, und war dennoch jener außerordentlichen Panik ausgesetzt gewesen, die ich ihm zwar oft erklärt hatte, die er sich damals jedoch in seiner eigenen Erfahrung nicht bewußt machen konnte, da er nur die Raserei der fetischistischen Träumereien und Praktiken zu erfahren pflegte. In der Gefängniszelle hatte er eine gesicherte, geregelte und schützende Umwelt. Für ihn war das in der Tat eine sehr heilsame Erfahrung gewesen, und zum ersten Mal war er in seiner Psyche und seinem Selbst lebendig, ohne von jener unfaßbaren Angst gequält oder von seinen fetischistischen Phantasien gehetzt zu werden. Auch die Zeit war für ihn zu etwas Greifbarem und Realem geworden.

In diesem Zusammenhang begann er über seine Mutter zu sprechen. Als er in England ankam, war sie sehr krank und auch schon sehr alt. Er hatte ihr jedoch nicht erzählt, daß er nach England zurückgekommen war, und seine Familie glaubte, er sei noch immer im Ausland. Für das Bedeutsamste in seiner Beziehung zur Mutter hielt er nun das, was er als ihre wahnsinnige Lebensangst bezeichnete. Trotz der Tatsache, daß ihre beiden Gatten vermögend waren und ihr ein gutes Auskommen ermöglichten, lebte sie während seiner ganzen Kindheit in der entsetzlichen Angst vor dem mittellosen Zurückbleiben und der Armut. Sie hatte ihm all ihre fieberhaften, ängstlichen Stimmungen aufgedrängt, und seine einzige Art, sich selbst zu schützen, hatte darin bestanden, sein eigenes wahres Selbst zu dissoziieren. In späterer Zeit konnte er mit diesem Selbst nur durch jene dunklen, indifferenten und affektlosen Zustände in Berührung kommen. Wir konnten nun erkennen, daß die fetischistischen Träumereien und Praktiken seinen Versuch darstellten, nach dem Leben zu greifen und einige Erfahrung zu sammeln, da der regressive Drang, sich in diesem extrem privaten Zustand zu verstecken, einer Vernichtung des Ich gleichkam. In diesem Kontext ließ sich nun die Gesamtheit seiner fetischistischen Erfahrung als hochorganisierte manische Abwehr betrachten. Ich verwende hier den Begriff manische Abwehr, wie ihn Winnicott postuliert hat (1935). Dieser Begriff hat bei ihm drei Hauptkomponenten: »Es gehört zur eigenen manischen Abwehr, daß man unfähig ist, der inneren Realität volle Bedeutung beizumessen.« Weiter sagt er: »Allmachtsphantasien stellen weniger die innere Realität selbst dar als vielmehr die Abwehr dagegen, sie zu akzeptieren.« Und er fügt hinzu: »Bei der manischen Abwehr wird eine Beziehung zum äußeren Objekt zu dem Versuch benutzt, die Spannung in der inneren Realität zu verringern ..., denn der Ausgleich kann erst dann wirklich hergestellt werden, wenn die Zerstörung erkannt wird.« Winnicott faßt die hervorstechendsten Merkmale der manischen Abwehr wie folgt zusammen:

- »Verleugnung der inneren Realität.
- Flucht aus der inneren Realität in die äußere Realität.
- Die Personen der inneren Realität werden in einem Zustand ›schwebender Belebung‹ gehalten.
- Verleugnung der Depressions*gefühle* – vor allem der Schwermut und Traurigkeit – durch ausgesprochen gegensätzliche Gefühle wie Beschwingtheit, gute Laune usw.

- Verwendung von nahezu jedem gegensätzlichen Element bei der Rückversicherung gegen Tod, Chaos, Geheimnis usw., Vorstellungen, die zum *Phantasieinhalt* der depressiven Position gehören.«

Jetzt war es mir möglich, diesen Winnicottschen Begriff umfassend anzuwenden, um dem Patienten zu der Erkenntnis zu verhelfen, daß es in seinem Fall *keine innere Realität gab*, weil die intensiven Übergriffe der Mutter es ihm unmöglich gemacht hatten, sich eine eigene innere Welt aufzubauen. Alles, was ihm als eigenes Selbst zur Verfügung stand, war ein Zustand dunklen Getrenntseins von Geist und Körper. Sich für diesen Weg zu entscheiden, bedeutete für ihn eine maximale Bedrohung seiner eigenen Existenz, und genau darin bestand das wirkliche Paradox seiner Persönlichkeit. Bevor er zum ersten Mal zu mir in Behandlung kam, hatte er durch seine fetischistischen Praktiken für Selbstheilung gesorgt. Dann war es mir gelungen, ihn von dieser Art der Selbstheilung abzubringen und ihn in die Lage zu versetzen, eine gewisse Form des persönlichen Weiterlebens durchzuhalten. Dennoch hatte er sich weiterhin von dem bloßen Vorhandensein einer menschlichen Umgebung um ihn herum äußerst bedroht gefühlt.

In der Gefängniszelle, in dieser sicheren Routine des Lebens und der persönlichen Muße, konnte er auf die verinnerlichte Beziehung zu mir zurückgreifen, die weder anregte noch irgend etwas forderte, um die eigene Erfahrung von sich als Person aufzubauen. Der Grund für seine Rückkehr zur Analyse lag darin, daß er nun durch die zwischenmenschliche Beziehung zu mir das ganze Ausmaß und die Bedeutung dieser Erfahrungen noch umfassender assimilieren wollte.

Während wir uns mit dieser Aufgabe befaßten, erhielt der Patient die Nachricht vom Tod seiner Mutter. Als diese Nachricht ihn erreichte, war die Mutter bereits seit vierzehn Tagen beerdigt. Seit seiner Ankunft hatte er in der ständigen Angst gelebt, seine Familie könne herausfinden, daß er in England war, so daß er der Beerdigung hätte beiwohnen müssen. Er wußte, daß seine Mutter schwer krank war. In der Nacht, in der er die Nachricht vom Tode der Mutter erhielt, hatte er folgenden Traum:

»Ich reise mit der Mutter auf einem Lastschiff in ein fremdes Land. Plötzlich fühlt sich Mutter schwer krank. Das Schiff legt an einem verlassenen Hafen an. Ich trage Mutter in meinen Armen ans Ufer und lege sie hin. Ich ziehe meinen Mantel aus und schiebe ihn unter ihren Kopf. Ich sehe sie an und begreife, daß sie tot ist. Ich bedecke sie mit meinem Regenmantel. Es hatte stark zu regnen begonnen.«

Während er diesen Traum erzählte, zitterte seine Stimme vor Erregung, ein Phänomen, das ich bei ihm noch nie entdeckt hatte. Er erholte sich jedoch schnell und bemerkte: »Sie werden sagen, daß der Regen meine Tränen sind.« Und das war richtig. Ich wünschte, ich hätte ihm Paul Ricoeur (1965) zitieren können:

»Noch auf eine dritte Weise appelliert die Symbolik des Bösen an eine Wissenschaft der Interpretation, an eine Hermeneutik: die Symbole des Bösen sind sowohl auf semantischer wie auf mythischer Ebene stets die Kehrseite einer umfassenderen Symbolik, einer Symbolik des Heils. Diese trifft bereits auf semantischer Ebene zu: das Unreine hat seine Entsprechung im Reinen, das Umherirren der Sünde in der Vergebung durch ihr Symbol der Wiederkehr, die Last der Sünde in der Erlösung und, allgemeiner, die Symbolik der Knechtschaft in der der Befreiung; noch deutlicher wird dies auf der Ebene der Mythen, wo die Bilder des Endes den Bildern des Anfangs ihren wahren Sinn verleihen.«

Aber das war gar nicht notwendig. Von sich aus fuhr er mit der Erklärung fort. Er spürte, daß dieser Traum in gedrängter Form seine ganze Beziehung zur Mutter widerspiegelte. Sie hatte in ihm die Illusion genährt, daß er und sie eine Einheit darstellten, während die restliche Welt eine gesonderte und feindliche Ganzheit sei. Daher gibt es auf dem Lastschiff auch keinen Kapitän und keine Mannschaft, fügte ich hinzu. Er stimmte zu: das war ihm entgangen. Die Zärtlichkeit in seinem Verhalten zur Mutter beeindruckte ihn jedoch tief, denn seit der Pubertät hatte er mit einem an Ekel grenzenden Widerwillen auf ihre körperliche Nähe reagiert. Er betonte, daß er, als er aus diesem Traum erwachte, das klare und eindeutige Gefühl gehabt habe, daß seine Mutter nun *wirklich* tot sei. Dann erinnerte er mich an eine Bemerkung, die ich während seiner »ersten Analyse« (so nannte er sie) einmal gemacht hatte, nämlich daß er sich nie wirklich frei fühlen würde, sein eigenes Leben zu leben, solange seine Mutter nicht gestorben wäre. Ich selbst konnte mich an diese Bemerkung nicht mehr erinnern.

Nach diesem Traum mußte er bis zur nächsten Sitzung drei Tage warten, und er berichtete, daß er in dieser Zeit genau in der gleichen Verfassung gelebt habe wie in dem japanischen Kriegsgefangenenlager: in einem dunklen, indifferenten und körperlosen Zustand. Aber dieser Zustand hatte ihn nicht in Panik versetzt. Im Gegenteil, er hatte ihn sogar mit einer gewissen Neugier beobachtet. Er war nicht in der Lage gewesen, irgend etwas zu arbeiten oder auch nur zum Essen auszugehen. Er war in seinem Zimmer geblieben und hatte sich von dem ernährt, was noch vorrätig war. Es war ein völlig stilles und friedliches Dasein, in dem nichts passierte. Und nun stellte er selbst die Behauptung auf, daß genau dieser Zustand es war, vor dem er seit frühester Kindheit floh. Er meinte, daß all seine Kindheitserinnerungen, all seine fetischistischen Phantasien und Praktiken Versuche gewesen waren, diesem Zustand zu entrinnen. Er wollte wissen, was ich davon hielt. Noch bevor ich antworten konnte, fügte er kommentierend hinzu: »Es kommt einem katatonischen Zustand so nahe, wie man sich nur vorstellen kann.« Ich bemerkte, daß er eher einen autistischen denn einen katatonischen Zustand beschreibe. Was mich an seinem Traum beeindruckte, war, daß er alles so perfekt wiedergab: es gab darin kaum einen Affekt und kaum eine Beziehung. Selbst sein Schmerz war für ihn von den Wolken geweint worden. Ich sagte ihm, daß die Sitzung nun beendet sei, daß ich alles, was er gesagt und berichtet habe, überdenken wolle und das nächste Mal mehr dazu sagen würde; aber bis dahin sollte er wissen, wie leid es mir tue, daß es mir nicht gelungen war, ihm zu Lebzeiten der Mutter zu einer Beziehung zu ihr zu verhelfen, da sie augenscheinlich die einzige Person war, die er sein ganzes Leben lang geliebt hatte.

In den folgenden Wochen erforschte der Patient noch intensiver die Phänomenologie jenes dunklen, indifferenten und körperlosen Zustands. Als er nun sein Leben erneut überdachte, geschah dies zum ersten Mal auf eine Weise, die ihn erkennen ließ, daß seit seiner frühesten Kindheit in ihm die Neigung bestanden hatte, sich diesem Zustand hinzugeben, daß dies sein wahres Selbst darstellte und er es als wirkliche Bedrohung erfuhr. Mein eigener Versuch, für ihn und mich einen Sinn in alledem zu finden, bestand etwa in Folgendem: in seiner frühesten Beziehung zur Mutter und während der ganzen Kindheit hatte er so viele intrusive Eingriffe seitens der Mutter erfahren, daß der einzige Raum privaten und persönlichen Lebens in einem Zustand des Selbst bestand, in dem kein einziger Mechanismus des Ich wirkte. Gleichzeitig hatte es eine Art Umleitung aller Fähigkeiten seines Ich in Richtung auf eine Sorge um die Mutter gegeben; aber obwohl diese Sorge ihn von ihm selbst trennte, hatte sie einen Vorteil gehabt: sie hatte ihm, im Erleben wie im Handeln, die Mittel gegeben, seine Ich-Es-Fähigkeiten und -Funktionen zu erweitern und zu differenzieren; so daß seit Beginn seines Lebens eine tiefe Spaltung in ihm gewirkt hatte. In dem Raum, in dem er sich wirklich er selbst fühlt, ist er nicht existent. Alle seine Ich-Funktionen, einschließlich die Spannungen des Es, waren von Anbeginn von seiner Mutter usurpiert worden. Später schufen ihm die ganze manische Maschinerie seiner fetischistischen Träumereien und letztlich auch seine fetischistischen Sexualpraktiken eine Satellitenexistenz, in der er seitdem lebte. Dementsprechend hatten die fetischistischen Erfahrungen eine doppelte Abwehrfunktion: sie schützten ihn vor der affektiven Hingabe an die Mutter und hielten ihn außerdem von jenem autistischen, leeren und zurückgezogenen Zustand des Selbst fern, der der Nicht-Existenz gleichkam.

Gewiß veranlaßte uns die Arbeit in diesem Zeitabschnitt, einige Hypothesen erneut zu überprüfen, die ich im ersten Teil dieses Aufsatzes über Wesen, Rolle und Funktion des Fetischs in seinem Leben vorgebracht habe. Nichts von dem, was wir heute sagen, widerspricht diesen Hypothesen; es unterstreicht vielmehr die Tatsache, daß es bei gewissen Mutter-Säuglings-Beziehungen so starke Übergriffe auf das Kind geben kann – begleitet von einer Umleitung seiner Ich-Es-Fähigkeiten in Richtung auf eine vorzeitige Hyperfunktion –, daß das wahre Selbst dieser Person ein sehr dunkler Zustand des Nichts sein kann. Dieses Selbst ist es, das durch die Perversionsbildung des Patienten geschützt wird, und dennoch entfremdet ihn gerade der Erfolg dieses Mechanismus von seinem Selbst.

Es ist noch immer verfrüht, etwas darüber auszusagen, wie der Patient sich der menschlichen Umwelt gegenüber verhalten wird. Gewisse Anzeichen sprechen dafür, daß er zu spüren beginnt, daß auch er der menschlichen Umwelt notwendig bedarf. Augenblicklich jedoch führt der Patient noch ein Leben, das nach herkömmlichen Maßstäben sehr arm an menschlichen Kontakten ist. Es besteht kein Zweifel, daß mit der manischen Abwehr auch eine gewisse triebhafte Glut und Dynamik aus seinem Dasein verschwunden ist. Darin besteht vielleicht das große Risiko bei der analytischen Behandlung der Selbstheilung eines Pervertierten. Heute ist er jedenfalls eine Person, die sich selbst real gegenübersteht, schöpferisch in der geistigen Arbeit ist und nicht mehr von jener ungreifbaren Angst gequält wird. Er schickt sich an, ein Leben zu leben, das für ihn bedeutungsvoll und wahr ist und für seine Zukunft ein Ziel und eine Richtung hat.

Bak, R. C. (1953), »Fetishism«, *J. Amer. Psychoanal. Assoc.*, 1 [deutsche Übers. in diesem Band]

Bird, B. (1958), »A study of the bisexual meaning of the foreskin«, *J. Amer. Psychoanal. Assoc.*, 6

Buxbaum, E. (1960), »Hair pulling and fetishism«, *Psychoanal. Study Child*, 15

Fraser, A. W. (1963), »A relationship between transitional objects and preconscious mental processes«, in: *Modern Perspectives in Child Development*, hrsg. von Solnit und Provence, New York

Freud, A. (1952), »A connection between the states of negativism and of emotional surrender«, *Int. J. Psycho-Anal.*, 33, S. 265

Freud, S. (1927), »Fetischismus«, GW XIV

– (1940), »Die Ichspaltung im Abwehrvorgang«, GW XVII

Gillespie, W. H. (1940), »A contribution to the study of fetishism«, *Int. J. Psycho-Anal.*, 21

– (1952), »Notes on the analysis of sexual perversions«, *Int. J. Psycho-Anal.*, 33

– (1964), »The psycho-analytic theory of sexual deviation with special reference to fetishism«, in: *The Pathology and Treatment of Sexual Deviation*, hrsg. von J. Rosen, London

Glover, E. (1932), „On the aetiology of drug-addiction", *Int. J. Psycho-Anal.*, 13

– (1933), »The relation of perversion-formation to the development of reality-sense«, *Int. J. Psycho-Anal.*, 14

– (1949), *Psycho-analysis*, London

Greenacre, P. (1953), »Certain relationships between fetishism and faulty development of the body image«, *Psychoanal. Study Child*, 8

– (1955), „Further considerations regarding fetishism", *Psychoanal. Study Child*, 10

– (1960), »Further notes on fetishism«, *Psychoanal. Study Child*, 15

Greenson, R. (1964), »On homosexuality and gender identity«, *Int. J. Psycho-Anal.*, 45

Hartmann, H. (1956), »Notes on the reality principle«, in: Hartmann (1964)

– (1964), *Essays on Ego Psychology*, London, New York

Hunter, D. (1954), »Object-relation changes in the analysis of a fetishist«, *Int. J. Psycho-Anal.*, 35

Katan, M. (1964), »Fetishism, splitting of the ego, and denial«, *Int. J. Psycho-Anal.*, 45

Kestenberg, J. (1956), »On the development of maternal feelings in early childhood«, *Psychoanal. Study Child*, 11

Khan, M. M. R. (1962), »The role of polymorph-perverse body-experiences and object-relations in ego-integration«, *Brit. J. med. Psychol.*, 35

– (1963), »Ego ideal, excitement and the threat of annihilation«, *J. Hillside Hosp.*, 12

– (1964a), »The role of infantile sexuality and early object relations in female homosexuality«, in: *The Pathology and Treatment of Sexual Deviation*, hrsg. von J. Rosen, London

– (1964b), »Ego deviation, cumulative trauma and the role of reconstruction in the analytic process«, *Int. J. Psycho-Anal*, 45

– (1964c), »The function of intimacy and acting out in perversions«, in: *Sexual Behavior and the Law*, hrsg. von R. Slovenko, Springfield

– (1965), »Foreskin Fetishism and its relation to Ego Pathology in a male Homosexual«, *Int. J. Psycho-Anal.*, 46, Teil 1

Klein, M. (1932), *Psycho-Analysis of Children*, London

Kronengold, E., und Sterba, R. (1936), »Two cases of fetishism«, *Psychoanal. Quart.*, 5

Lacan, J. und Granoff, V. (1956), »Fetishism: the symbolic, the imaginary and the real«, in: *Perversions*, hrsg. von Lorand und Balint, New York

– (1969), »Homosexualiteit en het sexuell Koesteren van Zichzelf en zijn object«, *In val.*, Inhould 1

Van der Leeuw, P. J. (1958), »The preoedipal phase of the male«, *Psychoanal. Study Child*, 13

Lorand, S. (1930), »Fetishism in statu nascendi«, *Int. J. Psycho-Anal.*, 11

Mittelmann, B. (1955), »Motor patterns and genital behavior: fetishism«, *Psychoanal. Study Child*, 10

Nunberg, H. (1947), »Circumcision and problems of bisexuality«, *Int. J. Psycho-Anal.*, 28

Payne, S. M. (1939), »Some observations on the ego development of the fetishist«, *Int. J. Psycho-Anal.*, 20

Ricœur, P. (1965), *De l'Interprétation. Essai sur Freud,* Paris [deutsch: Die Interpretation. Ein Versuch über Freud, Frankfurt 1969]

Romm, M. E. (1949), »Some dynamics of fetishism«, *Psychoanal. Quart.*, 18

Socarides, C. W. (1959), »Meaning and content of a pedophiliac perversion«, *J. Amer. Psychoanal. Assoc.*, 7

Spitz, R. und Wolf, K. (1949), »Autoerotism: some empirical findings and hypotheses on three of its manifestations in the first year of life«, *Psychoanal. Study Child*, 3–4

Stoller, R. (1964), »A contribution to the study of gender identity«, *Int. J. Psycho-Anal.*, 45

Weissman, P. (1957), »Some aspects of sexual activity in a fetishist«, *Psychoanal. Quart.*, 26

Winnicott, D. W. (1935), »The manic defence«, in: *Collected Papers*, London, New York, 1958

– (1953), »Transitional objects and transitional phenomena«, *ibid.*

– (1956), »The antisocial tendency«, *ibid.*

Wulff, M. (1946), »Fetishism and object choice in early childhood«, *Psychoanal. Quart.*, 15

II

Präsident de Brosses

... der Kult, der vielleicht nicht weniger alt ist [als der Kult der Sterne], nämlich der Kult irdischer und materieller Gegenstände, genannt *Fetische,* bei den afrikanischen Negern, den ich aus diesem Grunde *Fetischismus* nennen werde. Man möge mir gestatten, mich dieses Ausdrucks durchgängig zu bedienen, und obzwar er sich in seiner eigentlichen Bedeutung insbesondere auf den Glauben der Neger Afrikas bezieht, möchte ich schon jetzt darauf hinweisen, daß ich ihn auch dann zu verwenden gedenke, wenn ich von jeder beliebigen anderen Nation spreche, in der die Kultgegenstände Tiere oder unbeseelte Wesen sind, die vergöttlicht werden; sogar zuweilen bei bestimmten Völkern, für die derartige Gegenstände weniger eigentliche Gottheiten, als mit einer göttlichen Kraft ausgestattete Dinge darstellen, Orakel, Amulette, schützende Talismane: denn meistenteils haben alle diese Denkweisen im Grunde die gleiche Quelle, und diese ist nur das Beiwerk einer allgemeinen Religion, die auf der ganzen Erde weit verbreitet ist und die gesondert untersucht werden muß, da sie unter den verschiedenen heidnischen Religionen eine besondere Klasse bildet.

*

Die Neger der afrikanischen Westküste und auch im Innern bis hin nach Nubien, eine an Ägypten angrenzende Gegend, beten gewisse Gegenstände als Gottheiten an, welche die Europäer Fetische nennen, ein Ausdruck, den unsere Handelsleute aus dem Senegal nach dem portugiesischen Wort *Fetisso* geprägt haben, d. h. *verzaubertes, göttliches Ding* oder *Orakel verkündendes Ding,* aus der lateinischen Wurzel *Fatum, Fanum, Fari.* Diese göttlichen Fetische sind nichts anderes als der erstbeste natürliche Gegenstand, den eine Nation oder ein Einzelner willkürlich auswählt und von ihren Priestern für die

Zeremonie heiligen läßt: ein Baum, ein Berg, das Meer, ein Stück Holz, ein Löwenschwanz, ein Stein, eine Muschel, Salz, ein Fisch, eine Pflanze, eine Blume, ein bestimmtes Tier wie Kuh, Ziege, Elephant, Schaf; und ähnliches mehr. All dies sind Gottheiten, heilige Dinge sowie auch Talismane für die Neger, die ihnen einen strengen und ehrfürchtigen Kult weihen, ihnen Gelübde ablegen, ihnen Opfer bringen, sie bei Prozessionen mitführen oder mit großen Zeichen der Verehrung bei sich tragen und bei allen wichtigen Gelegenheiten um Rat fragen ... In jedem Land gibt es einen allgemeinen nationalen Fetisch, außer welchem jeder Einzelne noch seinen eigenen oder auch eine größere Anzahl davon besitzt, je nachdem, wie ängstlich oder ehrfürchtig er ist.

*

Derlei und ähnliche Tatsachen beweisen mit letzter Deutlichkeit, daß so, wie heute die Religion der afrikanischen Neger und anderer Barbaren aussieht, einst die der alten Völker aussah, und daß zu allen Zeiten und an allen Orten der Erde dieser unmittelbare Kultus herrschte, der formlos den tierischen und pflanzlichen Schöpfungen gewidmet wurde. Es genügt, die Tatsache durch eine Fülle von Beweisen erhärtet zu haben. Man braucht über eine Sache keine Erklärungen abzugeben, wo es keine gibt: und ich meine, es wäre recht unnütz, wenn man andere suchen wollte als die Furcht und den Irrsinn, deren der menschliche Geist fähig ist, sowie die Leichtigkeit, mit welcher er bei solchen Anlagen alle Arten von Aberglauben zu erzeugen vermag. Der Fetischismus gehört zu jenen so absurden Dingen, von denen sich sagen läßt, daß ihnen nicht einmal durch das Argument, das sie bekämpfen möchte, beizukommen ist. Um wieviel schwieriger wäre es, plausible Gründe für eine so unsinnige Lehre anzuführen. Doch die Unmöglichkeit, sie in vernünftigen Augen zu beschönigen, verringert in nichts die Gewißheit der Tatsache selbst, und es hieße den historischen Pyrrhonismus auf die Spitze treiben, wollte man die Realität dieses einfachen und unmittelbaren Kultus in Ägypten und bei den Negern leugnen.

Aus *Du culte des dieux fétiches, ou parallèle de l'ancienne religion de l'Egypte avec la religion actuelle de Nigritie* (1760), von Charles de Brosses (1709–1777).

Georg Wilhelm Friedrich Hegel

Der eigentümlich afrikanische Charakter ist darum schwer zu fassen, weil wir dabei ganz auf das Verzicht leisten müssen, was bei uns in jeder Vorstellung mit unterläuft, die Kategorie der Allgemeinheit. Bei den Negern ist nämlich das Charakteristische gerade, daß ihr Bewußtsein noch nicht zur Anschauung irgendeiner festen Objektivität gekommen ist, wie zum Beispiel Gott, Gesetz, bei welcher der Mensch mit seinem Willen wäre und darin die Anschauung seines Wesens hätte ... Die Religion beginnt mit dem Bewußtsein, daß es etwas Höheres gebe als der Mensch. Die Neger aber hat schon Herodot Zauberer genannt; in der *Zauberei* liegt nun nicht die Vorstellung von einem Gott, von einem sittlichen Glauben, sondern sie stellt dar, daß der Mensch die höchste Macht ist, daß er sich allein befehlend gegen die Naturmacht verhält. Es ist also nicht von einer geistigen Verehrung Gottes noch von einem Reiche des Rechts die Rede ... Das zweite Moment ihrer Religion ist alsdann, daß sie sich diese ihre Macht zur Anschauung bringen, sich äußerlich setzen und sich Bilder davon machen. Das, was sie sich als ihre Macht vorstellen, ist somit nichts Objektives, in sich Festes und von ihnen Verschiedenes, sondern ganz gleichgültig der erste beste Gegenstand, den sie zum Genius erheben, sei es ein Tier, ein Baum, ein Stein, ein Bild von Holz. Dies ist der *Fetisch,* ein Wort, welches die Portugiesen zuerst in Umlauf gebracht und welches von *feitiço,* Zauberei, abstammt. Hier im Fetische scheint nun zwar die Selbständigkeit gegen die Willkür des Individuums aufzutreten, aber da eben diese Gegenständlichkeit nichts anderes ist als die zur Selbstanschauung sich bringende individuelle Willkür, so bleibt diese auch Meister ihres Bildes. Begegnet nämlich etwas Unangenehmes, was der Fetisch nicht abgewendet hat, bleibt der Regen aus, entsteht Mißwuchs, so binden und prügeln sie ihn oder zerstören ihn und schaffen ihn ab, indem sie sich zugleich einen anderen kreieren; sie haben ihn also in ihrer Gewalt. Es hat ein solcher Fetisch weder die religiöse Selbständigkeit, noch weniger die künstlerische; er bleibt lediglich ein Geschöpf, das die Willkür des Schaffenden ausdrückt und das immer in seinen Händen verharrt. Kurz, es ist kein Verhältnis der Abhängigkeit in dieser Religion.

Aus *Vorlesungen über die Philosophie der Geschichte*, Theorie Werkausgabe, Bd. 12, Frankfurt 1970, S. 121 ff.

Auguste Comte

Alle Philosophen, die sich heute von den landläufigen Ansichten richtig befreien können, werden alsbald einsehen, daß der Fetischismus notwendig den wahren uranfänglichen Kern des theologischen Geistes bildet, in seiner reinsten elementaren Einfalt und dennoch in seiner ganzen intellektuellen Vollkommenheit betrachtet. Gerade hier würde die berühmte Formel Bossuets: *»Alles war Gott, außer Gott selbst«*, außerordentlich passen, vorausgesetzt, daß man sie auf einen Ausgangspunkt und nicht auf eine chimärische Entartung anwendete.

*

Fast alle Gottheiten des Fetischismus sind hervorragend individuell, und jede von ihnen hat ihren unvermeidlichen und dauernden Wohnsitz in einem besonders bestimmten Objekte, während diejenigen des Polytheismus ihrer Natur nach von viel größerer Allgemeinheit sind, einen viel ausgedehnteren, wenn auch stets eigentümlichen Bereich und endlich einen viel weniger begrenzten Wohnsitz haben. Dieser fundamentale Unterschied verleiht dem Fetischismus ohne Zweifel eine ausgesprochene Fähigkeit, spontan streng harmonisch mit dem primitiven Zustande des menschlichen Geistes übereinzustimmen, wo alle Ideen notwendig höchst besondere und konkrete sind; und wie ich weiter oben erwähnt habe, rührt davon die sehr viel größere Vielfältigkeit der Gottheiten dieser ersten Kindheit her. Aber ebenso klar ist es unter dem sozialen Gesichtspunkte, daß derartige religiöse Anschauungen ihrer Natur nach viel weniger Hilfsmittel bieten, sowohl um die Menschen zu vereinigen, wie sie zu regieren. Obgleich es ohne Zweifel Stamm- und sogar Nationalfetische gibt, so sind doch die meisten im wesentlichen häusliche oder gar persönliche, was der spontanen Entwicklung hinreichend gemeinsamer Gedanken sehr wenig Unterstützung leiht. Zweitens muß der unmittelbare Sitz jeder Gottheit in einem deutlich bestimmten materiellen Objekte den Priesterstand im eigentlichen Sinne fast überflüssig machen, und tendiert folglich direkt zur Verhinderung des Aufkommens einer spekulativen, wirklich unterschiedenen und einflußreichen Klasse. Nicht, daß zu der Zeit der Kultus kein sehr ausgedehnter wäre, denn er nimmt im Gegenteil in der Gesamtheit des menschlichen Lebens, das inniger von ihm durchdrungen ist, da jede einzelne Handlung des Menschen sozusagen ihre eigene religiöse Seite hat, viel mehr Platz ein, als während irgendeiner vorgeschritteneren theologischen Epoche. Aber es ist fast immer ein im wesentlichen persönlicher und direkter Kult, dessen unmittelbarer Diener jeder Gläubige sein kann, ohne irgendeine Vermittlung gegenüber seinen besonderen Gottheiten zu brauchen, die ihrer Natur nach fortwährend zugänglich sind. Namentlich der spätere Glaube an gewöhnlich unsichtbare, mehr oder weniger allgemeine, und von den ihrer Willkürherrschaft unterworfenen Körpern wesentlich unterschiedene Götter ist es, der im Zeitalter des Polytheismus die schnelle und ausgesprochene Entwicklung eines wahrhaften Priesterstandes hat herbeiführen müssen, der, weil er regelmäßig und dauernd einen unentbehrlichen Vermittler zwischen dem Anbeter und seiner Gottheit bildet, eine hohe soziale Machtstellung haben kann. Der Fetischismus im Gegenteil erforderte diese unvermeidliche Vermittlung offenbar nicht, und wirkte so auf die außerordentliche Verlängerung der Kindheit der sozialen Organisation hin, deren erste Entwicklung, wie ich im vorigen Kapitel festgestellt habe, sicherlich von der deutlichen Bildung einer spekulativen, d. h. also einer priesterlichen Klasse abhängen mußte.

Aus *Cours de philosophie positive*, 52. Lektion [*Soziologie*, Jena 1923, Bd. II, Kap. 7, S. 28, 40 ff.]

Jean Pouillon
Fetische ohne Fetischismus

An wen könnte man sich wenden, um eine Definition des Fetischismus zu erhalten, die alle die verschiedenen Verwendungen dieses Wortes koordinierte? Für Marx und Freud handelt es sich um eine Haltung, die sich *hier* und *jetzt* in der europäischen bürgerlichen Gesellschaft beobachten läßt; für Hegel ist der Fetischismus die Sackgasse, in der sich, *anderswo*, die »Neger« verrannt haben, während er für Comte den Zustand charakterisiert, durch den *einst* und *überall* die Menschen hindurchgegangen sind. Für Freud ist die betreffende Haltung pathologisch und individuell, während sie für Marx eine normale Tendenz der kapitalistischen Gesellschaft zum Ausdruck bringt; für Hegel schließt der Fetischismus einen ganzen Kontinent, nämlich Afrika, aus der Geschichte und ihrer notwendigen Entwicklung aus, während er für Comte den obligatorischen Ausgangspunkt in der Entwicklung der Menschheit bildet. Für Freud verleugnet der Fetisch – »Ersatz für den Phallus des Weibes«[1] – eine Abwesenheit; für Marx verleugnet er eine Realität, nämlich die einer gesellschaftlichen Beziehung, die man verdinglicht, damit sie nicht angefochten werden kann; für Hegel dagegen verleiht er dem Menschen eine wenn auch »eingebildete« und willkürliche Macht über die Natur; für Comte glaubten die »Primitiven« an Fetische, weil sie »eine innige Beziehung zwischen der Welt und dem Menschen« postulierten, ein Postulat, das in der Form, in der sie es sich vorstellten, zweifellos illusorisch, aber dennoch positiv war, denn es zog den »Menschengeist aus seinem tierischen Stumpfsinn« und begünstigte »den ersten Aufschwung der menschlichen Tätigkeit«.[2]

Gemeinsam ist diesen Auffassungen vom Fetischismus, daß sie

1 Freud, *Fetischismus*, GW XIV, 312.

2 A. Comte, *Cours de philosophie positive*, 52. Lektion. Wenn nicht anders

darin eine Absurdität sehen, denn selbst für Comte, der beim Fetischisten »eine gewisse spekulative Tätigkeit« erkennt, handelt es sich dennoch »um eine Art ständige und allgemeine Sinnestäuschung, wobei durch die übertriebene Macht des Gefühlslebens über das intellektuelle die absurdesten Glaubenslehren die direkte Beobachtung fast aller natürlichen Erscheinungen von Grund aus entstellen können«. In allen Fällen ist der Irrtum des Fetischisten ein Irrtum der Zuschreibung, doch für Marx besteht er darin, demjenigen den Status eines Dings zuzuschreiben, das gar keines ist, während er umgekehrt für Comte und Hegel darin besteht, demjenigen den Status eines beseelten Wesens zuzuschreiben, das nicht beseelt ist, und für Freud darin, daß dort eine Realität gesehen wird, wo es keine gibt. Das heißt, daß der Mechanismus eines Irrtums, der so verschiedene Formen annimmt, nicht ausreicht, den Fetischismus an sich zu definieren. Hätte ein solches Unternehmen überhaupt einen Sinn? Ließe sich vom Fetischismus nicht dasselbe sagen, was Lévi-Strauss über den Totemismus schrieb: »Mit dem Totemismus verhält es sich ganz wie mit der Hysterie. Als man es sich einfallen ließ, zu bezweifeln, daß man willkürlich einige Phänomene isolieren und sie in Gruppen zusammenfassen könnte, um aus ihnen die diagnostischen Zeichen einer Krankheit oder einer objektiven Institution zu machen, verschwanden sogar die Symptome oder zeigten sich gegenüber den vereinheitlichenden Interpretationen widerspenstig.«[3] Freilich ist der Fetischismus in der Ethnologie niemals so in Mode gekommen wie der Totemismus; die Geschichte dieses Begriffs – oder vielleicht einfach seines Etiketts – war schon fast abgelaufen, als die Ethnologie, ausgehend von einer realen Kenntnis der außereuropäischen Populationen, sich zu konstituieren begann. Vor mehr als sechzig Jahren schrieb Mauss: »Der Begriff Fetisch muß ... endgültig aus der Wissenschaft

vermerkt, stammen alle Zitate von Comte aus dieser Lektion [vgl. deutsch: *Soziologie*, 2. Bd., 7. Kapitel, Jena 1923].

3 Cl. Lévi-Strauss, *Le Totémisme aujourd'hui*, Paris 1961, S. 1 [*Das Ende des Totemismus*, Frankfurt 1965, S. 7].

verschwinden«, er »entspricht nichts Bestimmtem«[4], er hat nichts Ursprüngliches noch Explikatives, denn »das Objekt, das als Fetisch dient, ist niemals, was immer darüber gesagt wurde, ein beliebiges, willkürlich erkorenes Objekt, sondern immer durch den Code der Magie oder der Religion definiert«.[5] Was auch sollten die Ethnologen anderes mit ihm anfangen, als ihm eine neue und nutzlose Bedeutung aufzuzwingen? Wenn Marx und Freud, jeder auf seine Weise, das Wort unzweideutig verwenden können, so deshalb, weil sie es in einem genau umrissenen Kontext definieren, um Systeme oder Verhaltensweisen zu charakterisieren, die sie wirklich und sozusagen bei sich zu Hause beobachtet haben; doch eben aus diesem letzteren Grund können die Ethnologen konkret weder mit der einen noch der anderen dieser Definitionen etwas anfangen. Was den Hegelschen oder Comteschen Gebrauch betrifft, so setzt er voraus, daß man von »Negern« oder »Primitiven« sprechen kann ... Gewiß begegnet man dem Terminus »Fetisch« noch recht häufig in der zeitgenössischen ethnologischen Literatur, und noch immer steht er in der jüngsten Auflage von *Notes and Queries on Anthropology,* doch seine Verwendung, die je nach den Autoren stark variiert, geschieht stets *ad hoc,* und vor allem impliziert er keinen angeblichen »Fetischismus« – ein Terminus, der im Gegenteil nur selten auftaucht. Die am weitesten verbreitete Position bei den Ethnologen ließe sich also folgendermaßen zusammenfassen: Fetische vielleicht, aber Fetischismus nie!

Kann man daher nur die irreduzible Vielfalt der Bedeutungen feststellen, die nacheinander mit diesem Wort verbunden waren? Hätten sich die Autoren, die sie formulierten, vielleicht nur eines Markenzeichens bedient? Aber warum? Was war an ihm denn so bequem oder so verführerisch, daß Positivisten, Marxisten, Psychoanalytiker und viele andere es unmittelbar oder mittelbar, bewußt oder unbewußt einem »Philosophen«

4 Marcel Mauss, *Oeuvre* II, Paris 1969, S. 244.
5 ibid., S. 217.

der Aufklärung entlehnten und, über ihn, portugiesischen Seefahrern, die doch, als sie den Terminus prägten, nichts als Verachtung und Unverständnis für die ihnen fremden Kulte und Denkweisen an den Tag legten? Es ist klar, daß die Geschichte dieses Begriffs die Geschichte von Mißverständnissen, Versäumnissen und Sinnverschiebungen ist; aber auch die Sinnverschiebung hat einen Sinn.

Fetisch kommt von portugiesisch *fetisso* oder *feitizo* und bedeutet, wie Littré sagt, verzaubertes und aus diesem Grund verehrtes Objekt. Zu Beginn impliziert in dieser Etymologie nichts, daß der Kultus, wenn es einen solchen gibt, sich an das Objekt als solches richtet. Er kann sich an Gott, an den Geist, an den Genius richten, der in ihm seine vielleicht vorübergehende Zuflucht findet und in diesem Fall wirklich von ihm unterschieden ist. Doch eine solche Unterscheidung zwischen dem Träger und dem, was er trägt, zwischen Zeichen und Bezeichnetem, materiellem Symbol und symbolisierter »Realität«, eine Unterscheidung, die uns in unserer eigenen Religion, unserem eigenen symbolischen System mühelos gelingt, – dazu halten wir den Anderen gern für unfähig; der portugiesische Katholik, dem es keine Schwierigkeit bereitete, die Anwesenheit seines Gottes in der Hostie zu behaupten, ohne deshalb zu sagen, daß dieser Gott die Hostie selbst sei, sträubte sich dagegen, dem »Wilden« die gleiche Abstraktionsfähigkeit zuzutrauen; im übrigen weiß man, welch zähes Leben die Legende vom »Primitiven« hat, der am Konkreten seiner Empfindungen festklebt. Es kann auch sein, daß der Gläubige, ohne es sich einzugestehen, einige Mühe gehabt hat, das Dogma von der wirklichen Anwesenheit anzuerkennen und mit den sich daraus ergebenden Schwierigkeiten fertig zu werden, und daß er, sie auf den Eingeborenen projizierend, der Meinung war, dieser könne sie nicht einmal wahrnehmen. Da ihm selbst vor der Verschmelzung von Gott und Gegenstand bangte, schrieb er sie dem Anderen zu. In dieser Hypothese wäre der Fetischismus der »Neger« vor allem derjenige gewesen, den die christlichen Entdecker von Afrika aufgrund ihres eigenen Glaubens unbewußt für sich selbst fürchteten.

Wie dem auch sei – der Fetischismus erscheint somit als der Kultus unbeseelter Dinge, vielmehr solcher Dinge, die für uns und nach unserer Meinung auch in Wahrheit unbeseelt, für den Wilden jedoch fälschlicherweise mit einer geheimnisvollen Macht begabt sind. Oder aber der Fetischismus ist die Verneinung des Abstands zwischen dem Gegenstand und dem, dessen Träger er ist. Nur ist dies vielleicht nur für denjenigen ein Irrtum oder ein Geheimnis, der, um mit Mauss zu sprechen, nichts weiß vom »Code der Magie oder der Religion« der Gesellschaft, in der man diesen Glauben zu finden meint. Anders gesagt: zweifellos liegt für den Beobachter Fetischismus vor, vielleicht aber nicht aus der Sicht des Beobachteten, und man darf sich fragen, ob sich der Begriff nicht eben durch diese Verschiebung bildet. Zitieren wir noch einmal Mauss: »Wenn man einmal die Geschichte der Religionswissenschaft und der Ethnographie schreiben wird, wird man erstaunt sein über die ungebührliche und zufällige Rolle, die ein Begriff wie der des Fetischs in den theoretischen und deskriptiven Arbeiten gespielt hat. Sie entspricht nur einem ungeheuren Mißverständnis zwischen zwei Zivilisationen, der afrikanischen und der europäischen; sie gründet auf nichts anderem als auf einem blinden Gehorsam gegenüber den kolonialen Gepflogenheiten, den fränkischen Sprachen der Europäer der Westküste.«[6]

In dieser Konklusion widersprechen wir nur einem Wort – und aus diesem Grund kann sie auch nicht unsere Konklusion sein –, nämlich dem Wort »zufällig«. Den Glauben an Fetische gibt es nämlich auch unabhängig von den Europäern: die Nuer zum Beispiel haben Fetische, und dies ist keine Illusion ihres Ethnographen, Evans-Pritchard; aber diese Gegenstände sind, wie sie sagen, fremden und jüngeren Ursprungs. Gewiß glauben sie an deren Macht, empfinden jedoch vor ihnen »die

6 ibid., S. 245.

lebhafteste Furcht«.[7] Sie verhalten sich also so, wie die Portugiesen des 15. Jahrhunderts sich hätten verhalten können, wenn sie an die *nkisi* geglaubt hätten, statt die kongolesischen Vorstellungen zu verachten. Ebenso haben, Lienhardt zufolge[8], die Dinka Fetische, doch sind diese, nach ihren eigenen Aussagen, anderen sudanesischen Stämmen entlehnt. In der Tat lebt keine Gesellschaft vollkommen isoliert, eine jede hat ihre Nachbarn, auch wenn sie sie häufig nur schlecht kennt, was jedoch Entlehnungen nicht verhindert, ganz im Gegenteil, und auf diese Weise kann sich ein entlehnter Kultus für den, der ihn entlehnt, auf eine fetischistische Praxis reduzieren: im Kongo wurde das christliche Kreuz zum Fetisch. Der Fetischismus wäre demnach der unverstandene Kultus, den man annimmt oder herabsetzt. Genauer, der Fetischismus als Theorie ist der fremde Kultus, den man verdammt, indem man ihn zu erklären behauptet; als Praxis ist er der fremde Kultus, den man zu dem seinen macht, ohne ihn zu verstehen. Kurz, der Fetisch ist stets ein Anderer und der Fetischismus strenggenommen das Inintelligible, das Nicht-Denkbare. So ist zu verstehen, daß man (meines Wissens) nirgendwo eine positive Analyse eines autochthonen Fetischismus findet; bestenfalls eine Aufzählung von Riten und Glaubensvorstellungen, sowie die Untersuchung über ihr Sich-Einfügen in ein symbolisches System, das selbst nicht als fetischistisch erachtet werden kann – was z. B. Evans-Pritchard in *Nuer Religion* tut –, aber keinen autonomen Fetischismus. Wenn also die Infragestellung des Begriffs Fetischismus voraussetzt, daß man zunächst die Stellung des Beobachters prüft – um ihn als denjenigen zu erkennen, der in gewissem Sinn vielleicht am meisten an Fetische glaubt –, dann ist es nicht verwunderlich, daß das Wort so lange in Umlauf geblieben ist: wie im Fall des Totemismus handelte es sich darum, »die Denkweisen des normalen, des weißen und erwachsenen Menschen in ihrer Integrität zu erhalten.«[9]

7 Evans-Pritchard, *The Nuer*, Oxford 1937.

8 G. Lienhardt, *Divinity and Experience*, Oxford 1961.

9 Cl. Lévi-Strauss, a.a.O., S. 3 [S. 9].

Für de Brosses ist der Fetischismus tatsächlich ein »kindischer« Kultus, typisch für das »erste faßbare Alter der Menschheit«. In seinem Werk, *Culte des dieux fétiches, ou Parallèle de l'ancienne religion de l'Égypte avec la religion actuelle de Nigritie* (1760), hält sich de Brosses an die Definition der portugiesischen Seeleute, erweitert aber und präzisiert vor allem die Grundidee. Er erweitert sie: ein Fetisch ist ein materieller Gegenstand, er kann auch ein Tier sein, und der materielle Gegenstand kann ebensogut ein natürlicher wie ein gefertigter sein; es kann sich um einen Gegenstand, aber auch um ein Element – das Meer, die Erde – oder einen Stern handeln. Im Grunde kann er irgend etwas sein – und paradoxerweise ist dies die bedeutsamste Präzisierung –, denn das Hauptmerkmal des fetischistischen Kultus besteht darin (de Brosses zufolge; es geht hier nämlich um die Geschichte eines Begriffs, nicht um eine erwiesene Praxis), daß er ein »unmittelbarer Kultus«, d. h. ein Kultus, der sich *unmittelbar* an den Gegenstand, das Tier, den Stern, richtet, und kein symbolischer Kultus ist; er wird dem Gegenstand in seiner Körperlichkeit und seiner äußeren Erscheinung gewidmet. Gewiß beseelt eine Kraft diesen Gegenstand, und aus diesem Grunde ist er Fetisch, doch ist dies sozusagen nur eine theoretische Rechtfertigung. Das Wesentliche liegt darin, daß die Beziehung zwischen dem Praktizierenden und dem, was er fürchtet, verehrt oder benutzt, eine unmittelbare ist, ohne Zwischenglieder: es gibt nichts hinter dem Fetisch, das durch ihn symbolisiert wäre; die Kraft, die in ihm wohnt, durchdringt ihn vollständig und läßt sich nicht von ihm unterscheiden. Der Fetisch ist also nicht die Verwandlung einer geistigen Macht in ein Ding, die Verschiebung einer Bedeutung; und ebensowenig ein Ersatz. Mit de Brosses ist man von Marx und Freud sehr weit entfernt, und nicht einmal Comte so nahe, wie man meinen möchte. Comte versucht, den Fetischismus zu erklären und zu rechtfertigen, was de Brosses nicht in den Sinn kommt, der lediglich auf die fehlende Vermittlung hinweist, die in seinen Augen die ganze Originalität der Fetischist-Fetisch-Beziehung ausmacht, und dann versucht, ein Gesetz für das Ineinandergreifen der Religionen zu definieren, vom primitiven Fetischismus über die »Theosynodie« bis hin zum Theismus.

In dieser Perspektive ist der Fetischismus ein Ausgangspunkt. Doch schon sehr bald hat man die entgegengesetzte Auffassung vertreten, die eines entarteten, zum Aberglauben herabgesunkenen Kultus. Man findet sie bei Dupuis, der im Jahre 1794 ein Buch mit dem Titel *Origine de tous les cultes* veröffentlichte, in dem er eine astronomische Erklärung aller Religionen vorschlägt; Mythen, Dogmen, Riten und Kultgegenstände sind alles astrale Allegorien, doch die Völker vergessen diese Bedeutungen schnell, und auf diese Weise tauchen Aberglaube und Fetische auf, welche, wie Dupuis sagt, die sichtbare Welt über die geistige Welt stellen. Eine solche astronomische Theorie ist zwar kaum haltbar, doch die Erklärung des Fetischismus als einer Entartung hat sicher in zahlreichen Fällen Gültigkeit, insbesondere in dem der entlehnten Fetische. Ein solcher Verfall des Kultus läßt sich in zahlreichen Religionen beobachten. In *La prière et les rites oraux* schreibt Mauss: »Man sieht in einigen Fällen das geistige Gebet so weit herabsinken, daß es nur noch ein materieller Gegenstand ist: der Rosenkranz, der Gebetsbaum, die Gebetsmühle, das Amulett, die Gebetsriemen, die Skapuliere, die *ex-voto* sind wahrhaftige materialisierte Gebete. In Religionen, deren Dogma sich von jedem Fetischismus losgelöst hat, wird das Gebet zum Fetisch.« Diesem Gedanken begegnen wir in einem ganz anderen Zusammenhang bei Marx wieder – dem der Verdinglichung. Könnte man nun Freud nicht umgekehrt mit der anderen Denkströmung in Verbindung bringen? Für ihn ist nämlich der Fetischismus – wie für Comte auf einer anderen Ebene, der der Geschichte des menschlichen Geistes – die Reaktion auf eine *ursprüngliche Situation* oder zumindest eine frühe Situation in der Geschichte des Individuums: den Kastrationsschreck. Und so wie der Fetischist im Freudschen Sinne ein Erwachsener ist, der an einer infantilen Situation festhält, so kann der primitive Fetischist im Comteschen Sinne im zivilisierten Menschen fortleben.

Doch der Gegensatz zwischen de Brosses und Dupuis beruht auf einer Ähnlichkeit, auf ein und demselben Werturteil. Für den ersten wächst der Mensch langsam über den Fetischismus hinaus; für den zweiten läuft er stets Gefahr, in ihn zurückzufallen; für beide ist er eine Illusion, von der man sich lösen und vor der man sich hüten muß. Die Hegelsche Auffassung unterscheidet sich nicht hiervon, höchstens daß sie mehr eurozentrisch, um nicht zu sagen »hegelozentrisch« ist. Für die vorgenannten Autoren war der Fetischismus das Los eines jeden Menschen oder kann es sein; für Hegel ist er wirklich charakteristisch nur für den Neger. In der Tat hat Hegel der Vorstellung, die sich die Europäer des 15. Jahrhunderts von den afrikanischen Kulten machten, nichts hinzuzufügen, er beschränkt sich darauf, sie in sein System zu übertragen. Von den »Afrikanern« sagte er: »Sie kreieren sich das nächste beste Ding, von dem sie sich einbilden, daß es eine Macht über sie sei, zum Genius ... Dies ist der *Fetisch.*« Die Riten, die sie ihm darbringen, haben das Ziel, ihnen die Herrschaft über die Naturgewalten zu sichern, »aber da eben diese Gegenständlichkeit nichts anderes ist als die zur Selbstanschauung sich bringende individuelle Willkür«, ist die Macht des Fetischs und über den Fetisch illusorisch, und »die Macht des Negers über die Natur ist nur eine Macht der Einbildung, eine eingebildete Herrschaft«. Deshalb vermag der »Afrikaner« den »ersten Gegensatz des Menschen gegen die Natur« nicht zu überwinden.[10] Der Fetischismus führt zu nichts, und die Kolonisatoren dürfen ein gutes Gewissen haben.

Die tiefe Originalität von Comte war es, dieses negative Urteil umzukehren und, wenn man so sagen darf, den Fetischismus nicht zu fetischisieren, sondern im Gegenteil, ohne Wortspiel, seine positive Seite zu zeigen, die Benjamin Constant im übrigen vorausgeahnt hatte, als er in *De la religion* schrieb, im Fetischismus gebe es »eine Bewegung, die weit über die Anbetung von einfachen Fetischen hinausgeht«.

10 Hegel, *Die Vernunft in der Geschichte*, ed. Hoffmeister, 5. Aufl., S. 219–224.

Bei Comte begeht man häufig denselben Fehler wie bei Rousseau, indem man ihn nämlich auf streng evolutionistische und chronologische Weise interpretiert. Canguilhem hat deutlich gezeigt, daß »Auguste Comte unter dem Namen Fetischismus eine abstrakte und totale Theorie der Beziehungen von Religion und menschlicher Natur zu erarbeiten suchte; aber man hat nicht erkannt, daß die Comtesche Theorie von den Ursprüngen der religiösen Form des Denkens weniger auf der deskriptiven Kenntnis chronologisch erster Gesellschaftsformen beruht als auf der Klärung der unveränderlichen Bedeutung einer Reaktion des Menschen auf seine ursprüngliche Situation«. Und schließlich: »Auf den Terminus Fetischismus kommt es Comte recht wenig an. Wichtig für ihn ist, die Geschichte der Religionen, einschließlich einiger ethnographischer Gegebenheiten, mit der Geschichte der Wissenschaften in Einklang zu bringen, so daß die Natur des Menschen und die Geschichte des Menschen einander homogen sind ... Der Fetischismus ist die Hypothese, welche die Behauptung gestattet, daß es nur einen menschlichen Geist gibt und daß seine Logik Variationen, aber keine Varianten zuläßt.«[11] Anders gesagt, wenn Comte von Fetischismus spricht, beabsichtigt er keineswegs, die »Primitiven« aus der Menschheit auszuschließen, er versucht im Gegensatz zu denen, die vor ihm das Wort verwandten, den Ethnozentrismus zu vermeiden. Der Gedanke an eine prälogische Mentalität wäre ihm absurd vorgekommen. Seit jeher haben die Menschen geistige Tendenzen gezeigt, und obwohl der Irrtum des Fetischismus von der Herrschaft des Affekts über den Intellekt herrührt, verzeichnet er dennoch eine »spekulative Tätigkeit«, die invarianten logischen Gesetzen untersteht: »Denn die logischen Gesetze, die schließlich die intellektuelle Welt regieren, sind ihrer Natur nach im wesentlichen unveränderlich und allgemein, und zwar nicht allein zu allen Zeiten und an allen Orten, sondern auch bei allen belie-

11 G. Canguilhem, »Histoire des religions et histoire des sciences dans la théorie du fétichisme chez August Comte«, *Etudes d'histoire et de philosophie des sciences,* Paris 1968.

bigen Gegenständen, sogar zwischen denen, die wir reale und fiktive nennen.« Und Comte fügt hinzu, wie an die Adresse der Psychoanalytiker: »Ja, sie werden im Grunde bis in die Träume hinein befolgt.« Bei dieser Rehabilitierung des Fetischismus geht Comte sogar so weit, zu sagen, er sei trotz seiner Primitivität dem positiven Zustand näher als der Theologismus: »Wenn wir die vollständige Positivität für den normalen Typus unserer geistigen Reife nehmen, dann steht ihr der Fetischist weniger fern als irgendein Theologist. Seine allgemeine Annäherung an die Realität ist genauer und zugleich natürlicher: in Wahrheit übertreffen wir sie erst im wissenschaftlichen Zustand.« Denn mag der Fetischist sich auch täuschen, wenn er die anorganische Welt spontan der lebenden Natur gleichstellt, so erzeugt dieser Irrtum doch selbst seine Widerlegung, denn »man kann ihn voll und ganz feststellen und sich von ihm befreien«[12], während der Theologismus, indem er nicht den unmittelbaren Willen eines vermeintlich lebenden Wesens, sondern den unmittelbaren Willen von Kräften behauptet, die der Materie äußerlich sind, »in sich selbst weder Widerlegung noch Bestätigung einschließt«. Anders gesagt, die fetischistische Illusion ist eine »propulsive Illusion«.[13]

Sie ist tatsächlich die erste Form einer kausalen Erklärung: sie besteht darin, »jeden beliebigen, natürlichen oder künstlichen äußeren Körper als mit einem Leben beseelt aufzufassen, das dem unseren analog ist, abgesehen von einfachen Unterschieden der Intensität«. Dies bedeutet keinen Anthropomorphismus, da auch die Tiere dessen fähig sind: »Die Tiere, die hoch genug stehen, um im Falle hinreichender Muße eine gewisse spekulative Tätigkeit zu bekunden (und viele Gattungen sind einer solchen sicherlich fähig), gelangen ganz von selbst auf dieselbe Weise wie wir zu einer Art rohem Fetischismus.« Es bedeutet auch nicht, was einige Ethnologen später Animismus nannten: denn der Animist projiziert die Dualität, die er in sich zwischen seiner »Seele« und seinem Körper spürt, auf die

12 G. Canguilhem, a.a.O.
13 ibid.

Natur, während der zutiefst monistische Fetischist seine eigene lebende Einheit projiziert, woher der »unmittelbare« Kultus rührt, von dem de Brosses sprach. Es handelt sich vielmehr, nach dem Ausdruck von Canguilhem, um einen verallgemeinerten »Biomorphismus«, eine »apriorische Antizipation der Vermenschlichung der Welt«. Apriorisch, also irrig, aber irrig vor allem deshalb, weil sie nicht darauf zielt, objektive Gesetze freizulegen. Nicht weil sich eine solche Projektion willkürlich vollzieht, wie Hegel meint, sondern weil sie die äußeren Phänomene nur einerseits in ihrer Ungewöhnlichkeit und andererseits in ihrer Eigenheit zum Ziel nimmt. Comte zufolge – und die Ethnographie erklärt später seine Behauptung in vielen Fällen für gültig, ohne natürlich ihre Allgemeinheit zu bestätigen – sucht der »Primitive« in erster Linie nicht den gewöhnlichen Lauf der Dinge zu erklären, sondern das Unerwartete, den Bruch, die Gegensätze. Wie schon A. Smith bemerkte, begegnet man nirgendwo »einem Gott der Schwerkraft«. Daher sind »die Gottheiten des Fetischismus hervorragend individuell«; dieser besondere Baum, dieser Fels oder dieses Tier wird ein Fetisch sein, nicht der Baum, der Fels, das Tier im allgemeinen.

Diese Bemerkung ist wichtig, weil sie den Übergang vom Fetischismus zum Polytheismus verständlich macht. Dieser Übergang vollzog sich dank der Wahrnehmung und der Abstraktion von Merkmalen, die allen Wesen gemeinsam waren, die man zu ein und derselben Gattung zählte: »Als z. B. das gleichförmige Wachstum der verschiedenen Bäume eines Eichenwaldes endlich dazu führen mußte, in den theologischen Vorstellungen das darzustellen, was ihre Erscheinungen Gemeinsames boten, da ist dieses abstrakte Wesen nicht mehr der besondere Fetisch irgendeines Baumes gewesen, er ist der Gott des Waldes geworden.« Es handelt sich hier um einen »intellektuellen Übergang« – die Worte stammen von Comte –, und nicht um einen Übergang, der dem Menschen durch seine Bedürfnisse diktiert worden wäre. Bei Comte ist nicht die Spur eines empirischen Funktionalismus zu finden, und er geißelt im übrigen jene »verkehrte metaphysische Theorie der menschlichen Natur, nach der man die Fähigkeiten wesentlich von den Bedürfnissen ableitet«. Kurz, der Fetischismus ist zwar ein unvermeidbarer Irrtum, aber auch die Vorbedingung für die Entwicklung des menschlichen Geistes: noch in seinen Illusionen enthüllt er »die notwendigen Symptome des allerersten Erwachens unserer Intelligenz«, und sogar die Sprache muß in ihrer metaphorischen Konstitution mit ihm in Zusammenhang gebracht werden; außerdem hat er den materiellen Fortschritt der Menschheit begünstigt, da er den Übergang von der Wirtschaft der Jäger und Sammler zu der der Ackerbauern erleichterte.

Diese Verteidigung und Veranschaulichung des Fetischismus hat jedoch nicht gegen die pejorative Konnotation des Wortes aufkommen können. Wahrscheinlich kann er, in einer trotz alledem diachronischen Perspektive befangen, positiv nur geschätzt werden, wenn er überwunden ist; aufrechterhalten oder gelegentlich wiederauflebend, ist nur mehr ein kollektives Überlebsel oder ein individueller Rückfall, eine Fixierung an ein früheres Stadium. Die Evolution, welches immer ihre Umwege sein mögen, ist ein absoluter Fortschritt. Die den Fetisch begründende Projektion, die darin bestand, den äußeren Körpern ein dem unseren analoges Leben einzuhauchen, war notwendig, aber »die Art von Sinnestäuschung«, die sie nährte, verschwand, als man in diesen Körpern die Träger oder die Zeichen verschiedener Bedeutungen sah, die von ihnen loslösbar wurden. Nunmehr konnte der Mensch sowohl *sich* von anderen Realitäten unterscheiden als auch *sie* voneinander unterscheiden, die alleinige Pluralität der stets individualisierten Fetische durch eine immer komplexere Taxinomie der realen Wesen ersetzen und, wenn man so sagen darf, gleichzeitig für sich die *Praxis* wiedererlangen, die er ungebührlicherweise den Dingen zugeschrieben hatte.

So verstehen wir die Position von Marx und Freud. Für Marx ist der Fetischismus das Gegenteil dessen, was er für Comte ist. Zum Beispiel eine Ware oder das Geld zum Fetisch erheben, heißt den Ausdruck einer Beziehung unter Menschen für eine autonome Realität halten und dieser die gesellschaftliche Wirksamkeit zuschreiben, die jener innewohnt. Doch das, was in früheren Zeiten, da der Mensch die Natur vermenschlichen mußte, eine Projektion gewesen wäre, ist heute nur noch eine Verdinglichung, die den Menschen seinem Produkt entfremdet und die Gesellschaft entmenschlicht. Auch für Freud kann der Fetischismus nicht mehr jene ursprüngliche Angleichung des Anderen an das Ich sein, die Comte beschrieb; er konstituiert sich erst später – und deshalb ist er eine Perversion –, wenn das Individuum noch einen Schritt weiter gegangen ist, die Unterscheidung zwischen Zeichen und Bezeichnetem, in diesem Falle zwischen Penis-Objekt und phallischer Kraft vollzogen hat, und zwar gerade um ihre für die Bedeutung unerläßliche Verbindung aufrechtzuerhalten, trotz der festgestellten Abwesenheit des Zeichen-Objekts, an dessen Stelle der Fetisch tritt. »Es ist nicht richtig, daß das Kind sich nach seiner Beobachtung am Weibe den Glauben an den Phallus des Weibes unverändert gerettet hat. Es hat ihn bewahrt, aber auch aufgegeben ... Ja, das Weib hat im Psychischen dennoch einen Penis, aber dieser Penis ist nicht mehr dasselbe, das er früher war. Etwas anderes ist an seine Stelle getreten, ist sozusagen zu seinem Ersatz ernannt worden und ist nun der Erbe des Interesses, das sich dem früheren zugewendet hatte.«[14] Anders gesagt, der »primitive« Fetischist hat, Comte zufolge, das nicht unterschieden, dessen Unterschied der Fetischist im Freudschen Sinne sich nicht eingestehen will.

Die Schlußfolgerung aus dieser Geschichte kann also nicht die Konstruktion eines Begriffs sein. Es wäre vergeblich, eine allgemeine Definition geben zu wollen, die die verschiedenen Bedeutungen des Fetischismus subsumierte. Wir wollten etwas ganz anderes: eine nicht-kumulative Dialektik artikulieren, die

14 Freud, a.a.O., S. 313.

nichts versöhnt, keinen Gegensatz überwindet, aber die es erlaubt, zu einigen jeder Theorie des Fetischismus zugrundeliegenden Fragen zu gelangen. Diese Fragen rechtfertigen das Interesse, das man letzteren entgegenbrachte, die in der Tat wertvoller sind durch die Tatsache, daß sie jene Fragen stellen, als durch die Antworten, die sie darauf geben.

Die marxistische Verwendung des Wortes »Fetisch« ist vor allem polemisch. Marx benutzt es, um jene falschen Theorien zu brandmarken, welche die Priorität der *Praxis* verkennen und daher keine wirklichen Theorien sind, sondern Ideologien. In jeder Gesellschaft kann es Fetischisten geben, d. h. Menschen, die man entfremdet, und Ideologien, die dazu beitragen, sie zu entfremden. Aber der Fetischismus als solcher kann nicht den Schlüssel zu einer gesellschaftlichen Organisation liefern. Die Fetischisierung ist der allgemeine Prozeß, durch den eine Gesellschaft sich selbst undurchsichtig macht, und charakterisiert demzufolge keine im Besonderen, erlaubt es auch nicht, irgendein evolutives Stadium zu definieren. Im Freudschen Sinn kann der Fetischismus nur die Leistung von Individuen sein und nur deshalb vorkommen, weil er nicht allgemein ist: es gibt keine fetischistische Gesellschaft oder Kultur. Die Frage ist nun, ob (oder unter welchen Bedingungen) die Psychoanalyse einer Abweichung Rechnung zu tragen vermag, wie immer die Kultur aussehen mag, in der diese sich definiert. Für de Brosses hingegen gibt oder gab es fetischistische Gesellschaften, doch behauptet er dies nur, weil er naive oder interessierte und stets auf einem unbewußten Ethnozentrismus gründende Interpretationen für Informationen hält. Comte schließlich temporalisiert ein logisches Räsonnement, er erfindet eine Geschichte, die seiner Auffassung von der Natur des Menschen »homogen« sein soll. Der »Primitive«, den er zu beschreiben wähnt, ist lediglich das logische Negativ und die erste historische Annäherung an den positiven Menschen, daher das zwiespältige Urteil, das er über ihn fällt. Die These von Comte wäre trotz der rudimentären Fakten, auf die sie sich angeblich stützt, dennoch weit annehmbarer, wenn man sie ihrer retrospektiven Illusion entblößte und der Fetischismus dann als die immer noch vorhandene Quelle der Vorstellungen erschiene, die der Mensch sich von der Welt macht – wenn man, um mit Lévi-Strauss zu sprechen, ihn nicht mehr »zum Denken der Wilden«, sondern zum »wilden Denken«, zumindest einer seiner Formen machte.

Dennoch bleibt ein grundlegender Einwand bestehen: seine Theorie des Fetischismus bringt Comte dahin, das zu trennen und als aufeinanderfolgend darzulegen, was unzertrennlich und gleichzeitig ist. An den Ausgangspunkt stellt er das Erfassen der Naturerscheinungen in ihrer alleinigen Vielfalt und jede einzelne von ihnen in ihrer absoluten Besonderheit. Die Wahrnehmung der Ähnlichkeiten und Regelmäßigkeiten, die ersten Ansätze einer Klassifizierung hätten erst danach kommen können. Der Fetisch, ein singuläres Objekt, ist die Quelle bestimmter Phänomene, so wie jedes Individuum am Ursprung seiner Taten steht. Er würde also nichts anderes bedeuten, auf nichts anderes verweisen als auf sich selbst. Er hätte keinerlei symbolischen Wert, weil er von keiner Symbolisierung ausginge, er würde seitens des Primitiven nur eine auf das Konkrete halluzinierte Aufmerksamkeit zum Ausdruck bringen. Daß den »Wilden« die Fähigkeit zur Symbolisierung abgesprochen wird, gerade dagegen hat Lévi-Strauss *Das wilde Denken* geschrieben, um zu zeigen, daß im Gegenteil das symbolische Denken stets im Menschen vorhanden ist, daß eine ganz dem Konkreten zugewandte Aufmerksamkeit und der Ehrgeiz nach Symbolisierung ein und dieselbe Haltung sind und daß man, wenn man sie nicht von Anfang an für gegeben hält, nicht begreift, es sei denn durch eine *petitio principii*, wie sie jemals hat entstehen können.

Wenn dem so ist und wenn man weiterhin von Fetisch reden will, muß man diesen wieder in das Feld des symbolischen Denkens stellen und sich fragen, nicht mehr, was der Fetischismus ist, sondern wann und bei welchem Anlaß man von Fetisch spricht.

Bemerken wir als erstes, daß es die Tatsachen nicht erlauben, den Fetischismus als losgelöste Entität zu konstituieren. Wenn es in einer gegebenen Gesellschaft etwas gibt, das man Fetische zu nennen beschließt, so heißt das noch nicht, daß es dort nur Fetische gibt. Wie Evans-Pritchard schreibt: »Der Geist der Menschen funktioniert in verschiedener Weise, auf verschiedenen Ebenen und in verschiedenen Zusammenhängen. So kann sich ein Mensch zu bestimmten Zwecken an einen Fetisch wenden und in anderen Situationen Gott anrufen, und eine Religion kann zugleich polytheistisch und monotheistisch sein, je nachdem, ob der Geist in der Pluralität oder der Einheit aufgefaßt wird.«[15] Anders gesagt, um der Existenz von Fetischen gerecht zu werden, bedarf es keiner besonderen und exklusiven Theorie. Der Glaube an Fetische besteht neben anderen Glaubensformen; es gilt, die Möglichkeit eines solchen Nebeneinanders zu erklären, und genau dies kann die Theorie des primitiven Fetischismus nicht leisten, weil sie versucht, Sequenzen nachzuweisen, statt Korrelationen zu erforschen. Zweifellos kann man beschließen, in den Fetischen, denen man hier oder dort begegnet, Überreste eines alten und zerfallenen Fetischismus zu sehen, doch eine solche Vermutung ist nutzlos, unverbindlich und vor allem zu bequem.

Weisen wir als zweites auf die äußerste Laxheit hin, mit der die Anthropologen den Terminus gebrauchen. Für Frazer kann der Fetisch ein Gott oder auch die Wohnung eines Gottes oder eines Geistes sein; er kann aber auch einfach eine Art Instrument sein, das willentlich vorbereitet wurde, um zu Zielen zu gelangen, die kein anderes Mittel zu erreichen vermag. Fetisch nennt man bald einen natürlichen Gegenstand oder eine natürliche Erscheinung, bald ein materielles Objekt, das nicht an sich, sondern als Repräsentant einer Gottheit verehrt wird, bald den ständigen oder zeitweiligen Wohnsitz eines Geistes. Die *Notes and Queries* unterscheiden zwei Kategorien von »heiligen Gegenständen«, die im übrigen ineinandergreifen können: Kultgegenstände und im Ritual verwendete Gegenstände

15 Evans-Pritchard, *Theories of Primitive Religion*, Oxford 1965 [*Theorien über primitive Religionen*, Frankfurt 1968].

(Masken, Trommeln ...); die ersteren sind anthropomorphe oder zoomorphe Darstellungen oder Darstellungen verschiedenster Art (Phallus, Phantasiegegenstand ...); beide können Fetische genannt werden. Man hat also nur die Qual der Wahl! Der Spielraum, den sich die Anthropologen damit verschaffen, ist vielleicht nur Vorsicht. Sie befinden sich in der Tat in einem lästigen Dilemma: entweder man prägt zur Beschreibung der exotischen Religionen spezielle Begriffe und spricht von Animismus, Fetischismus und so weiter; oder aber man entlehnt den Eingeborenensprachen Termini, die man für unübersetzbar hält (ohne sich indes davon abhalten zu lassen, sie auf sehr extensive Weise auszulegen), und spricht dann von Tabu, Mana, Totem, Baraka[16] ... In beiden Fällen läuft man Gefahr, an einen absoluten Unterschied zwischen uns und den anderen glauben zu machen. Daher zieht es der Ethnograph häufig vor, sich eines Urteils zu enthalten und, wie es scheint, der Eingebung des Augenblicks zu vertrauen.

Aber läßt sich vielleicht doch ein wenig Ordnung in diese Vielfalt bringen? Die Analyse der Religion der Nuer durch Evans-Pritchard[17] weist uns den Weg. Die Nuer glauben an die Existenz von übermenschlichen Kräften, deren Erscheinungsformen äußerst verschieden sind, aber alle zur selben Kategorie gehören, so daß die Nuer die Betonung je nachdem auf die Einheit oder auf die Pluralität dieser Mächte legen können. Diese Kategorie ist die von *Kwoth,* die Evans-Pritchard mit »Spirit« übersetzt; doch dieser Geist (oder diese Geister, wenn man sich mehr an die Vielfalt der Erscheinungen von *Kwoth* hält) hat nichts mit *tie,* der menschlichen Seele zu tun. *Kwoth* ist dem Menschen äußerlich, er wirkt auf ihn ein oder offenbart sich ihm von außen. Die Nuer sind also keine Animisten; sie sind auch keine Fetischisten, wenn der Fetischismus darin besteht, die Phänomene dadurch zu interpretieren, daß man in ihnen Wirkungen sieht, die den Handlungen der Menschen

16 vgl. Evans-Pritchard, a.a.O.

17 Evans-Pritchard, *Nuer Religion,* Oxford 1956. Die folgenden Zitate dieses Autors stammen aus diesem Werk.

vergleichbar sind. Evans-Pritchard beobachtet nun, daß diese Kategorie *Kwoth* keine Rumpelkammer ist, sondern ein Ordnungskriterium enthält: »Es gibt eine Klassifizierung nach Graden in der Konzeption des Geistes: sie reicht vom reinen Geist, der an nichts gebunden ist, bis hin zu dem Geist, der mit menschlichen Wesen in Verbindung steht, mit natürlichen Wesen, unbelebten Gegenständen, und immer enger mit dem verknüpft ist, was sich auf den untersten Stufen der Leiter findet.« Natürlich ist die Verbindung im Fall der Fetische am engsten. Der Fetisch der Nuer ist im allgemeinen »ein Reisigbündel, in dem ein Fetisch-Geist wohnt (*Kulangni*)«. Es ist kein Symbol, wie zum Beispiel jedes beliebige reale Krokodil das Symbol des totemistischen Krokodils ist; es ist auch keine sichtbare Erscheinung des Geistes, wie es in der Nacht ein Leuchten sein kann. »Es ist ein Ding, in dem ein besonderer Geist wohnt. Nichtsdestoweniger fällt es dem Besitzer eines Fetischs schwer, in dem Bündel nichts weiter zu sehen als die Wohnstätte für einen Geist. Vor dem Bündel bringt er seine Opfer dar, ihn hält er seinem Feind entgegen, damit der Geist ihm Schaden zufüge. Außerdem werden die Bündel einzig zu dem Zweck hergestellt, daß sie als Wohnstätte für Geister dienen, und sie haben keine andere Bedeutung als die, die ihnen aus dieser Absicht und diesem Gebrauch erwächst. So wollen die Nuer, wenn sie von einem Fetisch-Bündel sagen, daß es Geist sei, nicht behaupten, daß etwas, das für sie auch einen eigenen Sinn hat, insofern es etwas an sich ist und als solches etwas anderes ist als Geist, außerdem noch etwas anderes sei, nämlich Geist; sondern sie wollen sagen, daß etwas, das keinen anderen Sinn hat, als eine Wohnstätte und ein materieller Aufenthaltsort des Geistes zu sein, Geist ist. Aus diesem Grunde kann man nicht einfach an die Fetische in Termini des Geistes oder in Termini ihrer materiellen Natur denken – wie es beim Regen oder beim Krokodil möglich ist –, sondern einzig und allein in Termini des Geistes.« Dies ist in der Tat recht schwierig, um so mehr, als sich die Aussage nicht umkehren läßt: der Fetisch ist Geist, aber der Geist ist nicht Fetisch. Sollte die Schwierigkeit nur am fremden Ursprung der Fetische liegen? Wenn aber die Nuer Fetische entlehnt haben, dann mußten sie ihnen in ihrem eigenen System einen Platz einräumen können, und eben dies erlaubte ihnen die Theorie der *Kwoth*-Abstufungen. Die Fetische wurden in sie aufgenommen (auf der untersten Stufe) aufgrund der »logischen Notwendigkeit, die Kräfte der Fetische in ein Modell zu integrieren, das die Nuer bereits besaßen«. Die Schwierigkeit ist also dem System immanent. Das Paradox ist letzten Endes, daß man einzig vom Fetisch, trotz seiner offenkundigen Stofflichkeit, nur in Termini des Geistes sprechen kann; der Grund dafür liegt darin, daß das Band des Geistes mit der Realität, die ihm zugeordnet wird, in dem Maße enger wird, in dem man die Leiter hinabsteigt und dem Geist immer materiellere Realitäten zuordnet.[18] Da diese nichts an sich sind, läßt sich von ihnen tatsächlich nur eines sagen: nämlich daß sie Geist sind.

Und dieses Paradox liefert uns die Lösung. Anläßlich von entlehnten Fetischen haben wir vorgeschlagen, in dem Fetisch das zu sehen, was man nicht wirklich zu denken vermag. Doch liegt dies letztlich nicht nur an jenem fremden Ursprung; es handelt sich nicht einfach um eine Schwierigkeit der Umstände. Die Natur des Fetischs selbst ist hier im Spiel: was immer er sein mag, wo immer man ihm begegnet, er ist eine *Grenze*. Der Abstand, den jedes symbolische Band voraussetzt, um ihn zu überwinden, kann sich entweder vergrößern oder verkleinern. Sich so vergrößern, daß das Band fast zerreißt, und nichts, wenn nicht ein gleichsam entleertes Wort, vermag die Immaterialität des Sinns wiederzugeben: das abstrakte Wort ist Zeichen, ist nur Zeichen. Oder sich so verkleinern, daß der Unterschied zwischen der Bedeutung und dem materiellen Träger, der ihr zugeordnet wird, fast verschwindet: der Fetisch ist Bedeutung, ist nur Bedeutung. Das verbale Zeichen und der Fetisch erfül-

18 Desgleichen ist bei den Ashanti »ein Fetisch ein Objekt, das der potentielle Wohnsitz eines Geistes oder von Geistern niederen Ranges ist, die im allgemeinen dem Pflanzenreich angehören« (R. S. Rattray, *Religion and Art in Ashanti*, Oxford 1927).

len somit analoge Funktionen, denn mit Hilfe des Wortes behauptet man, den Gedanken zu *fassen*: die Wörter sind Gedankenfallen, wie die Fetische »Götterfallen« sind.[19] Doch stehen sie einander auch entgegen, denn wenn die Worte nur Fetische wären, würde die Semantik auf die Phonologie hinauslaufen.

Jeder Fetisch erscheint somit als eine der beiden Grenzen der Symbolik, jene Grenze, die man für die unterste hält, weil man gewohnt ist, diejenige für höher zu halten, in deren Richtung sich das Symbolisierte vom Symbol löst, statt mit ihm zu verschmelzen. Der Fetisch einerseits und das abstrakte Wort andererseits bestimmen das symbolische Feld; sie sind Teil ein und desselben Systems, das sie gemeinsam begründen.

19 G. Balandier spricht von »Geisterfallen« bei den kongolesischen *nkisi* in *Au Royaume de Kongo du XVIe au XVIIIe siècle*, Paris 1965.

Alfred Adler
Der Ethnologe und die Fetische

Der Fetischismus hat jedes Bürgerrecht in den anthropologischen Theorien von heute verloren. Man könnte die Geschichte der Irrtümer, Vorurteile und Mißverständnisse nachzeichnen, welche die alten Autoren, die über die primitiven Religionen und insbesondere über die des schwarzen Afrika schrieben, dazu geführt haben, die Pseudotheorie des Fetischismus zu schmieden. Doch wenn man auch einige der Gründe erkennt, welche die Psychiatrie und nach ihr die Psychoanalyse bestimmt haben, den Begriff Fetisch zu entlehnen, um jene Form der sexuellen Perversion zu definieren, die sich durch »die Anbetung eines Objekts« kennzeichnet, so sieht man weniger ein, was den Ethnologen motivieren könnte, diese Bewegung gewissermaßen in umgekehrter Richtung zu vollziehen. Welchen Gebrauch kann er von einem Begriff machen, den er seit langem verworfen hat und der heute in der Form zu ihm zurückkehrt, die ihm in der Freudschen Lehre gegeben wurde? Die Debatte, die sich zwischen Ethnologen und Psychoanalytikern über diese semantische Verschiebung des Fetischismus erhoben hat, bietet in der Tat ein seltsames Bild. Es sieht so aus, als wollten die letzteren mit neu erwachtem Bewußtsein über den metaphorischen Wert, d. h. den unmöglich zu entfernenden anthropologischen Rückstand, den der Terminus enthält, zu dem sie gegriffen haben, um ihre Nosologie der Perversionen aufzustellen, – als wollten sie die Ethnologen veranlassen, die Metapher des Fetischs umzukehren und diesen Begriff wieder in seine Heimaterde zurückzutragen, aus der sie ihn gerade aufgrund der Sinnentstellung, wenn nicht der Sinnverfinsterung entfernt hatten, den er in der Interpretation der religiösen Vorstellungen und Kultgegenstände der primitiven Völker bewirkte. Wenn es sich um ein Wortgefecht handelt, ist es dann vielleicht nicht besser, dem Zufall der Wissenschaftsgeschichte seinen Teil zu belassen, und wenn die Frage die nach den Beziehungen zwischen Psychoanalyse und Anthropologie ist, soll man sie dann nicht auf einer höheren Ebene erörtern?

Dennoch, ein Wortgefecht ist immerhin etwas, um so mehr, als die Tatsache bestehen bleibt – und der Leser kann sich davon überzeugen, wenn er die ethnographische Literatur, auch jüngsten Datums, konsultiert –, daß man gelegentlich noch immer zum Terminus Fetisch Zuflucht nimmt, entweder um eine theoretische Leere zu füllen oder, in den meisten Fällen, aus bloßer sprachlicher Bequemlichkeit, um zu vermeiden, einen jener Grundtermini der einheimischen Sprachen unaufhörlich zu wiederholen, deren zuweilen wuchernde Polysemie jeder Übersetzung spottet, die keine restriktive und folglich ungebührliche Interpretation wäre. Ein gutes Beispiel für die ungenierte Weise, mit der in Ermangelung eines besseren das Wort Fetisch verwendet wird, liefert uns das Buch von R. Jaulin, *La Mort Sara*[1], und zwar in einem Kapitel, das bezeichnenderweise die Überschrift »Einige Sara-Fetische« trägt. Soll man sich mit dem Autor auf einen Wortstreit einlassen, oder ist bei ihm noch ein Rest dessen zu entdecken, was man die fetischistische Illusion nennen könnte, dem vergleichbar, was Lévi-Strauss die totemistische Illusion nannte, oder läßt sich die Wahl des Terminus in irgendeiner Weise rechtfertigen?

Welcher Art sind die Gegenstände, die Jaulin Fetische heißt? Er definiert sie nicht, sondern sagt uns lediglich, welches seine theoretische Absicht ist: »Unser Ziel ist es, den Weg zu untersuchen, durch den sie im Geist der Menschen existieren und sich vom Standpunkt der gesellschaftlichen Logik rechtfertigen.« Anders gesagt, er will uns erklären, was die »Fetische« im Rahmen seiner Interpretation der Kultur der Sara aus dem Tschad bedeuten, wird uns aber nichts über das verraten, was sie an sich sind, als Gegenstände, die auf eine bestimmte Weise aus einem besonderen Material gemacht sind, eine Weise, die mit spezifischen Vorstellungen und rituellen Akten zusammen-

1 Robert Jaulin, *La Mort Sara*, Paris 1967.

hängt. Auf den ersten Blick ist die Verwendung des Terminus Fetisch also willkürlich, denn Jaulins Analyse gewährt uns keinen Einblick in die Beziehung, die ein Individuum oder eine Gruppe zu einem Gegenstand unterhält, er ertränkt im Gegenteil diese Beziehung in einer Gesamtheit von allgemeinen, nach jener »gesellschaftlichen Logik« artikulierten Bedeutungen, die ihm zufolge das Merkmal der Sara-Kultur ist. Auf diese Weise überwindet oder vielmehr reduziert er das irreduzibel Willkürliche dieses eigentümlichen Gegenstandes, den er Fetisch nennt. Man urteile selbst. Die Sara haben ein Wort *yo*, das sie in vielen Bedeutungen verwenden, insbesondere zur Bezeichnung jeder Art von kulturellen oder magischen Gegenständen. Dieses Wort übersetzt Jaulin mit Fetisch, von dem er uns statt einer Definition mitteilt: »Die Fetische haben alle die Macht, den Tod zu verursachen, und wirken seis im Namen von Individuen, seis im Namen eines Kollektivs.« Tatsächlich hat das Wort *yo* in der Sara-Sprache als erstes die Bedeutung von Tod. Es bezeichnet auch den Geist des Todes, denjenigen, der sich z. B. den Kindern während der Initiation in der klanglichen Form des Schwirrholzes offenbart, aber auch auf viele andere Weisen. Der Totenplatz, auf dem die Leiche ausgestellt wird, das gesamte Zeremoniell der Bestattungsriten sind *yo*. Schließlich ist alles, was den Tod geben kann, Geister, Gegenstände, in denen sie sich verkörpern, und Seelen fressende Zauberer, ebenfalls *yo*. Man sieht, daß wir es bei dem *yo* mit einer jener Grundkategorien des religiösen Denkens eines Volkes zu tun haben, das in einem einzigen Wort eine Fülle von Vorstellungen verdichtet hat, deren Kohärenz beim ersten Anlauf weder auf der Ebene der Sprache noch auf der der Erfahrung zutage treten kann. Wir geben zu, daß ein solcher Terminus den Ethnologen vor erhebliche Übersetzungsschwierigkeiten stellt. Sehen wir uns anhand eines Beispiels an, was uns der von Jaulin vorgeschlagene Begriff Fetisch bringt.

Yo Bolo. Seine Verwendung ist den Einwohnern zweier Dörfer eigentümlich. Es handelt sich um die Wurzeln eines Baums (einer Ficus-Art, doch der Autor versäumt es, sie uns mitzuteilen[2]), die einst ein Mann aus dem Dorf Djaha unter dem Pfad begrub, den sein Rivale aus Marabé zu nehmen pflegte, um der Frau einen Besuch abzustatten, um die sie beide warben. Der Mann aus Marabé wurde krank, und der Wahrsager sagte ihm, daß die Ursache seines Leidens jener *Yo Bolo* sei. Seine Eltern baten den Mann aus Djaha, die Wurzeln wieder auszugraben, doch er weigerte sich. Und so kommt es, daß noch heute die Leute aus Marabé sich zu einem Fest nach Djaha begeben können, die Familie des Kranken aber keine Nahrung verzehren darf, die vom Besitzer des *Yo Bolo* stammt, aus Furcht, vergiftet zu werden. Dies sind die Tatsachen, die den Autor veranlassen, uns seine Interpretation des »Fetischs« vorzuschlagen. Er vermerkt zunächst eine Äquivalenz zwischen der Vergiftung durch Nahrungsmittel und den unheilvollen Ausdünstungen des *Yo Bolo* und sieht den Beweis dafür in der Tatsache, daß die Leute in beiden Fällen dasselbe Wort verwenden. Sicherlich geht es immer um *Yo*, den Tod, aber die Erzählung zeigt nur, daß mein Opfer, weil ich einen *Yo Bolo* vergraben habe, auch durch die Nahrung vergiftet werden kann, die ich ihm gebe; sie sagt aber nicht, daß die beiden Todesursachen äquivalent sind. Der Autor spürt wohl, daß gerade dieser Unterschied wichtig ist, denn er fügt sofort hinzu – und dies ist das Einzige, was er über die Beziehung zum »fetischistischen« Objekt verlauten läßt –, daß »das, was der *Bolo*-Wurzel zu wirken erlaubt, natürlich die Existenz einer Kooperationsbeziehung zwischen ihr und einem Menschen ist, so daß sie in seinen Händen streng genommen zu einer Waffe wird, die allerdings erst wirken kann, wenn sie vergraben ist«. Wie sieht diese Kooperationsbeziehung aus, worauf gründet sie, was heißt es, Wurzeln vom *bolo*-Baum unter einem

2 Wir weisen auf diese »Unterlassung« hin, denn sie ist bezeichnend für die Methode, die der Autor gegenüber dem Denken der Eingeborenen anwendet. Wenn der oder die symbolischen Werte eines Objekts nicht offenkundig sind, postuliert er das Willkürliche der Wahl dieses Gegenstandes bei dem beschriebenen Gebrauch und begnügt sich mit den allgemeinen Eigenschaften der Beziehungen, die dieser Gebrauch ins Spiel bringt.

Pfad zu vergraben, um einem verliebten Rivalen zu schaden? Wir werden es nicht erfahren. Indem Jaulin dem besonderen Charakter der Beziehung des Menschen zum *Yo Bolo* entschieden den Rücken kehrt, geht er einen Schritt weiter in der Verallgemeinerung und behauptet »als Hypothese die Macht (des Fetischs), die Erde zu benutzen«. Damit hat er sich aus der Affäre gezogen, wenn ich so sagen darf, er ist im Besitz seiner Begriffe und ihrer Verknüpfung, um den Fetisch, d. h. einen beliebigen Gegenstand interpretieren zu können, der die Beziehungen zwischen Erde, Frau, Nahrung etc. ins Spiel bringt. Auf diese Weise kommt er zu folgendem allgemeinen Satz: »Den Pfad nehmen und die Frau nehmen, sind zwei äquivalente und zugleich komplementäre Handlungen, wobei der totale Akt ihrer Gesamtheit entspricht. Der *Bolo* stellt den Menschen in seinem Zwang dar oder in seinem Recht auf diesen Weg, der die Erde ist, hier begrenzt, und der zu einer Frau führt; er ist also das Äquivalent der Ahnen und der begrabenen Häuptlinge – aber für ein Individuum und nicht mehr für einen Clan.« Es liegt nicht in meiner Absicht, über die Wahrheit dieser Beweisführung zu diskutieren, nicht einmal über ihre ethnologische Exaktheit. Ich stelle lediglich fest, daß für Jaulin der Fetisch die abstrakte Vorstellung der Beziehung zwischen der Erde und der Exogamie repräsentiert. Daß die Sara den vergrabenen Wurzeln des *Bolo*-Baums eine solche Macht zuschreiben – dies bedarf keiner besonderen Erklärung; es handelt sich um einen Fetisch, anders gesagt, um einen beliebigen Gegenstand, der nur durch den Gebrauch determiniert wird, welchen die der »gesellschaftlichen Logik« unterworfene Kultur sich von ihm macht. Diese von Ethnologen gehandhabte Logik hält sich an einem Teilobjekt schadlos, das vom Korpus der Vorstellungen, Mythen und Rituale, die ihm seinen besonderen Sinn verleihen, losgelöst ist, läßt seinen Platz jedoch leer, wobei diese Leere den subjektiven Verhaltensweisen der an seinem Kultus Teilhabenden entspricht, mit denen die Theorie nichts anzufangen weiß. Somit läßt sich die Funktion des Terminus Fetisch in der Analyse von Jaulin verstehen: er wurde willkürlich gewählt, um den willkürlichen Charakter bestimmter Gegenstände darzustellen, die die Kultur auswählt, um sie zu Trägern von Bedeutungen zu machen, die sie enthält und durch dieses Mittel kommuniziert.

Wenn in der Ethnologie der schwarzen Religionen der Wesenszug des Fetischismus in der Verkennung des integrierten und totalen Charakters des religiösen Denkens der afrikanischen Völker besteht und infolgedessen in der Verkennung der Mühen, deren es bedarf, um zu seinen innersten Grundlagen vorzudringen, dann müssen wir sagen, daß die von Jaulin vorgeschlagene Interpretation des *Yo Bolo* von der fetischistischen Illusion zehrt. Zu behaupten, es gebe in einer Kultur Gegenstände, die wie Fetische funktionieren, insofern sie willkürliche Zeichen sind, die allgemeine Bedeutungen transportieren, und andererseits den Fetischismus zu verwerfen, weil man diese Gegenstände nicht mit einer bestimmten Art der subjektiven Befriedigung in Zusammenhang bringen kann, läuft letztlich darauf hinaus, das Wesentliche des Fetischismus (desjenigen des Ethnologen) zu konservieren, nämlich die seiner Analyse trotzenden Symbole für unbedeutend zu halten. Der Leser von *La Mort Sara* wird sich mühelos von dieser Voreingenommenheit Jaulins überzeugen können, wenn er die Gesamtheit der Beispiele von *Yo*, die er uns präsentiert, überprüft. Das Kapitel, das ihnen gewidmet ist, besteht aus einer Reihe von kurzen Interpretationen nach dem Muster, das ich anhand des *Yo Bolo* nachgezeichnet habe. Ein einziger Fall wird wirklich entwickelt, im übrigen auf beachtliche Weise, nämlich der des *Yo Djungo,* des *Yo* der Zwillinge, der einer der wichtigsten und auch verbreitetsten Kultgegenstände im ganzen Gebiet der Sara ist, das fast den gesamten südlichen Teil des Tschad umfaßt. Die ethnographischen Daten erlauben es, die Funktion des Zwillingskults in der sozialen Organisation zu erkennen, den Platz der Zwillingsschaft in der Mythologie auszumachen und zu sehen, wie diese Kategorie in den großen kollektiven Ritualen funktioniert: kurz, etwas vom religiösen Denken der Sara zu begreifen. Unter diesen Umständen zu sagen, daß der Altar der Zwillinge ein Fetisch sei, hat keinerlei Bedeutung mehr, und der Terminus ist auf seine Rolle der bloßen Bequemlichkeit herabgesunken. Wir müssen also schließen, daß der Fetisch ein Pseudobegriff ist, ein Schlupfwinkel, dazu bestimmt, uns über die theoretische Ergiebigkeit eines Interpretationssystems zu täuschen, das nicht zögert, seine eigene Rede an die Stelle derjenigen der Kultur zu setzen, deren Geheimnisse er nicht zu ergründen vermochte.

Aber wenn es auch stimmt, daß die religiöse Anthropologie sich von der fetischistischen Illusion befreien muß, die auf der allzu bruchstückhaften Kenntnis und damit schon Unkenntnis der religiösen Vorstellungen eines Volkes gründet, so bleibt vielleicht dennoch die Tatsache bestehen, daß es Gegenstände gibt, die innerhalb einer Kultur wie Fetische funktionieren. Dem Ethnologen widerstrebt es, sich in den Bereich der in ihrer gesellschaftlichen Dimension betrachteten Perversion zu wagen, denn er muß sich hier nicht nur für inkompetent halten, sondern auch das Schweigen der Psychoanalyse in dieser Frage bedauern. Es gibt nicht einmal den Ansatz einer Soziologie der Perversion in unserer Zivilisation. Ein solches Unternehmen wäre indes nicht vergeblich, und die Psychoanalyse wie die Anthropologie würden viel dabei gewinnen. Von *Totem und Tabu* bis zu *Der Mann Moses und die monotheistische Religion,* um nur Freud selbst zu nennen, haben die psychoanalytischen Betrachtungen über die Religion nicht verfehlt, die Ethnologen anzuregen, und auch wenn ihr Interesse sich vor allem in oft legitimen Widerständen äußerte, die sich aber zuweilen nur dem Nichtverstehen des eigentlichen analytischen Standpunkts verdankten, so hat es nichtsdestoweniger ihre Konzeption des religiösen Faktums zutiefst geprägt. Obwohl nur sehr weniges über die Beziehungen zwischen den rituellen Gegenständen und den Fetischen des Perversen vorgebracht wurde, darf man von der Freudschen Theorie des Fetischismus auch erwarten, daß sie ein neues Licht auf einige rätselhafte Objekte wirft, denen man in den religiösen Praktiken der afrikanischen Völker begegnet. Ich habe zwei Beispiele aus der Moundang-Gesellschaft

(Tschad) im Auge, deren mit dem Königtum verbundene Riten ich insbesondere untersucht habe.

Der *ke* des Königs von Léré. Beim Tché-Soré, dem Fest der Seele der Hirse, das nur in der königlichen Hauptstadt Léré abgehalten wird und das Ende der Erntezeit markiert, wird eine riesige Hirsegarbe, die eine große Zahl der gezüchteten Arten enthält, in die persönliche Scheune des Königs eingebracht. Diese Scheune, gewaltigen Ausmaßes, steht in der Mitte des Palasthofs und symbolisiert die königliche Macht, Unterpfand für das Wohlergehen des Volkes. Ein junger Mann aus der Dienerschaft des Königs – der nach Ausführung dieses Ritus in den Rang eines Hofnotablen erhoben wird – wird von den religiösen Autoritäten dazu ausersehen, diese Garbe von dem vom Wahrsager bezeichneten Acker des Königs zu dessen Scheune zu tragen. Im Busch, auf dem Acker, auf dem die Garbe vorbereitet wurde, findet der Ernennungsritus statt. Der auserwählte Knabe wird vollständig ausgezogen, und der Vertreter eines der Clans der Krokodile (die das Beschneidungsmesser besitzen) nimmt an ihm eine Scheinbeschneidung vor. Dann bewirft man seinen nackten Körper mit Asche und weißem Staub und zieht ihm den Penisbeutel über, wie man es bei der Initiation tut. Damit ist er bereit, auf seinem Kopf die Garbe zu empfangen. Doch vorher legt man auf deren Spitze noch drei Gegenstände, eine Hacke, eine Sichel und ein kleines Wurfmesser: die Sacra des Königs. Diese Sacra werden heimlich im Schlafzimmer einer der königlichen Gattinnen aufbewahrt, dem der Mamuryan, einer Art Hohepriesterin, die bei allen Opferungen, die während des Festes im Hof des Palasts stattfinden, den Vorsitz führt. Diese Sacra darf der König selbst nicht zu Gesicht bekommen, denn er könnte daran sterben. Gewiß können sie, so hoch oben auf der Garbe, auch vom Volk nicht gesehen werden, das in Massen den Weg des Trägers säumt oder vor der Schwelle des Palasts steht. Aber man weiß, daß die Sacra hervorgeholt wurden, daß sie dem Tageslicht ausgesetzt sind. Dem zu Fuß gehenden Träger reitet einer der religiösen Häuptlinge voraus, und er wird gefolgt von den

Notablen und der Menge der Einwohner von Léré. Er nimmt einen vom Wahrsager vorgeschriebenen Weg und kommt von Westen her zum Palast. Sobald er in Sichtweite des Palasts gelangt, wirft der König, der den Zug erwartete, dreimal Kieselsteine in seine Richtung und zieht sich eilig in seine Behausung zurück, um die Garbe nicht zu sehen, auf der seine Sacra liegen. Die Kieselsteine, mit einem Pulver überzogen, das ein zum königlichen Schutz bestellter Sklave rituell zubereitet hat, wenden von seinem Haupt die Gefahren ab, die das Zurschaustellen der Sacra erzeugt, und übertragen sie auf den Träger der Garbe. Dieser dringt schließlich in den Hof des Palasts ein, geht bis zum Fuß der Scheune und klettert die Leiter hinauf (einen Palmstamm, in den schmale Stufen eingekerbt sind), um seine Last in die Öffnung dicht an der Spitze jener großen Granate zu legen, an die die königliche Scheune erinnert. Wenn er stolpert und die Garbe fallen läßt, wird er auf der Stelle getötet. Dies ist, kurz zusammengefaßt, das Ritual der Seele der Hirse. Die Frage, die uns hierbei interessiert, ist die nach dem Sinn des Zurschaustellens der Sacra auf der Garbe. Die erste Interpretation, die ich von meinen Informanten erhielt, war ein unmittelbarer Kommentar zu diesen drei Symbolen. Der König von Léré ist der direkte Nachfolger des Gründers der Moundang-Gesellschaft, Damba. Dieser Kulturheros war ein im Busch lebender Jäger, den der Zufall in die Nähe eines Dorfes führte, dessen Bewohner niemals Fleisch aßen. Damba gab ihnen Wild, und nach einer Reihe von Vorfällen machten sie ihn zu ihrem König, denn sein Verdienst als Fleischlieferant übertraf dasjenige ihres alten Clanhäuptlings, der sie nur mit Bohnen ernährte. Doch der Gegensatz zwischen dem Buschjäger und dem seßhaften Volk der Ackerbauern besteht noch immer. Das Wurfmesser, eine Waffe des Jägers – und ein Gegenstand, den die Moundang sonst nicht kennen – ist dazu da, diesen Gegensatz zu bezeichnen, und für die Akkerbauern ein Gegenstand des Gespötts. Die Sichel, die vor allem zum Schneiden des Grases benutzt wird, das als Pferdefutter dient, stellt die Gesamtheit jener jungen Diener dar, welcher der Garbenträger angehört, und symbolisiert somit die politische und militärische Macht des Souveräns. Die Hacke schließlich repräsentiert natürlich die Ackerbauern, das Volk von Léré. Die Sacra sind also sowohl der Gegensatz zwischen dem König und seinem Volk als auch ihre Einheit, sowie die Kraft, die daraus resultiert. Indem man die Rückkehr der Seele der Hirse feiert, erinnert man an die Verbindung, auf der der Wohlstand des Landes gründet. Der König, der in seiner Person allein den einen der Termini dieser Verbindung stützt, den der Souveränität, ist in Gefahr, denn er riskiert, vom Gewicht einer Macht erdrückt zu werden, die ihre Wirkung nur von dem anderen Terminus bezieht. Der König ist nichts, das Königtum alles, sagen die Moundang. Das Volk findet in der Wiederholung der Initiation die Garantie für die Erneuerung und sein ständiges Fortleben. Allein der König ist angesichts des Todes hilflos, da jede Zeremonie für ihn eine Probe ist, die seine Fähigkeit ins Spiel bringt, der Forderung, deren Gegenstand er ist, gerecht zu werden. Ein Sprichwort sagt, daß die Feste der Seele der Hirse die Jahre des Königs zählen. Die Sacra, die er nicht sehen kann, ohne zu sterben, sind dazu da, ihn an die Hinfälligkeit seiner Herrschaft und die Lächerlichkeit seiner einsamen Macht zu erinnern. Es handelt sich hier nicht um eine Lektion in politischer Moral, sondern um das Wesen des Königtums selbst, so wie es von der Moundang-Gesellschaft konzipiert wird. Doch kommt zu dieser ersten, offiziell zu bezeichnenden Interpretation der Symbole, die auf der Garbe des Tché-Soré getragen werden, eine zweite hinzu, die deren verborgenen Sinn zu enthüllen vorgibt und nur den älteren Männern bekannt ist. Dieser esoterischen Interpretation zufolge repräsentieren die Sacra in Wahrheit den *ke* des Königs, d. h. seine Macht über den Regen. Die Gegenstände werden heimlich mit einem Medikament bestrichen, das ein Sklave zubereitet hat, und wenn der Regen sich zu fallen anschickt, holt man die Sichel hervor, die das Wasser daran hindert, die Erde zu berühren. Der Himmel wird rot, und der von der Sichel aufgehaltene Regen fällt auf die Erde rings um das

Dorf, läßt dieses aber trocken. Die Hacke schneidet, trennt die Wolken vom Regen ab und hindert ihn am Fallen. Dasselbe gilt für das Wurfmesser. Die Informanten sagen nicht, daß diese drei symbolischen Gegenstände der *ke sind*, und daß die erste Interpretation falsch ist und nur den äußeren Schein trifft. Als Träger von symbolischen Werten, die für jeden Moundang zutage liegen, sind die Gegenstände wirklich das, was sie sind; zugleich aber, bei dem Fest, hat ihre Zurschaustellung die Bedeutung, den *ke* zu repräsentieren. Was der *ke* als Gegenstand wirklich ist, ist schwer zu erfahren, denn die Moundang argumentieren folgendermaßen: zuerst war der *ke* ein Stein, ein seltener Stein mit lebhaften Farben, den ein Fremder dem König von Léré gab. Ob dieser Stein verlorenging oder ob er gestohlen wurde, auf diese Frage läßt sich keine genaue Antwort geben, jedenfalls ist er nicht mehr beim König von Léré. Ein *ke* befindet sich in den Händen des Häuptlings von Berlyan und ein weiterer in den Händen des Häuptlings von Trene (zwei große Dörfer im Osten von Léré; aus dieser Richtung blasen die Winde, die den Regen bringen); diese *ke* sind Gegenstände, die niemand je gesehen hat, aber sie stellen den *ke* des Königs von Léré dar, der auch über diese beiden Dörfer herrscht. Und wenn der Wahrsager anläßlich des Perlhuhnfests, einer Versöhnungszeremonie für den Regen, seine Kieselsteine befragt, um zu erfahren, ob der *ke* in der kommenden Jahreszeit gnädig oder verhängnisvoll sein wird, wendet er sich an diese beiden Dörfer, ohne den *ke* des Königs von Léré zu erwähnen, um den allein es wirklich geht. Die Existenzweise des *ke* ist also die der unsichtbaren Substanz, die ihr Dasein aus der Beziehung schöpft, die sie mit der Person des Souveräns unterhält, der sie hat und zugleich nicht hat. Als gefährliche Substanz mit der unheilvollen Macht, den Regen aufzuhalten, stellt sie den schlechten Teil der Souveränität dar, denjenigen, welcher der Kontrolle der religiösen Autoritäten entgeht, die im Namen der über die Erde herrschenden Clans handeln. Durch den *ke* bewirkt der König, daß man ihn fürchtet und zugleich liebt, denn er zeugt davon, daß er auch die Ursache der Wohltaten, der reichlichen Ernte ist, die der Regen bringt. Diese Ambivalenz drückt nicht so sehr die der Gefühle aus, die das Volk gegenüber seinem König hegt, sondern mehr die prinzipielle Dualität, die der Souveränität zugrundeliegt und den, der sie innehat, zu einer mit magischen Kräften begabten König-Frau und einem gesetzgebenden König-Vater macht.[3]

Das Nebeneinander der beiden widersprüchlichen Interpretationen der königlichen Sacra läßt sich also erklären: es läuft letztlich darauf hinaus, daß diese entgegengesetzten Prinzipien, welche die Teilung der Souveränität in der politischen Gesellschaft der Moundang ausdrücken, gleichzeitig behauptet werden. Aber man erkennt sehr wohl, daß die beiden Behauptungen nicht auf derselben Realitätsebene liegen, daß sie nicht äquivalent sind. Die erste spricht einen manifesten symbolischen Inhalt aus, den die zweite verwirft, gemäß einem Mechanismus, der sich gut mit dem der *Verleugnung* des Freudschen Fetischisten vergleichen läßt. Der König-Vater läßt seine Hirse durch einen Stellvertreter seines Sohnes einbringen, der das Volk der Ackerbauern repräsentiert, denen er seine Wohltaten spendet. Doch die auf der Garbe liegenden Embleme sind die Zeichen für die Lächerlichkeit der väterlichen Macht[4] des Souveräns, gemessen an der Macht der Erde, die allein den Clans zusteht. Indem die zweite Interpretation diese Unterschätzung des Vaters bestreitet, behauptet sie, daß die wahre Macht die unsichtbare Macht sei, die Macht des *ke*, der dem Zauberer-König gehört, derjenige, welcher der Erde fremd ist,

3 Vgl. meinen Aufsatz in *Cahier d'Etude africaine*, Nr. 35, Bd. IX, 1969, in dem auf das Problem der Konzeption der Souveränität bei den Moundang eingegangen wird, worüber ich mich hier nicht auslassen kann.

4 Die Tatsache, daß die Sacra, besonders das Wurfmesser des Jägers, Gegenstände des Gespötts sind, bezeugt, daß die Filiationsbeziehung, die das Volk mit seinem König vereint, reine Konvention ist. Man meint vielmehr, daß sie irgendwo zwischen der Filiation und der Heiratsverwandtschaft liegt, und sie hat nicht den paranoischen Charakter der göttlichen Filiation, der man in anderen Staatsformen in Schwarz-Afrika begegnet. Sie ist in dem Sinn symbolisch, daß sie wenig Realität besitzt.

der nicht den Initiationsriten unterworfen ist, der die allgemeinen Regeln der Exogamie durchbrechen kann, mit einem Wort, derjenige, der Frau ist. Ein Psychoanalytiker würde zweifellos ohne Zögern sagen, daß der *ke* den mütterlichen Penis repräsentiere, und folglich in ihm ein Fetischobjekt sehen. Gewiß trägt der *ke* aufgrund der Ambiguität seines Objektstatus und aufgrund seiner Natur als Repräsentant einer weiblichen Macht unbestreitbar fetischistische Züge, doch wäre eine solche Versicherung auf ethnologischer Ebene von recht geringer Tragweite, wenn sie sich darauf beschränkte, dem Fetisch des Perversen ein magisches Objekt gleichzustellen, das ein Hauptbestandteil der Vorstellungen ist, die die Moundang von der Macht haben. Zu sagen, daß der *ke* wie ein Fetisch funktioniert, heißt behaupten, daß das Königtum der Moundang eine perverse Struktur besitzt, und die Frage, ob der König von Léré ein Perverser ist oder nicht, ist ein anderes Problem. Eine solche Beleuchtung eines politischen Systems mag dazu angetan sein, die ethnologische Forschung anzuregen, aber man wird zugeben, daß es nicht leicht ist, allen Nutzen daraus zu ziehen, sofern sie überhaupt in der Lage ist, sie aus eigenen Kräften zu leisten.

Ich schließe mit einem zweiten Beispiel, welches das Rätsel, das die Begegnung mit einem Fetisch immer stellt, ganz im Ungewissen beläßt. Es handelt sich wieder um Regalia, einen Gegenstand, der diesmal nicht dem König von Léré, sondern dem Häuptling des Dorfes Gégou gehört, das seit jeher von Léré unabhängig war. Der betreffende Gegenstand ist selten, äußerst kostbar, ein Nasenriemen, der einigen zufolge aus Gold, anderen zufolge aus Kupfer ist und dem man den Namen *gematahré* gibt. Ein Sklave hatte ihn einst im Busch gefunden und ihm seinem Herrn Damba übergeben, dem Begründer der königlichen Dynastie der Moundang, der ihn sorgfältig aufbewahrte. Einer anderen Version zufolge fand ein Jäger im Busch eine goldene Kugel, die er Exkrement des Mondes nannte. Er schenkte sie Dama, der sie zu einem Nasenriemen schneiden ließ.

Folgendes erzählt die Legende: Damba lag im Sterben und rief seinen ältesten Sohn zu sich, denn er wollte mit ihm sprechen und ihm letzte Ratschläge erteilen. Voller Hochmut – denn er war sicher, das Königtum zu erben – zögerte dieser, dem Ruf seines Vaters zu folgen, und so fand sich sein jüngerer Bruder, Ndeidjou, als erster am Bett des Sterbenden ein. Damba sagte zu ihm: »Du weißt, daß du nicht erben kannst, und trotzdem bist du gekommen. Nimm zur Belohnung diesen Gegenstand, nimm den *gematahré* und mach dich mit ihm auf deinen Weg.« Ndeidjou nahm das Geschenk an und versteckte es im Busch. Dann kam der Ältere und erfuhr, was geschehen war. Überall ließ er nach dem *gematahré* suchen, doch der Gegenstand blieb unauffindbar. Dort, wo der *gematahré* war, gründete Ndeidjou das Dorf Gégou, und wegen dieses Gegenstands gab es eine Grenze, die Gégou für immer von Léré trennte. Dies ist der Grund für die Trennung der beiden Häuptlingsbezirke. Und auch heute noch, so kommentiert der Erzähler, wollen die Leute von Gégou den *gematahré* nicht den Leuten von Léré zeigen, aus Angst, diese könnten sich seiner bemächtigen. Aufgrund ihres Erstgeborenenrechts erheben sie ständig Anspruch auf den Schatz, und man sagt sogar, daß sie Kriege geführt haben, um ihn sich anzueignen. Aber der Häuptling von Gégou bewahrt den *gematahré* eifersüchtig im Haus seiner Gattin Mamuryan auf, und er wird nur zur Totenfeier der Häuptlinge hervorgeholt. Das Pferd, das ihn trägt, muß noch im selben Jahr sterben, und sein Kadaver wird in den Busch geworfen, in den heiligen Hain, der den Häuptlingen als Friedhof dient. Ebenso wie der *ke* von Léré darf auch der goldene Nasenriemen von keinem Häuptling aus Gégou gesehen werden, denn er würde daran sterben.

Lange war mir die Bedeutung des Terminus *gematahré* verborgen geblieben. Hartnäckig antwortete man mir: es ist das kostbarste Ding auf der Welt. Nur durch Zufall erhielt ich seine genaue Übersetzung: das, was zwischen Vagina und Anus ist. Aber keine Kommentare, allenfalls Gelächter. Wie läßt sich die Funktion eines solchen Gegenstands begreifen? Sagen wir zuerst, daß er aus einem Metall besteht, das die Moundang sonst nicht kennen (sie verwenden zu seiner Bezeichnung ein Peul-Wort), und daß er einen Schmuck von hohem Ansehen darstellt, denn nur die Könige können solches Geschirr für ihre Pferde haben. Es ist also ein königliches Emblem *par excellence*, und der Name *gematahré* unterstreicht die Verwandtschaft des Königsstatus mit dem, was sich auf den Genuß bezieht. Den *gematahré* besitzen, das allerkostbarste Ding, heißt über dem Unterschied der Geschlechter stehen. Und so wie Tiresias seine Kenntnis vom Genuß jenseits dieses Unterschieds mit Blindheit bezahlt hat, macht der Anblick des goldenen Nasenriemens den Häuptling blind. Im übrigen jedoch zielt die kleine Erzählung, die wir soeben lasen, darauf ab, uns den Gegensatz der beiden benachbarten Häuptlingsbezirke verständlich zu machen, von denen der eine der ältere, der andere der jüngere ist. Rechnung getragen werden muß der Unabhängigkeit des zweiten vom ersten. A priori gibt es keinen Grund dafür, daß Ndeidjou seinen eigenen Häuptlingsbezirk gründet: das politische System der Moundang beruht streng auf der Regel der Erstgeburt, und wenn beim Tod des Königs dessen ältester Sohn ihm nachfolgt, werden seine jüngeren Brüder in den Busch geschickt, um die Dörfer unter der Gerichtsbarkeit von Léré zu befehligen. Die Beziehung der Jüngeren zu ihrem ältesten Bruder ist eine Beziehung der Unterwerfung. Alle Macht kommt vom König von Léré, der in keinem Fall ein *primus inter pares* ist. Die Unabhängigkeit von Gégou kommt also einem Skandal gleich, der nur dadurch gerechtfertigt ist, daß Damba seinem Sohn Ndeidjou den *gematahré* geschenkt hat. Aber diese Rechtfertigung ist keine Legitimation, und daher begehren die Leute von Léré immer noch den Fetisch-Schatz ihrer jüngeren Brüder. Zweifellos hatte der Älteste einen Fehler begangen, denn er war dem Ruf seines Vaters nicht gefolgt, doch ändert dies nichts an seinem Recht, das väterliche Erbe unangetastet zu empfangen. Ein Vergehen ist die Teilung, denn sie beeinträchtigt die Integrität der königlichen Macht. Der *gematahré* ist die Ursache dafür, daß ein Teil von Dambas Erde dem König von Léré entzogen wurde. Indem Ndeidjou den Gegenstand aus einem kostbaren, von anderswoher gekommenen Metall in der Erde vergräbt, jenes Exkrement des Mondes, wie ihn der Jäger nannte, der ihn fand, hat er der Erde als unteilbarem, der Einmaligkeit des königlichen Prinzips entsprechendem Raum Gewalt angetan. Er konnte diese Spaltung des königlichen Clans vornehmen, die Regel der Unterwerfung des Jüngeren unter den Älteren überschreiten, weil er genommen hat (ernst genommen hat, würde ich sagen), was der Ältere verachtete, da er es schon zu besitzen meinte. Gleichzeitig hat er eine Umkehrung der Beziehung Älterer/Jüngerer vorgenommen. Im Rahmen des Königtums von Léré ähneln die Dorfhäuptlinge in bezug auf ihren Souverän den Gattinnen des Palasts, sie sind Instrumente seiner Macht. Das politische System ist so beschaffen, daß es die geringste Anwandlung eines Versuchs, auf der Ebene des Reichtums oder des Einflusses mit ihrem in Léré herrschenden älteren Bruder zu rivalisieren, zuschanden macht. Die Dorfhäuptlinge sind Frauen, und wenn sie in den Busch gehen, um dort die Führung zu übernehmen, verleiht ihnen das Inthronisationsritual, das ihre Einsetzung begleitet, symbolisch den Status einer Gattin der Dorfgemeinschaft, die ihnen zugewiesen ist. Nur der Häuptling von Gégou genießt das Privileg der Autonomie, weil er sich einen Teil der Macht des Ahnen und Gründers in Form des *gematahré* angeeignet hat. Doch diese Aneignung ist für den König von Léré eine Unterschlagung der phallischen Allmacht, deren Genuß ihm aufgrund seines Erstgeburtsrechts zustand. Daß er den Fetisch begehrt, der es seinem jüngeren Bruder erlaubt, sich seines Privilegs zu erfreuen, das ebenso das Privileg des Genusses ist, drückt seine Weigerung aus, die Allmacht zu teilen, d. h. seinen Wunsch, den Glauben an diese Allmacht aufrechtzuhalten. Wenn es stimmt, wie Freud sagt, daß »das Normalvorbild des Fetischs der Penis des Mannes« ist, dürfen wir im *gematahré* zweifellos das Objekt eines kollektiven Fetischismus sehen, dessen Vorbild die Idee der politischen Macht selbst ist. Aber wenn auch der Wert einer solchen Beleuchtung für den Ethnologen nicht zu bestreiten ist, setzt er sich nicht, wenn er die Begriffe der Psychoanalyse außerhalb ihres eigenen Feldes verwendet, der Gefahr aus, die streng ethnographische Beobachtung des Materials durch eine moralische Weltsicht zu ersetzen, die ihn letztlich zum archaischen Fetischismus zurückführt, den er somit vergeblich wird ausgetrieben haben?

Pierre Bonnafé

Magisches Objekt, Zauberei und Fetischismus?

Der Terminus Fetisch oder Fetischismus ist aus dem Vokabular der Ethnologie verbannt worden. Ihn zu benutzen, hieß (und heißt noch immer), sich auf die Seite der Missionare oder Kolonisatoren schlagen, die mit ein und demselben Wort eine Gesamtheit von Gegenständen und Praktiken zusammenfassen, die heidnischen (d. h. nicht-christlichen) oder primitiven (d. h. nicht-europäischen) Bevölkerungen zugeschrieben werden.
Wodurch hat man dieses Wort ersetzt? Die vorgeschlagenen Substitute scheinen kaum aufschlußreicher zu sein, ob man nun zwischen magischem Objekt und religiösem Objekt oder aber zwischen magischem Objekt und Symbol-Objekt etc. eine Unterscheidung trifft. Die Charakterisierungen waren oft so schwierig, daß man sich, um sie zu bezeichnen, ganz auf die Signifikanten der betreffenden Population verließ: die Beschreibung verliert sich dann im Unendlichen, aber auch im Unsagbaren.
Auf verschiedenen semantischen Annäherungswegen, die andere besser erklären können als ich, hat Freud den Terminus Fetisch aufgegriffen und ihn auf das vom Perversen erwählte Objekt angewendet. Seine Untersuchung schlägt eine Definition dieses Objekts und der ihm entsprechenden psychischen Haltung vor.
Die Benennung des Problems, das sich stellt, ist einfach, wenn nicht sogar seine Lösung. Entweder es läßt sich nichts Gemeinsames zwischen den als »Fetische« bezeichneten Gegenständen der alten Kulturen und dem Fetisch des Perversen formulieren; dann gäbe es zweifellos auch keine Entsprechung mehr zwischen der Struktur des Fetischismus in den beiden Fällen herzustellen. Oder die Ethnologen haben aus durchaus »ehrenvollen«, moralischen Gründen etwas voreilig, ohne wirkliche

Prüfung, auf den Begriff verzichtet. Ich behaupte keineswegs, dieses Dilemma zu lösen, ich will nur versuchen, die Termini einer Frage zu formulieren. Ausgehend von einer kongolesischen Population werde ich einerseits den magischen Gegenstand *buti* beschreiben und andererseits die Grundzüge der angeborenen (oder ererbten) Zauberei *pfuna* kurz zusammenfassen. Danach werden wir uns fragen können, ob es möglich ist, zwischen den beiden Bedeutungen des Wortes »Fetisch« Verbindungen herzustellen.

Vorausschicken möchte ich einige Informationen über die ins Auge gefaßte Gesellschaftsformation. Die Kukuya aus dem Kongo zählen 13 500 Einwohner; sie leben nordöstlich von Brazzaville (etwa 250 km Fluglinie entfernt) auf einer Hochebene von 400 qkm, und zwar, wie es scheint, schon seit sehr langer Zeit. Heute sind die Ackerbauern (früher waren sie Jäger, auch Spinner und Schmiede).

– Die Verwandtschaftsorganisation: Jedes Individuum gehört zu einer *matrilinearen Linie*. Diese Filiationsgruppen sollen die Erde »besitzen«. Dennoch kann das System nicht matrilinear genannt werden, denn die relevante Verwandtschaftseinheit wird von einer Gesamtheit von vier Linien gebildet, ausgehend von der Mutter, dem Vater, dem Vater des Vaters und dem Vater der Mutter. In die Rechte auf die Kinder teilen sich der Vater und der Onkel mütterlicherseits, desgleichen in die Entschädigung, die ein Mann zahlen muß, wenn er sich verheiratet. Zu Lebzeiten des Vaters ist der Wohnsitz eines Mannes meistens patrilokal.

– Diese Organisation wird von einer *herrschaftlichen Aristokratie* überlagert. Sie teilt sich in zwei Kategorien: Herren des Himmels und Herren der Erde. Die letzteren lassen sich grob als höhere (mütterliche) Verwandte betrachten; die ersteren haben eine patrilineare Filiation und eine ausgeprägter territoriale Macht. Dieses politische System ist im Untergang begriffen und hat hauptsächlich ideologische Bedeutung. Verschränkt mit der traditionellen Hierarchie besteht ein administratives Häuptlingswesen.

Der Besitz eines solchen Gegenstandes ist individuell: wenn magische Kräfte kollektive Zwecke haben, tragen sie einen anderen Namen. Es handelt sich hier also um die persönliche Beziehung eines Menschen zu seinem Gegenstand. Wenn der *buti* auch nicht den gesamten magischen Bereich umfaßt, so hat er doch keinerlei Bedeutung ohne ein Wissensgebäude. Dieses liegt in Händen einer bestimmten Anzahl von Spezialisten, die *ngàà* heißen. Sie besitzen einen bestimmten und begrenzten Teil des Wissens, verbunden mit einer präzisen Funktion: die einen sind Wahrsager, die anderen Heilkundige, wieder andere Jäger von Zauberern. Mehrere bekleiden zwei oder drei Funktionen gleichzeitig.

Es gibt zwei Arten von Zauberei, die mit demselben Wort bezeichnet werden *(kiloko)*. Die eine beruht auf dem Vorhandensein einer angeborenen oder ererbten Substanz beim Zauberer *(pfuna)*, die andere stützt sich auf eine Technik und ein Wissen. Sie zu besitzen, genügt jedoch noch nicht, um wirklich ein Zauberer zu sein: man muß zudem die Grenze zum Unerlaubten überschreiten, indem man seine Macht auf unheilvolle Weise gebraucht,um schwere Krankheiten oder Tod hervorzurufen. Die Tätigkeit des Zauberers ist unsichtbar: meist wird sie nachts ausgeübt. Am Tage ist es unmöglich, ihn zu erkennen. Hieraus ergibt sich der Platz der Aufspürer und Jäger von Zauberern. Meist wendet sich ein Mann an diese letzteren – sie werden für die mächtigsten gehalten –, um einen magischen Gegenstand zu holen. Das Verfahren heißt »einen *buti* nehmen« *(kiwuo buti)*. Und diesen Akt wollen wir nun untersuchen.

a. Die Konstituierung eines buti. Sie zerfällt in drei Teile, die den drei Hauptelementen des *buti* entsprechen. Als erstes gibt oder fertigt der Spezialist einen Gegenstand: in der geläufigsten Bedeutung ist es dieser, der Recht auf den Namen *buti* hat. Der Mann, der um einen solchen bittet, verläßt den Spezialisten im Besitz dieses Gegenstandes, den er mit nach Hause nimmt und im Innern seines Hauses aufbewahrt.

Als zweites wird ein Teil des Präparats, das gefertigt wurde, von dem Bewerber geschluckt. Dies ist das Moment der *Inkorporation.*

Schließlich bleibt stets ein *Rest*[1] des Präparats übrig, das in den meisten Fällen auf Blättern hergestellt wurde. Der Bewerber bemächtigt sich des gesamten Rückstands (einschließlich der Blätter) nach den Anweisungen des Spezialisten und vergräbt oder versenkt ihn dann im Wasser eines zuweilen weit entfernten Flusses oder im Meer.

In allen drei Teilen des *buti* ist also ein und dasselbe Element enthalten: das Präparat bildet das materielle Band zwischen den drei Komponenten. Untersuchen wir diese nun eine nach der anderen, um ihre Bedeutung näher zu ergründen. Doch zuvor sind einige Worte über die Person des Besitzers eines solchen Gegenstands vonnöten.

b. Die Hauptprinzipien der Person. Jeder Mensch besitzt ein Lebensprinzip, den *mumpuki.* Im strengen Sinn hat er es weder von seinem Vater noch von seiner Mutter erhalten: *Nzaami,* das höchste Wesen, hat es ihm bei seiner Geburt anvertraut. Die Gesamtheit der *mumpuki* einer Linie (deren Filiationsursprung, dargestellt durch einen Hain, innerhalb eines genau umgrenzten Territoriums liegt) befindet sich in den Händen eines Herrn, der über sie gebietet: dies ist der *mumpuki a ntsie* (Prinzip der Erde).

Einige Tiere haben eine Kraft, den *mpini* (mit einem *i*), die auch ein physisch starker Mann besitzt. Wenn jemand einen *buti* nimmt, erwirbt er zugleich eine Macht, die durch das Wort *mpiini* (mit zwei *ii*) bezeichnet wird; ich übersetze es mit »Zusammensetzung«. Die einfache Kraft eines Elements ist nämlich durch die Handlung des Spezialisten zu einer verwandelten Kraft geworden. In vieler Hinsicht werden die Zusammensetzung *(mpiini)* und der *buti*-Gegenstand synonym gebraucht zur Bezeichnung dessen, was von ihrem Besitzer angeeignet wurde.

1 *biloko bvi buti bvi bi kasiila:* »die Dinge, die von einem *buti* übrigbleiben« (*kisyila:* bleiben).

c. Die Herstellung des Gegenstandes. Einen Gegenstand herstellen heißt *kitoko buti,* was verschiedene Zubereitungsweisen einschließt. Diese sind sehr zahlreich, und kein Spezialist kann den Anspruch auf totales Wissen erheben. Jeder besitzt nur einen mehr oder weniger großen Teil davon. Das Gesamtfeld auch des Weisesten bleibt von Unkenntnissen durchlöchert. Um eine Macht zuzubereiten, bedient sich der Spezialist des Kochens (Aufgießen einer Flüssigkeit oder Rösten von Elementen), des Zerstoßens von rohen Stoffen oder des Wässerns. Entsprechend diesen Verfahrensweisen werden auch die verschiedenen Medizinen *(mieme)* benannt.

Uns interessiert jedoch nur der *buti*-Gegenstand. Auch er wird auf diese Weise hergestellt, aber im Gegensatz zur einfachen Medizin *(mieme),* die man zu Heilzwecken verwendet, eignet ein Besitzer ihn sich an. Und wir wollen das Feld noch enger stecken und uns lediglich mit solchen *buti*-Gegenständen befassen, deren Macht für so groß gehalten wird, daß sie notwendig unheilvoll ist, zumindest potentiell. Von einem solchen Gegenstand heißt es, daß er zu den *mati mabi*[2] gehört, den »bösen« *mati,* die deutlich einer anderen Klasse von Mächten entgegenstehen, den *Beschützern* (»die Dinge, die den Körper schützen«). Diese letzte Kategorie umfaßt einen Teil der von Natur aus unschädlichen Gegenstände, andererseits mächtige Gegenstände, deren Verwendung aber nicht prinzipiell aggressiv ist.

Nachdem die Grenzen der Untersuchung abgesteckt sind, können wir nun einen bestimmten *buti*-Gegenstand vorstellen. Es handelt sich um die »Panther des Krieges« *(ngo wu mvuli)* genannte Macht. Sie hatte den Zweck, ihren Besitzer im Laufe der Kriege zu retten: bei einem Kampf vermochte der Mann mit ihrer Hilfe dem Tod zu entrinnen, so wie sich das wilde Tier mit einem Sprung vom Ort der Gefahr entfernt. Der Spezialist, der das Präparat herstellte, bat den Bewerber um die Haut des Tieres sowie um *biseme*-Körner. Diese werden bei jeder Konstituierung eines *buti* verwendet: es sind im Ganzen

2 *mati* ist der Plural von *buti.*

8 bis 10 Stück, doch der Spezialist fordert nur soviel von ihnen, wie er es der Natur der Macht für angemessen hält. Die einen sind Erregungsmittel (Piment, Pfeffer), die anderen Beruhigungsmittel. Im weiten Sinn kann zum Zeitpunkt der Operation jedes eingeführte Element den Namen *kiseme* annehmen (z. B. ein Stück Pantherhaut). Ist alles beisammen, kocht der Spezialist das Ganze im Feuer. Dann mischt er das entstandene Produkt mit Öl, formt es zu Kugeln (»die Kugeln des *buti*«) und gibt sie dem Kandidaten zu essen. Das Verscharren der Überreste werden wir später beschreiben. In unserem Fall wird der materielle Gegenstand durch die Haut selbst dargestellt. Mehr noch: wie jede Macht umfaßt auch diese Macht Verbote *(ngili)*, die man unbedingt kennen und beachten muß. Aufgrund ihres gefährlichen Charakters macht die eingefangene Kraft (auch wenn sie dem Anschein nach rein defensiv ist) den Tod von lebenden Personen erforderlich, wenn man sie erhalten will. Auf diesen Punkt werden wir später eingehen.

Die zahlreichen Mächte sind äußerst verschiedener Natur. Einige sind tierisch (der größte Teil), andere pflanzlich. Die Klassifizierung räumt auch (ähnlich wie es häufig beim Totemismus festgestellt wurde) Kräften einen Platz ein, die modernen Gegenständen (Schiene, Eisenbahn, Flugzeug) oder anderen Elementen (Kadaver) entstammen. Weiter können wir uns in einer kurzen Beschreibung, bei der es nur darum geht, die Hauptlinien des Phänomens zu skizzieren, nicht auslassen. Unser Hauptziel ist nicht der Gegenstand selbst, sondern dessen Beziehung zu seinem Besitzer. Wir machen uns also die allgemeine Haltung der Kukuya zu eigen, die versichern, daß die Natur des Gegenstandes unwichtig sei: »Hauptsache ist, er wirkt.«

Die Klassifizierung der mpini (Kraft). Freilich läßt es sich nicht vermeiden, auf dieses Problem einzugehen. Es liegt auf der Hand, daß man die verschiedenen vorhandenen Kräfte, die man fangen will, nicht ohne eine differenzierte Logik wählt. Wenn wir nun das Beispiel der Tiere nehmen, stellen wir augenblicklich fest, daß einige von ihnen von Natur aus Zauberer sind. *Nzaami* (Gott) hat sie als solche geschaffen, nachdem er die Menschen und die menschlichen Zauberer geschaffen hatte (in deren Körpern sich die angeborene Substanz der Zauberei befindet). Jene Tiere sind der Kauz, der Aasgeier *(ngombimi)*, der *kinkunkwaga* (Rabe), der Adler, der Raubvogel *mulele*, sämtliche Arten von Fledermäusen, – alles nächtliche oder einfach gefräßige Tiere, die die Vertrauten der Zauberer von Geburt sind. Diese benutzen sie oder verwandeln sich in sie. In beiden Fällen wird ihr Herr oder Begleiter krank, wenn sie bei einem nächtlichen Angriff verletzt werden.

Doch nicht nur Vögel, auch der Elephant, der Löwe, der Panther, der Büffel, die große Antilope *(nka)*, die Wildkatze werden als Zauberer oder böse Geister *(mupfu)* bezeichnet. Die Kukuya fasziniert an ihnen ihre Fähigkeit, eine unbeugsame Entscheidung zu treffen und sie auszuführen: sie stürzen sich auf ihr Opfer und verletzen es, töten es, wenn sie können. Genau diese Eigenschaften haben auch diejenigen Menschen, die sich des Nachts in Zauberer verwandeln: da jene Tiere sie von Natur aus haben, sind sie (im metaphorischen Sinn) verwandt mit den menschlichen Zauberern, von denen sie während der Nacht keine Diskontinuität trennt (wir haben die Bedeutung der Nachtvögel bereits erwähnt).

Die aggressiven Eigenschaften kommen nicht immer unmittelbar zum Ausdruck. Man kann das Böse auch tun, indem man sich versteckt, seine Verstellungskraft verzehnfacht. So ist der *kuwuku*-Frosch ein gefürchteter Zauberer, weil er sich in die Häuser der Menschen einschleicht und alle Worte mit anhört, Anzeichen für Streitereien zwischen den Verwandten, die darin wohnen. Aus diesem Grund gibt man ihm den Spitznamen »wahres Feuer«, womit auf das »brennende« Wesen all dieser ungewöhnlichen Tiere angespielt wird. Vor Schlangen hat man besonders große Angst, weil sie sowohl die Fähigkeit haben, sich zu vergraben, wie die, Schaden zuzufügen: auch sie gehören fast alle in die Welt der Zauberei.

Solange wir es mit dem Gebiet des Untrennbaren zu tun haben, wo in der Finsternis die tierischen und menschlichen Zauberer wirken, bewegen wir uns im Bereich der angeborenen, mit *Nzaami* verbundenen Zauberei. Bei der Konstituierung eines gefährlichen *buti*-Gegenstandes dagegen erweisen sich die Dinge als verschieden. Wenn der Mensch zur Macht gelangen will, so heißt das, daß er sie nicht besitzt. Man geht also von einem Schnitt zwischen den äußeren (hier tierischen) Kräften und den Menschen aus.

Bevor der Mensch mittels einer beliebigen Kraft auf andere Personen einwirken kann, muß er diese erwerben: *er muß sie sich aneignen.* Im Fall der angeborenen Zauberei war dies nicht nötig, da die Verbindung bereits bestand. Mit dem Erwerb eines *buti*-Gegenstandes dagegen überwindet der Mensch eine Diskontinuität, und zwar mit Hilfe eines Herrn des Wissens.

Wenn wir die Frage nach der Wahl des Gegenstandes erörtern, sehen wir also, daß sie notwendig über die Klassifizierung der bestehenden Kräfte führt. Sie muß sich diese zum Muster nehmen, denn sonst hat sie keinerlei Sinn (d. h. keine Wirkung).

d. Das Moment der Inkorporation. Die einfachste Frage, die man einem Spezialisten (oder einem *buti*-Besitzer) stellen kann, lautet: Warum wird das Präparat immer geschluckt? Die Antwort erfolgt augenblicklich: »Damit ein Ding etwas wert ist, muß es im Körper *(nyuru)* des Individuums sein.« Man sagt auch *mu muî* = in seinem »Bauch«, womit eine größere Zone bezeichnet wird, die den Unterleib und den Teil darüber bis zur Brust umfaßt. Außerhalb einer Person ist die Macht null und nichtig, was uns überdeutlich zeigt, daß der *buti*-Gegenstand in seiner reinen Stofflichkeit nicht wirksam sein kann. Es bedarf außerdem einer besonderen Beziehung zwischen ihm und dem Körper des Besitzers.

Wenn man eine Macht besitzt, muß man sie nämlich erregen *(kisika)* können. Folglich wird der Besitzer die vom Spezialisten vorgeschriebenen *biseme*-Körner essen und sie auf den *buti*-Gegenstand spucken, der die »Zusammensetzung« darstellt. Alten Informanten zufolge ist der Gegenstand nur ein »Haus«, die eigentlich wirkende Ursache (das »Ding«) ist diejenige, die ein Mensch in seinem Bauch hat. Was würde umgekehrt geschehen, wenn es keine *buti*-Gegenstände gäbe? Die Zusammensetzung *mpiini* sähe ihre Kraft allmählich dahinschwinden, weil sie nicht erregt würde.

Mit der Inkorporation hat nämlich eine Umwandlung stattgefunden: die Zusammensetzung ist erst nach dem Einnehmen des Präparats zu einer solchen geworden. Dann ist sie Löwe oder Panther. Wenn man sie nicht schluckt, kann sie nicht erregt werden. Dann wird es einem nicht gelingen, daß die Zusammensetzung den Worten lauscht, die man an sie richtet. »Wenn ich den *mpiini* nicht im Körper habe, kann er meine Worte nicht annehmen.« In diesem Satz werden zwei wesentliche Aspekte unterschieden: der Mensch *spricht*, indem er erregt, und die erregte Zusammensetzung versteht und *handelt*. Die Hauptakte sind einerseits die Sprache des Besitzers, andererseits die Wirkung der Macht; zwischen beiden spielt die Erregung die Rolle eines Vermittlers. Sie macht die Zusammensetzung für die Befehle des Besitzers empfänglich. Dieser Teil des Vorgangs vollzieht sich im Körper der Person.

Man urteile selbst: »Ein Besitzer der Zusammensetzung des Regens ißt seine *biseme*-Körner, und wenn er spricht, hört es sein Ding.« Oder wenn nachts im Traum ein mächtiger Mann ein wildes Tier erschrecken will, das ihn angreift, dann schreit er, und der Schutz, der in seinem Körper ist, handelt. »Das Tier hat es dann nicht mehr mit der Person zu tun, sondern mit jenem Ding in ihr. Sogar beim Anblick einer Schlange gehorcht der Schutz seinem Herrn, und die Zusammensetzungen, die er geschluckt hat, bleiben in ihm als seine Wächter.«

Wenn die Besitzer sterben, verschwinden ihre Zusammensetzungen mit ihnen, weil sie in ihnen sind. Man fürchtet sie besonders beim Tod eines Herrn des Himmels, der aufgrund seiner Stellung eine Art Machtkonzentration innehat. Die Gefahr ist groß, daß sie dann »die Erde sterben« lassen, indem sie sich frei, aber ungeordnet in der Umgebung seines Dorfes ausbreiten: was eine Äußerung des Zorns des Verstorbenen ist, der sich darüber ärgert, durch Zauberei den Tod gefunden zu haben. Doch jene Mächte können nichtsdestoweniger auch den

Kindern des Besitzers »folgen«, wenn diese wissen, wie man sie zurückholt. In der Regel verschwinden sie mit den Verstorbenen.

e. Der Rest des Präparats. Bei alledem befiehlt der Spezialist: er ist der Herr der Bedeutungsträger und der Kräfte, die mit ihnen verbunden sind. Wenn er also anordnet, die Blätter und die Überbleibsel des Präparats aufzusammeln und sie zum Beispiel in einen der beiden Flüsse zu werfen, die die Hochebene säumen, begibt sich der Bewerber dorthin und führt den Befehl aus. Dann erst werden die Blätter und der gesamte Rückstand zur Zusammensetzung: *mpiini.* Was heißt das? Wenn der Mann gekommen ist, um die Zusammensetzung des Löwen zu holen, verwandelt sich der versenkte Rest in einen Löwen. Das Verbum, das diese Metamorphose ausdrückt, ist *kibalika,* was bedeutet: einen anderen Weg nehmen, abweichen, und im übertragenen Sinn: sich deformieren. Es besteht also eine Mutation, eine Modifikation der Form in einem Sinn, den wir präzisieren müssen. Ich habe das Beispiel des Löwen gewählt, doch die *mati* (Plural von *buti*) können sich je nachdem auch in Vögel, Schlangen, andere Tiere oder in böse Geister *(bapfu)* verwandeln, die wir später untersuchen werden. Die verschiedenen Modalitäten verweisen auf die oben erwähnte Klassifizierung der Kräfte.

Man könnte einwenden, daß ich schon zweimal auf die Metamorphose hingewiesen habe: einmal bei der Einnahme des Präparats durch den *buti*-Besitzer, ein weiteres Mal anläßlich der Rückstände oder Abfälle bei der Herstellung des Gegenstandes. In der Tat gibt es diese beiden Verwandlungen, und sie werden beide als gleichermaßen notwendig angesehen. Der *buti* in seiner Gesamtheit erscheint damit deutlich in einer dreifachen Form: zwei Verwandlungspole um ein materielles Objekt. Diese Struktur hängt mit dem Mechanismus der Aneignung durch den Besitzer zusammen: etwas wurde z. B. der tierischen Natur entnommen, dann dem Besitzer einverleibt und gleichzeitig in Form eines Rests den Naturelementen zurückerstattet. Doch dieser aus Resten bestehende Rückstand hat nun eine andere Qualität: er ist immer noch Macht, aber eine Macht, die mit einem Menschen in Verbindung steht; ein natürliches Ding, das nunmehr von jemandem aus der Ferne kontrolliert werden kann, so daß die Diskontinuität Mensch-Natur aufgehoben ist. In der Form des Rests findet die Operation des Spezialisten, der die Vereinigung Mensch-Natur verwirklicht, in die Natur Eingang oder, der Kukuya-Formel zufolge, sie »vermischt sich mit ihr«. Man sagt auch häufig, daß die Herren, Mächtige unter den Mächtigen, die Dinge der Welt »gefesselt« haben.

Dieser Akt der Aneignung ist nicht leicht verständlich. Um ihn näher einzukreisen, ist es nützlich, über etwas Auskunft zu geben, das bisher bei der Konstituierung des *buti* unterschlagen wurde. Die Zusammensetzung *(mpiini)* – oder auch mehrere, die mit ein und demselben Menschen verknüpft sind – soll das Lebensprinzip *mumpuki* verstärken, das von *Nzaami* (Gott) geschaffen wurde. Lassen wir das Problem der Beziehungen zwischen *mpiini* und *mumpuki* beiseite: wir wollen uns lediglich mit der Frage befassen, wie und warum der *mpiini* in dieser Weise seinem Besitzer zu Hilfe kommen kann. Dies geschieht, weil sich alle diese Elemente in seinem Körper befinden. Und genau hier muß unser deskriptiver Nachtrag eingeschoben werden: der Besitzer hat nicht nur das Präparat des Spezialisten geschluckt, es befinden sich zudem noch Teile vom Körper des *buti*-Besitzers in diesem Präparat. Im Augenblick der Operation hat der Spezialist den Kandidaten nämlich um Teile von Haaren, Finger- oder Fußnägeln gebeten. Sie dienten dazu, »den *buti* zu befestigen«.

Dann geht der Bewerber fort, um den Rest zu vergraben oder zu versenken. Nach diesem Akt wird der Rückstand zu *mpiini*. In dem erwähnten Beispiel wird der *mpiini* des Löwen, wenn er einmal vergraben ist, zum Löwen, d. h. zu einem Tier, von dem man einen Teil dem Präparat hinzugefügt hat (Zahn, Klaue, Knochensplitter oder Haare). Es besteht also ein Doppelspiel hinsichtlich der Teile, denn die Mischung vereint Teile des Tieres und Teile des Körpers des Besitzers. Damit entsteht,

ausgehend von einem (metonymisch repräsentierten) Tier und einem auf die gleiche Weise repräsentierten Menschen ein metaphorisches Ganzes: *Mann-Tier.* Die Kommunikation (oder die Verschmelzung) wird durch die Verknüpfung zweier Metonymien hergestellt. Dies sind die *formalen* Eigenschaften einer Gesamtheit, die wir nun näher betrachten wollen. Dem häufigsten Vergleich zufolge hat ein Mann, der *mpiini* besitzt, an seiner Person folgende Umwandlung erfahren: die *mpiini* werden für ihn zu Existenzverstärkungen, zu »Wurzeln«. Man spricht oft von den Wurzeln der Person *(midza yi mburu),* und von einem Mächtigen heißt es, daß er durch seine Zusammensetzungen einen riesigen Baum bildet. So sagt man z. B., wenn von einem Zauberer die Rede ist, der *mati* benutzt, weil er mehrere *mpiini* besitzt (»Zusammensetzungen« und »Gegenstände« sind hier austauschbar), man müsse, um ihn zu töten, »seine Wurzeln aus der Erde reißen« *(obve swe li tulub nde ku ntsie).* Seine Krankheit entspricht derjenigen, die seine Macht befällt; sie ist wie die eines Büffels, eines Löwen oder eines Elephanten. Die Art der Zerstörung (für eine magische Rache) richtet sich nach den Merkmalen der Gesamtheit *Mensch-Tier oder Element x,* die das Resultat der Verwandlung ist.
Die Fingernägel und Haare – die, sobald sie vergraben oder versenkt sind, Zusammensetzungen werden – befestigen, diese Operation nennt man *kikura nyuru:* »den Körper befestigen« (den des Besitzers). Wenn der Mensch mehrere *mpiini* (Zusammensetzungen) erworben hat, ist er sozusagen einer in mehreren. Er hat das geschluckt, was der Spezialist ihm befahl, und »diese Dinge in seinem Körper stellen einen Menschen dar, der in mehrere geteilt ist, durch Tiere, Reptilien usw. hindurch«. Und wenn man einen solchen Mann töten will (mittels eines Spezialisten), wird man seine *mpiini* töten. »Es ist so, als ob man alle Teile seines Körpers zusammensetzte. Ist der Körper dann als *einer* wieder hergestellt, dann wird die Person selbst zum Kadaver. Doch um sie zu töten, muß man all ihr verschiedenes Fleisch zusammentun.«
Man ahnt dunkel, was sich hinter solchen Erklärungen abspielt.

Bei mehreren *mpiini* liegt eine Zerstückelung des Körpers vor, aber man hat dabei durchaus nicht das Gefühl von Verlust oder Degradierung. Ganz im Gegenteil, sowohl für den Besitzer wie für andere ist der Körper einfach durch Multiplizierung zersplittert worden: die anderen haben es nicht mehr mit einer einfachen Person zu tun, sondern mit einem *Menschen hoch* $x+y+z$, dessen Leben sich übermäßig gesteigert, zerstreut hat, indem es sich mit anderen Naturkräften vereint und damit einer mörderischen Verfolgung entzogen hat, da seine Existenz nicht mehr im Mittelpunkt seiner Person ruht, sondern sich in mehreren fernen und unüberwindlichen Orten verborgen hat. Bevor man ihn erreichen kann, muß man gleichsam die Zielscheibe rekonstituieren, auf die man dann schießen kann. Man muß die Einheit seines Körpers wiederherstellen, und wir werden noch sehen, auf welche Weise.

Eine letzte Präzisierung bezüglich der Verwandlung des Rückstands, wenn er in die Erde oder ins Wasser versenkt wurde, kann uns in der Analyse weiterhelfen. Dort wird der Rest wirklich zur Macht, verwandelt sich in *kikalika* (was wörtlich »das Aussehen ändern« heißt). Die Zusammensetzungen verwandeln sich in etwas, das »zum Körper (des Besitzers) hinzukommt«, oder sie werden andere Körper, »die hier und dort leben«. Hier wird also zuweilen eine deutliche semantische Unterscheidung getroffen: *buti* ist dem Objekt vorbehalten, während *mpiini* die Zusammensetzung, den Rest des *buti* darstellt. Dieser Rückstand ist Anlaß lebhafter Ängste, die uns ein wenig darüber Aufschluß geben, wie die Beziehung des Menschen zu jenem Teil des Ganzen erfahren wird. Oft ist der Besitzer nicht in der Lage, die lange Reise sofort anzutreten, die der Spezialist angeordnet hat, um die Abfälle zu vergraben. Er überträgt dann diese Aufgabe einem anderen, der sich für ihn auf den Weg macht. Man muß ihm eine große Geldsumme geben oder ihm ein wertvolles Geschenk machen, um sich seines Vertrauens zu vergewissern. Denn er könnte sich jener Zusammensetzung *(mpiini)* ja irgendwo entledigen und sie in ihrer virtuellen Form von Überbleibseln einfach wegwerfen. Dann bestünde große Gefahr. Ein mächtiges Individuum, das dort vorüberginge, könnte es auflesen. Alte Legenden erzählen, daß ein solches Mißgeschick hohen Persönlichkeiten der Ebene widerfahren sei, deren Zusammensetzung von einem Mann des Nachbarvolks der *Nziku* geraubt worden war. Er hatte dann jeden Besitzer zu sich gerufen und ihn gefragt: *»we kuka li?* Genügst du dir?« (*kikuka:* sich genügen), was man auch übersetzt: »Bist du *vollständig?«* Die Zusammensetzung konnte nur mittels einer großen Leistung an Reichtümern zurückgewonnen werden. Dies war noch der günstigste Ausgang. Man konnte aber auch an einen mißgünstigen Menschen geraten, der einen tötete. Ich erwähne diese Details deshalb, weil die Form des Ausdrucks interessant ist: ein solcher Mord wurde wie folgt bezeichnet: *kitsirika,* »schneiden«, oder *kitsirika mutswe,* »den Kopf abschneiden«[3]. Um sich gegen eine solche Gefahr zu wappnen, zieht es der Besitzer heute oft vor, das Päckchen mit den Resten irgend jemandem anzuvertrauen, der z. B. nach Brazzaville reist, ohne ihm das Geringste über dessen Bedeutung zu erzählen. Man meint, daß das Päckchen bei der Ankunft dann von selbst verschwindet und hingeht, »wohin es will«: niemals wird es subjektiv besser versteckt sein, da nicht einmal sein Besitzer weiß, wo es sich befindet. Damit begreifen wir auch den Doppelcharakter der Zusammensetzung: im Prinzip ist sie den Befehlen ihres Herrn unterworfen, aber sie ist auch autonom und trifft eigene Entscheidungen.

Das imaginäre Feld des Gegenstandes: buti und Mord

Ich habe schon gesagt, daß hier nur eine einzige Art von Gegenstand betrachtet werden soll: derjenige, der kein bloßer Schutz ist, sondern von Natur aus den Bereich der »bösen mati«

3 Diese imaginäre Enthauptung konnte sich auch in der Realität fortsetzen, denn es soll vorgekommen sein, daß man den Kopf der Leiche abschnitt, bevor man sie begrub, wenn man den Toten für einen Zauberer hielt und nicht sicher war, seine Kräfte bewältigen zu können.

(mati mabi) streift. Er kann je nach dem Wunsch seines Besitzers dort eindringen oder nicht: alles ist eine Frage der bösen Absicht gegen andere. In einigen Fällen kann er sich auch der Kontrolle entziehen und ohne Wissen seines Besitzers Unheil stiften. Was immer es mit diesen verschiedenen Möglichkeiten auf sich haben mag – es bleibt etwas in der Konstituierung des Gegenstandes und der Zusammensetzung bestehen, das eine schwache und harmlose Macht von einer starken und gefährlichen trennt.

Wo verläuft die Scheidelinie? Unterschiedslos sind alle unheilbringenden *mati* solche, die man schluckt oder ißt. Die Bedingung ist zwar notwendig, aber nicht ausreichend. Es tritt eine weitere, tiefere und grundlegendere Spaltung ein. Alle gefürchteten *mati* setzen einen *Mordpakt* mit dem Spezialisten voraus, der sie liefert. Diese Besonderheit trägt ihrer Macht, eine andere Person zu töten, Rechnung. Sie sind des Mordes fähig, weil sie selbst auf Mord gründen. Wenn der Kandidat den Spezialisten aufsucht, um einen solchen *buti* zu erhalten, erklärt ihm dieser, daß ein derartiger Akt ihn zwingen wird, mindestens zwei Personen zu töten: die eine wird mit dem Besitzer fortgehen, die andere die Schar der bösen Geister des Spezialisten bereichern. Es handelt sich also um eine Art Austausch zwischen zwei Personen, die jenseits der Grenze des Lebens stehen.

Um richtig zu begreifen, was hier geschieht, müssen wir einige Worte über das Schicksal der Männer oder Frauen nach dem Tod sagen. Normalerweise werden sie *miküi*, »die, die tot sind«, d. h. Ahnen. Ihr Körper soll unter der Erde verfaulen, während der *muküi* in der Nähe der Gräber, Hütten oder an anderen Orten umherirrt. Ganz anders ist das Los derer, die aufgrund der Zauberkraft von *mati mabi* (»bösen« *mati*) gestorben sind, zu dem einzigen Zweck, sie in die Macht des Besitzers einer Zusammensetzung eindringen zu lassen. Sie sind zu den *mati* abgelenkt, »entführt« *(kikala)* worden, die damit nicht als Gegenstände, sondern als ein ganzer Bereich des Unsichtbaren erscheinen. *Diese getöteten Leute sind nicht wirklich tot.* Sie sind niemals zu Ahnen geworden, denn sie sind in jene Zwischenregion eingegangen, die man nur durch *mati* bezeichnet. Es heißt auch, sie seien »man weiß nicht wo« hingegangen, womit man auf denselben Bereich anspielt. Was ist aus ihnen geworden, wenn sie weder als Lebende noch als Ahnen betrachtet werden können? Sie haben sich in böse Geister *(bapfu)* verwandelt. Diese Form stellt den Grenzfall der Aneignung dar, die jede mit dem Körper eines außergewöhnlichen Menschen verbundene Macht verwirklicht: so wie man die Kraft eines Löwen hat einfangen können, bemächtigt man sich der menschlichen Person. Diese besonderen Geschöpfe haben die Form von *bapfu* (auch *mupfu),* sie sind die wirkende Kraft eines bösen *buti,* desjenigen des Bewerbers, der nach Hause geht, oder desjenigen des Spezialisten, der in der Regel eine Schar von *bapfu* besitzt. Selbstverständlich wird nach dem Pakt eine bestimmte Frist angenommen, die für seine Verwirklichung notwendig ist.

Können wir die Personen näher bezeichnen, die ein Bewerber zu töten gewillt ist und dem Spezialisten überläßt, der seinen unheilvollen *buti* herstellt? In den meisten Beispielen, die mir erzählt wurden, handelt es sich um *Verwandte.* Der Mann willigt ein, einen Bruder, eine Schwester, ein Kind und manchmal eine Gattin auszuliefern. Auch Verwandte der älteren Generation sind darunter zu finden. Eine gewisse Vorliebe bei der Wahl der Opfer besteht für matrilineare Mitglieder. Fast immer handelt es sich um *nahe* Verwandte. Die Erklärung dafür ist einfach: der Besitzer des *buti* liebt die Personen, die er ausliefert, und der *buti* liebt dieselben Leute wie sein Herr. Er wird zornig, wenn man ihm als Beute Individuen vorschlägt, die seinem Besitzer gleichgültig sind oder von ihm gehaßt werden. Diese der Zusammensetzung zugeschriebenen Gefühle sind auch umkehrbar: ein *mupfu* kann in Wut geraten, eben weil er gefesselt wurde. Dann treibt ihn der Haß zur Rache an seinem Besitzer, so daß er dessen liebste Verwandte sterben läßt.

Lange Ausführungen wären notwendig, um das Feld der

bapfu und ihrer Taten zu beschreiben. Sie nehmen tausenderlei Formen an, wenn sie direkt zum Kampf schreiten oder sich in Tiere verwandeln (in sie eindringen). Tagsüber sind sie unsichtbar: daß man ihnen begegnet ist, äußert sich darin, daß der Vorübergehende ohnmächtig wird und eine schwere Krankheit bekommen kann. In ihrem Bereich kehren sich die Beziehungen der Geschlechter um: ein weiblicher *mupfu* wird für mächtiger gehalten als ein männlicher; denn hier geht es allein um die Verführung, bei der der Mann von der Frau bezwungen wird, und selten um das Gegenteil. Der sexuelle Zauber wirkt nicht durch sich selbst, sondern gestattet es dem weiblichen *mupfu*, die Hindernisse zu überwinden und bei dem Mann einzudringen, den man angreifen will. Die Wächter weichen zurück oder werden unschädlich gemacht. Aber im Grunde ist dies gar keine wirkliche Umkehrung des realen Lebens, denn man sagt oft, daß alle Frauen *bapfu* sind, womit darauf hingewiesen wird, daß sie trotz ihrer gesellschaftlichen Unterlegenheit eine Macht zur Zerstörung der sozialen Bande besitzen (selbst in matrilinearer Linie). »Sie richten die Dörfer zugrunde« mit ihrer Fähigkeit, Streit und Unfrieden zu stiften, die schließlich dazu führen, daß man sich gegenseitig der Zauberei anklagt und den Wohnsitz wechselt. Damit ist ihre Stellung im Feld der *mati*, sobald sie dort hineingezogen werden, eine Fortsetzung dieser Vorstellung, aber in einem Bereich, wo ihre Natur freien Lauf hat und allenfalls durch die Befehle ihres Besitzers unterdrückt wird.

Nicht alle von *mati* getöteten Personen werden auf diese Weise in den Bereich der *mati* »entführt«. Es bedarf auch der Absicht, sie in eine Zusammensetzung einzufangen. Wenn ein mächtiger Mann einen anderen mächtigen Mann tötet, wird er nicht versuchen, seine Person zu fangen: hier haben wir es mit einem gewöhnlichen Tod zu tun. Es besteht eine dauerhafte Verwandlung des Verstorbenen in einen mächtigen Mann; sie äußert sich darin, daß er in den Rang eines »bösen Ahnen« *(mukïi mubi)* tritt, der sich nur schwer vom *mupfu* unterscheiden läßt. Die beiden Begriffe vermischen sich. Aber es liegt keine Aneignung durch den Mörder vor, denn mit den Diensten eines hochmütigen und überheblichen Menschen läßt sich nichts anfangen. Aus diesem Grund benutzt man nur Verwandte, die man bezwingen kann (vor allem, wenn sie der jüngeren Generation entstammen). Ein nicht verwandter Jüngerer wird im Prinzip nicht unterjocht, und zwar aus denselben Gründen: man fürchtet die mögliche Vergeltung seiner Verwandten. Diese Gefahr ist bei der eigenen Verwandtschaft weniger groß, in der ein Mann theoretisch über alle gemeinsamen Aktionen unterrichtet ist, so daß er sie gegebenenfalls vereiteln kann. Eine einzige Ausnahme wird anerkannt, die des *Zauberers;* ihm spricht man den Willen zu, einen großen Teil der Personen, die er tötet, in *bapfu* zu verwandeln. Man sieht nebenbei, wie gefährlich nahe der Spezialist, der jemanden durch den Pakt fordert und raubt, dem Zauberer steht. Der einzige Unterschied liegt im (guten oder schlechten) Gebrauch der Mächte, die er manipuliert.

Hier stellt sich eine Frage: man könnte der Meinung sein, ich hätte die Stellung der *mati* und ihres Zwischenbereichs zwischen Lebenden und Toten ein wenig vorschnell festgelegt. Da dieser Punkt für die Definition ihres Feldes von zentraler Bedeutung ist, darf man diesbezüglich keine unbewiesenen Behauptungen vorbringen. Was wird aus einem Menschen, der »zu den *mati* entführt« wurde? (Man sagt auch: »dem *buti* geben«, *kiwa ku buti.*) Mit eben diesen Worten habe ich die Spezialisten der Magie befragt. Das durch diese Fragen aufgeworfene Problem wurde in der Kukuya-Sprache folgendermaßen bezeichnet: ist ein solcher Mensch *immer ein Mensch in Person (mu kimburu),* d. h. ein getöteter, aber dennoch nicht toter Mensch, denn sein Körper verwest nicht in der Erde wie der eines zum Ahnen gewordenen Verstorbenen? Diese Präzisierung ist notwendig, denn man könnte ebensogut an einen absoluten Tod denken, der radikaler wäre als der Ahnentod, und nicht an den relativen Tod, den ich definiert habe. Wie schon oft erzählte man mir eine Geschichte, von der man meinte, sie würde meiner Frage gerecht. Ich zitiere eine der bemerkenswertesten Versionen:

Einst hatte sich ein Mann auf eine Reise zu dem benachbarten Volk der *Bakwuo* (West-Bakongo) begeben, und er befand sich auf dem Heimweg. Plötzlich erblickte er einige Schritte entfernt seine Gattin, die allein eine weite Ebene ohne Dörfer durchquerte. Während seiner Abwesenheit *war seine Gattin schon gestorben,* und die Leiche stand noch aufrecht in der Mitte des Dorfes.[4] Er nahm seine Frau bei der Hand, und sie machten sich auf den Weg; sie begaben sich zu einem Freund des Mannes in einem Weiler, der auf ihrem Heimweg lag. Als sie kurz vor der Ankunft noch einmal rasteten, fragte der Mann seine Frau: »Wohin gehst du?«, und sie antwortete: *»Man hat mich den* mati *gegeben.* Ich werde von bösen *bapfu*-Geistern fortgezogen, und jetzt gehe ich zum Spezialisten (*ngàà*), der ist unser Herr (*mfumu*).«
[Tatsächlich stand die Leiche dort unten in der Mitte des Dorfes, aber in ihrem Innern befand sich nur ein Stück vom Stamm des Bananenbaums, *mubimi* genannt[5], auch Blätter, die *madzumadzuma* heißen. Und »dieses Ding innen« war in Wirklichkeit dort. Der *mubimi* innerhalb des Pakets läßt Wasser durch, und man meint, dies sei der faulende Körper; die *madzumaduzuma* strömen einen starken Geruch aus, den man für den der Leiche hält.]
Mann und Frau machten sich auf den Weg zur Hochebene. Als sie mitten in der Nacht im Dorf eintrafen, taten sie folgendes. Der Mann bat, daß man ihm Wasser bringe, dann nahm er seine Gattin und versteckte sie in seinem Schlafzimmer.[6] In dieser Nacht wunderten sich die Bewohner des Dorfes darüber, daß er nicht weinte, und er verhielt sich die ganze Zeit so, als ob nichts geschehen wäre. Seine anderen Frauen beschwerten sich bei ihm: »Wir sind bestürzt, daß du nicht um deine Frau trauerst. Wir anderen werden nach der Beerdigung zu unseren Eltern zurückkehren (und dich verlassen).« Der Ehemann antwortete: »Aber ich kann nicht weinen, solange ich nicht die Ursache für den Tod meiner Frau kenne. Zeigt mir doch jene Frau, um die ihr trauert!« Am nächsten Tag in aller Frühe, als

4 Leiche heißt *kibiima,* ein Wort, das das Paket bezeichnet, in das sie eingehüllt ist, sowie die Leiche selbst. Der Körper wird mit Blättern und Stoffen umwickelt, dann in der Mitte des Dorfes aufrecht ausgestellt, bevor man sie in dieser Stellung beerdigt.

5 Name des gefällten Bananenbaumstammes.

6 Das Haus der Kukuya-Männer hat zwei Zimmer: dieses ist das zurückgezogenste.

die Leute aus dem Dorf und der Umgebung schlecht von ihm redeten, sagte er, man möge die Herren der Erde und die Herren des Himmels kommen lassen, alle mütterlichen und väterlichen Verwandten der Frau, sowie alle Leute aus der Umgebung. Und inmitten dieser Menge sagte er: »Ich habe euch wegen einer sehr ernsten Angelegenheit zusammengerufen. Man sagt mir, meine Frau sei tot. Aber diejenige, die in der Mitte des Dorfes steht und die ihr in wenigen Tagen begraben werdet, kann ich niemals beweinen, solange ich nicht ihre Form *(kimpfa)* in Person *(mu kimburu)* sehe. Ich kann ja nicht wissen, ob innen nicht vielleicht *mubimi* und *madzumadzuma* sind.« Dann nahm er ein Gewehr und rief: »Wenn man dieses Paket nicht aufschneidet, damit ich jene tote Frau mit eigenen Augen sehen kann, werde ich euch nicht fortgehen lassen und auf einen von euch schießen.« Er wandte sich an die Verwandten seiner Frau: »Wo ist meine Frau? Auch ihr wißt es nicht?« Diese waren so betroffen, daß sie nichts sagen konnten und nur auf das Paket deuteten. »Man soll es mir bringen«, sagte er, »ich werde es öffentlich aufmachen.« Die Umstehenden wurden von Angst gepackt, denn sie wußten nicht, worum es ging. Die Herren gaben ihr Einverständnis. Der Mann fragte: »Welche Krankheit hat sie gehabt?« Und man antwortete ihm: »Sie hatte keine Krankheit. Eines Tages kam sie von den Feldern zurück und starb kurz danach.« Mit einem Messer in der Hand stieg er auf die »Leiche«[7] und schnitt sie auf. Als er alles auseinandergenommen hatte, sah man dort, wo gewöhnlich der Körper eines Toten ruht, nur *mubimi* und *madzumadzuma.* Er rief: »Schaut euch das an! Wo ist meine Frau? Zeigt sie mir, oder ich töte euch!« So etwas war wirklich noch nie dagewesen. Alle waren entsetzt und zitterten vor Scham, vor allem die Verwandten der Ehefrau. Der Mann befahl den Verwandten, ihm seine Frau zu zeigen: »Bringt sie mir, oder ich werde zwei oder drei Leute töten!« Dann ging er in das Zimmer und gab seiner Frau schöne Kleider, die er von der Reise mitgebracht hatte. Dann nahm er sie bei der Hand, zeigte sie der Menge und führte sie in ihre Mitte. Er verkündete: »Die eure ist tot, aber die meine ist diese hier. Sag mir, meine Gemahlin, wer dich umkommen ließ.« Die Frau deutete inmitten der Umstehenden auf den Zauberer: »Der hat mich zu den *mati* entführt, er hat mich fortgegeben, damit ich ihm als *mupfu* (böser Geist) diene.«

7 Das Wort bezeichnet hier das Paket der Leiche.

Die Frau brauchte keinerlei Pflege (um zu genesen). Der Freund des Ehemanns hatte ihn zu dem Dorf begleitet, um der Szene beizuwohnen. Von ihm hatte er auch das Ableben seiner Frau erfahren. Keine Person, die man dem *buti* gibt, stirbt jemals. Sie geht fort, so wie sie ist. Wenn man das Paket öffnet, findet man nur *mubimi* und *madzumadzuma*. Wenn aber jemand eines normalen Todes stirbt, verfault sein begrabener Körper. Jemand, der zu den *mati* entführt wird (*kiwa ku wabi:* »der Schar (von *bapfu*) geben«), bleibt, der er war (*bu kali bu bu*). Nicht das Lebensprinzip *mumpuki* sieht man im Bereich der *mati*, sondern die Person selbst. Der *mumpuki* ist nur die Seele. Aber der *mupfu* (böser Geist) ißt wie jeder andere, nur sieht man ihn nicht, das ist alles.

Diese Erzählung trug ein alter Magier *(ngàà)* in meiner Anwesenheit einem jungen Mann vor. Er wollte diesen unbedingt von der Glaubwürdigkeit seiner Geschichte überzeugen. Man wird bemerkt haben, wie groß die Sorge um Wahrscheinlichkeit war, die ihn leitete: die Übergänge sind klar, kein Detail bleibt in der Luft hängen, wie z. B. die Rolle und die Anwesenheit des Freundes des Ehemanns. Es muß ja einer dasein, der den verreisten Mann von dem Tod in Kenntnis setzt. Doch all dies reicht noch nicht aus: um *die Wirklichkeit* seiner Geschichte zu beglaubigen, tat der alte *ngàà* einen *Schwur*. Vielleicht ist es nicht gleichgültig, seine Form zu erwähnen: er schwor bei *der Gattin seines Sohnes (nde mukii a mukali a mwana).*[8] »Wenn meine Geschichte nicht wahr ist, dann beweist das, daß ich fähig bin, die Frau meines Sohnes zu entkleiden!« Der Ausdruck spielt deutlich auf einen Inzest an, denn die Schwiegertochter wird als Tochter angesehen (und so genannt). Er wurde zweifellos noch verstärkt durch die emotionale Bindung, die zwischen den beiden Männern bestand, denn der jüngere nannte den Älteren ehrfürchtig *tara.*[9] Dies ist zwar eine banale Benennung, aber ihre Bedeutung wächst mit der Stärke der Zuneigung. Um den Jüngeren zu überzeugen, mußte also ein Inzest behauptet und abgestritten werden.

8 *kilo mukii:* einen Schwur tun.

9 Auch der Schwiegervater wird *tara* genannt.

Wir lassen diesen Punkt vorläufig beiseite, um uns der Erzählung selbst zuzuwenden.

1. Der Tod der Frau ist eindeutig erwiesen. Es gab Augenzeugen: die Leute des Dorfes. Sonst hätte man kein Leichenpaket gefertigt. Allerdings muß ich darauf hinweisen, daß ein Tod niemals ganz eindeutig erwiesen sein kann. Man hat mir oft gesagt, daß ein Mann zweimal im Sterben gelegen habe, was bedeutet, daß er sich zweimal in einem Zustand der Agonie befunden und überlebt hat. In gewissem Sinn zeugt erst der Beginn der körperlichen Verwesung vom Tod, woraus sich vielleicht die obligatorische Dauer der Leichenschau erklärt.

2. Gleichzeitig zeigt sich die tote Frau ihrem Mann in Person. Symbolisch bezeichnend ist, daß der Ort ihrer Begegnung eine weite und entvölkerte Gegend ist, abseits der menschlichen Behausungen. Der Mann weiß noch nicht, daß er es mit seiner »verstorbenen« Frau zu tun hat; erst ihr Verhalten und vor allem der unbekannte Ort, wo sie hingeht, stellen ihn vor ein Rätsel. Dann sagt sie ihm, daß sie den *mati* gegeben worden sei. Damit versichert sie, daß sie getötet wurde, aber gleichzeitig *dementiert ihre Anwesenheit in Fleisch und Blut diesen Tod.* Sie gibt Einzelheiten, indem sie von sich behauptet, sie werde von *bapfu* fortgezogen (d. h. daß sie selbst *mupfu* ist oder zumindest im Begriff steht, es zu werden). Sobald sie bei ihrem Herrn, dem *ngàà*-Spezialisten, eingetroffen sein wird, wird sie ihren neuen Status erhalten und unsichtbar werden. Wenn der Ehemann sie noch retten kann, so deshalb, weil sie erst auf dem Weg dahin ist. Dieses Detail ist von größter Bedeutung: die Frau wird erst dann wirklich verwandelt und gefesselt sein, wenn sie *dem Willen* ihres Besitzers unterliegt. Da sie noch nicht bei ihm ist, befindet sie sich auf der Schwelle des Bereichs, in den sie gehen soll, ohne daß der Übergang bereits absolut feststünde.

3. Der Erzähler schaltet zum Verständnis seiner Geschichte eine Art Parenthese über die *mubimi* (abgeschnittener Bananenbaumstamm) und die *madzumadzuma*-Blätter ein. Gleichzeitig wird uns auch die Funktion dieser beiden Elemente klar: sie

dienen dazu, die Leiche vorzutäuschen, die in ihrem Paket aus Pflanzen und Stoffen nicht mehr zu sehen ist. Sie ahmen ihre sichtbaren Zeichen nach: die Flüssigkeit rinnt, der Geruch verpestet die Luft, *als ob* eine Leiche darin wäre.

Da aber der Körper unter seinen Hüllen versteckt ist, ist eine *Substitution* möglich. Die Wirkungen des substituierten Dings sind dieselben: sie überzeugen die Zuschauer, die von den Wirkungen auf das ursächliche Ding (die Leiche) schließen, von dessen Gegenwart. Die Wirklichkeit ist also im vorliegenden Fall *pervertiert* worden: die beschriebenen Elemente haben den Körper ersetzt und täuschen nach außen seine Wirkungen vor. Es besteht Identität der Wirkungen außerhalb des verhüllten Dings, aber mit jenem »anderen Ding innen«, dessen Rolle darin besteht, das Wirkliche zu verkleiden und das Substitut für den wahren Körper auszugeben. Gleichzeitig wird der falsche Tod für wirklich gehalten. Dennoch ist die Frau, wie wir uns erinnern, tatsächlich getötet worden.

4. Alle Elemente sind nun gegeben, so daß wir die Erzählung und ihre Botschaft verstehen können, die eine Antwort auf die Ausgangsfrage ist: ist eine zu den *mati* entführte Person immer ein Wesen, das »in Person« lebt? Wir wissen bereits, daß dem so ist, da die Frau zu Beginn der Geschichte in ihrer gewohnten Gestalt auftritt. Auch der Ehemann weiß es sowie sein Freund, der ihm die Kunde von ihrem Tod überbracht hat. Auf welche Weise wird nun der Mann seinerseits das Ableben seiner Frau *bestreiten?* Er hat nur ein einziges Argument: ihren Körper, ihre wirkliche Person. Er wird eine umgekehrte Entschleierung vornehmen: um jenen Körper, der heimlich gestohlen wurde und den man durch ein Ding ersetzt hat, das seine äußeren Wirkungen nachahmt (in Anbetracht der Tatsache, daß er unsichtbar ist), jenen Körper, dessen Realität man in dem Paket simuliert, womit eine andere, verschleierte Realität errichtet wird, um ihn von dem Zauber zu befreien, der auf ihm liegt, hat er nur ein Mittel: nämlich daß er dieser verkleideten Wirklichkeit, die auf der Abwesenheit des Körpers gründet, den sie als anwesend behauptet, die unbestreitbare

Wirklichkeit des lebenden Körpers seiner Frau entgegenhält. Dann wird die Verkleidung unmöglich: wenn sich die Gattin in Fleisch und Blut zeigt, kann sie keine verwesende Leiche sein. Folglich ist dies der Beweis dafür, daß die Ursache der sichtbaren Wirkungen nicht die Leiche ist, wie man fälschlich glaubte, sondern ihr Substitut. Ohne Leiche gibt es keinen wirklichen Tod.

Wenn der Mann eine solche Entschleierung vornehmen kann, so genau deshalb, *weil etwas verschleiert worden ist.* Dieses Etwas ist die Entführung zu den *mati,* die man für einen wirklichen Tod auszugeben versuchte. Das Erstaunliche ist, daß der Ehemann, um sein Ziel zu erreichen, selbst seine Frau versteckt, so als könne man aus der verschleierten Wirklichkeit nur durch ein umgekehrtes Spiel herausfinden – von der Verschleierung (der Wirklichkeit) zur Entschleierung der verkehrten Wirklichkeit. Der Mann simuliert selbst und handelt als eine Person, deren Verhalten paradoxen Motiven entspringt: sein abweichendes Benehmen zögert die Auflösung hinaus. Der Ehemann wird von der Öffentlichkeit so streng verurteilt, daß seine anderen Frauen beschließen, ihn nach der Beerdigung zu verlassen: wenn seine Frau wirklich tot wäre, wäre es eine Schande gewesen, nicht zu weinen. Der Mann weist also auf das Vorhandensein einer *anderen Ursache* hin und bereitet die Umstehenden auf die Wendung vor. Zudem beruft er die Herren sowie alle möglichen Zeugen ein, denn wer anders als die Öffentlichkeit mit all ihrem Druck könnte bezeugen, daß die Wirklichkeit anders ist, als man sie zeigt?

Nach der Rolle von Orpheus spielt der Ehemann nun die des Heiligen Thomas. Er ruft nach greifbaren Beweisen: er will die Form *(kimpfa)* seiner Frau sehen, d. h. ihre körperliche Gestalt, ihre persönliche Gegenwart *(mu kimburu).* Und hier nun liefert er die Erklärung für seinen Zweifel: im Innern des Pakets befinden sich nur Ersatzelemente. Nichtsdestoweniger ist es eine schwerwiegende Handlung, das Paket eines Verstorbenen zu öffnen: deshalb bedarf es der Drohung, um die Umstehenden *dazu zu zwingen.* Außerdem ist das Einverständnis der Herren notwendig. Unter dem ausgeübten Zwang geraten die Geister der Menge in Schrecken: das Unbekannte enthüllt sich, zumindest das mögliche Unbekannte. Sollte das Wirkliche nicht das sein, was sie glaubten? Die Reden des Mannes verstärken noch die Ungewißheit: nein, tatsächlich, die Frau ist ohne Krankheit gestorben, und das bedeutet, daß sie nur auf die beschriebene Weise verzaubert worden sein konnte.

Die Entschleierung vollzieht sich in zwei Schritten: zuerst wird das Vorhandensein von *mubimi* und *madzumadzuma* aufgedeckt und damit auch das Fehlen einer Leiche. Hier erreichen Angst und Scham der Verwandten[10] der Frau und des Publikums ihren Höhepunkt. Sie sind getäuscht worden und sehen sich sogar angeklagt, solange nicht der Schuldige gefunden ist. Noch einmal droht der Mann, zu morden.

Zweitens läßt der Ehemann, nachdem er mit Gewalt die Abwesenheit des Körpers und dessen Verlust hat feststellen lassen, die Frau in Fleisch und Blut auftreten, mit schönen Kleidern geschmückt, so als werde die vollständige Wirklichkeit erst durch die Vollkommenheit des Anblicks bezeugt. Dann

10 Die Rolle und die Gegenwart aller *mütterlichen und väterlichen Verwandten* der Frau ist vielleicht ein wesentlicher Hinweis auf die Natur des Phänomens, das sich abspielt. Sie werden am meisten von Scham ergriffen, und vor allem von ihnen verlangt der Ehemann Rechenschaft. Hat die Verwandtschaft hinsichtlich dieses Spiels zwischen *wahrer* und *falscher* Realität eine wesentliche Funktion? Sie dient als Anhaltspunkt; in bezug auf sie war die Frau in den Bereich der *mati* gegangen. Die Verwandtschaft war der Bereich des Ähnlichen: die Frau war *wie* ihre Verwandten, und es erweist sich nun, ohne daß sie es wußten, daß sie, nachdem sie sich verwandelt hat und zu den *mati* gegangen ist, von anderer Natur ist. Was hat es mit einer Verwandtschaft auf sich, in der es einen *mupfu* gibt? Daher die Anklage. Leider sagt uns die Erzählung nicht, ob der Zauberer verwandt war oder nicht. Wie dem auch sei, der Zauberer konnte sich jedenfalls eines Streits innerhalb der Verwandtschaft bedienen, um sie von außen anzugreifen.

Die Rückkehr zur Wirklichkeit vollzieht sich unter den Augen und mit Billigung des Publikums, das sich aus Verwandten, Nicht-Verwandten und Herren zusammensetzt. Die Entschleierung geschieht vor allen, und alle wenden sich gegen den Zauberer und machen ihn unschädlich. Doch dieser Zug schließt nicht aus, daß der Pol der Wirklichkeit *in erster Linie* verwandtschaftlicher Art ist.

führt er sie unter die Leute, damit sie sich ihr nähern können und damit sie den Schuldigen anzeige. Sie erkennt den Zauberer und wiederholt, was sie schon zu Anfang ihrem Mann gesagt hatte. Der Kreis ist geschlossen.

5. Von nun an ist die Frau zu den Lebenden zurückgekehrt. Sie ist frei, denn sie kann nicht mehr dem Willen ihres entlarvten Herrn unterworfen werden. Früher wäre der letztere zum Tode verurteilt worden. Man sagt uns, daß sie nicht krank sei, daß ihr Herausreißen aus dem Bereich der *mati* alles andere als eine Heilung sei. Gleichzeitig erhärtet sich die Antwort auf die Eingangsfrage. Eine solche Geschichte veranschaulicht und beweist die Tatsache, daß der Körper einer »zu den *mati* entführten« Person nicht verwest: sie ist geblieben, »wie sie war«. Und dies ist der Beweis dafür, daß sie nicht wirklich tot ist. Andererseits widerlegt eine letzte Bemerkung das Argument, daß einzig das Lebensprinzip *mumpuki* hätte verwandelt sein können: es handelt sich wirklich um den ganzen Körper. Die den *mati* gegebene Person ist einfach ein böser *mupfu*-Geist geworden: es ist eine wirkliche Person, unverändert, nur unterjocht und unsichtbar, sobald ihre Verwandlung vollendet ist. So erklärt man, daß sie dieselbe Eigenschaft hat wie die normalen Menschen: sie ißt, was zweifellos wörtlich verstanden werden muß. Sie ernährt sich wirklich, aber von Opfern, die ihr Meister ihr nennt. Beim Tod des letzteren glaubt man, daß sie, falls sie nicht ein weiteres Mal gefangen wird, nach einer gewissen Zeit zu einem (bösen) Ahnen wird oder daß sie im Busch umherirrt wie die Löwen oder andere Tiere des Verstorbenen.

Nachdem wir die Verbindung zwischen *buti* und Mord im imaginären Feld gezeigt haben, möchten wir, um die Natur der Zusammensetzung *(mpiini)* in ihrem Verhältnis zum Besitzer besser zu erkennen, beschreiben, wie man sich dessen Tötung vorstellt, und umgekehrt, wie er sich nach einem Angriff wieder erholt.

Die Tötung eines Individuums, das im Besitz von mpiini *ist*

Wenn ein mächtiger Mann sich einem Feind gegenübersieht, den er für einen Verbrecher (oder Zauberer, was auf dasselbe hinausläuft) hält, versucht er zunächst selbst, ihn zu verfolgen. Gelingt es ihm nicht, Vergeltung zu üben, indem er ihn trifft, so sucht er einen besonders beherzten Spezialisten auf. Dieses Verfahren steht, im Fall einer Rache, reichen Männern zur Verfügung. Der Besucher fragt den Spezialisten: »Willst du mir alle Zusammensetzungen meines Feindes aufzählen?« Der andere antwortet: »Der Zauberer besitzt diese oder jene (tierische) Zusammensetzung in diesem oder jenem Fluß«, und er fordert ein Stück des Tiers, das die Macht des Verbrechers darstellen soll. Er verlangt noch diese oder jene andere bestimmte und lokalisierte Zusammensetzung usw. Damit kann er offenbaren, daß sich alle Zusammensetzungen der verfolgten Person in derselben Gegend von *Lali* (Westen der Hochebene) befinden. Dann stellt er sein Präparat her, mit Hilfe seines Wissens und seiner Macht, und man sucht einen zuverlässigen Mann, der sich nach Lali begeben soll, um mit einem Gewehr, in dem sich die Elemente der Macht des Zauberers befinden, zu feuern. Der Mann wird von den bösen *bapfu*-Geistern des Spezialisten begleitet, ohne daß er es merkt. Sobald er geschossen hat, zerstreuen sich alle Zusammensetzungen des Zauberers. Von nun an sind sie zu Dingen ohne Kraft und *vor allem sichtbar geworden (mwe ma yika mu tsitse:* »alle werden außen«). Der Jäger hat es nur noch mit diesem oder jenem Tier zu tun, auf das er schießt. Der Besitzer kommt von Kräften. In dem Maße, wie seine Zusammensetzungen eine nach der anderen vernichtet werden, spürt er, wie seine Macht schwindet. *»Alle Zusammensetzungen, die gewöhnlich verborgen sind, kommen zum Vorschein« (kimunima:* sichtbar werden). Der Zauberer wird in eine Situation der Ohnmacht versetzt (*kikolo:* schwach werden). Seine *bapfu* werden einer nach dem anderen getötet wie Hühner, die man ihres Stalls beraubt hat. Am Ende stirbt ihr Besitzer.

Die Operation ist also eine doppelte: der Spezialist spricht Formeln *(mukua)* aus wie: »Wenn dieser Mann wirklich ein Zauberer ist und wenn er den Löwen besitzt, soll er sterben.« Damit bedient er sich der Kraft, die dem guten Recht des sich rächenden Opfers gleichkommt, einer Art Macht, die der Aggression des Verbrechers selbst entspringt. Außerdem hat er *biseme*-Körner versammelt, die er auf seinen eigenen *buti* spuckt, sowie Elemente der Macht, die zerstört werden soll. Von dem Jäger, den man zum Schießen bestimmt hat, verlangt man nichts weiter, als daß er mit dem präparierten Gewehr zur bezeichneten Stelle geht und schießt. In vielen Fällen führt der Spezialist selbst beide Handlungen im Haus des Bittstellers aus. Der beschriebene Mechanismus kommt demjenigen sehr nahe, der in der Erzählung von der Frau am Werk war, die von ihrem Mann den *mati* entrissen wurde. Es gilt, durch einen Gewaltakt das zu entschleiern, was verhüllt ist und wirkt. Dann wird der Besitzer verwundbar: im ersten Fall wurde er der Öffentlichkeit als Zauberer entlarvt, im zweiten Fall wird er langsam getötet.

Wie man einen verletzten oder verwundeten Besitzer von mpiini *pflegt*

Es ist nicht uninteressant, nun auch den umgekehrten Vorgang zu untersuchen, den der Wiederbelebung einer solchen Person, die nur verwundet ist. Meine Informanten, die immer bestrebt waren, den Fall der Heilung eines Verbrechers auszuschalten, sagten mir nachdrücklich, daß man nur mächtige Menschen heile, die sich als Nicht-Zauberer erwiesen hätten. »Sie aßen nicht die Leute«, sondern es waren nur Menschen, die von anderen, auf ihr Leben neidischen Bewohnern angegriffen worden waren. Jedesmal war das betroffene Individuum, das sich von einem unheilvollen Bündnis bedroht sah, mächtig aufgrund seiner Zusammensetzungen, reich und wohlhabend; doch es blieb innerhalb seiner Grenze *(ondili* oder auch *lifuru:* die

Asche), womit gesagt wird, daß seine Zusammensetzungen *(mpiini)* ihm nur zu seiner Verteidigung dienten. In einem Fall berief sich der Kranke auf seinen Sohn (niemals auf seinen Neffen mütterlicherseits, der immer im Verdacht steht, auf sein Erbe in matrilinearer Linie zu warten) und sagte ihm: »Sieh ein wenig nach meinen *mpiini*, die von Spezialisten (*ngàà*) ›getötet‹ worden sind: ich habe zwei Zusammensetzungen. Man hat nur aus Haß auf mich geschossen.« Der Sohn rief einen anderen Spezialisten herbei, der Teile jener *mpiini* (Löwenklaue, Schlangenhaut) verwendete und seine ganze Kunst entfaltete (*biseme* und andere Mächte), um die Zusammensetzungen wieder »an Ort und Stelle zu bringen« *(kibvura na buka)*. Er verfügte über eine pflanzliche Macht *ntsele* (Stroh); er pflegte den Mann, indem er ihm ein Insekt gab, *mbumburu*, die »Mutter der Termiten«, eine Kraft, die verjüngt. Auf diese Weise änderte er die Lage jener verwundeten Zusammensetzungen, d. h. er legte sie in der Erde oder im Wasser an eine andere Stelle. Der Heilkundige mußte selbst sehr stark sein, denn er konnte anstelle des Besitzers sterben. Denn nach der Behandlung wird der Spezialist oft von den enttäuschten Verwandten des Kranken (Linie) angegriffen, die sich Hoffnungen auf seine Reichtümer gemacht hatten.

Diese Beschreibung zeigt deutlich die enge Verbindung zwischen den Zusammensetzungen und dem Körper des Besitzers. Wenn sie Wunden haben, hat auch der Mann welche (*kidzuali* und *mbali:* Verletzung, Wunde). *Weil* der Besitzer die Zusammensetzungen geschluckt hatte, ist er verwundbar. Die Parallele ist sogar noch präziser: man meint, daß ein Mächtiger, dessen tierische Zusammensetzung (ein Büffel) an der Schulter getroffen worden ist, an derselben Stelle behandelt werden muß. Daher nimmt der Spezialist ein Stück, das von derselben Stelle des Tiers stammt. Auf diese Weise kann der von den Zauberern geschwächte *(kiko)* Mann wieder genesen.

Es wären noch manche anderen Züge zur Charakterisierung des *buti-* Gegenstands und seiner Beziehung zu seinem Besitzer nötig: dazu fehlt uns hier der Platz, und es können nur einige wenige genannt werden. Doch schon jetzt sind wir in der Lage, die wichtigsten Ergebnisse zusammenzufassen; dabei sollen jeweils die relevanten Beziehungen in einem Schema erscheinen.

Die Hauptzüge des buti *und des* mpiini *(Gegenstand und Zusammensetzung)*

Wir nehmen als Beispiel den Erwerb der Macht des Löwen.

1. Schritt: der Mann und der Löwe sind zwei getrennte Wesen. Der Löwe ist Träger einer Macht, die *mpini* heißt. Andererseits wird er bereits als zauberisches Tier oder als böser *mupfu*-Geist angesehen.

2. Schritt: der Spezialist stellt sein Präparat her (in diesem Fall eine Mischung), die, wie wir wissen, Teile des Mannes und des Tieres enthält. Die Mischung wird somit durch eine menschliche Metonymie mit dem Mann verbunden, durch eine tierische Metonymie mit dem Löwen.

3. Schritt: der Mann schluckt einen Teil der Mischung und verwandelt sich dadurch. Er realisiert somit eine Metapher seiner selbst, indem er ein *Tier-Mann* wird (Metapher, deren Ursache die tierische Metonymie ist).

Er vergräbt oder versenkt den Rest der Mischung. Auf diese Weise wird eine Zusammensetzung gewonnen. So vollzieht sich eine Metapher der *mpini*-Kraft des Löwen, der ein *vermenschlichtes Tier* wird (Metapher, deren Ursache die menschliche Metonymie ist).

4. Schritt: es bestehen nun zwei verwandelte, aber immer noch getrennte Wesen. Zumindest läßt sich sagen, daß die Kommunikation zwischen ihnen problematisch ist. Hier kommt der *buti*-Gegenstand ins Spiel.

Die Situation ist nämlich die einer *Möglichkeit* zur Kommunikation, die sich der nicht heterogenen Qualität der beiden vorhandenen Begriffe verdankt (in dieser Hinsicht eine völlig andere Situation als zu Beginn). Doch sie ist nur virtuell: es gilt, das zu aktualisieren, was nur möglicher Übergang ist. Das *buti*-Objekt ist das Mittel dazu: mit ihm kann man die Zusammensetzung »erregen« und dann zu ihr sprechen; der Besitzer kann Befehle erteilen.

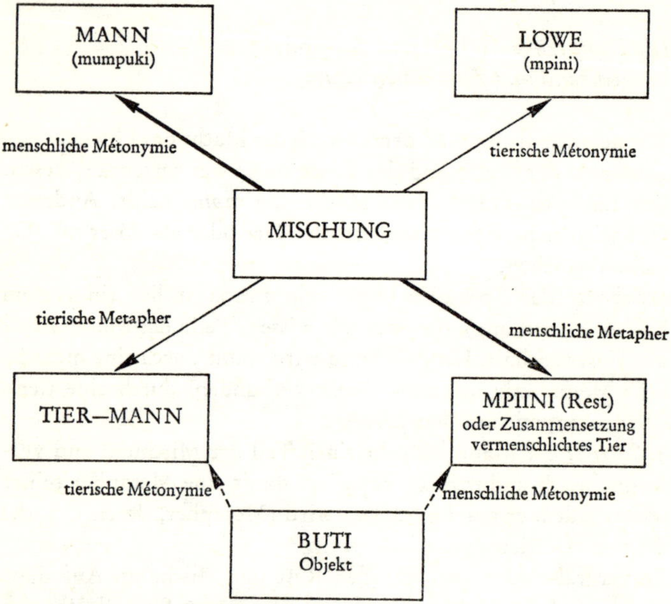

Bleibt noch die Frage, warum der *buti* das Mittel ist. Ich glaube, es läßt sich die Auffassung vertreten, daß er es deshalb ist, weil er in der Wirklichkeit den Zeugen, die materielle Spur der Konstituierung darstellt (Schritt 2 und 3). Er erscheint als das Substitut der Mischung oder besser der Operation der Mischung oder Zubereitung. Und auf welche Weise geschieht dies? Bald hat man es mit einem Beutel zu tun, der einen Teil des Präparats enthält, bald mit einem Armband, das damit bestrichen wurde und das Tier enthält, bald mit einer Kette, die das Band zwischen dem Besitzer und dem Löwen bezeichnet (Band der Unterwerfung und Kontrolle der Macht). In jedem Fall geht man von dem Augenblick aus, da der Übergang zwischen Mensch und Tier hergestellt wurde, oder auch von der »Stätte«, da diese Kommunikation Form angenommen hat. Der *buti* ist die Wiederholung oder die formale und materielle Reproduktion hiervon. Damit steht er in möglicher Verbindung zum Besitzer und zur Zusammensetzung des Löwen. Ich meine, daß dies nur aufgrund einer *tierischen* Metonymie seines Besitzers und aufgrund einer *menschlichen* Metonymie der Zusammensetzung *mpiini* geschehen kann. Sagen wir genauer, daß er einerseits an *das, was* sich im Bauch des Herrn der Macht befindet, gebunden ist, andererseits an *das, was* vergraben oder versenkt worden ist. Und wir wissen, daß dieses »das, was« eben das Präparat ist.

All dies wird nur verständlich, wenn der *buti*-Gegenstand der metaphorische Repräsentant der Mischung oder des Präparats ist. Damit bleibt er sowohl mit dem Löwen wie mit dem Mann in Verbindung, weil er mit dem Präparat in Verbindung stand und noch immer steht. So erlaubt er es dem Besitzer, seine Macht zu reaktivieren: durch Erregung des *buti* wird die Kommunikation zwischen Besitzer und Zusammensetzung hergestellt.

Ich verhehle nicht, daß dieses Schema äußerst allgemein ist und noch viele Bereicherungen erfordert. Wir begnügen uns mit einigen wenigen.

1. Tierische Metonymie und tierische Metapher. Solche Bewegungen haben nur Sinn in bezug auf eine bestimmte semantische Klasse.[11] Hier ist die Klasse *Löwe* im Spiel. Das Präparat wird in bezug auf die Klasse Löwe hergestellt. Notwendig schaltet sich nun ein zusätzlicher Terminus ein, der des Spezialisten (*ngàà*): er bereitet die Mischung zu und kocht sie. Er erzeugt, wenn er das Einnehmen vorschreibt, die Metapher, die den Mann mächtig macht, und ebenso den *buti*-Gegenstand, der die tierische Metonymie aufrechterhält. Diese Handlung ist nur deshalb realisierbar, weil er aufgrund seines Wissens

11 Vielleicht sollte man besser von Paradigma sprechen.

und seiner Techniken auf irgendeine Weise der Herr der Klasse *Löwe* ist. In seinem Akt läßt sich der Spezialist als der Urheber der Metapher ansehen, deren (metonymische) Ursache die Mischung ist, die wiederum mit der Klasse Löwe verknüpft ist. Nach der Verwandlung des Menschen in einen Tier-Mann ändert sich das Ganze. Von nun an ist der Besitzer der *Herr der verwandelten Klasse: Zusammensetzung des Löwen* (und nicht mehr Löwe), deren (metonymische) Ursache der *buti*-Gegenstand ist (und nicht mehr die Mischung), der selbst wieder mit der Mischung verknüpft ist und aufgrund dessen mit der Klasse Löwe. Es besteht Folge und Änderung der Ursache: der Spezialist hat den Besitzer zum Herrn seiner Zusammensetzung gemacht.

2. *Menschliche Metonymie und menschliche Metapher.* Diese Bewegungen geschehen gleichzeitig mit den vorstehenden. Sie sind nur in bezug auf die Klasse oder die semantische Kategorie *Mensch* denkbar. Rechtens ist dies für jeden Mann im allgemeinen möglich, sofern er erwachsen ist und somit über eine ausreichende einfache Kraft *(mpini)* verfügt. Tatsächlich aber haben wir es mit einem bestimmten Menschen zu tun, dem Bewerber. Folglich handelt es sich um die Klasse eines *individuellen* Menschen. Wenn der Spezialist befiehlt, die Reste zu vergraben (oder zu versenken), erzeugt er die menschliche Metapher, die den *mpiini* (kontrollierbare Macht) und auch das *buti*-Objekt bildet, die die menschliche Metonymie aufrechterhält. Auch hier läßt sich der Spezialist in seinem Akt als der Urheber der Metapher ansehen, deren Ursache die Mischung ist, die mit der Klasse Mensch verknüpft ist. Nach der Verwandlung der einfachen Kraft des Löwen *(mpini)* in eine Zusammensetzung des Löwen *(mpiini)* hat sich etwas verändert. Der Besitzer ist der Herr der verwandelten Klasse: Tier-Mann (und nicht mehr Mann), deren Ursache der *buti*-Gegenstand ist (und nicht mehr die Mischung), der wiederum mit der Mischung verknüpft ist und aufgrund dessen mit der Klasse Mensch. Auch hier besteht Folge und Änderung der Ursache: der Spezialist hat für die Fortdauer einer individuali-

sierten und von einer einzelnen Person angeeigneten Zusammensetzung des Löwen gesorgt.

3. Der Prozeß läßt sich noch genauer formulieren. Die beiden Metaphern sind in Wahrheit nur scheinbar parallel: in einem Punkt weichen sie in ihrer Form wesentlich voneinander ab, nämlich hinsichtlich des Orts der Verwandlung. Die verschluckten Teile liegen *im Bauch des Mannes*, also in ihm. Die Reste hingegen wurden *in ein Element (Erde oder Wasser)* gelegt, das größer ist als der Löwe, ihn also einschließt. Man könnte nun meinen, daß der Mann, weil er von innen her verwandelt wurde, über eine Sache gebietet, die die Eigenschaft bekommen hat, durch Versenkung in ein natürliches Element unsichtbar zu werden.

Aber das Phänomen ist nicht so einfach, wie wir gesehen haben. Das Leben der mächtigen Person hat sich verlagert und wohnt nun zu einem großen Teil im *mpiini*. Daher glauben wir, daß der Tier-Mann in Wahrheit beide Termini umfaßt: einerseits einen animalisierten Mann, andererseits ein humanisiertes Tier. Beide legen sich schließlich übereinander, wie es die Wunde des (zusammengesetzten) Löwen an der Schulter beweist, die sich sofort in einer Wunde des Menschen an derselben Stelle zeigt. Der Mächtige führt somit ein Doppelleben, eines, das den Blikken aller ausgesetzt ist und menschliche Gestalt trägt, und ein anderes im elementaren und unsichtbaren, aus Mensch und Tier zusammengesetzten Bereich der Natur. Unter diesen Bedingungen weist der *buti*-Gegenstand, wenn er erregt wird, auf zwei verborgene Dinge hin: erstens auf das verborgene Ding im Körper des Besitzers (wirklicher Körper), zweitens auf das in der Erde oder im Wasser verborgene Ding (ausgedehnter oder imaginär multiplizierter Körper). Als metaphorisches Substitut der Mischung ist er Ursache, weil er metonymisch auf die zwei verwandelten Klassen verweist: mächtiger Mann und *Zusammensetzung des Löwen*. Um im Feld der *mati* zu wirken, wird sich der Besitzer also auf seinen Gegenstand berufen, der allein den imaginären Körper zu bewegen vermag, indem er ihn mit dem wirklichen Körper verbindet, der spricht, Befehle erteilt, Körner auf den *buti* spuckt. Man sieht, daß der Gegenstand somit die Ursache des Wunsches seines Besitzers umschließt: er ist dessen Sitz und nicht nur sein Mittel.

Die Beziehungen zwischen mpiini *(Zusammensetzung) und* mumpuki *(Lebensprinzip) bei einer Person*

Die Zusammensetzungen werden als Verstärkung und Stütze des Lebensprinzips begriffen. Ein magisch mächtiger Mann wird, um ein langes Leben zu haben, stets versuchen, mehrere Zusammensetzungen zu besitzen. Er macht aus ihnen »ebensoviele zusätzliche *mumpuki«*. Es sind dies geläufige Ausdrücke, die indes der Erklärungen bedürfen, wenn man sich ihrer Grundlage nähern will.

Ein mächtiger Mann ist in erster Linie ein exponierter Mann. Er ist in den Bereich des Wettstreits der anderen Besitzer von Mächten eingedrungen, und als solcher muß er den Gefahren begegnen, die mit diesem Eintritt verbunden sind. Er hat sich in der Tat dafür entschieden, sich im gegebenen Fall »sehen zu lassen« (*kimunima*), was sich in bestimmten Bestattungszeremonien unter Herren äußert: in allen anderen Fällen hat er, auch wenn er sich verbirgt, zumindest das gewöhnliche Schicksal aufgegeben. Er hat den Bereich der Beschränkung der Wünsche und Bestrebungen überschritten, der den Vorzug der Sicherheit hat. Unter Mächtigen (vor allem Herren, Verwaltungshäuptlinge und Linienälteste) herrscht ein sozusagen normaler Wettstreit. Aber wenngleich die Rivalität ihr gewöhnliches Los ist (*mikeme:* der Kampf), so können sie sie theoretisch dennoch nicht bis zum Mord treiben, ohne gleichzeitig zum Zauberer zu werden, es sei denn, sie hätten eine legitime Rache geübt. Allerdings betreffen die Angriffe und folglich die Anschuldigungen häufig Aggressionen von Mächtigen gegen Schwache.

Warum begibt sich ein Mann überhaupt auf diesen gefährlichen Pfad, von dem alle glauben, daß er das Leben des Besitzers von Zauberkünsten verkürzt? Eben weil er höher hinaus will. Die bestehenden oder postulierten Hierarchien erheischen derartige Begierden. Der Mann wird sich durch seinen Aufstieg auch Haß zuziehen: ist er angegriffen worden, so wird er versucht sein, mit Verbrechen zu antworten, eine in den Augen der anderen unaussprechliche Grenze. Von hier an ist alles entschieden: denn wollte ein Individuum in solch einem Zusammenhang sich nur mit Hilfe seines von *Nzaami* (Gott) gegebenen Lebensprinzips *mumpuki* fortentwickeln, dann wären seine Tage gezählt und sein Leben unstet. Wenn ein Mann nur sein *mumpuki* hat, ist er ohnmächtig.

An diesem Punkt müßten wir eigentlich sehr weit ausholen, um zu zeigen, wie sich die Kukuya zwei Arten von Schutzmöglichkeiten denken: die einen sind kollektiv, die anderen individuell. So waren früher die Inhaber von Mächten auf allen Ebenen der Gemeinschaft zu finden (Herren der Erde, Linienälteste, Dorfhäuptlinge); außerdem bestand die Gefahr, daß man der Zauberei angeklagt wurde. Heutzutage haben die Leute das Gefühl, daß die verschiedenen, sehr zersplitterten Gruppen einen schlechten Schutz bieten: daher suchen sie in zahlreichen Fällen Zuflucht zu individuellen Zusammensetzungen, obwohl diese schlecht angesehen sind. Die gefährlichsten von ihnen sollen ihrem Herrn zu Reichtümern verhelfen, die den anderen Bewohnern von den unsichtbaren *bapfu* geraubt worden sind.

Obwohl der *mumpuki* von zweitrangiger Bedeutung für einen Mächtigen ist, dessen Leben sich auf seine Zusammensetzungen verlagert hat, greift man im letzten Stadium der Tötung das Lebensprinzip an. Es war also stets vorhanden gewesen. Aber man hat entgegengesetzte Vorstellungen von ihm: im positiven Fall meint man, daß es sich mit dem *mpiini* vereint (der Besitzer glaubt dies ganz gewiß), während man sich im negativen Fall (bei einem Mann, der im Verdacht steht, ein Zauberer zu sein) vorstellt, daß es sich vom Körper seines Herrn entfernt hat, von ihm angewidert ist, weil es soviel Morde mit ansehen mußte, und ihn nicht mehr beschützt.

Andere Merkmale

Leider muß ich die Beschreibung, mehr als mir lieb ist, abkürzen. Aus diesem Grunde fasse ich in einer letzten Charakterisierung die wichtigsten Punkte zusammen, deren Kenntnis unabdingbar ist, wenn man einige Schlüsse ziehen will.

1. Viele Elemente wurden nicht erwähnt, die zweifellos für die Untersuchung des Verhaltens eines *buti*-Besitzers relevant wären. Der Gegenstand und die Macht, die mit ihm verknüpft ist, rufen bei ihrem Besitzer Träume hervor: diese offenbaren ihm entweder die Wünsche seiner Zusammensetzung oder die Angriffe von seiten anderer. Andererseits wird die Handhabung eines Gegenstandes, wenn er gefährlich ist, oft von Zuständen der Bewußtlosigkeit begleitet (*kibva kitswe,* ein Wort, das sowohl den vermittelnden Zustand der Erregung wie den Besitz oder die Ohnmacht bezeichnet): ein Mächtiger hat diese Zustände im Prinzip unter seiner Kontrolle. Sie sind das Zeichen dafür, daß er in den wahren Bereich Eingang gefunden hat, in dem er wirken kann. Auch der Spezialist, der seine Fähigkeiten vor einem (stets kleinen) Publikum ausübt, gerät häufig in eine Art Trance, ob er nun wahrsagt oder Zauberer jagt.
2. Den *buti*-Gegenständen werden zuweilen Opfer gebracht (Blut und Fleisch von Hühnern oder Ziegen): auch auf sie spuckt man Kolanüsse, wie es bei den Ahnen geschieht. Aber mir gegenüber hat man stets die Vorstellung weit von sich gewiesen, daß man sie wirklich ernähren könne: es handelt sich vielmehr auch hier um eine »Erregung« des Gegenstandes, bevor man sich an ihn oder mittels seiner an die Zusammensetzung wendet. Umgekehrt sind auch einige Arten von *buti*-Zerstörungen bekannt: man verbrennt sie in der Mitte der Dörfer, wenn eine öffentliche Anklage der Zauberei mit anschließendem Aufspüren stattgefunden hat. Diese Aufgabe übernimmt der Spezialist. Und dieser Akt ist der Beweis dafür, daß ohne den *buti*-Gegenstand die Macht nichts wert ist.

Seine Gegenwart ist notwendige, wenn nicht hinreichende Bedingung. Beispielsweise wurde nach einer *mati*-Verbrennung, die junge Leute im Jahre 1965 vorgenommen hatten, von den Alten behauptet, daß das Wesentliche zurückgeblieben sei, nämlich das, was sich in ihrem Bauch befindet. Man glaubt auch, daß das Wasser die Macht eines *buti* vernichte: damit erklärt sich, daß man ihn im allgemeinen in einem Haus aufbewahrt, denn der Regen würde ihm seine Eigenschaft rauben.

Unter folgenden Umständen greift man auch zu Beschimpfungen sexuellen Charakters: Der Besitzer verwendet seine *biseme*-Körner, und wenn der Fall dringend ist, beschimpft er den Spezialisten (der ihm den Gegenstand gegeben hat), indem er zu dem *buti* sagt: »Du taugst nichts: dein Herr hat mein Geld als ein Dieb gegessen.« Dann beschimpft er die Mutter des Spezialisten, und alsbald wirkt der *buti*. Der gleiche Vorgang spielt sich ab, wenn ein wahrsagender *ngàà* die Zeremonie anführt; oft fragt ihn das Publikum: *»kima ki mâ we, we yuki ngàà?«*, »beim Ding deiner Mutter[12], bist du wirklich ein *ngàà?«* Der Mann gerät in Wut und zieht in den Kampf, ohne an den Tod zu denken, denn er ist häufig auch ein Jäger von Zauberern.

3. *buti*-Besitzer heißt *ngáá-buti*[13], derjenige, der mit einem *buti* in Beziehung steht, ihn besitzt. Es ist ein Privileg der erwachsenen Männer. Kinder haben keinen Teil daran, denn ihre einfache Kraft *(mpini)* ist zu schwach, als daß sie es ohne Todesgefahr wagen könnten, sich zu verwandeln. Frauen können es tun, aber es kommt selten vor: einerseits hält man sie für zu schwach, abgesehen von bemerkenswerten Ausnahmefällen, andererseits besaßen sie in den letzten Jahren nie das nötige Geld oder den nötigen Reichtum, um eine Macht zu erwerben.

Aber man nimmt an, daß sie sie erben können, und es gibt auf der Hochebene einige weibliche *ngàà*-Spezialisten. Um eine Verwandlung an seinem Körper vorzunehmen, muß man also stark sein: »sich zusammensetzen« heißt *kiwaana*. Das Verbum be-

12 Es handelt sich um Geschlechtsteile, aber leider kann ich keine näheren Angaben machen.

deutet wörtlich: »hart, widerstandsfähig werden, sich zusammenziehen«. Von ihm leitet sich das Bestimmungswort *muwaani* ab: »Der Mächtige«. Im übrigen werden diese Merkmale nichtsdestoweniger stets als männliche gedacht: von einem aufgrund seines *buti* furchterregenden Mann heißt es, er sei *mulumi balika:* »ein wirklich männlicher Mann«. Ebenso heißt es von einer Frau, sie sei mächtig wie ein Mann. Diese männliche Kraft ist nicht unwandelbar: wir haben gesehen, daß Kinder sie noch nicht besitzen; bei Greisen dagegen nimmt sie ab.

4. Eine grundlegende Frage wurde noch nicht erwähnt: Wie vererben sich die *buti*-Gegenstände? *In der Regel vom Vater auf den Sohn,* mit einigen möglichen Ausnahmen in mütterlicher Linie. »So geht die wirkliche Macht *(mpani).*« Sie kann auch eine Generation überspringen und vom Großvater väterlicherseits (seltener vom Vater der Mutter) auf den Enkel übergehen.

Durch unsere Beschreibung des *buti*-Gegenstandes müßte klar geworden sein, daß die Beziehung eines Besitzers zu seinem Gegenstand aus einer eingehenden Beschäftigung mit ihm besteht. Zuerst einmal hat er ihn unter anderen möglichen Gegenständen ausgesucht oder von einem Älteren erhalten. Alle Praktiken, die er aufbietet, sind sowohl von seinem Wunsch wie von den gewissermaßen objektiven Eigenschaften seiner Zusammensetzung bestimmt. Einen gefesselten Löwen z. B. (der durch eine bestimmte Kette dargestellt ist) kann sein Herr nicht einfach loslassen, damit er sich von geraubter Beute ernähre. Er kauft ihm bei vielen Gelegenheiten Fleisch. Er bereitet es zu, spricht am Abend einige Worte zu seiner *mpiini*-Zusammensetzung und ißt dann diese Opfergabe. Es gibt zahllose Beispiele, je nach den Modalitäten des implizierten Wunsches: ein Mächtiger kann etwa versuchen, sich die Macht des *nkiina*-Nagetiers anzueignen, die als besonders schrecklich gilt. Sein Wunsch nach vielen Kindern pflanzt sich in der Weitergabe des *buti* fort, denn er ist einer der wenigen, der die Fähig-

13 *ngáá:* Besitzer; nicht zu verwechseln mit *ngàà:* Spezialist (unterschiedliche Tonhöhen).

keit besitzt, sich zu reproduzieren: er wird ihn an seine Söhne oder Töchter verteilen.
Unter diesen Umständen läßt sich vorstellen, wie ein Sohn die väterliche Macht erwartet. Er kennt sie durch lakonische Anspielungen, *hat durch Zufall gesehen, wie sie verwendet wird*, hat oft den brennenden Wunsch, erwachsen zu sein und die Verbote und Regeln zu erfahren. Niemals wird er die Frage direkt mit seinem Vater erörtern, aber man spricht auf Umwegen und in Anspielungen davon, was freilich ein Zeichen großen Vertrauens ist. Denn nichts ist intimer als jemandes »körperliche« Macht. Der Vater stellt seinen Lieblingssohn durch einige Erkennungsworte nachts auf die Probe: er beglückwünscht ihn bei seinem Erwachen (immer noch in verschleierten Worten), daß er sich wacker verhalten habe. Eines Tages wird er ihm die Macht anvertrauen und ihm das besondere Wissen enthüllen, das er besitzt: dies geschieht ziemlich spät, denn »ein Sohn darf auf keinen Fall seinen Vater übertreffen *(kulura)*«. Danach ist der Sohn in der Lage, nach dem Tod des Vaters den *mpiini* an sich zu nehmen.
5. Wir haben bereits das Problem der Beziehung zwischen *buti* und *Verwandtschaft* erörtert. Uns ist ein Verwandtschaftsterminus bekannt, der metaphorisch verwendet wird, nämlich das Wort *nguku:* Mutter. Wenn ein Spezialist seine Kunst bei einem anderen gelernt hat, wird dieser letztere *nguku a ngàà* genannt: die Mutter des *ngàà.* Mit diesem Ausdruck wird außerdem erklärt, daß dieses oder jenes *biseme*-Korn einen vorrangigen Platz innehat: ein solches Korn nennt man Mutter des *buti.* Schließlich heißt es in einem Sprichwort, daß auch *yala* (der Abfallhaufen hinter einem Dorf) Mutter des *buti* ist: in diesem Fall hat das Wort die allgemeine Bedeutung, daß jedes Ding am Ende dort landet, daß das Leben mit dem Tod endigt und daß somit alles zum *yala* gehen werde.
Die Beziehung, die hier äußerst umfassend ist, läßt sich zuweilen näher spezifizieren.
Es besteht ein Band zwischen den Exkrementen und den Zusammensetzungen. Dies ist die Folge davon, daß der mäch-

tige Mann das Präparat geschluckt hat. Wenn er in den Busch *(mulie)* defäzieren geht, »läßt er seinen Kot zurück, und sein Reptil oder sein Vogel wird seine Freunde aufsuchen«. Die Zusammensetzungen sind also allgegenwärtig, außer wenn man sie getötet hat: dann kehren sie in ihr »Haus« zurück: in den Bauch ihres Herrn.

Um auf unseren Ausgangspunkt, die Verwandtschaft, zurückzukommen – ich habe einige Beispiele gesammelt, wo der *buti* ausdrücklich auf einer Übertretung an seinem Ort gründete. Es gibt eine »Macht des Vergessens«, die dadurch erworben wird, daß man sich nach den Vorbereitungen nackt vor seine Mutter stellt (was das höchste Verbot ist) und ihr ihren Stampfer raubt, während sie ihn benutzt. Der Mann tut dies, ohne daß sie es bemerkt: der Stampfer wird ihr zurückerstattet. Doch von diesem Moment an ist eine Zusammensetzung des Vergessens (oder der Bewußtseinslähmung) eingefangen worden, die sein Besitzer bei seinen unsichtbaren Kämpfen verwerten kann. Einen anderen Schutz (zur Flucht) erwirbt ein Mann dadurch, daß er sich nackt auf die Knie seiner bekleideten Gattin setzt.

6. *Das Feld der Beziehung zu anderen.* Eigentlich behandeln wir damit kein neues Thema, denn es durchzog alle Details, die wir von dem Objekt gegeben haben. Wir wollen nur verschiedene Elemente unter diesem Gesichtspunkt zusammenstellen. Das erste betrifft die Unterstützung durch den Glauben: es wäre unsinnig, diese Frage zu erwähnen, ohne von den Personen zu sprechen, die keinen *buti* besitzen. Im Gesamtfeld tragen die Frauen und Kinder in hohem Maße dazu bei, die allgemeine Meinung aufrechtzuerhalten. Die Verbrennung der Gegenstände durch junge Revolutionäre im Jahre 1965 wird jene Behauptung sicher nicht entkräften: in ihren Augen war diese Tat ein Angriff auf die Grundlagen der Macht der Alten, und sie zerstörten jene schädlichen Instrumente, die »das Land beschmutzten«. Doch um so zu handeln, muß man sehr fest daran glauben. Meines Wissens konnte kein wirklicher Skeptiker in der Gegend entdeckt werden. Die offenstehende Wahl

war von anderer Art: es geht um die Entscheidung, »sich zusammenzusetzen« oder nicht. Dies ist eine ganz andere Alternative.

Das soll nicht heißen, daß keinerlei Zweifel aufkommen könnten. Doch betrifft er in keinem Fall die seis auch nur partielle Verwerfung des Glaubens. Er ist vielmehr Ausdruck einer Enttäuschung über die falsche Macht dieses oder jenes Spezialisten und vor allem über die Durchtriebenheit, die dahinter steckt, wenn einer glauben macht, er sei stark, ohne es »wirklich« zu sein. Hierüber gibt es sehr alte Sprichwörter und Scherze: häufig verband man durch Homonymie *pfura,* das Säckchen des *ngàà,* das dessen Zauberkräfte enthält, mit *pfura,* der List oder dem Betrug. Allenfalls läßt sich ein deutlicher Gegensatz zwischen Vergangenheit und Gegenwart erkennen, wobei die präkoloniale Epoche das goldene Zeitalter der Mächtigen war, die seither *alle* an Macht eingebüßt haben sollen. Die politischen Gründe dafür sind leicht auszumachen.

– Aber der Bereich des Anderen ist vor allem derjenige der möglichen Aggressionen. Die Bilder, die am häufigsten verwendet werden, sind für die Wahrnehmungsart der Eingeborenen bezeichnend: man spricht von Fesselung, Bindung, Gefangennahme. Der »unsichtbare Knoten« ist eine der geläufigsten Metaphern. Am anderen Ende, nach den großen geglückten Bestattungszeremonien, sind die Erde und die Personen frei (*oninyama:* ungebunden). Dies verlangt man von seinen Wünschen, wiewohl man weiß, daß eine Erde nicht ohne die Vermittlung von Mächtigen geschützt werden kann, die sie notwendig unterjochen. Vielleicht besteht eine Beziehung – aber es würde mir schwer fallen, sie darzulegen – zwischen zwei Akten, die durch eine Ähnlichkeit der Bilder miteinander verbunden sind: zwischen der Konstituierung eines *buti,* der den Körper eines Besitzers »festmacht«, und seiner Wirkkraft auf andere, die oft die Form einer Bindung hat. Die beiden Formen der Aneignung ähneln einander.

– In den Augen der anderen handelt der Mächtige fast immer aus Haß *(mpfuna* oder *mubele)* oder Eifersucht *(ntsoki).* Man sagt ihm nach, er habe eine sadistische Freude daran, das Glück anderer Menschen zu verderben und zugrunde zu richten: ihn stört der Stolz seiner Nachbarn. Andererseits schadet er durch seinen Wunsch nach Überlegenheit: die Schwächung seiner Rivalen ist das sicherste Mittel, diese zu erreichen. Er soll den rasenden Wunsch haben, berühmt zu werden: wenn nur jeder von ihm spricht, sei es auch Schlechtes. Wir erkennen in dieser letzten Tatsache den zwiespältigen Charakter einer Macht *buti-mpiini* im Hinblick auf das Sichtbare und das Verborgene. Man könnte sagen, der Traum des Mächtigen (oder letztlich des Zauberers) sei es, daß sein »Ding« verborgen, seine Handlungen unangreifbar bleiben, während gleichzeitig jedermann weiß, daß er seine Umgebung und seine Feinde beherrscht.

7. *Die Stellung gegenüber dem Tod.* Es schleichen sich Modifikationen ein, die nebensächlich zu sein und die Grundlage des Glaubens an die *mati* nicht zu berühren scheinen. Die Jüngeren sind oft über die Ängstlichkeit der Alten oder einiger Erwachsener überrascht, die sich aus Furcht vor dem Sterben bei Spezialisten »verstärken« oder, ohne irgend etwas zu tun, von den Mächtigen alles befürchten. Sie behaupten, sie hätten nicht mehr dasselbe Gefühl und dächten nicht einmal daran: »Es ist uns egal, der Tod kommt, wann er will, wir kümmern uns nicht darum.« Dies sind öffentliche Worte, die zweifellos nicht die ganze Wirklichkeit dessen, woran sie glauben, einschließen: dennoch betrifft ihre Haltung wahrscheinlich einen der wichtigsten Punkte. Ich habe niemals beurteilen können, ob sie den Tod fürchten, aber wenn sie es tun, dann auf eine andere Weise, die mit der alten Ideologie nicht vereinbar ist.

II. *Die Zauberei durch »pfuna« (angeborene Substanz)*

Von dieser zweiten Seite der *kukuya*-Zauberei werde ich lediglich einen kurzen Abriß geben, und zwar nur, um den Gegensatz aufzuzeigen, der sie von den mit den *mati* verbundenen Praktiken trennt.

1. Der *pfuna* ist eine angeborene, erbliche Substanz, von der man glaubt, daß sie im Körper einiger Männer wohnt, die aus diesem Grunde Zauberer sind. Sie befindet sich meist in ihrem Bauch, zuweilen aber auch in den Gelenken (Ellbogen, Knie) oder in den Gliedern (Arm, Wade). Sie soll etwa fünf Zentimeter groß sein und glänzen. Bei der Autopsie der Leiche eines entlarvten Zauberers fand man früher diese Substanz.
Der Unterschied zu dem *buti*-Gegenstand liegt auf der Hand, der gewissermaßen nur zum Teil inkorporiert ist. Der *pfuna* ist eine organische Verlängerung der Person, eine Art natürlicher Zusatz, der unmittelbar von *Nzaami* (Gott) stammt.
2. Die Aggression ist von ganz anderer Art als die der *mati*. Zahlreiche Ausdrücke bestätigen, daß das Fleisch der Opfer gegessen wird. Die angegriffene Person wird zuerst »gefaßt«, dann zu einem gemeinsamen Mahl geschleppt, das des nachts von einer Schar Zauberer veranstaltet wird. Die Person des Zauberers erfährt eine deutliche Verdoppelung: sein Körper bleibt auf dem Boden liegen, und sein *pfuna* macht sich auf den Weg zur Behausung des Angegriffenen. Er kann sich in ein Tier verwandeln oder in es eindringen, er kann aber auch die *kimpfa*-Form eines Verwandten des Opfers annehmen, um ihn zu täuschen und seine Verteidigungsmaßnahmen zu durchbrechen. Die Formen sollen sehr verschieden, *grenzenlos* sein; ganz anders als bei den *mati*, deren Macht zwar übermenschlich, aber eng von der Art und Weise der Kraft bestimmt ist, die von der Zusammensetzung ausgeht. Im Prinzip kann ein Löwe niemals ein Elephant oder eine Kröte werden. Dennoch ist diese ideologische Tennung nicht immer vollkommen, denn ein durch *buti* Mächtiger läßt sich im Grenzfall als Zauberer ansehen, und die beiden Kategorien von Zauberern überlagern sich dann, werden sogar ununterscheidbar, da beide auf die gleiche Weise andere täuschen, um ihnen zu schaden. Überzeugender ist der Gegensatz bei den Vorstellungen: heute weist man den Gedanken zurück, ein *buti*-Zauberer könne das Fleisch anders als metaphorisch »essen«: man stellt sogar diesen Ausdruck in Frage, der nicht mehr verstanden wird, und hält ihn

für eine bloße Redensart, während die Sprache, indem sie Spuren von *pfuna*-Zauberei enthält, davon zeugt, daß der Glaube wirklich bestanden hat.

3. Zwei deutliche Gegensätze lassen sich erkennen: die Zauberei durch *pfuna* impliziert nicht den Erwerb von Wissen, es wird stets als gegeben betrachtet. Der Zauberer ist der Ort einer von Natur aus bösen Phantasie. Wenn andererseits ein Mann aus diesem Grund getötet wird, entdeckt man mit Gewißheit den *pfuna* bei der Autopsie (außer bei »Mundzauberern«, die man ebenfalls tötete, wenn man sie fand; sie hatten nur die von den wirklichen Zauberern verwendeten Wörter weitergetragen). Bei den *mati* hingegen ist das Wissen unerläßlich, wenn sie wirken sollen: es ist ein festes Gebäude, von dem man einen Teil vom *ngàà* erwerben oder benutzen muß. Wenn man die Leiche eines *mati*-Zauberers öffnen würde, fände man keine außergewöhnliche Substanz in ihm.

4. Nicht alle *pfuna* sollen die gleiche Qualität haben. Die einen sind schrecklich (derjenige, der vom Liebhaber der Mutter auf das Kind kommt, ist der gefürchtetste[14]), andere mittelmäßig, wieder andere schwach, weil sie *liyuka,* »Verständnis«, und *mutsitsima,* »Bedauern« haben, zwei Eigenschaften, die ihre Gewalttätigkeit im Zaum halten[15].

Wir sehen also, daß der *pfuna*-Zauberer mit wenigen Ausnahmen ein Individuum ist, dessen Zorn man abzulenken versuchen kann: wir werden unten einen weiteren Grund für solche möglichen Besänftigungen anführen. Umgekehrt meinen die Eingeborenen, daß es aussichtslos sei, etwas vom *mati*-Zauberer zu erbitten. Vor ihm kann man sich nur schützen oder ihn töten.

5. Die Substanz wird bei jeder Generation in väterlicher oder mütterlicher Linie weitergegeben, im allgemeinen mittels der direkten Verwandten. Dies bedeutet, daß es im Fall eines An-

14 Weil niemand, wenn der Liebhaber verschwunden ist, sich auf seine Linie berufen kann, um die Substanz des Sohnes zu beschwichtigen.

15 Ebenso heißen zwei Kräuter, die dazu dienen, die Angriffe der *pfuna*-Zauberer abzuschwächen.

griffs Hilfsmittel gibt, denn diese Verwandten sind notwendig bekannt (Ehebrecher ausgenommen). Bemerkenswert ist, daß unter den gefürchteten Möglichkeiten der Fall eines Liebhabers der Mutter erwähnt wird, nicht dagegen der einer Geliebten des Vaters.

6. Indessen ist die Substanz unbestreitbar mit der *mütterlichen Linie* verbunden. Diese Behauptung scheint zu dem Vorstehenden in Widerspruch zu stehen; dies ist jedoch nicht der Fall. Die Verwandtschaft eines Individuums besteht aus vier Linien: der seinen, und drei anderen (Vater, Vater des Vaters, Vater der Mutter). Selbst in väterlicher Linie wird der *pfuna* als die Verlängerung einer Linie empfunden: er dient sogar einer Spaltung zwischen guten und schlechten Linien als Grundlage.

Der Beweis dafür ist, daß der Älteste einer Linie *institutionell* als *ngáápfuna* gilt, als ein Besitzer der Substanz in bezug auf die Mitglieder seiner Gruppe. Dadurch ist er in der Lage, sie zu beschützen: die Verzauberung eines Neffen mütterlicherseits durch seinen Onkel wird als normal angesehen. Dennoch muß unterschieden werden zwischen realer Zauberei (wirkliche Substanz im Körper) und der institutionellen Zauberei (Macht, auch ohne Substanz innerhalb seiner mütterlichen Linie Schaden anzurichten).

Heute glaubt man vor allem an die Zauberei durch *mati*: die durch *pfuna* hat nicht mehr die gleiche starke Realität, »weil man gegen sie nicht mehr die Autopsie anwenden«, sich ihrer auch nicht dadurch erwehren kann, daß man den Verbrecher jagt oder tötet. Aber im institutionellen Rahmen bleiben die Vorstellungen prägnant, denn hier behält der (im Prinzip substanzlose) *pfuna* des mütterlichen Ältesten (Großonkel oder Onkel der Stammlinie) seine ganze Realität.

Der Fetischismus?

Bisher habe ich mich auf eine reine Beschreibung beschränkt und es vermieden, psychoanalytische Begriffe zu Hilfe zu nehmen, um das Phänomen nicht durch Interpretationen zu verfälschen. Ich habe also die landläufige Sprache verwandt, auch wenn durch Zufall einige Worte ähnlich scheinen mochten (wie in dem Ausdruck »Perversion der Wirklichkeit«). Es stellt sich nun folgende Frage: welche Gemeinsamkeit besteht zwischen dem von Freud analysierten Fetisch und den von mir dargelegten Beispielen?

a) Auf den ersten Blick handelt es sich um ganz verschiedene Tatsachen. Der *buti*-Gegenstand hat, in seiner Natur als Macht, nur selten einen sexuellen Charakter: er ist dann Anlaß einer amourösen Magie; aber sein Gebrauch bleibt auch hier der gleiche: der Charakter des Gegenstands scheint sich deswegen nicht zu verändern. Im übrigen ist er sogar in diesem Fall ein Mittel, den Wunsch eines Partners zu beherrschen, und nicht, im magischen Akt unmittelbar den eigenen zu befriedigen. Und im Bereich der *pfuna*-Macht gibt es nicht einmal mehr ein äußeres Objekt, und wir sehen nichts mehr, was dem Fetisch entsprechen könnte. Diese Gegensätze lassen sich gemäß dem Charakter des Objekts und der Wirkung des Subjekts in einer Tabelle zusammenfassen.

Fetisch	*buti*-Gegenstand	*pfuna*-Substanz
sexuelles Objekt und sexuelles Ziel	nicht-sexuelles Objekt und nicht-sexuelles Ziel (abgesehen von Ausnahmen)	überhaupt kein Objekt, aber eine Substanz im Körper
Wirkung auf andere zweitrangig	reale Auswirkungen auf andere	ebenso (mit Verschlingung)

Über jeden Terminus ließe sich streiten. Wenn der Perverse den Anderen als die Vorstellung definieren würde, die er von ihm hat, bestünden hier ebenfalls reale Auswirkungen auf andere. Doch zweifellos lassen sich die Dinge nicht auf diese Weise formulieren. Andererseits kann man, innerhalb der

Kukuya-Vorstellungen, das *buti*-Objekt als zum Teil inkorporiert ansehen. Auf jeden Fall bleibt der große Unterschied bestehen, daß jeder Eingeborene an die Wirkung von starken Kräften auf die anderen glaubt. Es ist nicht einzusehen, inwiefern wir berechtigt sein könnten, von Fetischismus zu sprechen.

b) Dennoch kann die Untersuchung unseres Gegenstandes dazu führen, einige *Anhaltspunkte* hervorzuheben, die als formale Hinweise dienen sollen. Ich betrachte sie lediglich als Ausgangspunkt für eine Gegenüberstellung, ohne in irgendeiner Weise ihrem Schicksal vorzugreifen. Sie betreffen das *buti*-Objekt und seinen Besitzer sowie die Leute, die über seine Eigenschaften Bescheid wissen.

1. Die *verborgenen* Mächte der Kukuya stehen der katholischen Messe entgegen, in der eine öffentliche Macht wirkt. Die *buti*-Besitzer verstecken ihre Merkmale vor den anderen: Sie sind mit dem Spezialisten allein, der das Objekt, d.h. seine Eigenschaften und seine (positiven oder negativen) Vorschriften geliefert hat. Dennoch ist es für einen Besitzer nicht gleichgültig, ob er als solcher bekannt ist: Angst hat er nur davor, als Zauberer angesehen (und entlarvt) zu werden, d.h. als Mörder auf frischer Tat, der die Grenze des Lebens und der zulässigen Macht überschreitet. Das besondere Feld des *buti* bleibt für den Besitzer trotz seiner Kenntnis von dessen wirklicher Natur nichtsdestoweniger ein lateraler Bereich, dessen unbestimmtes Vorhandensein der Andere wahrnimmt. Ein Anderer kann zwar dort eindringen, aber nur mit einem *buti*, der wiederum ihm eigentümlich ist.

2. Diese Lateralität enthält in sich vielleicht nur noch die allgemeine Vorstellung von einer Verwandlung. Uns scheint, daß der Begriff der *Ablenkung*, der *Entführung* deutlich im Vokabular zum Ausdruck kommt: *kibalika*, (den Weg ändern, abweichen) für die Verwandlung des Rests eines *buti*; *kikala* (zu den *mati* entführen) für eine eingefangene Person, die zu einem bösen *mupfu*-Geist wird. Um es zu wiederholen: die Ablenkung hat keinen direkten Bezug zum sexuellen Leben.

3. Mit dem Erwerb eines *buti*-Gegenstandes erleben wir die Konstituierung jenes lateralen Felds für ein bestimmtes Individuum. Wir sahen, daß nach dem Mordpakt mit dem Spezialisten die Opfer meist *aus der Verwandtschaft* des Inhabers gewählt werden. In diesem Fall sind die Personen getötet worden und trotzdem nicht tot. Es ist ratsam, den Vorgang zu präzisieren, denn er gibt Aufschluß über die Stellung des Bereichs der *mati*. Wir meinen, daß die Form der Vorstellung die der *Verleugnung* ist, in dem Sinn, daß die Realität des Todes des Opfers anerkannt und gleichzeitig verleugnet wird, da sein Körper kein Kadaver wird. Die Verleugnung bezieht sich also auf den realen Charakter des Todes eines Verwandten. Tief im Geist der Eingeborenen besteht sicherlich ein Zweifel an jedem Tod, der innerhalb der Verwandtschaft auftritt: ist die verstorbene Person wirklich tot oder ist sie in einen Zwischenbereich »entführt« worden, eingefangen zugunsten eines Mächtigen? Daß sie unmittelbar in den Bereich der Ahnen eingeht, ist nicht selbstverständlich: immer besteht die Möglichkeit einer Verwandlung in *mupfu* (böse Geister), da es ja den Bereich der *mati* gibt. Jenes Eingehen kann nur durch den Tod erfolgen, während er nicht erforderlich ist, wenn man sich die zusammengesetzte Kraft eines Löwen aneignen will. Verstehen wir uns recht: man braucht nicht eigenhändig das Raubtier zu töten, obwohl die Zusammensetzung einen menschlichen Mordpakt erheischt. Bei dieser Gelegenheit erscheint der verleugnete Tod als eine Form der Aneignung irgendeines Mitglieds seiner Verwandtschaft. Man tötet, um zu unterjochen, nachdem man das entführte Wesen unsichtbar gemacht hat. Kurz, das Verwandtschaftsband selbst ist von seiner »normalen« Natur abgelenkt worden (denn diese hätte in der Vereinigung im Leben und in der Beachtung der Bestattungsriten nach dem von einem anderen verursachten Tod bestanden, wobei der Körper zum Kadaver wird und verwest) und zu anderen Zwecken benutzt worden, nämlich denen der *mati*. Diese Zwecke setzen andere Wünsche als die gewöhnlichen voraus: die Ablenkung zu den *mati* ist

also letztlich eine Ablenkung ins Feld der Wünsche gegen den Anderen (und zwar jenem ersten Anderen, der aus Verwandten besteht).

4. In der Beziehung zwischen einem Mann und seinem *buti* gibt es eine Art von beständiger Gemeinschaft zwischen den drei Termini (Körper-*buti-mpiini*). Die Eigenschaften des Ganzen sind bald subjektiv, bald objektiv: im ersten Fall hat man es z.B. mit den schlechten Träumen des Besitzers zu tun, in deren Folge er seinen Gegenstand »erregen« wird; im zweiten Fall weist das mit Kola bespuckte Objekt, das schwarz und weiß wird, auf den Gesundheitszustand des Besitzers hin. Man sieht, daß in dem so komplexen Begriff *kisika* (Erregung) unlöslich zwei Verstellungen verschmolzen sind: den *buti* zu erregen und sich selbst zu erregen, insofern man ihn teilweise inkorporiert hat. Wir erinnern uns auch daran, daß der *buti* dieselben Beschwerden erleiden soll wie sein Herr. Aber eine Trennung ist möglich: wenn der Spezialist den Mord an einem geliebten Verwandten fordert, wird dieses Ansinnen oftmals von dem Bewerber verworfen (auf eigene Gefahr, denn er kann durch Fluch verrückt werden).

5. Die Erregung ist mit wenigen Ausnahmen keine sexuelle. Bleibt die Nähe eines Gegenstandes, der die *Ursache des Wunsches* seines Besitzers einschließt. Man kann die »Zusammensetzung« nicht ohne den Gegenstand erregen. Die signifikante Beziehung ist dann die Triade Subjekt-Objekt-Jenseits, eine symbolische Beziehung, auf die Lacan beim Perversen hinweist.[16] Läßt sich jedoch sagen, daß sie sich im Schleier »verkörpert« und daß damit das Subjekt »dem Imaginären ausgeliefert« ist? Spezifisch für den *buti* scheint der wirkende Charakter des Wunsches zu sein, der wirklich etwas Äußeres verändern soll. Hierüber kann ich nichts Näheres sagen, allenfalls darauf hinweisen, daß uns die Elemente eines Verschleierungs-Entschleierungs-Spiels deutlich in der Erzählung von der zu den *mati* »entführten« Frau vor Augen geführt wurde. Jede

16 *Bulletin de psychologie* (15. Mai 1957), Paris, S. 743.

magische *kukuya*-Macht impliziert es in dem Sinn, daß sie sich verbirgt und gleichzeitig zeigt, außer vielleicht beim vollkommenen Zauberer, dessen Ideal die absolute Dunkelheit bleibt.

6. Ich bringe hier Hypothesen vor, die sich als brüchig erweisen könnten: das Feld der Aggressionen unter Mächtigen im Bereich des Wettstreits scheint uns von der Vorstellung einer wechselseitigen Kastrationsbeziehung durchzogen zu sein: »den Anderen haben« und »sich nicht haben lassen«. Das Symptom dafür läßt sich in dem Ausdruck »die Köpfe der Mächtigen abschneiden« erkennen. Vielleicht erklärt dieses Merkmal, warum heute das Thema des Verschlingens als dem *mati*-Bereich äußerlich empfunden wird, während es für den der *pfuna*-Substanz konstitutiv ist.

An diesem Punkt möchte ich ein letztes Mal den Vergleich mit dem zweiten Bereich der möglichen Zauberei, der der *pfuna*-Substanz, heranziehen; einige gemeinsame Züge sind offenkundig: die Verteidigung gegen die unsichtbaren Verbrecher schließt in beiden Fällen Wahrsager und Jäger von Zauberern ein. Desgleichen erkennt man das ähnliche Bestreben, ein Unheil rückwirkend *auf seine menschliche Ursache* zurückzuführen. Aber genau hier trennen sich die beiden Welten. Im einen Fall handelt es sich um eine *buti*-Verleugnung, versehen mit ihrem materiellen Objekt, im anderen Fall zwar ebenfalls um eine Ding-Ursache, aber um eine natürliche, die im Körper des Angreifers ruht. Hier erkennt man den ganzen Unterschied zwischen einer Welt des Bösen, in der die Zauberer bruchlos, kraft angeborener Weisheit, mit den gefährlichen Tieren kommunizieren, dem nächtlichen Bereich (dem des *pfuna*), und einer anderen möglichen Welt des Bösen, in der die Kommunikation durch den Menschen mittels eines Wissens und eines Spezialisten hergestellt wurde. Wenn man sie herstellen mußte, so heißt das, daß sie nicht gegeben war: der Löwe oder die Fledermaus sind nicht mehr Vertraute des Zauberers, sondern eingefangene und manipulierte Kräfte.

All dies zeigt sich in den beiden verschieden strukturierten

symbolischen Feldern. Der Bereich des *pfuna* besteht aus einer Reihe von *zwei*seitigen Beziehungen: Verzauberer-Verzauberter, und ist umkehrbar, wie es in der Stammeslinie die Furcht beweist, die aus allen Richtungen kommt. Der Bereich der *mati* hingegen läßt sich nur mittels *dreier* Termini definieren: Angreifer-Angegriffener plus ein Spezialist, der den *buti* liefert und sich dabei auf ein Wissensgebäude stützt, das er von einem anderen Spezialisten erworben hat. Parallel dazu können wir nur noch darauf hinweisen, daß sich bei den Kukuya der *pfuna* vorzugsweise in matrilinearer Richtung vererbt, während die *mati* meist eine patrilineare Richtung einzuschlagen scheinen. Der Gegensatz setzt sich in zwei Todesarten innerhalb der Verwandtschaft fort: vollständiger Tod und Verschlingen der Leiche beim *pfuna*, verleugneter Tod und Entwendung des Körpers bei den *mati*.
Aber man würde den Leser wahrscheinlich in die Irre führen, wenn man die Haltung der Verleugnung einzig dem Feld der *mati* und ihrer Konstituierung vorbehielte. Der Bereich der Zauberei durch die Substanz *pfuna*, insofern sie häufig in den Linien-Versammlungen von heute erwähnt wird, verlangt ebenfalls diese Art der Beschreibung. Wir hatten Gelegenheit, die Geschichte der Segmentierungen innerhalb einer Linie zu verfolgen, die von den verschiedenen Mitgliedern nachgezeichnet werden (vor allem von den Ältesten der beiden neuen Segmente). Der vorgebrachte Grund dafür war die Uneinigkeit, die zur Entzweiung der Gruppe geführt hatte: diese folgte auf eine Situation, die als unhaltbar definiert wurde. Zwei Erwachsene, ein Onkel und sein Neffe mütterlicherseits z.B., sagten beide, daß es unmöglich sei, in ein und derselben gesellschaftlichen Einheit zu bleiben. Einerseits gab es da die matrilineare Verwandtschaft, andererseits kam der andere seinen Verpflichtungen nicht nach (Zeremonien, Hilfeleistung, Achtung usw.). Man war zwar verwandt, aber gleichzeitig wurde dieses Band durch die wirklichen Verhaltensweisen verleugnet. *Aufgrund dieser Tatsache* selbst bestand *also* die Gefahr der Zauberei. Ich sehe mit Verwunderung, daß durch

diese widersprüchliche Bewegung die Drohung hervorbricht. Der *pfuna* mag in unseren Augen als das Ding oder die Ursache erscheinen, die an der Wurzel dieser Verleugnung steht. Erinnern wir uns, daß vor allem der Onkel ein institutioneller Zauberer ist, Besitzer von *pfuna (ngáápfuna)* zumindest auf der Ebene der Sprache: man nennt ihn *ngubalika* (Mann-Mutter). In bezug auf seinen Neffen mütterlicherseits ist er der ideale und verbotene Erzeuger: dies hängt vielleicht mit der *pfuna*-Substanz zusammen, die er fiktiv besitzt (denn es heißt nicht, daß er gleichzeitig die wirkliche Substanz besitzt), aber dennoch die Macht darstellt, aufgrund seiner verwandtschaftlichen Stellung Schaden anzurichten, zweifellos gemäß dem *mumpuki*-Prinzip der gesamten Linie.

Wenn diese Erwägungen begründet sind, läge das Problem darin, zwei Arten von Verleugnung zu unterscheiden, die den beiden verschiedenen symbolischen Feldern, dem der *mati* und dem des *pfuna*, entsprechen würden. Ich habe von den meisten wirtschaftlichen und gesellschaftlichen Bestimmungen abgesehen, die hier nicht mein Gegenstand waren. Es liegt jedoch auf der Hand, daß einzig die Analyse der gesellschaftlichen Produktion es erlaubt, ein ideologisches Feld zu stützen, in dem sich die Subjekte in einer Stellung der Verleugnung finden können.

Es ist ungewiß, ob für die Konfrontation, die ich mir vorgenommen habe, das Thema des Fetischismus der relevanteste Vergleichspunkt ist. Es wäre irrig, ihn um jeden Preis im *buti*-Gegenstand und der Beziehung, die er bei seinem Besitzer induziert, finden zu wollen. Hingegen schien uns der Begriff der Verleugnung sowie der der Spaltung, die er impliziert, allgemeiner zu sein. Insofern geht es nicht so sehr um die Stellung *eines* perversen Subjekts als vielmehr um die eines ganzen Stücks des ideologischen Feldes. Wenn wir auch die *pfuna*-Substanz erläutert haben, so geschah es deshalb, um den Horizont zu erweitern und einen Pol zu finden, der sich von dem der *mati* unterscheidet. Doch in beiden Fällen gab es Verleugnung, wenn auch in ungleichartigen Modalitäten. Ein Kukuya-Gegensatz deckt die beiden Bereiche, ein Kontrastpaar, das die »Geschäfte des Tages« denen »der Nacht« entgegenstellt. Der Tag ist die Welt der Realität, die Nacht die Welt des Wunsches. Der Besitzer der *pfuna*-Substanz verbirgt sich vollkommen, während der *buti*-Besitzer an der Grenze der beiden Bereiche lebt, in einer anderen Welt, in der durch seinen Wunsch, der sich den Klassifikationen des Wissens beugt, das Universum ablenkbar, verwandelbar, verführbar oder, wenn man will, »zusammensetzbar« ist.

III

Karl Marx

Woher entspringt also der rätselhafte Charakter des Arbeitsprodukts, sobald es *Warenform* annimmt? Offenbar aus dieser Form selbst. Die Gleichheit der menschlichen Arbeiten erhält die sachliche Form der gleichen Wertgegenständlichkeit der Arbeitsprodukte, das Maß der Verausgabung menschlicher Arbeitskraft durch ihre Zeitdauer erhält die Form der Wertgröße der Arbeitsprodukte, endlich die Verhältnisse der Produzenten, worin jene gesellschaftlichen Bestimmungen ihrer Arbeiten betätigt werden, erhalten die Form eines gesellschaftlichen Verhältnisses der Arbeitsprodukte.

Das Geheimnisvolle der Warenform besteht also einfach darin, daß sie den Menschen die gesellschaftlichen Charaktere ihrer eignen Arbeit als gegenständliche Charaktere der Arbeitsprodukte selbst, als gesellschaftliche Natureigenschaften dieser Dinge zurückspiegelt, daher auch das gesellschaftliche Verhältnis der Produzenten zur Gesamtarbeit als ein außer ihnen existierendes gesellschaftliches Verhältnis von Gegenständen. Durch dies quid pro quo werden die Arbeitsprodukte Waren, sinnlich übersinnliche oder gesellschaftliche Dinge. So stellt sich der Lichteindruck eines Dings auf den Sehnerv nicht als subjektiver Reiz des Sehnervs selbst, sondern als gegenständliche Form eines Dings außerhalb des Auges dar. Aber beim Sehen wird wirklich Licht von einem Ding, dem äußeren Gegenstand, auf ein andres Ding, das Auge, geworfen. Es ist ein physisches Verhältnis zwischen physischen Dingen. Dagegen hat dic Warenform und das Wertverhältnis der Arbeitsprodukte, worin sie sich darstellt, mit ihrer physischen Natur und den daraus entspringenden dinglichen Beziehungen absolut nichts zu schaffen. Es ist nur das bestimmte gesellschaftliche Verhältnis der Menschen selbst, welches hier für sie die phantasmagorische Form eines Verhältnisses von Dingen annimmt. Um daher eine Analogie zu finden, müssen wir in die Nebelregion der religiösen Welt flüchten. Hier scheinen die Produkte des menschlichen Kopfes mit eignem Leben begabte, untereinander und mit den Menschen in Verhältnis stehende selbständige Gestalten. So in der Warenwelt die Produkte der menschlichen Hand. Dies nenne ich den Fetischismus, der den Arbeitsprodukten anklebt, sobald sie als Waren produziert werden, und der daher von der Warenproduktion unzertrennlich ist.

Aus *Das Kapital* I, Erster Abschnitt, 4. »Der Fetischcharakter der Ware und sein Geheimnis.«

Maurice Godelier
Warenwirtschaft, Fetischismus, Magie und Wissenschaft im Marxschen Kapital

Wenn man beabsichtigt, die Begriffe »Fetischismus« und »Magie« im *Kapital* zu isolieren und zu analysieren, mag es auf den ersten Blick so aussehen, als wolle man sich bei einigen brillanten Formulierungen von Marx aufhalten und sich mehr mit der Form als mit dem Inhalt seines theoretischen Werks befassen. Aber man braucht nur festzustellen, daß diese Termini bei jedem wesentlichen Schritt in der Entwicklung der Theorie erneut auftauchen, um zu ahnen, daß sie ein oder mehrere grundlegende Elemente des Marxismus zum Ausdruck bringen. Die wichtigsten Passagen finden sich im ersten Abschnitt des Werks, der vom Wesen der »Ware« handelt, sowie im letzten Abschnitt, der den kapitalistischen Formen der Revenuen und ihren Quellen gewidmet ist. Hier gelangte Marx – wiewohl das Werk unvollendet geblieben ist – ans Ende seines theoretischen Projekts, das darin bestand, »die innere Organisation« der kapitalistischen Produktionsweise, ihr hinter der sichtbaren Bewegung und den »Illusionen« der Konkurrenz »verborgenes Wesen« zu untersuchen.
Worin besteht der Fetischismus der Ware und aus welchen Gründen haben Profit, Zins, Arbeitslohn und Grundrente denselben Charakter?

Womit muß die wissenschaftliche Analyse der kapitalistischen Produktionsweise beginnen und warum? Mit der Analyse der Ware, antwortet Marx, und zwar nicht aus Willkür, sondern aufgrund der Notwendigkeit der Tatsachen.

Der Reichtum der Gesellschaften, in welchen kapitalistische Produktionsweise herrscht, erscheint als eine »ungeheure Warensammlung«, die einzelne Ware als seine Elementarform. Unsere Untersuchung beginnt daher mit der Analyse der Ware. (I, 39[1])

Was ist eine Ware? Sie ist zunächst ein beliebiger äußerer Gegenstand, der die Eigenschaft hat, menschliche Bedürfnisse irgendeiner Art zu befriedigen. Diese Eigenschaft bildet seinen Gebrauchswert, seine gesellschaftliche Nützlichkeit. Ein Gegenstand, der für keinen anderen als für seinen Produzenten nützlich ist, läßt sich nicht austauschen und kann keine Ware werden. Sein Tauschwert erscheint genau dann, wenn er gegen eine Pfeife oder gegen zwei seidene Taschentücher oder gegen ihr Äquivalent in Geld, z.B. 10 Mark, ausgetauscht wird.

Dieser Wert erscheint also als etwas, das sich nicht verändert, auch wenn der Gegenstand in den verschiedensten Proportionen mit anderen Gegenständen ausgetauscht wird. Damit sich beliebige Gegenstände in verschiedenen Proportionen austauschen lassen, müssen sie demnach etwas Gemeinsames haben, wovon sie ein Mehr oder Minder darstellen. Dies Gemeinsame kann nicht von ihren Gebrauchswerten herrühren, denn diese sind von radikal verschiedener Qualität. Es bleibt nur ein möglicher Ursprung, nämlich die Tatsache, daß sie Produkte menschlicher Arbeit sind. »Ein Gebrauchswert oder Gut hat also nur einen Wert, weil abstrakt menschliche Arbeit in ihm vergegenständlicht oder materialisiert ist« (I, 43), und eben dieser Wert ist das Gemeinsame, das sich im Austauschverhältnis der Waren zeigt.

Bevor wir fortfahren, wollen wir kurz die Methode von Marx zu Beginn des *Kapital* charakterisieren, eine Methode, die viele Autoren zu Unrecht als eine »dialektische« Deduktion von »Kategorien«, von mehr oder weniger hegelianischen Ausführungen betrachtet haben. Marx sucht sich seinen Ausgangspunkt nicht aus. Dieser drängt sich ihm vielmehr durch das Wesen der *gesellschaftlichen Verhältnisse* der Periode auf, die zu analysieren er sich anschickt. Dieser Ausgangspunkt ist nicht ein »Begriff«, sondern die *Formen*, in denen die verschie-

1 Wir zitieren nach: Karl Marx, *Das Kapital*, Dietz Verlag, Berlin 1953.

denen Gegenstände erscheinen, die hier die Rolle von Waren spielen. Die Analyse dieser Formen zwingt Marx dazu, nach den praktischen Bedingungen für die Möglichkeit des Warenaustauschs zu forschen. Damit es einen solchen überhaupt geben kann, müssen alle Waren etwas Gemeinsames haben, dessen Natur und Ursprung es dann aufzudecken gilt. Da dieses Element nicht in ihren so verschiedenen und inkommensurablen Gebrauchswerten liegen kann, bleibt nur eine Eigenschaft übrig, die ihnen gemeinsam ist, nämlich diejenige, daß sie alle Arbeitsprodukte sind. Damit ist die Natur des Werts, seine »Substanz« enthüllt: es ist festgeronnene, materialisierte, kristallisierte menschliche Arbeit. Marx hat also keine ideelle, logische »Deduktion« des Wertbegriffs ausgehend vom Warenbegriff vorgenommen, und es genügt, wenn wir daran erinnern, mit welchem Nachdruck er noch kurz vor seinem Tod, in den berühmten *Randglossen zu Adolph Wagners »Lehrbuch der politischen Ökonomie«*, auf den originalen Charakter seiner Methode hingewiesen hat, um die Bedeutung dieses Punkts zu ermessen:

De prime abord gehe ich nicht aus von »Begriffen«, also auch nicht vom »Wertbegriff«, und habe diesen daher auch in keiner Weise »einzuteilen«. Wovon ich ausgehe, ist die einfachste gesellschaftliche Form, worin sich das Arbeitsprodukt in der jetzigen Gesellschaft darstellt, und dies ist als »*Ware*«. (I, 846 f.)

... meine *analytische* Methode, die nicht von *dem* Menschen, sondern der ökonomisch gegebenen Gesellschaftsperiode ausgeht, (hat) mit der professoraldeutschen Begriffsverknüpfungs-Methode nichts gemein (»mit Worten läßt sich trefflich streiten, mit Worten ein System bereiten«) ... (I, 849)

Doch setzen wir die Analyse des Werts fort. Wenn dieser seinem Wesen nach materialisierte Arbeit ist, ist es dann nicht vorstellbar, daß sich der Wert der Waren mit der Faulheit oder dem Geschick ihrer Produzenten ändert, d.h. mit den konkreten, individuellen Formen, welche die Arbeit ihrer Verfertigung angenommen hat?

In der Tat ist die Zeit, welche den Wert der Ware bestimmt,

die Arbeitszeit, die zu ihrer Verfertigung »gesellschaftlich« notwendig ist, und nicht die Zeit, die konkret und individuell von diesem oder jenem Produzenten verausgabt wird. Die *gesellschaftlich notwendige* Arbeitszeit ist die Arbeitszeit, die erheischt wird, »um irgendeinen Gebrauchswert mit den vorhandenen gesellschaftlich-normalen Produktionsbedingungen und dem gesellschaftlichen Durchschnittsgrad von Geschick und Intensität der Arbeit darzustellen ... Letztere wechselt aber mit jedem Wechsel in der Produktivkraft der Arbeit« (I, 43 f.). Es ist also die *durchschnittliche* Quantität der für die Herstellung einer Ware verausgabten Arbeit, die ihren Wert bestimmt. Damit wird verständlich, daß die *konkrete* Arbeit eines bestimmten Produzenten nur in dem Maße Wert produziert, in dem sie sich aus dem Arbeitsaufwand aller anderen im selben Produktionsprozeß stehenden Produzenten zusammensetzt, mit der für diese Produktion gesellschaftlich notwendigen Arbeitszeit übereinstimmt und damit zu einem Element wird, das sich von der Arbeitskraft der gesamten Gesellschaft nicht unterscheidet. »Die gesamte Arbeitskraft der Gesellschaft, die sich in den Werten der Warenwelt darstellt, gilt hier als eine und dieselbe menschliche Arbeitskraft, obgleich sie aus zahllosen individuellen Arbeitskräften besteht« (I, 43). Die Waren, Produkte der Verausgabung jener einen gesellschaftlichen Arbeitskraft – »als Kristalle dieser ihnen gemeinschaftlichen gesellschaftlichen Substanz sind sie Werte – Warenwerte« (I, 42).

Die menschliche Arbeit hat also einen Doppelcharakter, einen konkreten und einen abstrakten, je nachdem, ob man sie auf den Gebrauchswert der Waren oder auf den Wert dieser Waren bezieht. Für Marx ist diese Entdeckung theoretisch so wichtig, daß er schreibt:

> Diese zwieschlächtige Natur der in der Ware enthaltenen Arbeit ist zuerst von mir kritisch nachgewiesen worden. Da dieser Punkt der Springpunkt ist, um den sich das Verständnis der politischen Ökonomie dreht, soll er hier näher beleuchtet werden. (I, 46)

Wenn man diese Einschätzung von Marx über sein Werk ernst

nimmt, muß man daraus schließen, daß er der Ansicht war, der Werttheorie der klassischen Ökonomen durch den Doppelcharakter der menschlichen Arbeit das hinzuzufügen, was ihr noch fehlte, um einige theoretisch grundlegende Probleme korrekt stellen und lösen zu können. Obwohl seit W. Petty und A. Smith die menschliche Arbeit als der Ursprung und die Substanz des Warenwerts angesehen wurde, erkannte man nicht (mit Ausnahme einiger Vorahnungen[2]), daß die Arbeit nur dann den Wert der Waren bildet, wenn sie abstrakte, gesellschaftlich notwendige Arbeit wird. Marx ist sich demnach bewußt, daß er der Werttheorie zu einem Sprung nach vorn verholfen hat, was ihm erlaubt, »zu leisten, was von der bürgerlichen Ökonomie nicht einmal versucht ward, nämlich die Genesis der Geldform nachzuweisen« (I, 53). Nun wird aber – und hier kommen wir zum eigentlichen Punkt unserer Untersuchung – diese Genesis gleichzeitig den Fetischcharakter, den rätselhaften Charakter einer jeden Ware und damit auch des Geldes entschleiern. Was heißt es, die Genesis der »Geldform« nachzuweisen? Es heißt

die Entwicklung des im Wertverhältnis der Waren enthaltenen Wertausdrucks von seiner einfachsten unscheinbarsten Gestalt bis zur blendenden Geldform zu verfolgen. Damit verschwindet zugleich das Geldrätsel. (I, 53)

Um die Genesis des Geldes nachzuweisen, wird Marx also untersuchen, auf welche Weise der Wert einer Ware erscheint, die *Form*, in der ihr Inhalt (die *abstrakte* menschliche Arbeit) und ihre Größe (die *gesellschaftlich* notwendige Arbeit) sich *manifestieren.*

Der Wert einer Ware kann nun aber niemals in Erscheinung treten, wenn man diese Ware isoliert, abseits aller anderen

2 Marx zitiert (I, 44, Fn. 9) eine bemerkenswerte Schrift von 1739 oder 1740, in der es heißt: »Der Wert von Gebrauchsgegenständen, sobald sie gegeneinander ausgetauscht werden, ist bestimmt durch das Quantum der zu ihrer Produktion notwendig erheischten und gewöhnlich angewandten Arbeit.« (»Some Thoughts on the Interest of Money in general, and particularly in the Public Funds etc.«, London, S. 36).

betrachtet. In diesem Fall ist einzig der Gebrauchswert dieser Ware erkennbar, nämlich daß sie ein nützlicher Gegenstand ist. Damit ihr Wert erkennbar werde, muß sie sich gegen andere Waren austauschen lassen. Wenn sie mit diesen Waren in ein Austauschverhältnis tritt, findet ihr eigener Wert in *jenem Verhältnis* eine *Form*, die sie ausdrückt. Dieses Verhältnis, diese Form stellt ihren »Tauschwert« dar. Der »Tauschwert« einer Ware ist die »eigne Erscheinungsform« ihres Werts, »eine selbständige Darstellungsweise des in der Ware enthaltenen Werts« (d.h. des in ihr kristallisierten gesellschaftlichen Arbeitsaufwands), aber dieser »Tauschwert« ist nicht der »Wert« dieser Ware.

Diese Unterscheidung zwischen Wert und Tauschwert wird von Marx-Kommentatoren oft ignoriert, und dennoch ist sie wesentlich.

Für mich (ist) der »Wert« einer Ware weder ihr Gebrauchswert, noch ihr Tauschwert. (I, 846; Randglossen zu A. Wagner)

Der »Tauschwert« einer Ware ist das Wertverhältnis, das sich mittels des Austauschs dieser Ware gegen andere Waren herstellt. Dieses Verhältnis *schafft* nicht den »Wert« dieser Ware, denn dieser Wert entsteht im Produktionsprozeß der Ware und nicht im Prozeß ihrer Zirkulation unter Produzenten. Die Zirkulation schafft keinen Wert. Dieser *existiert* bereits, bevor die Waren zirkulieren. Wenn sie zirkulieren, also ausgetauscht werden, treten sie in Wertverhältnisse ein, die ihrem Wert entsprechen oder nicht. Sie können z.B. zu einem Preis verkauft werden, der ihren Wert übersteigt.[3]

Analysieren wir also das Austauschverhältnis zweier Waren, denn dies ist das Verhältnis, welches die »Erscheinungsform« des Werts und den Ausgangspunkt für die Genesis des Geldes bildet. Nehmen wir den einfachsten Fall, den einer Ware A (Leinwand), die gegen eine Ware B (Röcke) in einer bestimmten Proportion ausgetauscht wird: $xA = yB$, 20 Ellen

3 Der Preis ist der in Geld ausgedrückte Tauschwert einer Ware. Er kann dem »Wert« dieser Ware entsprechen oder nicht. Vgl. I, 75 f.

Leinwand = 1 Rock. Der Wert von A *drückt sich* also in einer bestimmten Menge von B aus. Sie drückt sich »relativ« zu B aus, und B befindet sich ihr gegenüber in der Form eines »Äquivalents«. Mithin drückt sich der Wert von A in zwei Formen aus, einer relativen und einer äquivalenten. Wenn man die Gleichung umkehrt, wird A zur Äquivalentform von B. In diesem »Ausdrucksverhältnis« spielt also jede Ware eine verschiedene Rolle, jedoch korrelativ zur Rolle der anderen (eine Ware kann nicht ihr eigenes Äquivalent sein). Somit drückt sich in diesem Verhältnis nur der Wert *einer* Ware aus. Die zweite Ware, die die Rolle des Äquivalents spielt, liefert nur »dem Wertausdruck anderer Ware das Material« (I, 54). Sie spielt eine »passive« Rolle (I, 53).

Wie kann in diesem Verhältnis zweier Waren »das Geheimnis *aller* Wertform« stecken, also das des Fetischcharakters der Ware und des Geldes? Um dies zu verstehen, müssen wir die beiden Pole dieses Ausdrucksverhältnisses, die relative Wertform und die Äquivalentform, näher analysieren. Dieses Verhältnis, das den Rock zum Äquivalent der Leinwand macht, drückt also den Wert der Leinwand im Gebrauchswert des Rocks aus. Die Leinwand weben und einen Rock schneidern, sind nun aber zwei *verschiedenartige* konkrete Formen der Arbeit. Sobald der Rock als Äquivalent der Leinwand gesetzt wird, wird die in B enthaltene Arbeit der in A enthaltenen Arbeit gleichgesetzt. Damit werden die beiden konkreten Formen von Arbeit auf gleiche, abstrakt menschliche Arbeit reduziert.

Indem sich der Wert von A in einem *andersartigen* Gebrauchsgegenstand, nämlich B, ausdrücken kann, macht die »relative Wertform« von A die Tatsache sichtbar, daß der Wert nicht eine Eigenschaft der ausgetauschten *Dinge* ist, sondern eine *gesellschaftliche Realität,* die zu ihrer Verfertigung gesellschaftlich notwendige Arbeit.

Indem hingegen in dem einfachen Verhältnis xA = yB die Ware A ihren Wert »ausdrückt« und B braucht, um ihn auszudrükken, scheint es, als besitze die Ware *von Natur aus* die Fähigkeit, den Wert einer jeden Ware auszudrücken. Somit erscheint jede Ware, sobald sie die Rolle eines Äquivalents spielt, *in sich* die Fähigkeit zu haben, den Wert der anderen Waren zu messen. Die »Äquivalentform« einer Ware verschleiert also das Wesen des Werts, der eine gesellschaftliche Realität ist, menschliche Arbeit, und macht diesen Wert zu einer Eigenschaft der Dinge, womit sie den Fetischcharakter der Waren schafft und sie in *Rätsel* verwandelt.

Daher das Rätselhafte der Äquivalentform, das den bürgerlich rohen Blick des politischen Ökonomen erst schlägt, sobald diese Form ihm fertig gegenübertritt im Geld ... Er ahnt nicht, daß schon der einfachste Wertausdruck, wie 20 Ellen Leinwand = 1 Rock, das Rätsel der Äquivalentform zu lösen gibt. (I, 63)

Letztlich entspringt die »Wertform« der Waren aus der Natur der Ware selbst. Weil jede Ware im Grunde ein Doppeltes ist und den Gegensatz von Gebrauchswert und Wert in sich enthält, *braucht* sie das Verhältnis zweier Waren (von denen die eine nur als Gebrauchswert, die andere nur als Tauschwert gilt), um ihr Wesen *sichtbar zu machen*. Aber das Wesen des Werts selbst verschwindet mit seiner Erscheinungsweise. Der Wert, die gesellschaftliche, also abstrakte menschliche Arbeit, eine gesellschaftliche und nicht materielle Realität, kann sich nur in einer Form ausdrücken, »der Äquivalentform«, die ihn verhüllt und ihn als eine natürliche Eigenschaft der Dinge erscheinen läßt.

Diese Wertform aber ist erst in einer historisch bestimmten Entwicklungsepoche der Gesellschaft in Erscheinung getreten, als nämlich die Warenproduktion entstand und sich mit jener fortentwickelt hat. Während ursprünglich, in den primitiven Gesellschaften, der Warenaustausch nur zufällig sein konnte und die Wertform nur in dem einfachen Verhältnis einer Ware zu einer anderen bestand, $xA = yB$, konnte in einem späteren Stadium, in dem Maße, wie die Anzahl der Waren wuchs, die Wertform eine entwickelte Form annehmen, wobei sich der Wert von A in einer großen Zahl von Äquivalentformen ausdrückte: $xA = yB$, $xA = zC$, $xA = vD$ usw. Dies trifft z. B. für das Vieh zu, das in einigen Gesellschaften gegen andere Waren ausgetauscht werden kann, während diese sich nicht untereinander austauschen lassen.

In einem noch vorgerückteren Stadium der Warenproduktion ist es dann möglich und notwendig geworden, daß alle produzierten Waren ihre jeweiligen Werte in ein und demselben Äquivalent ausdrücken. *Eine einzige* Ware ist zur allgemeinen Äquivalentform des Werts aller anderen Waren geworden. Von nun an finden die gesellschaftliche Arbeit und die Warenwelt die Einheit von Form und Ausdruck, die den vorhergehenden Stadien fehlten.

Die spezifizierte Warenart nun, mit deren Naturalform die Äquivalentform gesellschaftlich verwächst, wird zur Geldware oder funktioniert als Geld. Es wird ihre spezifisch gesellschaftliche Funktion, und daher ihr gesellschaftliches Monopol, innerhalb der Warenwelt ...« (I, 75)

Historisch haben die Edelmetalle dieses Monopol erobert und sind Geldware geworden. Und damit wurde der relative Wertausdruck der Waren im Geld zum »Preis« dieser Waren.

Mit dem Auftauchen des Geldes wird der »falsche Schein«, den die Äquivalentform dem »Wert« der Waren verleiht, endgültig befestigt.

Eine Ware scheint nicht erst Geld zu werden, weil die anderen Waren allseitig ihre Werte in ihr darstellen, sondern sie scheinen umgekehrt allgemein ihre Werte in ihr darzustellen, weil sie Geld ist. Die *vermittelnde Bewegung verschwindet in ihrem eignen Resultat und läßt keine Spur zurück.* Ohne ihr Zutun finden die Waren ihre eigne Wertgestalt fertig vor als einen außer und neben ihnen existierenden Warenkörper. Diese Dinge, Gold und Silber, wie sie aus den Eingeweiden der Erde herauskommen, sind zugleich die unmittelbare Inkarnation aller menschlichen Arbeit. *Daher die Magie des Geldes.* (I, 98 f., Hervorhebungen von uns)

Damit vollendet sich die ideelle Genesis des Geldes, eine Genesis, die sein Geheimnis vollständig lüftet. Worin besteht diese »Genesis«? Auch hier scheinen uns einige epistemologische Bemerkungen vonnöten. Wiederum ist Marx nicht von einem Begriff ausgegangen, sondern von einer praktischen Tatsache, nämlich dem Austauschverhältnis der Waren, d.h. von der gesellschaftlichen Form, in der sich der Wert jedweder Ware ausdrückt. Um mit seiner Analyse zu beginnen, hat er die *einfachste* Form dieses Verhältnisses *gewählt*, das Verhältnis nur zweier Waren, und er hat die verschiedenartige *Funktion* erkannt und definiert, welche jede dieser beiden Waren innerhalb des Verhältnisses hat. Um diese Funktionen zu analysieren, hat er die theoretischen Resultate seiner bisherigen Untersuchung verwandt, einerseits die Definition der Natur des Werts, eine Kenntnis, die schon die Klassiker erworben hatten, und andererseits seine eigene Entdeckung vom Doppelcharakter der Arbeit. Sodann hat er die Entwicklung der Wertform verfolgt, vom einfachen Verhältnis zweier Waren bis hin zum komplexen Verhältnis aller Waren untereinander.

Eine Veränderung des Austauschverhältnisses tritt auf, wenn der Warenaustausch sich verallgemeinert und eine komplexe Form annimmt. Die »Äquivalentform« nimmt Geldform an. Diese Verwandlung entspricht den *inneren* Notwendigkeiten der Entwicklung der Warenproduktion. Damit der Warenaustausch sich verallgemeinern kann, muß die Äquivalentform des Warenwerts eine allgemeine, d.h. *einheitliche* Form für die Gesamtheit aller Waren annehmen.

Die Verwandlung des Austauschverhältnisses der Waren, das einem verallgemeinerten Stadium des Warenaustauschs entspricht, führt also zur *Spezialisierung einer einzigen* Kategorie von Waren auf die Funktion eines allgemeinen Äquivalents für den Wert aller anderen Waren. Der größeren Komplexität der Struktur des Warenaustauschs entspricht die Spezialisierung eines der Elemente dieser Struktur.

Am Ende dieser Analyse sind somit die Begriffe »Geld« und »Preis« wissenschaftlich definiert und konstruiert.

Diese abstrakte Analyse der Verwandlung der »Wertformen« enthüllt also *unmittelbar* den *historischen* Charakter der Begriffe, zu denen sie führt, der ökonomischen Kategorien von

Geld, Preis usw. Diese Verwandlungen erscheinen als die inneren Bedingungen (d.h. als eine Wirkung und zugleich eine Ursache) für die Entwicklung der Warenproduktion innerhalb bestimmter Gesellschaften in einer bestimmten Geschichtsepoche und entsprechen den sukzessiven Stadien dieser Entwicklung – vom zufälligen Austausch zwischen primitiven Gemeinschaften bis hin zum Auftauchen von Gold- und Silbermünzen im orientalischen oder europäischen Altertum. Die Reihenfolge des Auftauchens und der Definition der Begriffe entspricht in diesem Fall der Reihenfolge des Auftauchens von immer komplexeren Warenverhältnissen in der Geschichte gewisser Gesellschaften. Damit zeigt und beweist die analytische Methode von Marx den historischen Charakter sowohl der *Realitäten*, die das Denken analysiert, als auch der *Begriffe*, die dieses Denken konstruiert, um sie zu erklären. Die Marxsche Methode beraubt also das theoretische Denken jeder Möglichkeit, sich *spekulativ* in seinen eigenen ideellen Produkten zu *entfremden*, indem es sie seis als ideelle, geschichtslose Realitäten, seis als Ideale setzt, die auf eine ihrerseits geschichtslose Realität verweisen. Wir kommen auf diesen Punkt noch zurück.

Das allgemeine Ergebnis der Marxschen Analyse besteht also darin, daß sie den absurden, fremdartigen Charakter der spontanen Vorstellungen der Individuen aufzeigt, die in Warengesellschaften leben, und den falschen Schein, die Pseudo-»Evidenzen« zerstört (wie auch die entwickelteren Vorstellungen der »Vulgärökonomen«, die sich darauf beschränken, die spontanen Vorstellungen aufzugreifen und zu »systematisieren«):

Eine Ware scheint auf den ersten Blick ein selbstverständliches, triviales Ding. Ihre Analyse ergibt, daß sie ein sehr vertracktes Ding ist, voll metaphysischer Spitzfindigkeiten und theologischer Mucken. (I, 76)

Diese Komplexität und dieses Geheimnis entspringen weder dem Gebrauchswert der Waren noch ihrem Charakter als Arbeitsprodukte. In einer gegebenen Gesellschaft ist die »Nützlichkeit« der Waren eine einleuchtende Sache, und in jeder Gesellschaft interessieren sich die Menschen für die Zeit, die zur Herstellung der Gegenstände, die sie benützen, notwendig ist. Komplexität und Geheimnis entspringen einzig und allein aus der Erscheinungsweise des Warenwerts, aus der gesellschaftlichen »Form«, in der er erscheint, wenn diese Waren in ein wechselseitiges Austauschverhältnis treten.

Dagegen hat die Warenform und das Wertverhältnis der Arbeitsprodukte, worin sie sich darstellt, mit ihrer physischen Natur und den daraus entspringenden dinglichen Beziehungen absolut nichts zu schaffen. Es ist nur das bestimmte gesellschaftliche Verhältnis der Menschen selbst, welches hier für sie *die phantasmagorische Form eines Verhältnisses von Dingen* annimmt. Um daher eine Analogie zu finden, müssen wir in die Nebelregion der religiösen Welt flüchten. Hier scheinen die Produkte des menschlichen Kopfes *mit eignem Leben begabte, untereinander und mit den Menschen in Verhältnis stehende selbständige Gestalten.* So in der Warenwelt die Produkte der menschlichen Hand. Dies nenne ich den *Fetischismus,* der den Arbeitsprodukten anklebt, sobald sie als Waren produziert werden, und der daher von der Warenproduktion unzertrennlich ist. (I, 87, Hervorhebungen von uns)

Seinem Wesen nach besteht der Fetischismus der Warenwelt also darin, daß die Erscheinungsform des Werts die Eigenschaft hat, das wirkliche Wesen des Werts zu *verschleiern* und genau sein *Gegenteil zu zeigen.* Nicht der Mensch also täuscht *sich* über die Realität, sondern die Realität täuscht *ihn,* indem sie notwendig in einer Form erscheint, die sie verschleiert und sie dem *spontanen* Bewußtsein der Individuen, die in der Warenwelt leben, verkehrtherum zeigt. Diese verkehrte Erscheinungsweise bildet damit *den notwendigen Ausgangspunkt* der Vorstellungen, die die Individuen spontan von ihren ökonomischen Verhältnissen haben. Diese Vorstellungen und die ideologischen Entwicklungen, die sie befestigen und die sowohl die Vulgärökonomen wie andere Arten von Ideologen produzieren, bilden im Bewußtsein der Individuen einen *mehr oder weniger kohärenten Bereich von spontanen Phantasmagorien und Illusionen bezüglich der gesellschaftlichen Realität,* in der sie leben. Und so wird verständlich, daß diese illusorischen Vorstellungen und spontanen Begriffe keinesfalls der Ausgangspunkt für die wissenschaftliche Analyse dieser gesellschaftlichen Realität sein können.

Der Fetischcharakter der Waren hat seine Ursache also nicht in der Entfremdung des Bewußtseins, sondern in der Verschleierung der gesellschaftlichen Verhältnisse in ihren Erscheinungsformen im Bewußtsein. Der Fetischismus der Ware ist nicht das besondere, subjektive Produkt einer individuellen Geschichte, sondern das allgemeine und objektive Produkt einer kollektiven Geschichte, derjenigen der Gesellschaft. Da seine Grundlage außerhalb des Bewußtseins existiert, nämlich in der objektiven Realität der historisch bestimmten gesellschaftlichen Verhältnisse, kann dieser Fetischismus auch nur zusammen mit diesen gesellschaftlichen Verhältnissen verschwinden. Die wissenschaftliche Entdeckung,

> daß die Arbeitsprodukte, soweit sie Werte, bloß sachliche Ausdrücke der in ihrer Produktion verausgabten menschlichen Arbeit sind, macht Epoche in der Entwicklungsgeschichte der Menschheit, aber *verscheucht keineswegs den gegenständlichen Schein* der gesellschaftlichen Charaktere der Arbeit..., erscheint, *vor wie nach* jener Entdeckung, den in den Verhältnissen der Warenproduktion *Befangenen* ebenso endgültig, als daß die wissenschaftliche Zersetzung der Luft in ihre Elemente die Luftform als eine physikalische Körperform fortbestehn läßt. (I, 80, Hervorhebungen von uns)

Die wissenschaftliche *Kenntnis* von der Struktur der Warenverhältnisse *tilgt* also nicht das spontane Bewußtsein, das die Individuen von diesen Verhältnissen haben (nicht einmal beim Forscher). Sie modifiziert gewiß die Rolle und die Auswirkungen jenes Bewußtseins auf ihr Verhalten, aber sie beseitigt es nicht. Um es zu zerstören, bedarf es einer gesellschaftlichen Revolution, die mit der Entwicklung der Produktivkräfte selbst zusammenhängt, eine Entwicklung und Revolution, die das Funktionieren der kapitalistischen Produktionsweise selbst möglich und notwendig macht, die historisch entwickeltste Form der Warenproduktion, die »vollendete« Form dieser

Produktion, weil hier auch die menschliche Arbeitskraft zur Ware geworden ist.[4]

Alle Gesellschaftsformen, soweit sie es zur Warenproduktion und Geldzirkulation bringen, nehmen an dieser Verkehrung teil. Aber in der kapitalistischen Produktionsweise und beim Kapital, welches ihre herrschende Kategorie, ihr bestimmendes Produktionsverhältnis bildet, entwickelt sich diese verzauberte und verkehrte Welt noch viel weiter. (III, 881)

Welches sind nun diese Weiterentwicklungen? Wir werden sie hier nur sehr schematisch vorstellen, da wir sonst tief in die Analysen des *Kapital* einsteigen müßten.

Kapital ist in erster Linie Geld (d.h. das allgemeine Äquivalent für den Wert der Waren). Aber nicht jedes Geld ist Kapital. Damit das Geld *als Kapital funktionieren kann*, muß es Profit abwerfen. In der einfachen Warenzirkulation wird eine Ware W1 gegen Geld verkauft, und dieses Geld dient dazu, eine andere Ware zu erwerben. Am Ende dieses Prozesses (W1–G–W2) ist das Geld endgültig *ausgegeben* und wurde als bloßes Zirkulationsmittel für die Waren W1 und W2 verwendet. In der Zirkulation des Geldes als Kapital wird eine Menge Geld G1 »vorgeschossen«, um eine Ware zu kaufen, die dann wieder verkauft wird. Am Ende dieses Prozesses (G1–W–G2) befindet sich eine Menge Geld G2 in Händen des Besitzers von G1, derart, daß G2 der ursprünglich vorgeschossenen Summe plus einem Überschuß, einem Mehrwert gleichkommt: $G2 = G1 + \Delta G$. Somit hat sich in diesem Prozeß der vorgeschossene Wert nicht nur erhalten, sondern sich auch *verwertet*, das Geld hat sich in Kapital verwandelt. In der einfachen Warenzirkulation verkauft der Besitzer von Waren diese nur deshalb, um sich die Waren W2 zu beschaffen, deren er bedarf und die er nicht produziert. Die einfache Warenzir-

4 Vgl. unseren Aufsatz »Système, structure et contradiction dans *Le Capital*«, *Les Temps modernes*, 1966, Nr. 246, S. 832, in dem wir diese Analyse mit den Schlußfolgerungen Spinozas verglichen haben, für den die Erkenntnis der zweiten Gattung, die mathematische Erkenntnis, diejenige der ersten Gattung, das empirische Wissen der täglichen Erfahrung, nicht aufhebt.

kulation dient also nur als Mittel zur Erreichung eines Ziels, das außerhalb ihrer liegt, nämlich der Aneignung von nützlichen Dingen zur Befriedigung der Bedürfnisse. Die Zirkulation von Geld als Kapital hingegen scheint ihr Ziel in sich selbst zu haben, in der stets von neuem stattfindenden Verwandlung von Geld in Waren und von Waren in Geld:

Der Wert... *verwandelt* sich so in ein automatisches Subjekt... In der Tat aber wird der Wert hier das Subjekt eines Prozesses, worin er unter dem beständigen Wechsel der Formen von Geld und Ware seine Größe selbst verändert, sich als Mehrwert von sich selbst als ursprünglichem Wert abstößt, sich selbst verwertet... Er hat die *okkulte* Qualität erhalten, *Wert zu setzen,* weil er Wert ist. Er wirft lebendige Junge oder legt wenigstens goldne Eier. (I, 161, Hervorhebungen von uns)

Wir finden hier dasselbe Vokabular wieder, das schon dazu diente, den Fetischcharakter der Ware zu beschreiben. Dieser Charakter, der im Geld seine komplexeste Form gefunden hatte, vollendet nun seine Entwicklung, denn sobald das Geld als Kapital funktioniert, scheint es nicht nur in sich selbst die Eigenschaft zu besitzen, Wert zu sein, sondern auch diejenige, sich zu *verwerten,* sich selbst zu erzeugen.

Im Verhältnis von Kapital und Profit, d.h. von Kapital und dem Mehrwert..., erscheint das Kapital als Verhältnis zu sich selbst, ein Verhältnis, worin es sich als ursprüngliche Wertsumme von einem, von ihm selbst gesetzten Neuwert unterscheidet. Daß es diesen Neuwert während seiner Bewegung durch den Produktionsprozeß und den Zirkulationsprozeß erzeugt, *dies ist im Bewußtsein.* Aber wie dies geschieht, das ist nun *mystifiziert* und scheint *von ihm selbst zu kommenden, verborgnen* Qualitäten herzustammen. (III, 68 f., Hervorhebungen von uns)

Das grundlegende wissenschaftliche Problem für die Erklärung und das Funktionieren der kapitalistischen Produktionsweise besteht also darin, den Ursprung und die Natur des Mehrwerts zu erklären.

Damit sich das Geld in Kapital verwandelt, also verwertet, muß es auf dem Markt eine Ware kaufen können, welche die

Eigenschaft hat, Wert zu schaffen, wenn man sie benutzt. Eine solche Ware gibt es; es ist die Arbeitskraft. Aber damit sich die Arbeitskraft auf dem Markt als eine zu verkaufende Ware feilbieten kann, bedarf es ganz besonderer, einzigartiger historischer Voraussetzungen. Die Produzenten müssen von den Produktionsmitteln getrennt sein und dürfen kein Geld haben, um sie zu kaufen. Sie müssen also sowohl *gezwungen* sein, ihre Arbeitskraft an die Besitzer der Produktionsmittel und des Geldes zu verkaufen, als auch in ihrer Person *frei* sein (andernfalls würden sie mit ihrer Arbeitskraft auch ihre Person verkaufen und wären Sklaven und nicht Lohnarbeiter). Diese Voraussetzungen sind nach und nach in verschiedenen europäischen Ländern seit dem 15. Jahrhundert realisiert worden, während der sogenannten primitiven Akkumulationsphase des Kapitals, was zugleich die Phase war, in der die feudale Wirtschaftsstruktur sich auflöste und die für das kapitalistische System konstitutiven Elemente entstanden. Die Grundlage dieser Entwicklung war die Expropriation der Bauern. Das Geld wurde also erst dann zu Kapital[5], als sich im Prozeß der Warenproduktion ein neues gesellschaftliches Verhältnis, das zweier Gesellschaftsklassen, der Kapitalisten und der Arbeiter, hergestellt hatte. Das Kapital ist also, nach der berühmten Formel, nicht das, was es scheint, »ein Ding, sondern ein *gesellschaftliches Verhältnis* zwischen Personen, das sich mittels der Dinge herstellt«. Ein weiteres Mal enthüllt sich der sowohl gesellschaftliche wie historische Charakter der ökonomischen Kategorien (hier die des Kapitals, des Mehrwerts, des Lohns) in der Marxschen Analyse, ihrer »Genesis«:

Die Natur produziert nicht auf der einen Seite Geld- oder Warenbesitzer und auf der andren bloße Besitzer der eignen Arbeitskräfte. Dies Verhältnis ist kein naturgeschichtliches und ebensowenig ein gesellschaftliches, das allen Geschichtsperioden gemein wäre. Es ist

5 Wir lassen das Problem des Ursprungs und der Natur der antediluvianischen Formen des Kapitals (Handels- und Wucherkapital) unberücksichtigt, die Marx im 3. Band untersucht, und behandeln nur das produktive (industrielle und landwirtschaftliche) Kapital.

offenbar selbst das Resultat einer vorhergegangenen historischen Entwicklung, das Produkt vieler ökonomischer Umwälzungen, des Untergangs einer ganzen Reihe älterer Formationen der gesellschaftlichen Produktion. (I, 177)

Da das Kapital dem Wesen nach ein gesellschaftliches Verhältnis ist, das des Kapitalisten und des Arbeiters, wie kann innerhalb dieses Verhältnisses der Mehrwert entstehen? Was der Kapitalist vom Arbeiter gegen einen Lohn kauft, ist der Gebrauch seiner Arbeitskraft. Diese ist also eine Ware, deren Wert sich, wie der einer jeden Ware, nach der zu ihrer Herstellung gesellschaftlich notwendigen Arbeitszeit bemißt, d.h. zur Herstellung der materiellen Mittel, die ihre Erzeugung und Unterhaltung erheischen. Wenn der Arbeiter arbeitet, d. h. wenn er seine Arbeitskraft im Dienst des Kapitalisten verausgabt, schafft er nicht nur das Äquivalent des Werts, den sein Lohn darstellt, sondern auch zusätzlichen Wert, der ihm nicht bezahlt wird. Diese *nicht bezahlte* Arbeit, dieser zusätzliche Wert, bildet den Ursprung und das Wesen des Mehrwerts. Das Verhältnis Kapitalist-Arbeiter erweist sich somit unmittelbar als ein Verhältnis der Ausbeutung des Menschen durch den Menschen, einer Ausbeutung, die der Lohn verschleiert:

Auf dieser Erscheinungsform, die das *wirkliche Verhältnis unsichtbar macht* und grade *sein Gegenteil zeigt*, beruhn alle Rechtsvorstellungen des Arbeiters wie des Kapitalisten, alle Mystifikationen der kapitalistischen Produktionsweise. (I, 565 f., Hervorhebungen von uns)

In der Praxis sieht es für die Kapitalisten wie für die Arbeiter tatsächlich so aus, als würde der Lohn die gesamte vom Arbeiter gelieferte Arbeit bezahlen (zum Lohn kommen Prämien, Überstunden usw. hinzu). Der Lohn verleiht also der nicht bezahlten Arbeit den Schein von bezahlter Arbeit, und dementsprechend läßt er notwendig den Profit als das Produkt des Kapitals erscheinen. Der Profit ist nur eine Form des Mehrwerts, »eine Form, worin sein Ursprung und das Geheimnis seines Daseins verschleiert und ausgelöscht ist« (III, 68).[6] Jede Gesellschaftsklasse scheint somit aus der Warenproduktion und der Warenzirkulation das Einkommen zu ziehen, auf das sie Anspruch hat. Die ökonomischen Kategorien von Lohn, Profit, Kapitalzins, Rente drücken die sichtbaren Beziehungen der täglichen Geschäftspraxis aus und sind als solche von *pragmatischem Nutzen*, haben aber keinerlei wissenschaftlichen Wert. Während die Warenzirkulation keinen Wert *schafft*, sondern ihn *realisiert*, und sich durch diese Zirkulation der im Produktionsprozeß geschaffene Mehrwert unter die verschiedenen Spielarten von Kapitalisten *aufteilt* (Industrielle, Finanziers, Grundeigentümer) und die Formen von Unternehmerprofit, Zins oder Grundrente annimmt, geht scheinbar alles so vor sich, *als ob* das Kapital, die Arbeit und der Boden selbständige Quellen von Wert seien und sich summierten, sich vereinigten, um den Wert der Waren zu bilden. Der Schein der ökonomischen Verhältnisse verschleiert ihr Wesen und widerspricht ihm:

Die fertige Gestalt der ökonomischen Verhältnisse, wie sie sich auf der Oberfläche zeigt, in ihrer realen Existenz, und daher auch in den Vorstellungen, worin die Träger und Agenten dieser Verhältnisse sich über dieselben klar zu werden suchen, sind sehr verschieden von, und in der Tat verkehrt, gegensätzlich zu ihrer *innern, wesentlichen, aber verhüllten Kerngestalt* und dem ihr entsprechenden Begriff. (III, 235, Hervorhebungen von uns)

[Es ist] die *verzauberte, verkehrte* und auf den Kopf gestellte Welt, wo Monsieur le Capital und Madame la Terre als soziale Charaktere und zugleich unmittelbar als bloße Dinge ihren Spuk

6 Vgl. auch III, 65: »Die Art, wie mittels des Übergangs durch die Profitrate der Mehrwert in die Form des Profits verwandelt wird, ist jedoch nur die Weiterentwicklung der schon während des Produktionsprozesses vorgehenden Verkehrung von Subjekt und Objekt . . . Einerseits wird der Wert, die vergangne Arbeit, die die lebendige beherrscht, im Kapitalisten personifiziert, andrerseits *erscheint* umgekehrt der Arbeiter als bloß gegenständliche Arbeitskraft, als Ware. Aus diesem *verkehrten* Verhältnis *entspringt notwendig* schon im einfachen Produktionsverhältnis selbst *die entsprechende verkehrte Vorstellung*, ein *transponiertes Bewußtsein,* das durch die Verwandlungen und Modifikationen des eigentlichen Zirkulationsprozesses weiterentwickelt wird.« (Hervorhebungen von uns.)

treiben. Es ist das große Verdienst der klassischen Ökonomie, diesen falschen Schein und Trug, diese *Verselbständigung* und Verknöcherung der verschiednen gesellschaftlichen Elemente des Reichtums gegeneinander, diese *Personifizierung der Sachen und Versachlichung* der Produktionsverhältnisse, diese Religion des Alltagslebens aufgelöst zu haben ... Dennoch bleiben selbst die besten ihrer Wortführer, wie es vom bürgerlichen Standpunkt nicht anders möglich ist, mehr oder weniger in der von ihnen kritisch aufgelösten Welt des Scheins befangen ... Es ist dagegen andrerseits ebenso natürlich, daß die wirklichen Produktionsagenten in diesen entfremdeten und irrationellen Formen von Kapital – Zins, Boden – Rente, Arbeit – Arbeitslohn, sich völlig zu Hause fühlen, und es sind eben die Gestaltungen des Scheins, in welchem sie sich bewegen und womit sie täglich zu tun haben. (III, 884 f., Hervorhebungen von uns)

Diese wichtige Passage schließt unsere Analyse über den Begriff des Fetischismus bei Marx ab und beendet unsere Darlegung des notwendigen Bandes, das die Analyse der Ware, mit der das Werk von Marx anhebt, mit der Analyse des Profits, des Zinses und der Rente verknüpft, die es beschließt. Zwischen diesen Extremen liegt das fundamentale Zwischenglied, die Analyse der »Kapitalform« des Geldes und die Entdeckung des wahren Wesens des Arbeitslohns und des Mehrwerts, d. h. des wahren Wesens der kapitalistischen Produktionsverhältnisse.[7]

Als ein Produkt der Geschichte, als ein Merkmal der Erscheinungsweise der gesellschaftlichen Verhältnisse bestimmter Gesellschaften, in denen sich die Warenproduktion entwikkelt hat, als eine kollektive Illusion, die sich spontan im Bewußtsein der Mitglieder dieser Gesellschaften einnistet und die, da ihre Grundlage nicht in deren Bewußtsein liegt, nur zusammen mit den gesellschaftlichen Verhältnissen verschwinden

7 Und auf dieses Band weist Marx selbst in einem Brief an Engels vom 24. August 1867 hin: »Das Beste an meinem Buch ist 1. (darauf beruht alles Verständnis der facts) der gleich im Ersten Kapitel hervorgehobne *Doppelcharakter* der Arbeit, je nachdem sie sich in Gebrauchswert oder Tauschwert ausdrückt; 2. die Behandlung des *Mehrwerts unabhängig von seinen besondren Formen* als Profit, Zins, Grundrente etc.«

kann, die sie erzeugen, bildet der Fetischismus der Ware und aller gesellschaftlichen Formen, die sich aus ihr entwickelt haben, Geld, Kapital, Zins, Arbeitslohn usw., den Brennpunkt eines Universums mythischer Vorstellungen, die einen irrationalen Glauben an die magischen Kräfte der Dinge nähren oder bei den Individuen zu magischen Verhaltensweisen führen, womit sie sich die okkulten Mächte dieser Dinge verschaffen wollen. Am Ende der sezierenden Analyse von Marx erweist sich die alltägliche Welt der ökonomischen Begriffe und Verhaltensweisen der Mitglieder der kapitalistischen Gesellschaft, seis in spontaner oder von den Vulgärökonomen systematisierter Form, jene scheinbar rationale Welt, die in jedem Augenblick von der »Rationalität« der kapitalistischen Gesellschaft und ihres Wirtschaftssystems zu zeugen scheint, – diese Welt erweist sich als eine absurde Welt von Mythen und irrationalen Illusionen, beherrscht von Fetischen, die angebetet werden. Nach der einzigartigen Formulierung von Marx enthüllt sich diese praktische und ideologische Welt als die »Religion des Alltagslebens« der Individuen, die in der bürgerlichen Gesellschaft leben. Man kann sich fragen, ob sich diese mythischen Vorstellungen, diese spontan magisch-religiösen Verhaltensweisen überhaupt von denen unterscheiden, die man in den »primitiven« Gesellschaften findet, und nicht vielmehr dieselben Funktionen erfüllen, die dort dazu dienen, die Verwandtschaftsverhältnisse, das Inzestverbot, den Ursprung der Pflanzen, Tiere, Techniken, der Arbeitsteilung der Geschlechter usw. auf illusorische Weise zu »erklären« und zu »rechtfertigen«. Vielleicht ist alles in allem *das wilde Denken* nichts anderes als das Denken im spontanen Zustand, im wilden Zustand, demjenigen, in dem sich die sichtbare Bewegung der gesellschaftlichen Verhältnisse unmittelbar widerspiegelt. Dann versteht man, daß das wissenschaftliche Denken nichts anderes als eben dieses, von der Geschichte belehrte, vom Menschen sozusagen domestizierte Denken ist[8], das zum Wesen der

8 In dieser Perspektive erhellt sich vielleicht die Behauptung von Marx in einem Brief an Kugelmann vom 11. Juli 1868, nach Erscheinen des ersten

Dinge hinführt, indem es sich von ihrem Schein abwendet, um später zurückzukehren und ihn ausgehend von dem inneren Verhältnis der Dinge, ihrem inneren Zusammenhang zu erklären.[9] Und in dieser Bewegung der Rückkehr lösen sich der falsche Schein der Dinge, die Illusionen des spontanen, nicht wissenschaftlichen Bewußtseins der Welt auf. Man könnte dieses Vorgehen mit dem von Freud vergleichen, der hinter den verschiedenen Formen der Fehlleistung, des Traums und der Geisteskrankheit eine wirkende und strukturierte Realität entdeckte: das Unbewußte.

Schließlich ist der letzte Fetisch, der ausgetrieben werden muß, der letzte Mythos, der zerstört werden muß, die dogmatische Illusion, daß die wissenschaftliche Erkenntnis nur vom Genie einiger großer Denker abhängig sei, Aristoteles, Marx oder Freud. Wir wollen nur an die Huldigung erinnern, die Marx im *Kapital* Aristoteles zuteil werden ließ. In der *Nikomachischen Ethik* (I, 5) hat Aristoteles seine Analyse des Wertverhältnisses der Waren untereinander (in diesem Fall: fünf Polster = ein Haus = soundsoviel Geld) mit folgenden Worten beschlossen:

> Der Austausch kann nicht sein ohne die Gleichheit, die Gleichheit aber nicht ohne die Kommensurabilität.. Es ist aber in Wahrheit unmöglich, daß so verschiedenartige Dinge kommensurabel seien.

Die Behauptung ihrer Gleichheit erschien ihm also als etwas der wahren Natur der Dinge Fremdes. Was Aristoteles nicht zu erkennen vermochte, ist, daß so verschiedenartige Dinge wie ein Haus und ein Polster von gleichem Wesen sein kön-

Buchs des *Kapital:* »Da der Denkprozeß selbst aus den Verhältnissen herauswächst, selbst ein *Naturprozeß* ist, so kann das wirklich begreifende Denken immer nur dasselbe sein, und nur graduell, nach der Reife der Entwicklung, also auch des Organs, womit gedacht wird, sich unterscheiden. Alles andere ist Faselei.«

9 Marx an Engels, 24. August 1867: »... es (hatte) viel Schweiß gekostet, *die Sachen selbst* zu finden, d. h. ihren *Zusammenhang.*«

nen, nämlich als gleiche Quantitäten ein und derselben Realität: der zu ihrer Herstellung gesellschaftlich notwendigen Arbeit, gleiche Verausgabung abstrakter, gleicher menschlicher Arbeit. Und Marx fügt hinzu:

Daß aber in der Form der Warenwerte alle Arbeiten als gleiche menschliche Arbeit und daher als gleichgeltend ausgedrückt sind, konnte Aristoteles nicht aus der Wertform selbst herauslesen, weil die griechische Gesellschaft auf der Sklavenarbeit beruhte, daher die Ungleichheit der Menschen und ihrer Arbeitskräfte zur Naturbasis hatte. Das Geheimnis des Wertausdrucks ... kann nur entziffert werden ... in einer Gesellschaft, worin die Warenform die allgemeine Form des Arbeitsprodukts, also auch das Verhältnis der Menschen zueinander als Warenbesitzer das herrschende gesellschaftliche Verhältnis ist. Das Genie des Aristoteles glänzt grade darin, daß er im Wertausdruck der Waren ein Gleichheitsverhältnis entdeckt. Nur die historische Schranke der Gesellschaft, worin er lebte, verhindert ihn herauszufinden, worin denn »in Wahrheit« dies Gleichheitsverhältnis besteht. (I, 65)

Man begreift also, daß die wissenschaftliche Analyse »einen der wirklichen Entwicklung entgegengesetzten Weg« einschlägt (I, 81). Diese geht von einfachen Formen aus (z.B. dem Tauschhandel) und führt zu komplexen Formen (der kapitalistischen Warenproduktion). Die Erkenntnis hingegen kann nur von komplexen Formen ausgehen, um den Inhalt und den Sinn der einfachen Formen zu entdecken; »in der Anatomie des Menschen ist ein Schlüssel zur Anatomie des Affen«[10], das Höhere erklärt das Niedere, unter der Bedingung, daß nicht alle Unterschiede verwischt werden.

Unsere Aufgabe ist es folglich, jenseits des Genies der großen Entdecker, Aristoteles, Marx oder Freud, die wahre Geschichte ihrer Entdeckungen wiederzufinden, damit diese den Fetischcharakter des Dogmas verlieren und uns über sie hinaus führen, noch etwas weiter ins Unsichtbare und Unscheinbare.

10 Karl Marx, *Grundrisse der Kritik der politischen Ökonomie*, Dietz Verlag, Berlin 1953, S. 26.

Jean Baudrillard
Fetischismus und Ideologie: Die semiologische Reduktion

Fetischismus der Ware, Fetischismus des Geldes: was bei Marx die gelebte Ideologie der kapitalistischen Welt beschreibt, d.h. die Welt der Sakralisierung, der Faszination, der psychologischen Unterwerfung, womit die Individuen das verallgemeinerte System des Tauschwerts verinnerlichen, oder auch der gesamte Prozeß, durch den die konkreten gesellschaftlichen Werte der Arbeit und des Austauschs, jene verleugneten, abstrakten, vom kapitalistischen System »entfremdeten« Werte, sich zu transzendenten, ideologischen Werten erheben, zur moralischen Instanz, die alle entfremdeten Verhaltensweisen reguliert und damit die Nachfolge des archaischen Fetischismus und der religiösen Mystifikation antritt (das »Opium für das Volk«) – dieser Fetischismus ist zur Cremetorte der zeitgenössischen Analyse geworden. Dort, wo Marx ihn noch (obzwar auf sehr zwiespältige Weise) mit einer *Form* (der Ware, dem Geld) in Zusammenhang brachte, also mit einer wissenschaftlichen Ebene der Analyse, wird er heute auf einer summarischen und empirischen Ebene benutzt: Fetischismus der Gegenstände, Fetischismus des Autos, Fetischismus der Sexualität, Fetischismus des Urlaubs usw., wo er nur noch auf eine verschwommene und zersplitterte idolatrische Vorstellung von der Welt des Konsums verweist, wo er selbst nur noch der Fetisch-Begriff eines vulgären Denkens ist, das unter dem Deckmantel einer pathetischen Kritik munter auf die erweiterte Reproduktion der Ideologie hinarbeitet.

Der Terminus ist nicht nur deshalb gefährlich, weil er die Analyse kurzschließt, sondern vor allem deshalb, weil er, seit dem 18. Jahrhundert von den Kolonialisten, den Ethnologen und den Missionaren orchestriert, die gesamte christliche und humanistische abendländische Ideologie befördert. Die christliche Konnotation ist von vornherein präsent, nämlich in der Verurteilung der »primitiven« Kulte durch eine Religion, die abstrakt und geistig sein möchte: »Der Kultus gewisser irdischer und materieller Gegenstände, genannt Fetische . . . , den ich aus diesem Grunde Fetischismus nennen möchte.«[1] Seither ist die große fetischistische Metapher, ohne sich je von dieser moralischen und rationalistischen Konnotation zu befreien, stets das Leitmotiv der Analyse des »magischen Denkens« geblieben, sei es nun desjenigen der Bantu-Stämme oder der modernen großstädtischen Bevölkerung, die in ihren Gegenständen und ihren Zeichen versinkt.

Die fetischistische Metapher besteht darin – in einem von primitiven Vorstellungen ererbten Synkretismus –, die Mythen, Riten und Praktiken in Termini der *Kraft* zu analysieren, der magischen transzendenten Kraft, des *Mana* (dessen letzte Gestalt vielleicht die Libido ist), eine Kraft, die auf Lebewesen, Gegenstände, Instanzen übertragen wird, eine diffuse und universelle, aber an strategischen Punkten kristallisierte Kraft, deren Fluß von dem Individuum oder der Gruppe zum eigenen Vorteil reguliert und abgelenkt werden kann: dies ist das Hauptziel all ihrer Praktiken, selbst im Bereich der Nahrung. Auf diese Weise entfaltet sich die animistische Anschauung: alles vollzieht sich zwischen der Hypostase einer Kraft, ihrer gefährlichen Transzendenz, und dem Einfangen dieser Kraft, die dann segensreich wird. In diesen Termini haben die Eingeborenen ihre Erfahrung von der Welt oder der Gruppe rationalisiert. In denselben Termini haben die Anthropologen ihre Erfahrung von den Eingeborenen rationalisiert, womit sie die schwere Prüfung abwendeten, die diese neuen Gesellschaften für ihre eigene Zivilisation bedeuteten.[2]

1 Charles de Brosses (1760), *Du culte des dieux fétiches . . .*

2 Als *rechtmäßige* Rationalisten haben sie sogar häufig logisch und mythologisch ein Vorstellungssystem geschwängert, das die Eingeborenen mit objektiv anpassungsfähigeren Praktiken in Übereinstimmung zu bringen wußten.

Uns interessieren hier die Verlängerungen jener fetischistischen Metapher in unseren modernen Industriegesellschaften, in dem Maße, in dem sie die kritische (liberale oder marxistische) Analyse in der gleichen subtilen Falle einer rationalistischen Anthropologie gefangenhält. Was bedeutet der Begriff »Warenfetischismus« anderes als die Idee eines »falschen Bewußtseins«, eines Bewußtseins, das dem Kultus des Tauschwerts verfallen ist (oder sich heute, im »Fetischismus« des Markenartikels und des Objekts, dem Kultus der im Objekt verkörperten »künstlichen«, libidinösen oder Prestige-Werte widmet), was irgendwo das ideale Phantom eines nicht entfremdeten Bewußtseins oder eines objektiven, »wahren« Status des Objekts voraussetzt: seinen Gebrauchswert?

Wo immer jene fetischistische Metapher auftaucht, impliziert sie den Fetischismus eines bewußten Subjekts oder eines Wesens des Menschen, eine Metaphysik der Rationalität, die das gesamte christlich-abendländische Wertsystem begründet. Dort, wo die marxistische Theorie sich auf eben diese Anthropologie zu stützen scheint, unterschreibt sie ideologisch gerade jenes Wertsystem, das sie an anderer Stelle dadurch auseinanderbricht, daß sie es einer objektiven historischen Analyse unterzieht. Wenn man alle Probleme des »Fetischismus« auf die suprastrukturellen Mechanismen des »falschen Bewußtseins« zurückführt, beraubt man sich jeder Chance, den wirklichen *ideologischen Arbeitsprozeß* zu analysieren. Wenn man sich weigert, die Strukturen und die ideologische Produktionsweise in ihrer eigenen Logik zu analysieren, verdammt man sich dazu – hinter der »dialektischen« Rede in Begriffen der Klassenkämpfe –, in Wahrheit der erweiterten Reproduktion der Ideologien in die Hände zu arbeiten, also dem kapitalistischen System selbst.

Somit verweist uns das Problem der verallgemeinerten »Fetischisierung« des wirklichen Lebens auf das der Produktion der Ideologie und von hier aus auf ein Aufbrechen der *Fetisch*-Theorie der Produktivkräfte, die heute sämtlich *strukturell* im System des Kapitals impliziert ist (und nicht entweder infrastrukturell – die materielle Produktion – oder suprastrukturell – die ideologische Produktion).

In gewisser Weise liegt ein Verhängnis über dem Terminus »Fetischismus«, das bewirkt, daß er sich, statt zu bezeichnen, was er sagen will (Metasprache über das magische Denken), heimlich gegen diejenigen kehrt, die ihn verwenden, und *bei ihnen* den Gebrauch eines magischen Denkens bezeichnet. Dem Anschein nach ist einzig die Psychoanalyse aus diesem *circulus vitiosus* ausgebrochen, indem sie den Fetischismus mit einer perversen *Struktur* verknüpfte, die vielleicht in der Tiefe eines jeden Wunschs besteht. Der Terminus, somit durch seine strukturale Definition (formuliert aufgrund der klinischen Realität des Fetisch-Objekts und seiner Handhabung) als eine Ablehnung des Unterschieds der Geschlechter eingekreist, ist nicht mehr Träger eines magischen Denkens: er wird zu einem analytischen Begriff für eine Theorie der Perversion. Wenn es im Bereich der Sozialwissenschaften nicht möglich ist, ein (nicht analogisches) Äquivalent dieser strengen Bedeutung zu finden, *ein Äquivalent auf der Ebene des ideologischen Produktionsprozesses für das, was in der Psychoanalyse der Prozeß der perversen Struktur ist* – d.h. eine Formulierung, die den berühmten Ausspruch vom »Fetischismus der Ware« zu etwas anderem als einem Barbarismus macht (denn der »Fetischismus« verweist auf ein *magisches* Denken, die »Ware« auf eine *strukturelle* Analyse des Kapitals), die die fetischistische Metapher vom »Kultus des goldenen Kalbs« ausschließt, sei es auch in der marxistischen Transkription vom »Opium für das Volk«, und auch jede Magie oder jeden transzendentalen Animismus oder (was auf dasselbe hinausläuft) den ganzen Rationalismus des falschen Bewußtseins und des transzendentalen Subjekts ausschließt, um den *Prozeß der Fetischisierung* in Begriffen der *Struktur* zu restituieren –, dann wäre es besser, den Begriff und seinen Gebrauch (sowie alle verwandten Begriffe) abzuschaffen. Der Analyse von Lévi-Strauss zufolge ist der »Totem« gestürzt, einzig die Analyse des totemistischen *Systems* und die dynamische Integrierung dieses Systems bewahren einen Sinn. Den gleichen sowohl theoretischen wie klinischen radikalen Schnitt gilt es auch in der gesellschaftlichen Analyse durchzusetzen. Beim Fetischismus befindet sich die gesamte Ideologietheorie mit im Spiel.

Wenn also die Objekte nicht jene verdinglichten, mit Kraft und Mana ausgestatteten Instanzen sind, in denen das Subjekt sich projiziert und entfremdet, wenn der Fetischismus etwas anderes bezeichnet als jene Metaphysik des entfremdeten Wesens, welches ist dann sein wirklicher Prozeß?

Einmal ist keinmal: hier kann die Etymologie ihr Wort mitzusprechen haben. Der Terminus »Fetisch«, der heute auf eine Kraft, eine übernatürliche Fähigkeit des Gegenstandes verweist und demnach auf dieselbe magische Virtualität des Subjekts – hinter den Schemata der Projektion und des Einfangens, der Entfremdung und der Wiederaneignung –, dieser Terminus hat eine merkwürdige semantische Verzerrung erfahren, denn ursprünglich bedeutete er genau das Gegenteil: eine *Fabrikation*, ein Kunstprodukt, eine Arbeit von Erscheinungen und *Zeichen*. Er kommt vom Portugiesischen *feitiço*, was »künstlich« bedeutet, und dies wiederum vom Lateinischen *facticius*. Die Bedeutung von »machen« ist die erste, diejenige von »durch Zeichen nachahmen« (»den Scheinheiligen spielen« usw. – man findet diese Bedeutung in der *»maquillage«* (Schminke) wieder, von *maken*, das mit *machen* und *to make* verwandt ist). Aus derselben Wurzel (*facio, facticius*) wie *feitiço* wird im Spanischen *afeitar*, »schminken, schmükken, verschönern«, *afeite*, »Putz, Schmuck, Schönheitsmittel«, im Französischen *feint* (erkünstelt, vorgetäuscht) und im Spanischen *hechar*, »machen«, und daraus *hechizo*, »künstlich, vorgetäuscht, falsch«.

Überall erscheint der Aspekt von *»fainctise«*, von Täuschung, Fälschung, Künstlichkeit, kurz der Aspekt einer kulturellen Zeichenarbeit am Ursprung des Status des Fetisch-Objekts und also auch irgendwo in der Faszination, die es ausübt. Dieser Aspekt wurde mehr und mehr durch die umgekehrte Vorstellung verdrängt (im Portugiesischen bestehen beide nebenein-

ander: *feitiço* als Adjektiv heißt »künstlich« und als Substantiv »verzauberter Gegenstand, Zaubermittel«), die die Manipulation der Zeichen durch eine Manipulation der Kräfte ersetzt, und ein geregeltes Spiel von Signifikanten durch eine magische Übertragungsökonomie von Signifikaten.
Auch der »Talisman« wird animistisch als Behälter von Kräften erlebt und vorgestellt: man vergißt, daß er in erster Linie ein von Zeichen geprägtes Objekt ist – es sind die Zeichen der Hand, des Gesichts oder die Schriftzeichen der Kabbala oder die Figur irgendeines Himmelskörpers, die, in das Objekt eingegraben, ihn zu einem Talisman machen. In der »fetischistischen« Theorie des Konsums, der der Strategen wie der Verbraucher, werden auf diese Weise die Objekte überall als Kraftspender verteilt und empfangen (als Spender von Glück, Gesundheit, Sicherheit, Prestige usw.): jene überall verbreitete magische Substanz läßt vergessen, daß sie zunächst Zeichen sind, ein generalisierter Code von Zeichen, ein völlig willkürlicher *(faictice, »fetischistischer«)* Code von Unterschieden, *und daß daher ihre Faszination keineswegs von ihrem Gebrauchswert noch den ihnen eingeflößten »Kräften« herrührt.*
Wenn es Fetischismus gibt, handelt es sich also nicht um einen Fetischismus des Signifikats, einen Fetischismus der Substanzen und der (sogenannten ideologischen) Werte, die das Fetisch-Objekt für das entfremdete Subjekt verkörpert, sondern hinter dieser Neuinterpretation (die ihrerseits wirklich ideologisch ist) um *einen Fetischismus des Signifikanten,* d.h. um die Ergreifung des Subjekts in dem, was in dem Objekt »künstlich«, differentiell, codiert, systematisiert ist. Im Fetischismus spricht nicht die Leidenschaft der Substanzen (ob nun die der Objekte oder des Subjekts), sondern die *Leidenschaft des Codes,* der, indem er Gegenstände wie Subjekte reguliert und zugleich unterordnet, sie beide der abstrakten Manipulation weiht. Hierin liegt die grundlegende Artikulation des Prozesses der Ideologie: nicht in der Projektion eines entfremdeten Bewußtseins in Suprastrukturen, sondern in der Verallgemeinerung auf allen Ebenen eines strukturellen Codes selbst.

So tritt zu Tage, daß der »Fetischismus der Ware« sich nicht mehr nach der palaeo-marxistischen Dramaturgie als Instanz einer Kraft in diesem oder jenem Objekt interpretieren läßt, von der das vom Produkt seiner Arbeit abgeschnittene, von jedem Prestige einer Besetzung (Arbeit und Affektivität) entfernte Individuum besessen wäre, sondern als die (ambivalente) Faszination einer *Form* (Logik der Ware oder System des Tauschwerts), als das Gefangensein, zum Guten oder zum Bösen, in der zwingenden Logik eines Abstraktionssystems. Etwas wie ein *Wunsch*, ein *perverser* Wunsch, der Wunsch nach dem Code kommt hier an den Tag, ein Wunsch, der auf die Systematizität der Zeichen genau insofern abzielt, als sie alle im wirklichen Arbeitsprozeß entstehenden Widersprüche verleugnet, auslöscht und austreibt, – ganz wie sich im Fetisch-Objekt des Fetischisten die perverse Struktur um eine *Marke*, um die Abstraktion einer Marke organisiert, die den Unterschied der Geschlechter auslöscht, verleugnet, austreibt.
In diesem Sinn ist der Fetischismus nicht die Sakralisierung dieses oder jenes Objekts, dieses oder jenes Werts (in welchem Fall man hoffen dürfte, ihn in unserer Zeit verschwinden zu sehen, in der die Liberalisierung der Werte und der Überfluß der Objekte »normalerweise« dahin tendieren müßten, sie zu entsakralisieren), es ist der Fetischismus des Systems als solchen, der der Ware als System: er entsteht also zur gleichen Zeit wie die Verallgemeinerung des Tauschwerts und pflanzt sich mit diesem fort. Je mehr das System sich systematisiert, desto mehr verstärkt sich die fetischistische Faszination, und wenn sie immer neue Bereiche überflutet, die sich immer weiter vom strengen ökonomischen Tauschwert entfernen (Sexualität, Freizeit etc.), so nicht aufgrund eines Genußwahns, eines substantiellen Wunschs nach Vergnügen oder nach Freizeit, sondern aufgrund der progressiven (und sogar recht brutalen) Systematisierung dieser Bereiche, d.h. ihrer Reduzierung auf Zeichenwerte, die im Rahmen eines diesmal virtuell totalen Tauschwertsystems substituierbar sind.[3]

3 Im Rahmen dieses Systems wird der Gebrauchswert ungreifbar, nicht als

Damit ist die Fetischisierung der Ware diejenige des seiner konkreten Arbeitssubstanz[4] entleerten und einem anderen Arbeitstypus unterworfenen Produkts, einer Arbeit der *Bedeutung*, d.h. der codierten Abstraktion – Produktion von Unterschieden und Zeichenwerten –, ein *aktiver*, kollektiver Prozeß der Produktion und Reproduktion eines Codes, eines Systems, besetzt mit dem ganzen entfremdeten, umherirrenden, vom wirklichen Arbeitsprozeß abgezogenen Wunsch, der gerade auf das übertragen wurde, was den wirklichen Arbeitsprozeß verleugnet. Somit verknüpft sich der gegenwärtige Fetischismus des Objekts mit dem seiner Substanz und seiner Geschichte entleerten, auf die Marke eines Unterschieds reduzierten Zeichenobjekts, in dem sich ein ganzes System von Unterschieden resümiert.

Daß die Faszination, der Kultus, die Wunschbesetzung und schließlich der (perverse) Genuß dem System und nicht der Substanz (oder dem Mana) anheimfallen, dies tritt in dem nicht minder berühmten »Fetischismus des Geldes« in Erscheinung. Was am Geld (Gold) fasziniert, ist weder seine Materialität, nicht einmal das eingefangene Äquivalent einer bestimmten Kraft (der Arbeitskraft) oder einer bestimmten virtuellen Macht, sondern seine *Systematizität*, die in dieser Materie eingeschlossene Möglichkeit der totalen Ersetzbarkeit aller Werte dank ihrer endgültigen Abstraktion. Es ist die Abstraktion, die totale Künstlichkeit des Zeichens, das man im Geld »anbetet«; die geschlossene Vollkommenheit eines Systems wird »fetischisiert«, nicht das »goldene Kalb« oder der Geldschrank. Dies macht den ganzen Unterschied aus zwischen der Pathologie des Geizigen, die mit der fäkalen Materialität des Goldes zusammenhängt, und dem Fetischismus, wie wir ihn hier als ideologischen Prozeß zu definieren ver-

verlorener ursprünglicher Wert, sondern als *vom Tauschwert abgeleiteter Wert*. Der Tauschwert ist es, der nunmehr den Gebrauchswert induziert (Bedürfnisse und Befriedigungen), als ob er im Rahmen der Politischen Ökonomie (ideologisch) ein System mit ihm bildete.

4 In dieser Hinsicht ist die Arbeit, als Ware, selbst »fetischisiert«.

suchen. An anderer Stelle[5] haben wir gesehen, daß bei einer Sammlung weder die Natur der Gegenstände noch ihr symbolischer Wert von Wichtigkeit ist, sondern etwas, das genau dazu da ist, all dies gleichzeitig mit der Realität der Kastration beim Subjekt zu verleugnen, nämlich die Systematizität des kollektiven Zyklus, in dem der kontinuierliche Übergang von einem Terminus zum anderen dem Subjekt hilft, eine geschlossene und unverletzbare Welt zu weben, in welcher der (wohlgemerkt perversen) Wunscherfüllung nichts im Wege steht.

Es gibt heute einen Bereich, in dem diese »fetischistische« Logik der Ware sich deutlich veranschaulichen läßt und es erlaubt, den ideologischen Arbeitsprozeß, wie wir es nennen, genauer zu erkennen: nämlich den Bereich des Körpers und der Schönheit. Wir sprechen weder von dem einen noch von der anderen als von einem absoluten Wert (was ist dieser überhaupt?), sondern von der gegenwärtigen Zwangsvorstellung der Befreiung des Körpers, der Zwangsvorstellung der Schönheit, die allenthalben die Chronik der Alltäglichkeit durchzieht.

Diese Fetisch-Schönheit hat nichts mehr mit einer Wirkung der Seele (spiritualistische Anschauung) zu tun, mit einer natürlichen Anmut der Bewegungen oder des Gesichts, dem Durchscheinen der Wahrheit (idealistische Anschauung) oder mit einer »Genialität« des Körpers, die sich ebensogut durch expressive Häßlichkeit ausdrücken konnte (romantische Anschauung). Sie ist die Anti-Natur selbst, verbunden mit der allgemeinen Stereotypie der *Schönheitsmodelle*, dem perfektionistischen Taumel und dem gelenkten Narzißmus. Es ist die Absolute Regel in Sachen Gesicht und Körper; die Verallgemeinerung des Tauschwerts/Zeichens mit den Wirkungen von Körper und Gesicht; der endlich distanzierte, einer Disziplin,

5 *Le Système des objets*, Paris 1968.

einer totalen Zeichenzirkulation unterworfene Körper; die Wildheit des endlich von der Schminke verhüllten Körpers; die einem Modezyklus zugeteilten Triebe. Hinter dieser *moralischen* Perfektion, die eine Arbeit des Zur-Geltung-Bringens in der Äußerlichkeit ins Spiel bringt (und nicht mehr wie in der traditionellen Moral eine Sublimierungsarbeit im Innern), steht die Versicherung gegen die Triebe. All dies geht indes nicht ohne Wunsch vonstatten, denn man weiß ja, daß eine solche Schönheit fasziniert, und zwar eben deshalb, weil sie in Modellen gefangen ist, weil sie geschlossen, systematisch, im Ephemeren ritualisiert ist, ohne symbolischen Wert. Es ist das Zeichen in ihr, die Marke (Schminke, Symmetrie oder kalkulierte Asymmetrie usw.), die fasziniert; *das Kunstgebilde* ist Wunschobjekt. Die Zeichen aber sind nur dazu da, um aus dem Körper, nach einer langen spezifischen *Verfälschungs*arbeit, einen vollkommenen Gegenstand zu machen, in dem nichts mehr von dem wirklichen Arbeitsprozeß des Körpers durchscheint (die Arbeit des Unbewußten oder die physische und gesellschaftliche Arbeit): diese lange Abstraktionsarbeit und was sie in ihrer Systematizität verleugnet und zensiert, macht den Reiz jener fetischistischen Schönheit aus.

Tätowierungen, zerdehnte Lippen, chinesische Klumpfüße, Lidschatten, Make-up, Enthaarung, Wimperntusche oder auch Armreifen, Ketten, Schmuck, Zubehör: alles ist dazu angetan, die kulturelle Ordnung noch einmal auf den Körper zu schreiben, und eben dies gewinnt die Wirkung von Schönheit. Die Erotik ist damit die neuerliche Niederschrift des Erogenen in ein homogenes Zeichensystem (Gesten, Bewegungen, Embleme, »Körperwappen«), das auf die Schließung und die logische, sich selbst genügende Perfektion abzielt. Weder der genitale Bereich (der eine äußere Finalität ins Spiel bringt) noch der symbolische Bereich (der die Teilung des Subjekts ins Spiel bringt) haben eine solche Kohärenz: ob funktional oder symbolisch, sie weben nicht aus Zeichen einen abstrakten, makellosen, mit Marken bekleideten und daher unverletzlichen, geschminkten Körper (»*faict* und *fainct*«), von den äußeren Determinanten und der inneren Realität seines Wunsches abgeschnitten und eben dadurch als *Idol*, dem *perversen Wunsch als vollkommener Phallus* dargeboten.[6]

Lévi-Strauss spricht bereits von dieser erotischen Anziehungskraft des Körpers bei den Caduveo und den Maori, von jenen »über und über mit Arabesken von perverser Subtilität bemalten Körpern«, von »etwas köstlich Herausforderndem«. Und man braucht nur an Baudelaire zu denken, um zu wissen, welch großen Zauber (im starken Sinn) allein die Verfälschung hat und wie sehr diese stets mit der *Marke* (Putz, Schmuck, Parfums) oder mit der Aufteilung des Körpers in Partialobjekte zusammenhängt (Füße, Haare, Brüste, Gesäß usw.), was ganz dasselbe ist: immer wird der erogene Körper, in der Kastration gespalten und Quelle eines stets gefahrvollen Wunsches, durch eine Montage, ein Kunstgebilde aus phantasmatischen Stücken, ersetzt durch ein Arsenal von Zubehör und Körperteilen (aber auch der ganze Körper kann in seiner fetischistischen Nacktheit ein Partialobjekt sein), von Fetisch-Objekten, die stets in einem System der Zusammenfügung und Zerstückelung, in einem Code gefangen und damit umgrenzt sind, mögliche Objekte eines Sicherheit versprechenden Kultus. Die große Spaltungslinie der Kastration wird durch die Demarkationslinie zwischen Zeichenelementen ersetzt. Die irreduzible Ambivalenz, der symbolische »Abstand« wird durch den signifikanten Unterschied, die formale Trennung der Zeichen ersetzt.

Es wäre interessant, diesen perversen Reiz mit demjenigen zu vergleichen, den Freud zufolge das Kind und das Tier oder auch jene Frauen ausüben, die sich selbst genügen, die »streng genommen nur sich selbst lieben« und die aus diesem Grunde »den größten Reiz auf die Männer ausüben, nicht nur aus ästhetischen Gründen ..., sondern auch infolge interessanter

6 Nun wird er aber gerade dadurch, daß er durch die perverse Struktur als phallisches Idol neu erarbeitet wurde, zugleich zum ideologischen Modell der Sozialisation und der Erfüllung. Mit demselben »verfälschten« Körper verschränken sich sowohl der perverse Wunsch wie der ideologische Prozeß.

psychologischer Konstellationen«. »Der Reiz des Kindes«, heißt es bei Freud weiter, »beruht zum guten Teil auf dessen Narzißmus, seiner Selbstgenügsamkeit und Unzugänglichkeit, ebenso der Reiz gewisser Tiere, die sich um uns nicht zu kümmern scheinen, wie der Katzen und großen Raubtiere ...«[7]
Es wäre zu unterscheiden zwischen der beim Kind, beim Tier oder bei der Kind-Frau mit der polymorphen Perversion (und mit der sie begleitenden Art von »Freiheit« und libidinöser Autonomie) verbundenen Verführung und derjenigen, die mit dem gegenwärtigen erotischen System der Massenmedien verbunden ist, die eine fixierte, gekünstelte, von Modellen umzingelte, »fetischistische« Perversion ins Spiel bringt. Hier wie dort aber ist das, was begehrt und in der Verführung erkannt wird, ein Diesseits oder ein Jenseits der Kastration, das stets seis die Gestalt einer »natürlichen«, harmonischen Ungeteiltheit (Kind, Tier), seis einer perfekten Schließung durch die Zeichen annimmt. Was uns fasziniert, ist stets das, was uns durch seine Logik oder seine innere Perfektion radikal ausschließt: eine mathematische Formel, ein paranoisches System, eine Steinwüste, ein nutzloser Gegenstand oder ein glatter Körper ohne Öffnungen, vom Spiegel verdoppelt, der perversen Selbstbefriedigung geweiht. Dadurch, daß sich die Striptease-Tänzerin selbst streichelt, durch ihre selbstbefriedigenden Gesten regt sie die Lust am meisten an.[8]
Hier interessiert uns vor allem der ideologische Gesamtprozeß, durch den die Schönheit im gegenwärtigen System sowohl als Konstellation von Zeichen und Arbeit an den Zeichen, als Negation der Kastration (perverse psychische Struktur) wie als Negation des in seiner sozialen Praxis und der Arbeitsteilung zerstückelten Körpers (ideologische Sozialstruktur) ins Spiel kommt. Ebenso geht die moderne Wiederentdeckung des Körpers und seiner Reize nicht durch Zufall mit dem Mono-

7 *Zur Einführung des Narzißmus*, GW X, 155.
8 Auch die ideologische Rede ist Redundanz von Zeichen und letztlich Tautologie. Und durch eben diese »Selbstspiegelung« beschwört sie die Konflikte und übt sie ihre Macht aus.

polkapitalismus und den Entdeckungen der Psychoanalyse einher:

1. Weil diese mittels des Körpers (aber es ist nicht derselbe) die grundlegende Teilung des Subjekts an den Tag gebracht hat, gilt es, diese Drohung abzuwenden, das Individuum zu restaurieren (das nicht geteilte Subjekt des Bewußtseins), indem man ihm als Grundlage, als Legitimität, als Emblem nicht mehr eine Seele oder einen Geist, sondern einen eigenen Körper gibt, aus dem jede Negativität des Wunsches getilgt ist und der nur noch als Exponent von Schönheit und Glück funktioniert. In diesem Sinn läßt sich der gegenwärtige Mythos des Körpers als ein Prozeß *phantasmatischer Rationalisierung* definieren, der ihn in die Nähe des Fetischismus in seiner strengen analytischen Definition rückt. Damit dient also paradoxerweise jene »Entdeckung des Körpers«, die angeblich die Folge der psychoanalytischen Entdeckungen ist, genau dazu, das Revolutionäre an diesen abzuwenden. Der Körper dient dazu, das Unbewußte und seine Arbeit zu liquidieren, um das *eine* und *homogene* Subjekt stark zu machen, den Schlußstein des Werte- und Ordnungssystems.

2. Gleichzeitig und weil es dem Monopolkapitalismus, dem es nicht genügt, den Körper als Arbeitskraft auszubeuten, gelingt, die Expressivität des Körpers selbst in der Arbeit, im Austausch, im Spiel zu entzweien, zu zerstückeln, wobei er sich all dies wieder zuführt als individuelle Bedürfnisse, also als (Konsum-)Produktivkräfte unter seiner Kontrolle – und weil diese Mobilisierung der Besetzungen als Produktivkräfte auf allen Ebenen auf lange Sicht sehr tiefgreifende, auch politische Widersprüche erzeugt, aber nach einer radikalen Neudefinition des Politischen, die dieser totalitären Sozialisation auf allen Gebieten des wirklichen Lebens Rechnung trüge –, aus diesem Grunde zwingen sich Körper, Schönheit und Sexualität als neue Universalien unter dem Zeichen der »Menschenrechte« auf, der Rechte des »neuen«, durch den »Überfluß« und die »kybernetische Revolution« emanzipierten Menschen. Die Vertreibung, die Manipulation, die gelenkte Rezy-

klierung der kollektiven und subjekten Werte durch die unbegrenzte Ausdehnung des Tauschwerts und die konkurrenzbedingte Spekulation auf die Zeichenwerte machen die Sakralisierung einer glorreichen Instanz, genannt »Körper«, notwendig, die für jedes einzelne Individuum zum ideologischen Allerheiligsten wird, dem Allerheiligsten seiner eigenen »Entfremdung«. Rings um diesen Körper, der ganz und gar als Kapital von Gottes Gnaden positivisiert ist, wird sich das Subjekt des Privateigentums kräftigen.

Diesen Gang nimmt die Ideologie, die stets auf beiden Ebenen spielt, nach demselben Prozeß der Arbeit und des mit der Organisation der Zeichen verknüpften Wunsches (Prozeß der Bezeichnung und der Fetischisierung). Wir wollen auf diese Artikulation des Semiologischen und des Ideologischen etwas näher eingehen.

Nehmen wir zum Beispiel die Nacktheit, so wie sie sich in der Werbung, der »erotischen Eskalation«, der Wiederentdeckung des Körpers und der Sexualität durch die Massenmedien darstellt. Diese Nacktheit möchte progressiv, rational sein: sie behauptet, die »Wahrheit des Körpers« wiederzufinden, seinen »natürlichen« Seinsgrund, jenseits von Kleidern, Tabus und Moden. Und tatsächlich allzu rationalistisch, *geht sie am Körper vorbei*, dessen sexuelle und symbolische Wahrheit eben nicht in der naiven Evidenz der Nacktheit liegt, sondern in der *Entblößung* (vgl. Bataille), insofern diese das symbolische Äquivalent einer *Tötung* ist, also der wahre Weg des Wunsches, Liebe und Tod zugleich, der stets *ambivalent* ist. Die moderne und funktionale Nacktheit impliziert diese Ambivalenz überhaupt nicht mehr, also auch keine tiefe symbolische Funktion, da sie einen *ganz und gar vom Sex positivisierten* Körper als Kulturwert offenbart – als Erfüllungsmodell, als Emblem, als Moral (oder spielerische Unmoral, was dasselbe ist) –, und nicht einen von der Sexualität geteilten, gespaltenen Körper. Der sexuale Körper funktioniert hier nur noch auf seiner positiven Seite, der Seite

– des Bedürfnisses (und nicht des Wunsches),

– der Befriedigung (Mangel, Negativität, Tod, Kastration sind dort nicht mehr zu finden),
– des *Rechts* auf den Körper und die Sexualität (die Subversivität, die gesellschaftliche Negativität des Körpers und der Sexualität sind zu einer formalen »demokratischen« Forderung erstarrt: dem »Recht auf den Körper«[9]).

Ist die Ambivalenz und die symbolische Funktion einmal liquidiert, wird die Nacktheit wieder zu einem Zeichen unter anderen Zeichen, tritt in einen distinktiven Gegensatz zur Kleidung. Trotz ihren »befreienden« Regungen steht sie der Kleidung nicht mehr radikal entgegen, ist nur noch eine Variante von ihr, die im systematischen Prozeß der Mode neben allen anderen bestehen kann: man sieht sie heute im übrigen allenthalben »im Wechselspiel«. Eben diese Nacktheit, die gefangen ist im differentiellen Spiel der Zeichen (und nicht in dem von Eros und Tod), ist Objekt des »Fetischismus«: die absolute Voraussetzung dafür, daß sie ideologisch funktioniert, ist der Verlust des Symbolischen und der Übergang zum Semiologischen.

Und streng genommen ist es nicht einmal so, wie gesagt wurde: »Ist die symbolische Funktion einmal liquidiert, findet der Übergang zum Semiologischen statt.« In Wahrheit ist es die semiologische Organisation selbst, das Einfangen in ein System von Zeichen, dessen Ziel darin besteht, die symbolische Funktion zu reduzieren. *Diese semiologische Reduktion bildet den eigentlichen ideologischen Prozeß.*

9 Hierin besteht die ganze Illusion der *sexuellen Revolution:* die Gesellschaft kann nicht gespalten, geteilt, unterminiert werden im Namen eines Sexus und eines Körpers, dessen gegenwärtiges Zurschaustellen die ideologische Funktion hat, die Teilung und die Subversion des Subjekts zu verschleiern. Auch hier folgt eines aus dem anderen: die reduzierende Funktion, die diese mythische Nacktheit in bezug auf das durch die Sexualität und die Kastration geteilte Subjekt erfüllt, erfüllt sie zugleich auch auf der makroskopischen Ebene der durch die historischen Klassenkonflikte geteilten Gesellschaft. Die sexuelle Revolution ist folglich ein Ableger der industriellen Revolution oder der Revolution des Überflusses (und noch vieler anderer): alles Irrtümer und ideologische Metamorphose einer unveränderten Ordnung.

Auch andere Beispiele können diese semiologische Reduktion, das grundlegende Schema des ideologischen Prozesses, veranschaulichen.

Die Sonne: Die Urlaubssonne hat nichts mehr von der kollektiven symbolischen Funktion, die sie bei den Azteken, den Ägyptern usw. hatte.[10] Sie besitzt nicht mehr jene Ambivalenz einer Naturkraft – Leben und Tod, segensreich und mörderisch –, die sie in den primitiven Kulten oder auch in der Feldarbeit besaß. Die Urlaubssonne ist ein ganz und gar positives Zeichen, absolute Quelle von Glück und Euphorie und steht als solche auf signifikante Weise der Nicht-Sonne entgegen (Regen, schlechtes Wetter). Zur gleichen Zeit wie sie jede Ambivalenz verliert, steht sie in einem distinktiven Gegensatz, der im übrigen niemals unschuldig ist: hier funktioniert er zum ausschließlichen Vorteil der Sonne (gegen den anderen, negativierten Terminus). Von hier an, von dem Moment an, da die Sonne als Ideologie und Kulturwert funktioniert, der in einem Gegensatzsystem steht, steht die Sonne, ganz wie die Sexualität, auch in der gesellschaftlichen Institution des »Rechts auf Sonne« (das ihr ideologisches Funktionieren sanktioniert) sowie in den Sitten, als individuelle und kollektive »fetischistische« Zwangsvorstellung.

Das Männlich/Weiblich: Kein Wesen ist »von Natur aus« auf ein Geschlecht festgelegt. Die sexuelle Ambivalenz (Aktivität/Passivität) findet sich in jedem Subjekt, die Sexuierung besteht im Körper eines jeden Subjekts als Unterschied und nicht als absoluter Terminus, der mit diesem oder jenem Geschlechtsorgan verbunden ist. Die Frage ist nicht, »es zu haben oder nicht zu haben«. Aber diese Ambivalenz, diese sexuelle Wertigkeit muß reduziert werden, denn als solche entrinnt sie der genitalen Organisation wie der Gesellschaftsordnung. Die gesamte ideologische Arbeit besteht auch hier darin, diese irreduzible Wirklichkeit semiologisch zu reduzieren, in einer großen distinktiven Struktur männlich/weiblich zu ventilieren – voll-

10 Vgl. Alain Laurent, in *Communication*, Nr. 10.

ständige, wohl unterschiedene und in Gegensatz zueinander stehende Geschlechter –, die sich auf das Alibi der biologischen Organe stützt (Reduktion des Geschlechts als Unterschied zum Unterschied der Geschlechtsorgane) und vor allem auf den Index großer Kulturmodelle gesetzt wird, deren Funktion es ist, die Geschlechter zum absoluten Vorteil des einen über das andere zu trennen. Wenn ein jeder nach dieser gelenkten Strukturierung veranlaßt wird, mit seinem *sexuellen Status* zu verschmelzen, so deshalb, damit er sich besser seines Geschlechts begibt, d. h. der erogenen Differenzierung seines eigenen Körpers, zugunsten einer sexuellen Segregation, einer der ideologischen und politischen Grundlagen der Gesellschaftsordnung.[11]
Das Unbewußte: Das gegenwärtige, vermaßte, semiologisierte, substantivierte, katalogisierte, individualisierte, »personalisierte« Unbewußte. Heutzutage »hat« jeder ein Unbewußtes: mein, dein, sein Unbewußtes. Das Possessivpronomen ist hier *semiologischer Reduktor* und *ideologischer Effektor* in dem Maße, wie es das Unbewußte, das zunächst in seiner Struktur wie in seiner Arbeit vom Subjekt des Bewußtseins ins Spiel gebracht wird, auf einen *bloß dem Bewußtsein gegensätzlichen* Terminus reduziert – all dies im Zeichen des »Individuums« (von dem das Possessivpronomen zeugt), d. h. wesentlich zum Vorteil des Subjekts des Bewußtseins. Das »wiederentdeckte« und überall hochgepriesene Unbewußte läuft also seinem ursprünglichen Sinn genau zuwider: es war

11 Die Tatsache, daß dieser große strukturale Gegensatz von vornherein ein logistischer, hierarchischer, für die Gesellschaftsordnung funktionaler Unterschied ist, die Tatsache, daß es deshalb zwei Geschlechter geben muß, damit eines dem anderen unterworfen sei, sprengt die Ambiguität der »sexuellen Befreiung«. Diese »Befreiung«, da sie die Befreiung der sexuellen Bedürfnisse eines jeden ist, insofern er im Rahmen des strukturell-ideologischen Modells der Bisexualität auf »sein« Geschlecht festgelegt ist, jede Verstärkung der sexuellen Praktiken in diesem Sinn kann diese Struktur sowie die ideologische Diskriminierung, die sie erfährt, nur verstärken. In unseren *gemischten*, »liberalen« Gesellschaften wird der Abstand zwischen dem männlichen und dem weiblichen Geschlecht immer tiefer und kristallisiert sich seit der industriellen Ära. Entgegen dem liberalistischen und in dieser Frage ehrfürchtigen Pathos nimmt er heute verallgemeinerte Formen an.

Struktur und Arbeit und wird nun Zeichenfunktion, Arbeitskraft und Gegenstand der Aneignung durch ein autonomes, vereinheitlichtes, ewiges Subjekt des Bewußtseins und des Privateigentums. Und so gilt: jedem sein Unbewußtes, seine eigene auszubeutende symbolische Fundgrube, sein Kapital! Und wenig später: das »Recht auf das Unbewußte«, das *habeas corpus* des *homo cyberneticus*, d.h. die Übertragung der bürgerlichen Freiheiten auf einen Bereich, der ihnen von allen Seiten entgeht und der sie verleugnet; aber der Grund dafür ist klar: es handelt sich um die Übertragung der gesellschaftlichen Kontrolle auf den Bereich des Irreduziblen. Die Revolution des Unbewußten wird zum Ereignis eines neuen Humanismus des Subjekts des Bewußtseins, und mittels der individualistischen Ideologie des fetischisierten Unbewußten, das wie Sex und Sonne durch die Zeichen auf ein Kalkül der Lust und der konsumierten Befriedigung reduziert wurde, kontrolliert jedes Subjekt selbst, zugunsten der Gesellschaftsordnung, das Brodeln und die gefährliche Arbeit des Unbewußten.[12]
Man sieht, daß die *semiologische Reduktion* des Unbewußten auf einen *bloß dem Bewußtsein gegensätzlichen* Begriff in Wahrheit eine hierarchische Unterordnung unter das Bewußtsein impliziert, eine reduzierende Formalisierung des Unbewußten zugunsten des Bewußtseins, und folglich eine *ideologische Reduktion* auf das kapitalistische Ordnungs- und Wertesystem.

Es lassen sich keine Schlußfolgerungen aus diesem Ansatz einer Analyse des ideologischen Prozesses ziehen. Die sich abzeichnenden Schemata sind kurz folgende:
1. Homologie, Gleichzeitigkeit der ideologischen Operation

12 Im übrigen gewinnt diese »Befreiung« logischerweise, wie die jedweder Produktivkraft, die Kraft eines moralischen Imperativs. Jeder ist aufgerufen (seis auch nur im Namen der Hygiene!), *sich seines Unbewußten bewußt zu werden;* diese produktive Möglichkeit nicht brach liegen zu lassen; sein Unbewußtes auftauchen zu lassen, damit es sich »personalisiere«. Absurd, aber in der Logik des ideologischen Systems schlüssig.

auf der Ebene der psychischen und gesellschaftlichen Struktur. Es gibt hier weder Ursache noch Wirkung, weder Supra- noch Infrastruktur, noch analytisches Privileg des einen oder des anderen Feldes, der einen oder der anderen Instanz – falls man nicht einer kausalen Verdrehung und der verzweifelten Zuflucht zur Analogie anheimfallen will.

2. Der ideologische Arbeitsprozeß zielt stets darauf ab, den wirklichen Arbeitsprozeß (den symbolischen Arbeitsprozeß des Unbewußten in der Teilung des Subjekts, den Arbeitsprozeß der Produktivkräfte in der Zersplitterung der Produktionsverhältnisse) zu reduzieren. Dieser Prozeß ist immer ein Prozeß der Abstraktion durch die Zeichen, ein Prozeß der Ersetzung des wirklichen Arbeitsprozesses durch ein distinktives Gegensatzsystem (erster Schritt: Prozeß der Bezeichnung). Doch diese Gegensätze sind nicht neutral; sie hierarchisieren sich zum Vorteil eines der Termini (zweiter Schritt: Prozeß der Unterscheidung). Die Bezeichnung trägt nicht immer den Sieg über die Unterscheidung davon (phonematische Gegensätze auf der Ebene der Sprache), aber die Unterscheidung setzt *immer* die Bezeichnung voraus, die Zeichenfunktion, welche die Ambivalenz und das Symbolische reduziert.

3. Das Zerstückeln, die Markierung durch die Zeichen geht stets mit einer *Totalisierung durch die Zeichen* und einer formalen Autonomie der Zeichensysteme einher. Die Logik der Zeichen wirkt durch innere Differenzierung und durch Homogenisierung des Ganzen. Einzig die Arbeit am abstrakten, formalen, homogenen Material, nämlich den Zeichen, macht jene Schließung, jene Perfektion, jene logische Täuschung möglich, in der die Wirksamkeit der Ideologie besteht. In der abstrakten Kohärenz, die alle Widersprüche und alle Teilungen zusammenschweißt, liegt ihre Faszinationskraft (der »Fetischismus«), und man begegnet ihr sowohl im erotischen System wie in der perversen Anziehung, die das auch in der geringsten Ware ganz und gar vorhandene System des Tauschwerts ausübt.

4. Diese abstrakte Totalisierung erlaubt es den Zeichen, ideo-

logisch zu funktionieren, d.h. die wirklichen Unterscheidungen sowie die Ordnung der Macht zu begründen und zu verewigen.

IV

Roger Dadoun
Der Fetischismus im Horrorfilm

1. Der kurze Aufsatz von Freud über den *Fetischismus* (1927) liefert uns die Ausgangshypothese für unsere Analyse bestimmter grundlegender Aspekte des Horrorfilms; Freud stellt darin einige einfache und starke Sätze auf: »Der Fetisch ist der Ersatz für den Phallus des Weibes«; genauer: »Der Fetisch ist der Ersatz für den Phallus des Weibes (der Mutter), an den das Knäblein geglaubt hat und auf den es ... nicht verzichten will.« Die Notwendigkeit, sich eines Fetischs zu bedienen, ist eng mit der Kastration verbunden, denn »der Abscheu vor der Kastration (hat) sich in der Schaffung dieses Ersatzes ein Denkmal gesetzt«. Freud begnügt sich mit diesen Formulierungen und gibt kaum eine Interpretation; doch für unsere Zwecke verdienen einige auf den ersten Blick nebensächliche Hinweise Beachtung. Am Ende seines Aufsatzes geht Freud überraschend von der Ebene der Tiefenpsychologie zu der der Ethnographie über; er erinnert an etwas, das er »eine Variante zum Fetischismus« nennt, nämlich an die »Sitte der Chinesen ..., den weiblichen Fuß zuerst zu verstümmeln und den verstümmelten dann wie einen Fetisch zu verehren«. Was Freud hier als eine natürliche, selbstverständliche Parallele anführt, stellt in Wahrheit ernsthafte Probleme: zwischen der individuellen sexuellen Praxis des Fetischisten, die in der Angst erlebt und als Perversion wahrgenommen wird, und einer Sitte, die in einem bestimmten Typ historischer Kausalität steht, liegt der ganze Abstand, der zwei vollkommen charakterisierte und ursprüngliche *Organisations*modelle voneinander trennt. Welche *Transformations*mechanismen es erlauben, von einer Ebene zur anderen überzugehen oder um ein und denselben psychologischen Kern zwei ganz verschiedene Organisationsweisen anzuordnen, gibt Freud nicht näher an; nichtsdestoweniger bleibt seine Annäherung äußerst suggestiv: sie weist darauf

hin, inwiefern es der Fetischismus dem Wesen nach oder besser *der Struktur nach* schlecht verträgt, wenn er einfach als die besondere Form einer traumatisierten oder perversen Subjektivität behandelt wird, – inwiefern er intensiv das sozio-kulturelle Terrain bearbeitet; der Horrorfilm nun scheint uns eine Veranschaulichung der Arbeit dessen zu sein, was man die *fetischistische Funktion* nennen könnte: eine besonders gut von der Sprache erkannte Funktion; sie bezeichnet mit demselben Terminus »Fetischismus« eine von der Psychoanalyse beschriebene libidinöse Organisation, eine in der Anthropologie mehr oder weniger klar definierte, elementare religiöse Erscheinung, sowie die doktrinäre Interpretation der Wahrnehmung des Produkts der Arbeit und der ökonomisch-sozialen Verhältnisse in bestimmten Gesellschaften durch den Marxismus.
Den Aufsatz von Freud kennzeichnet eine gewisse stilistische Spannung: die Beschreibung des fetischistischen Phänomens wird klar und streng entwickelt, in jenem gleichmäßigen, »objektiven« Tonfall, der eine der großen Stilqualitäten Freuds ist; gleichzeitig eröffnen einige im Text verstreute, sehr starke Wörter, die extrem affektive Zustände bezeichnen, blitzartig dunkle, schwindelerregende Abgründe oder, um es anders zu sagen, umgeben die neutrale und realistische Schrift mit einer »Atmosphäre«, die ans Phantastische grenzt: Freud spricht von »Abscheu vor der Kastration« und von »Kastrationsschreck«, er bedient sich des direkten Stils, um eine *Panik* zu beschreiben – die Panik des Erwachsenen, der den Schrei ausstößt: »Thron und Altar sind in Gefahr!« Wenn der allgemeine Tenor des Textes eine bestimmte Bezugnahme auf die Atmosphäre des Horrorfilms rechtfertigt, sieht ein »realistisches« Detail fast wie eine Regieanweisung aus: »die Neugier des Knaben (hat) von unten, von den Beinen her nach dem weiblichen Genitale gespäht«, – eine Bemerkung, die mit dem Verfahren der »Froschperspektive« verglichen zu werden verdient, aus der entscheidende Objekte (das Schloß) oder Personen (Dracula) aufgenommen werden, nämlich *von unten*. Wir zitieren hier, aus dem Film *Psycho* von Hitchcock, die

Lage des Hauses, in dem der psychotische Sohn die Gestalt der ermordeten und mumifizierten Mutter konserviert und unterhält, um sich mit ihr zu identifizieren, ein Gebäude, das oberhalb eines Weges steht, und das Zimmer der Mutter, das immer von der untersten Stufe der Treppe aus gesehen wird, bis zur Schlußszene, wo die Umkehrung der Perspektive und des Verfahrens die Auflösung herbeiruft.

2. Da hier die psychoanalytischen Beobachtungen bezüglich des Fetischismus nicht alle erwähnt werden können, erscheint es uns angebracht, die kurze Zusammenfassung in Erinnerung zu rufen, die der Psychoanalytiker Masud R. Khan in seiner Studie über den Vorhaut-Fetischismus bei einem Homosexuellen liefert[1]:
In die Ätiologie des Fetischismus, so betont er, müssen immer zahlreichere Elemente eingeschlossen werden:
– primäre präödipale Beziehungen zur (nährenden) Mutter;
– innere Objekte und erste Stadien der Ichentwicklung;
– das Phänomen des transitionellen Objekts und ursprüngliche Aspekte der Geistestätigkeit;
– Trennungsangst und Verlassenheitsschreck;
– Störungen in der Entwicklung des eigenen Körpers und Auflösungsdrohung ausgehend von Störungen in der Mutter-Kind-Beziehung;
– primäre bisexuelle Identifizierungen mit der Mutter und Wunsch, ein Kind auszutragen;
– panische Angst vor dem Inzest;
– Abwehr gegen archaische Angstaffekte, die das Verhältnis zur Realität bedrohen und von der Angst begleitet sind, in psychotischen Zuständen dahinzudämmern.

Alle diese Elemente bilden gleichsam Achsen, auf denen sich mühelos die Objekte, Symbole und charakteristischen Bewegungen des Horrorfilms verteilen lassen. Sogar die Struktur der Horrorerzählung erhellt sich durch diese Beobachtungen: die

1 Vgl. in diesem Band S. 130–186.

Angst vor der Trennung und dem Verlassensein z.B. wird im Film beständig »gespielt«. Der Freund, der Gatte oder der Beschützer richten es stets so ein, daß irgendeine Heldin in ihrem Zimmer, in einem Kellergeschoß oder im Wald allein gelassen wird, eine Einsamkeit, die, während sie beim Zuschauer Trennungsangst auslöst, das Auftauchen eines bösen Wesens ankündigt – Werwolf, Vampir oder Monster – und den dramatischen Fortgang erlaubt.

In den Hinweisen von Masud R. Khan sind zwei wesentliche Merkmale hervorzuheben: die *archaischen* Aspekte der Identifizierungen und die fast ausschließlich *sadistisch-defensive* Funktion der Sexualität. Die archaischen Identifizierungen wirken diesseits der Vaterfigur; die Figur der präödipalen Mutter herrscht vor, obwohl sich in diesem Stadium kaum noch von einer »Figur« sprechen läßt; die Mutter als raumzeitliche Form löst sich auf: sie ist also nicht mehr da, präsent und deutlich, sondern sie bezeichnet ein Vorher, einen früheren, nie genannten Zustand, und sie ist das, in dem alles untergehen wird, das Ozeanische (Lovecraft), das die Verschmelzung erheischt, – womit sie bei dem Subjekt die Furcht vor dem Formlosen und der Verschmelzung erregt. Wenn es stimmt, daß der Höhepunkt des fetischistischen Akts in jenem Augenblick der Trance, jenem halluzinatorischen Zustand besteht, da alles schwankt und zerfließt und das Subjekt selbst zum Fetisch-Objekt wird, muß uns die sich aufdrängende Analogie mit dem großen ungeheuerlichen Augenblick der Verwandlung frappieren, da der Vampir durch seinen Kuß das Opfer in sich einsaugt und beide eins werden – ein zeitloses (Ewigkeit) und raumloses (Allgegenwart) Gemeinschaftliches, das das Kino dadurch spürbar macht, daß es das Bild in ein eindringliches, emphatisches »Dunkel« abkippen läßt. Das Netz der Ängste, in dem das Subjekt verstrickt ist – Kastration, Verlassensein, Verschmelzung, Auflösung –, läßt seiner Sexualität keinen anderen Ausweg als den einer Abwehr; ein »Denkmal« ist »gesetzt«, wie Freud sagt, welches das Subjekt vor dem Absturz bewahrt; vielleicht sollte man besser sagen, daß es »gebastelt« ist, wenn man der scharfsinnigen Beobachtung von Masud R. Khan Rechnung tragen will, der zufolge der Fetisch wie eine »Collage« verfertigt ist. Gegen die Auflösung – eine Totalität; gegen die ursprüngliche Identifizierung mit der Mutter – ein Phallus; gegen die Angst vor psychotischen Zusammenbrüchen – die Sexualität; gegen die raumzeitliche Desorganisierung – ein Ritual; und schon hat man auf dieser gewissermaßen positiven Seite des Fetischismus ein sexualisiertes phallisches Objekt verfertigt, das um so starrer und eindrucksvoller ist, als es hinfällig und bedroht ist, und in dem man vielleicht eine vertraute Gestallt des Horrorfilms wiedererkennt, den Grafen Dracula.

3. »Es hat ihn (diesen Glauben) aufbewahrt, aber auch aufgegeben«, schreibt Freud, um das Los des mütterlichen Phallus in der Psyche des Kindes zu definieren. Diesen (in seiner logischen Struktur) »bestürzenden« und (in seinen täglichen Anwendungen) »banalen« Satz analysiert O. Mannoni mit äußerstem Scharfsinn in der allgemeineren Formel, die ihn ausdrückt: *»Ich weiß wohl, aber trotzdem ...«*, auch Titel des Aufsatzes, den er an den Anfang seines letzten Buches gestellt hat.[2] Seine Analyse erhellt in gewisser Weise die Verschiebung, die wir in Freuds Aufsatz festgestellt haben: von der fetischistischen Perversion zur »Sitte der Chinesen«. Wie Mannoni betont, handelt es sich weniger um eine »Erklärung der fetischistischen Perversion« als um die Untersuchung einer Problematik des Glaubens, die sich um den Mechanismus der *Verleugnung* dreht, um die »répudiation de la réalité« (Mannoni) oder »déni de la réalité« (Laplanche und Pontalis). Auch hier wird die Ethnographie zu Hilfe gerufen: Mannoni zitiert aus dem Buch von Don Talayesva, *Soleil Hopi*[3], die Passage, in der der Hopi-Indianer entdeckt, daß die Katcina – furchterregende Gestalten, die Kindern auflauern, um sie zu fressen – keine Götter sind, sondern Masken, hinter denen sich vertraute Erwachsene und vor allem sein

2 O. Mannoni, *Clefs pour l'Imaginaire ou l'autre scène*, Paris 1969.
3 Paris 1969.

eigener Vater verbergen. Doch der Glaube an die Katcina wird dadurch keineswegs erschüttert, sondern durch die Verleugnung gleichsam verstärkt und gesichert; man könnte sagen, daß die Entmystifizierung der Mythifizierung Nahrung gebe. »Diese Zeremonie der Entmystifizierung sowie die Verleugnung, die der Glaube an die Katcina erfährt, werden zur institutionellen Grundlage des neuen Glaubens an die Katcina, der einen wesentlichen Bestandteil der Hopi-Religion ausmacht.«

Damit hat sich ein Zugangsweg zur Psychologie und Soziologie des Glaubens eröffnet, der außergewöhnlich fruchtbar zu sein verspricht. Die Anwendung dieser Glaubensstruktur auf das Schauspiel erscheint besonders wirksam. Wir wissen wohl, daß alles »Theater« ist, daß es »Kino« ist, aber trotzdem – wobei das »aber trotzdem« vom Zuschauer in Form seiner eigenen Präsenz oder »Teilhabe« am Spiel erlebt wird. In dieser Perspektive besteht das Grundmerkmal des Horrorfilms darin, daß er für eine beträchtliche Erleichterung der Realität sorgt, des »ich weiß wohl« – allgemeiner des »man weiß nicht so genau ...« –, und damit eine intensivere Vorstellung der Phantasie (von Kastration, Auflösung usw.), d. h. ein stärkeres, beeindruckenderes Erleben des »aber trotzdem« erlaubt; daher auch stößt er, mehr als alle anderen Gattungen, auf Widerstände: Verweigerung der Präsenz, Gelächter, Gruppenbesuch, Sitzen am Rand oder möglichst versteckt; das Einverständnis hingegen drückt sich häufig in einer Entdialektisierung aus, der Zuschauer hat die Tendenz – und wird von der Institution selbst dazu veranlaßt –, die institutionellen Komponenten des Schauspiels zu verwerfen, um sich im Imaginären ein Verhalten zuzulegen, das an ein fetischistisches Ritual grenzt. (Vgl. Ph. Greenacre, zitiert von Masud R. Khan: »In manchen Fällen ist nicht so sehr der Besitz des Objekts als vielmehr sein ritueller Gebrauch das Wesentliche.«)

Wie jede Formel verdichtet oder verkürzt auch Mannonis Formel *»ich weiß wohl, aber trotzdem ...«* eine logische Entwicklung, die zu analysieren sich lohnt. Das Prinzip scheint zu sein, daß eine extreme Spannung zwischen *Sein* und *Haben* zu einer Umkehrung zwingt, die sehr gut der Vektor der Fetischisierung selbst sein könnte. Das im Wissen des *»ich weiß wohl«* zusammengefaßte Material wird durch das *»aber trotzdem«* verwandelt, das als logischer Operator funktioniert. Dieses Wissen besteht aus zwei stark in Konflikt stehenden, jedoch miteinander verknüpften Schichten: einer archaischen Schicht, die die Mutter als Totalität, als das *Sein* par excellence setzt, und einer jüngeren und »realistischeren« Schicht, die die Entdeckung enthält, daß sie keinen Phallus hat, d. h. die Feststellung eines grundlegenden (und ohne Zweifel auch begründenden) Mangels, eines *Nicht-Habens* par excellence. Um den Zusammenstoß innerhalb eines Kompositums zu vermeiden, in dem die Fülle des Seins und die wesentliche Leere, das absolute Sein und das absolute Nicht-Haben zusammenfallen, und da Kompromisse nicht auf der Ebene des Wissens erarbeitet werden können, bleibt dem Subjekt keine andere Wahl, als die Formel umzukehren: die antagonistischen Komponenten werden gleichsam erdrückt (Verdrängung, Verwerfung), und die phallische und totalisierende Trennungsschranke wird, wie Freud sagen würde, als Denkmal gesetzt:

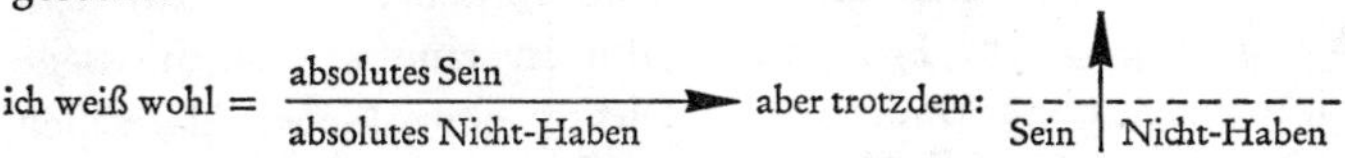

Eine konkretere Darstellung der Operation bringt uns den Phantasien und Gestalten des Horrorfilms näher:

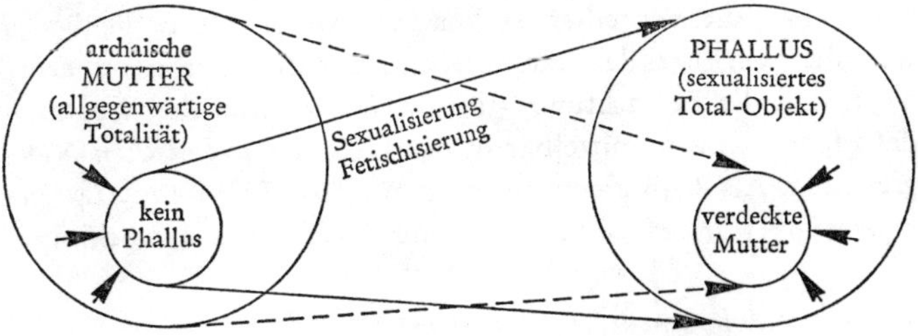

FORM I FORM II

Die Feststellung der Abwesenheit des Phallus in der Seins-Totalität der Mutter wird dadurch verleugnet oder »verworfen«, daß man den Phallus als sexualisiertes Total-Objekt setzt; parallel dazu wird die allgegenwärtige Mutter verdeckt, in Abwesenheit verwandelt. Doch so wie die Allgegenwart und die Allmacht der Mutter in Leere umschlug, in eine durch die Feststellung des Mangels, durch das Nicht-Haben eines Phallus gerissene Lücke, so ruht auch das fetischistische *Denkmal* ganz und gar auf einem Abgrund, der Phallus als totales Objekt wird nicht von einer libidinösen, lebendigen, schöpferischen Energie durchtränkt, sondern von Leere, Luft, Nicht-Sein; er ist eine Täuschung. Im Horrorfilm zeichnet die Form I das phantastische Grundmuster (Herrschaft der archaischen Mutter, Kastrationsangst und Verschmelzungsangst usw.), aus dem sich die Form II herauslöst, eine plastische und symbolische Form, eine »montierte«, gebastelte, verfertigte Figur, in der wir unseren Freund wiedererkennen, den Grafen Dracula.

4. Den Grafen Dracula durchströmt in Wahrheit kein Blut. Er hat nicht einmal das Recht auf jenen schwachen Strom, den ihm die kulturelle Erkenntlichkeit einbringen könnte. Weil er der Ort ist, an dem die Phantasie verkehrt, ist er aus dem Verkehr gezogen. Der Horrorfilm ist eine kurzgeschlossene Gattung – ohne Dauer, ohne Dichte, ohne Netz. Abgesehen von einigen Kapellen, die ihn auf ihre Weise fetischisieren, wird er, wenn er sich der Analyse stellt, nur von einem unwissenden und mißverständlichen Lächeln begrüßt, das wir uns jetzt vielleicht verbeißen sollten. Gewiß würde es genügen, was den vorliegenden Sammelband betrifft, daran zu erinnern, daß die Betrachtung – im doppelten Sinn des Wortes – des Horrorfilms unmittelbar in der Linie der *Freudschen Neugier* liegt. Als er in einem Brief an Wilhelm Fließ vom 24. Januar 1897 schrieb[4]: »Die Geschichte des Teufels, das Schimpf-

4 *Aus den Anfängen der Psychoanalyse, 1887–1902, Briefe an Wilhelm Fließ,* Frankfurt 1962, S. 163.

lexikon des Volkes, die Gesänge und Gebräuche der Kinderstube, alles gewinnt nun Bedeutung für mich«, definierte er ein offenes Programm, das seine Schüler nicht sonderlich zu erneuern suchten. Mit seinen »teuflischen«, einem »volkstümlichen« Publikum dargebotenen Themen fällt der Horrorfilm vorbehaltlos ins Feld der psychoanalytischen Forschung. Daß man ihn dort nicht empfängt, ist ein Zeichen für die Affinität oder die Komplizenschaft der Psychoanalyse – zumindest der offiziellen – mit der hegemonistischen Kultur unserer Gesellschaft: einer Kultur, die sich immer noch damit beschäftigt, die »wertvollen« Gattungen zu pflegen, die über eine weitreichende Macht verfügt – über politische, administrative, universitäre, verlegerische usw. Macht – und die, indem sie sich der Ordnung, der Hierarchie, dem Gleichgewicht und der Sicherheit verschreibt, alles unterdrückt, was das Zeichen des Drohenden, Ungeordneten, Phantastischen, Archaischen trägt. Ähnlich den Geisteskranken, die an die Peripherie der Städte, der Gesellschaft, des Bewußtseins gestoßen werden, führt auch der Horrorfilm ein Dasein am Rande, in einer Art Halbschatten, der aber den Vorteil hat, daß er der hegemonistischen Kultur das Monopol des Lichts läßt und einer sozio-ökonomischen Behandlung förderlich ist, die uns auf einer anderen Ebene zum Fetischismus zurückführt.

5. *King Kong*, ein phantastischer Film im weiten Sinne, lehrt uns, wie sich in einem Schauspiel die Vereinigung fetischistischer Elemente bewerkstelligen läßt, die zu gewöhnlich getrennt gehaltenen Bereichen gehören, eine Vereinigung, die ihre vollendetste Form im Horrorfilm gefunden hat. Die erste Sequenz evoziert die wirtschaftliche Lage der Vereinigten Staaten am Tage nach der großen Depression: eine Schlange von hungernden Menschen vor Volksküchen, und ein junges Mädchen, die Heldin des Films, das einen Apfel stiehlt; also ein äußerst beredter Hintergrund: rings um eine kleine, kaum sichtbare Frucht streiten, stoßen und formen sich drei menschliche Wesen (der Verkäufer, das Mädchen und ein Passant, der

sich als Regisseur entpuppt und das Mädchen engagiert); die menschlichen Beziehungen und ihr Schicksal kreisen um einen kleinen gestohlenen Apfel, das leuchtende fetischistische Zentrum. Dahin also führt ein sozioökonomisches System, in dem der Marxismus den Fetischismus der Ware, des Geldes, des Kapitals am Werke und bis zur Karikatur getrieben sieht. Diese erste Sequenz war lange verboten und wird auch heute noch oft unterschlagen; dennoch ist sie für das kritische Verständnis des Films unerläßlich. Der zweite Teil gewinnt nämlich erst im Licht einer fetischistischen Konzeption seine volle Bedeutung: auf dem Schiff, das die Mannschaft zu einer fernen Insel bringt, probt der Produzent mit dem Mädchen, behandelt es wie einen Gegenstand, eine Ware, und macht auch die Angst zur Ware, die das Mädchen zum Ausdruck bringen soll, denn gerade die will er verkaufen; der Fetischismus überschwemmt alles, die Menschen wie ihre Affekte. Eine neue Ware – die Gefühle, Emotionen, Phantasien – ist für den ökonomischen Kreislauf gewonnen, die den Prozeß der Verdinglichung, den Lukács nachdrücklich ins Licht gerückt hat, bestätigt und verschärft.

Die fetischistische Interpretationsachse setzt sich in einem dritten Teil fort: es handelt sich um den Fetischismus im traditionellen, von der Religionsgeschichte ererbten Sinn, der Marx ihn entlehnt hat; ein primitiver schwarzer Stamm verehrt ein tierisches Ungeheuer, sein Idol King Kong, und opfert ihm in regelmäßigen Abständen ein junges Mädchen. Durch einen Geniestreich bedient sich Ernst B. Schoedsack – zusammen mit Merian C. Cooper der Schöpfer des Films – dieses primitiven religiösen Fetischismus, um die Restauration der fetischistischen Werte in der kapitalistischen Gesellschaft zu veranschaulichen; gefangen genommen und nach New York transportiert, wird King Kong zu einer prachtvollen Ware, die Millionen von Dollar in die Tasche des Helden fließen läßt; die Sequenz, in der King Kong im Theater einem lächelnden Publikum reicher Bürger in Licht, Luxus und Vergnügen vorgestellt wird, bildet das Gegenstück zu der ersten, düsteren, armseligen Sequenz

und offenbart die erstaunliche Wirksamkeit der sozio-kulturellen Industrie.
Wenn es den Autoren von King Kong auch gelingt, gegenüber diesem Phänomen eine dialektische, anti-fetischisierende Haltung zu bewahren, wie es die beiden kraftvollen kritischen Sequenzen bezeugen, die den Film umrahmen (die erste Sequenz haben wir bereits erwähnt; die letzte verkündet, daß sich *das Tier,* die Angst, die Phantasie nicht ungestraft wie Dinge behandeln lassen, und King Kong, der sich von seinen Ketten befreit, verwüstet die Gefängnis-Stadt, den Tempel der Fetische; er läßt den hohen Bau des *Empire State Building,* ein »gesetztes Denkmal«, erst unter dem Beschuß der Flugzeuge los, einem schlechten Vorzeichen), so bleibt es doch eine Tatsache, daß das Kino ganz allgemein jener *fetischistischen Funktion,* von der wir oben sprachen, zur Vollendung verholfen hat. Es ist bezeichnend, daß die große Zeit des Horrorfilms in den Vereinigten Staaten unmittelbar auf die große Wirtschaftskrise von 1929 folgte (*Dracula* entstand 1930, *Frankenstein* 1931, im Jahr 1932 werden vor allem *Die Insel der verlorenen Seelen, Die Mumie, Freaks, Der lebendig Tote* etc. gedreht, *King Kong* stammt aus dem Jahr 1933); alles geht so vor sich, als ob im Prozeß der Fetischisierung die sozio-kulturelle Industrie, in diesem Fall das Kino, das hinfällige Wirtschaftssystem ablösen würde. Dazu muß sie sich selbstverständlich nicht nur vorbehaltlos dem System verschreiben, sondern auch und vor allem sich selbst, ihre Agenten (Schauspieler oder Regisseure) sowie ihre Themen im Sinn der Fetischisierung behandeln. Obwohl das Kino mehr als jeder andere Bereich den Zwängen, Regeln und Idealen des Wirtschaftssystems unterliegt, hält es sich fälschlicherweise für eine autonome, über der Realität stehende, einzig dem Ruhm der Bilderproduktion geweihte Welt; die schöpferische Arbeit wird, außer als vergöttlichte, dem großen Publikum vorenthalten; die Akteure werden als Stars »gesetzt«, ruhmreiche Erscheinungen; es scheint sich eine starre, versteinte, stark ritualisierte Thematik durchzusetzen.

Aufgrund seiner tiefen Affinität zur Wirtschaftskrise – die verbreitetsten Ausdrücke zur Beschreibung der Auswirkungen der Drepression auf das amerikanische Volk waren »Bestürzung«, »Kopflosigkeit«, »Panik«, »Angst« usw. – und vor allem weil er intensiv auf der Ebene der Phantasie und dessen arbeitet, was man die Grundaffekte nennen könnte (Trennungsangst, Auflösungsangst, Kastrationsangst), wodurch er das Subjekt auf ein anspruchsvolleres und kritischeres Selbstbewußtsein auszurichten droht, mußte der Horrorfilm zweifellos ganz besonders der Fetischisierung anheimfallen. Es werden Phantasiegestalten geschaffen, Geschöpfe, deren besonderer Status darin besteht, die Angst festzumachen, die menschlichen Qualen, die Zwänge von Raum und Zeit und der Geschichte zu »verwerfen«, Typen, die gewiß in die Kategorie des »gesetzten Denkmals« gehören: *Frankenstein, Dracula, King Kong, Die Mumie* usw. Das Handeln der menschlichen Produzenten ist »skotomisiert«: während bei Liebes- oder Abenteuerfilmen, bei allen sogenannten »psychologischen Dramen« die Namen der Schauspieler und Regisseure im allgemeinen bekannt sind, stellt man fest, daß beim Horrorfilm eine seltsame Unkenntnis über die Schauspieler und Regisseure herrscht; die Personen haben so riesige Ausmaße angenommen, daß sie, gleich den primitiven Fetischen oder dem kapitalistischen Gold, die menschlichen Vermittler aufgesogen haben. Sogar das Geheimnis bestimmter Herstellungsweisen geht verloren, wenn es stimmt, daß man noch heute das Tricksystem nicht kennt, das Willis O. Brien erfand, um *King Kong* Leben einzuhauchen. Später, infolge einer erneuten und kritischen Betrachtung, lösen sich bestimmte Schauspielerpersönlichkeiten von den legendären Figuren ab, Bela Lugosi als Dracula, Boris Karloff als Frankenstein, – aber noch immer verbirgt sich Max Schreck fest hinter der Maske, dem Körper *perinde ac cadaver* von Nosferatu! Die »Entmonetisierung« der kinematographischen Fetische hat heute die Tendenz, die Arbeit des Schauspielers aufzuwerten, und oft erkennt man Christopher Lee, Barbara

Steele oder Peter Cushing in den Personen, die sie verkörpern.

6. Erstaunlich parallel ist das, was sich auf der zeitgenössischen Ebene der individuellen oder Gruppenproduktion abspielt, auch in einer uralten kollektiven Arbeit am Werk. Wieder kann man sich auf *King Kong* beziehen – indem man sich jedoch bemüht, seine Ethnographie von einer primitiven Religion zu überwinden, die ebenso primär ist wie der Prozeß gleichen Namens, und gerade darin liegt sein Interesse –, um darauf hinzuweisen, daß einige vorherrschende Formen des Horrorfilms wie der »Werwolf« oder der »Vampir« die mehr oder weniger heteroklit wiederhergestellten (daher die Analogie mit der Bastelei) Überbleibsel einer langen religiösen Arbeit sind; in einer Art mythologischem *patchwork* »montiert«, zusammengestückelt, führen vielfältige, verschiedenen Kulturschichten entlehnte Züge zu synkretistischen Formen, die mehr oder weniger kohärent organisiert sind (auf der Ebene der Phantasie, der Erzählung, des Schauspiels usw.); doch auf jeden Fall gereicht es ihnen zum Vorteil, wenn sie auf die religiösen Traditionen, denen sie entstammen, bezogen werden. Wenn wir im folgenden der Figur des Vampirs den Vorzug geben, genauer der Dracula-Form, so gewiß – unter Ausschaltung persönlicher Affinitäten – aufgrund der Vielfalt und des Reichtums der in die Rubrik des Fetischismus fallenden Phantasien und Symbole, die der Dracula-Film, von *Nosferatu* bis zum *Kuß des Vampirs*, uns bietet; aber auch aufgrund einiger religionsgeschichtlicher Aspekte, die in einem kürzlich erschienenen Buch beleuchtet wurden.
Unter dem Titel *De Zalmoxis à Gengis-Khan*[5] schlägt Mircea Eliade eine Reihe von »vergleichenden Studien über die Religionen und die Folklore von Dazien und Osteuropa« vor. Eliade entdeckt in den Wurzeln zahlreicher Namen sowie in Riten die Figur des Wolfs – jedermann weiß, daß Romulus

5 Paris 1970.

und Remus »Söhne der Wölfin« sind – und schließt daraus auf eine rituelle Wolfssucht, die eng mit geheimen Bruderschaften von Kriegern verbunden ist. Der Initiierte legt sich eine Wolfshaut um oder trägt als Maske ein Wolfshaupt; er identifiziert sich mit dem Wolf und ahmt sein Verhalten nach, er frißt Menschenfleisch und trinkt Blut. Diese elementare Form des religiösen Lebens scheint äußerst archaisch zu sein, denn in der neolithischen Vinca-Zivilisation hat man Wolfshund-Statuetten und -figuren gefunden, die aller Wahrscheinlichkeit nach Tänzer mit Wolfsmasken darstellen; wenngleich der »magisch-religiöse Komplex des Wolfs« – zu dem auch der Glaube an die Wolfssucht und an Werwölfe gehört – viele indoeuropäische Völker charakterisiert, so war er doch in den Karpaten und in Siebenbürgen besonders ausgeprägt, wohin Bram Stoker auch die Geschichte von *Dracula* verlegt hat: »Jahreszeitliche Zeremonien, während derer die jungen Leute Wolfsmasken aufsetzen . . ., sind in den Balkanländern und in Rumänien noch heute üblich, vor allem während der zwölf Tage von Heilig Abend bis Epiphanias. Ursprünglich standen diese Zeremonien in Beziehung zur periodischen Wiederkehr der Toten und enthielten alle Arten von Tiermasken: Pferd, Wolf, Ziege, Bär usw.« Es ist interessant, daß ähnliche Glaubensvorstellungen auch den Initiationsriten der Kwakiutl zugrunde liegen: in der Hütte, die der Initiation vorbehalten ist, verwandeln sich die jungen *hamatsa* – Mitglieder der Gesellschaft der Menschenfresser – in Wölfe; »da sie Leichen fraßen, wurden sie von einer Art Wahnsinn befallen, in dem sie ihre Nachbarn bissen und Stücke von rohem Fleisch verschlangen«.[6]

6 Das Buch von Robert Eisler, *Man into Wolf, An anthropological interpretation of sadisme, masochism and lycanthropy,* New York 1952, enthält eine besonders reichhaltige Dokumentation über diese Themen. Aus der Perspektive einer evolutionistischen Anthropologie betrachtet Eisler den Sadismus und die Wolfssucht als die archetypischen Spuren des umwälzenden Übergangs von einem vegetarischen, friedvollen Zustand in einen fleischfressenden und räuberischen Zustand. Eisler stützt diese These mit einem ungeheuer weit gefächerten Aufgebot von mythologischen, ethnologischen, historischen, literarischen, psychologischen usw. Belegen.

Diese rituellen Fakten entsprachen vielleicht einer lebenswichtigen Funktion in Jägergesellschaften und Systemen vom totemistischen Typ. Unter der Wirkung von im allgemeinen im Dunkel liegenden Verwandlungen und zweifellos unter dem Druck antagonistischer Kulturen – wir werden später sehen, auf welche Weise das Christentum als ein zur Gesellschaft der Vampire und der Wolfssucht antagonistischer Faktor funktioniert –, unterlagen jene Elemente einem Prozeß der Folklorisierung, der nur fragmentarische, isolierte und als »Aberglaube« oder pittoreske Merkwürdigkeit gekennzeichnete Stücke von ihnen übrig ließ, die dann von der Literatur (Phantastische Erzählungen aller Art, Bram Stoker) und dem Kino wieder aufgelesen und ausgebeutet wurden; doch in dem Maße, so scheint uns, in dem sie im Unbewußten auf ein Echo stießen, bildeten sie auch ein Echo unserer Phantasien. Man erkennt sie mühelos im Horrorfilm: Rückkehr der Toten, Thema der lebendigen Toten und des Leichenfraßes (besonders deutlich in *Die Nacht der lebend Toten*).
Das Fressen von Menschenfleisch läutert sich zum Trinken von Menschenblut und mündet in den Vampirismus; das Thema der periodischen Wiederkehr der Toten spitzt sich – aufgrund der erzählerischen Notwendigkeit oder aus Affinität zum Rhythmus der Träume und Phantasien – zur nächtlichen Periodizität der Vampire zu; die geheimen Bruderschaften, die Initiationsgesellschaften kehren in der Gemeinschaft der Vampire oder der Jünger Satans wieder – so wie sie unter anderen Roman Polanski im *Ball der Vampire* und in *Rosemaries Baby* beschreibt; das rituelle Tragen von Masken, das die mystische Identifizierung mit dem (totemistischen) Tier impliziert, erzeugt dank einer wörtlichen Interpretation, die einer der großen Mechanismen, eine der Listen des Unbewußten ist, die Fähigkeit, die Form zu verändern, wirklich ein Tier zu werden, wobei der verführerische Held zum Werwolf, Dracula zum Hund oder Vampir (eine Art Flatterfüßler) wird; das Klima gewisser Filme ist bereits in einigen iranischen Texten definiert, wo die Rede von »Räubern« oder

»Strolchen« ist, die sich von Leichen ernähren und arme Dorfbewohner mit Schrecken erfüllen.
Die ursprüngliche Gestalt von Zalmoxis, der unsterblichen Gottheit der Geto-Dazier, führt uns in eine vertrautere, herkömmlichere religiöse Welt, die in der Horrorerzählung fortlebt. Das allgemeine Thema des Abstiegs über viele Stufen in die unterirdische Behausung (Grotte, Höhle usw.), in der sich Götter, Dämonen und tote Seelen aufhalten, in der sich Reichtümer, Schätze und Geheimnisse verbergen, führt direkt zu dem drakulanischen Kellergewölbe, einem grausigen Ort, wo die Vampire und ihr Geheimnis ruhen. Am entgegengesetzten Ort, in den luftigen Regionen, besteht eine sichtliche Analogie zwischen dem Flug der Vampire und einem für den Zalmoxis-Kult charakteristischen Ritus, dem in die Luft geschleuderten und von Speeren durchbohrten Sendboten, der mit dem Motiv des auf einem Pfeil reitenden Abaris in Parallele zu setzen ist. Noch zwei weitere Grundzüge von Zalmoxis verdienen es, hervorgehoben zu werden: er wird als König, als Herr der Menschen bezeichnet, und die Wurzel seines Namens, Thrakisch *zamol*, bedeutet Erde, Kraft der Erde; und man weiß, daß Dracula der Fürst der Finsternis ist, eng verbunden mit den Kräften der Erde, wenn nicht sogar ihre Emanation.
Alle diese Glaubensvorstellungen stehen im übrigen mit den schamanistischen Riten in Zusammenhang. Der Bezug auf den Schamanismus hat den Vorteil, daß er eine ganze Phantastik des Körpers aktualisiert: Zergliederung, Zerstückelung, Erneuerung der Organe und Eingeweide, Verwandlung und Vertauschung innerer Objekte, materielle Manifestation von Tod und Auferstehung – all dies hat einen starken Widerhall im Horrorfilm gefunden. Aber einen im allgemeinen entstellten Widerhall: eine psychologische Spaltung, zu der in gewisser Weise die manichäische Ideologie von Gut und Böse zwingt und die zudem in die Richtung der Bedürfnisse einer stereotypen Erzählung geht, hat alles *Negative* im Körper von Dracula versammelt: leere Körper, Brunnen ohne Grund (unersätt-

liche Mutter), trügerische Form, Täuschung, Sackgasse oder Scheitern der schamanistischen Magie – wobei sich das *Positive* um die Gestalt eines Gelehrten, Doktors oder Professors, organisiert, der das traditionelle und esoterische Wissen besitzt und dem es gelingt, den Vampir zu besiegen. Doch in gewissem Sinn spielt sich der Kampf ganz und gar in der Arena des Fetischismus ab: archaischen Fetischen, sowohl auf der Ebene der Phantasien wie auf der gewisser sozio-kultureller religiöser, für die Dracula-Form konstitutiver Schichten (*Collage*), stehen neuere, aber nicht minder fetischisierte Formen entgegen: das Kreuz, der Gelehrte, deren psychologische und ideologische Eigenschaft es ist, den Fetisch-Waren der hegemonistischen Kultur Ausdruck, Konsistenz und Glanz zu verleihen.

7. Aus dem Vorstehenden geht hervor, daß es nicht möglich ist, eine einfache und gradlinige Analyse des Fetischismus im Horrorfilm zu geben. Allzu viele Teile, Faktoren, Funktionen verschiedenen Ursprungs, die zu unterschiedlichen Systemen gehören und außerdem von verschiedenen Agenten und nach oft widersprüchlichen Praktiken geformt und verknetet werden, spielen mit hinein und rechtfertigen vielfache Annäherungsversuche und Kombinationen. Wenn man sich aber mit einer gewissen Schematisierung und Ambiguität des Begriffs Fetischismus abfindet, erweist sich der letztere als ein Rahmen und ein Instrument der Interpretation, die besonders gut geeignet sind, einige der signifikantesten Bilder und Strukturen des Horrorfilms zu organisieren und zu erhellen, speziell der Filme, die die Dracula-Form und das Vampir-Thema vorführen. Das Freudsche Interpretationsschema des Fetischismus, zergliedert in einige präzise Richtungen (die archaische Mutter und der mütterliche Phallus, das sexualisierte phallische Objekt, der fehlende Phallus und die Kastrationsangst, die spezifischen Abwehrmechanismen usw.), erlaubt es, sich im düsteren Labyrinth des drakulanischen Universums zurechtzufinden.

8. Die *Imago* der archaischen Mutter stützt die Entwicklungen des Horrorfilms und schwängert seine Atmosphäre. Es handelt sich um eine Gestalt, die komplexer und vielseitiger ist, als man denkt. Ein wesentlicher Aspekt, so wie ihn die Freudsche Analyse des Fetischismus vorführt, ist ihre Erscheinungsform als phallisches Weib, als penisbesitzendes Weib, als mörderische, verschlingende oder kastrierende Mutter, die in ihrer uranfänglichen, grundlegenden Intensität die Kastrationsangst fixiert (mehr als der Vater, mit dem der Sohn gewissermaßen gleichberechtigt kämpfen kann, wobei ihm sogar die mütterliche Komplizenschaft und stets wachsende Kräfte zugute kommen). Dieser Aspekt wird in einigen Filmen so offenkundig, minutiös und realistisch behandelt, daß letztlich der Realismus und die Exaktheit der Beobachtung mehr eine klinische Dimension definieren, als eine spezifisch grauenvolle Atmosphäre erzeugen. Hitchcocks *Psycho*, mit seinem konsequenten Titel, veranschaulicht diese Perspektive sehr gut. Die Gestalt der bösen Mutter ist hier klar abgegrenzt (insofern sie die Psyche des Sohnes nicht gänzlich überwuchert – dies wird die Auflösung sein), scharf und augenscheinlich; der grauenerregendste Augenblick des Films, die Szene, die den wahren phantasmatischen und affektiven Angelpunkt der ganzen Erzählung bildet, ist eben jene, da die Mutter allgegenwärtig wird, die ganze Leinwand einnimmt: auf einer Seite, in einem Sessel sitzend, die mumifizierte Leiche der Mutter, ein grimassierendes Skelett, die wirkliche, aber tote Mutter; auf der anderen Seite, quicklebendig, aber »irreal«, phantasmatisch, eine lächerliche, aus einem Morgenrock und einer Frauenperücke gebastelte Maske, die vom Sohn gespielte Mutter, die aktualisierte *Imago*, die das Zeichen ihrer Funktion schwingt, das Messer. Die Organisation des Raums macht die Struktur des Dramas deutlich spürbar; es lassen sich drei Orte von abnehmender Intensität und Morbidität unterscheiden: das erhöhte Haus, Ort der Herrschaft der Mutter, mit Angst und Schrecken beladen, das verbotene, der zerstörerischen Gewalt der Mutter geweihte Denkmal; das Motel, Ort des Durchgangs, des Transits –

realer Durchgang vorbeireisender Kunden, aber auch Durchgang der beiden Persönlichkeiten des Sohns, ein Ort, der von der Gegenwart des Sohns immer mehr entleert, vom mütterlichen Haus vampirisch aufgesogen wird; eine Außenwelt, ein Anderswo, eine vielgestalte und dynamische Realität, zu der der Sohn keinen Zugang mehr hat, eine Welt, die sich damit begnügt, Sendboten zu schicken, die für den Ausdruck und das Ablesen der Psychose notwendigen Zeichen auszusenden, und schließlich in der wortreichen Rede des Psychiaters den Sieg davonträgt.

In *Dr. Terror's House of Horrors* von Freddie Francis, einem großen Schöpfer von Horrorfilmen, wird die *Imago* der bösen Mutter in einem realistischeren und alltäglicheren, rationaleren Kontext behandelt, der eine geschickte Verbindung mit dem Kriminalfilm erlaubt. Die Mutter, die angeblich an einen Sessel gefesselt ist, rächt sich an denen, die dem Vater Böses getan haben; so tötet sie einen nach dem anderen, nachdem sie dem Opfer zuvor als Warnung eine es selbst darstellende Puppe hat zukommen lassen. Die Mutter herrscht über ein Reich aus Puppen, Bildern – Phantasien; und die beherrschende Phantasie ist die des Puppen-Sohns, des Fetisch-Sohns; so wie der psychotische Sohn aus *Psycho* die kriminelle Mutter spielt, spielt die Mutter in dem Film von Freddie Francis in der Gestalt einer Gelähmten das Schicksal, das sie für ihren Sohn erträumt und erfüllt; dieser letztere wird Opfer eines Unfalls – dessen Ursprung sich durch eine raffinierte kriminalistische Kausalität leicht auf die Mutter zurückführen läßt, dann wird er von der Mutter »zubereitet«, in einen Sessel gesetzt, in einer Zelle isoliert, geschminkt, er ist zur Puppe geworden und ganz und gar Fetisch seiner Mutter.

Auch hier organisiert sich der Raum des Films nach einer imaginären Struktur: auf der einen Seite, in einer erhöhten Zelle, reglos in einem Sessel, der Fetisch-Sohn, der abgeschnittene, erigierte, travestierte, inkarnierte mütterliche Phallus; auf der anderen Seite die drohend mit einem Messer auftauchende Mutter, eine plötzlich leichtfüßige und lebendige

Mutter, lebendig geworden durch den symbolischen Tod des Sohns, die sich anschickt, die junge Frau zu töten, die den Sohn ihrem Einfluß hätte entreißen können.
Wir haben diese beiden Filme erwähnt, um durch das Gegenbeispiel zu unterstreichen, in welchem Maße sich die Horrorfilme vom Dracula-Typ durch ein bemerkenswertes Verdekken der mütterlichen Figur auszeichnen. Im klassischen Dracula von Tod Browning sieht man neben Dracula zwar seine drei Töchter, aber es ist nirgends die Rede von irgendeiner Mutter. In einem der neuesten Vampir-Filme von Don Sharp hat Graf Ravno zwar eine Tochter und einen Sohn, aber es wird keine Mutter erwähnt. Freilich ließe sich in der Reihe dieser oder jener Film anführen, in dem der in einem Schloß gefangene Sohn von seiner Mutter bewacht wird; aber wenn ihn dann ein leichtsinniges Mädchen befreit, beeilt er sich, seine Mutter zu vampirisieren, eine brave Frau mit Pensionärsgebaren. Die Untersuchung des Pittoresken in dieser Variante hebt die strukturale Notwendigkeit der Abwesenheit der Mutter nur noch stärker hervor. Denn die Mutter ist nicht im banalen oder realistischen Sinn des Wortes abwesend; die Abwesenheit oder besser die Nichtabwesenheit der Mutter ist vielleicht die einzige Weise, in der sich eine sehr archaische Art der Anwesenheit oder auch die Wirkung oder der massive, diffuse, unleugbare, endgültige Druck einer sehr archaischen Mutter-*Imago* beschreiben läßt, wie wir sie in der Form I unseres Schemas dargestellt haben. Weil das Verdecken der archaischen Mutter natürlich nicht durch eine konkrete Form wiedergegeben werden kann, läßt es sich an einem Spiel von sukzessiven Einschließungen und Vertreibungen ablesen, in einer Bewegung des Ineinandergreifens von immer engeren und umzingelnderen Räumen, die schließlich zum reinsten, ursprünglichsten Zeichen der archaischen Mütterlichkeit werden, einem *bißchen Erde*. Da die Ureigenschaft dieses Typs von Mütterlichkeit darin besteht, Uterus, Hülle zu sein, wird sie in einer Reihe von immer unerbittlicheren engeren und beängstigenderen Hüllen ausgedrückt. Daß sich die Konstruktion der ersten Sequenzen in den Vam-

pir-Filmen so sehr gleicht, zeigt sehr gut, daß dies, jenseits der bloßen Wiederholung einer Erzählstruktur, von grundlegender psychologischer Bedeutung ist. Ein undeutlicher Ruf veranlaßt den Helden (in *Dracula* ist er allein, in anderen Filmen wird er oft von einer geliebten Gattin begleitet), seine vertraute (vom Realitätsprinzip regierte) Welt zu verlassen und eine beschwerliche Reise durch eine unbekannte Gegend zu unternehmen, die durch öde und bedrohliche, von abschüssigen und felsigen Wegen durchschnittene Landschaft gekennzeichnet ist, bei denen man stets den Eindruck hat, sie würden sich hinter dem Helden *schließen*. Eine unbequeme und gefahrvolle Reise, die man schon für eine äußerst verkürzte und vereinfachte Form der großen mythologischen Suche halten darf. Diese erste Prüfung ist überstanden, wenn der Reisende in einem kleinen Dorf ankommt, das in sich selbst und seiner Angst *verschlossen* und von Bewohnern bevölkert ist, die ihm ein feindseliges, *verschlossenes* Gesicht zeigen. Die Feindseligkeit der Leute und ihre drohenden Warnungen sind gleichsam eine zweite Prüfung, die der Held mühelos überwindet. Dritte Prüfung und dritte Mauer: ein dunkler, dichter, einsamer, *verschlossener* Wald, aus dem nur der Weg herausführt, die Nabelschnur, der zum Schloß geht; es kann ein Unfall passieren, eine *gebrochene Achse*, die den Helden allein, entblößt, wie verloren, eingehüllt in das pflanzliche Dunkel zurückläßt. Das drakulanische Schloß ist dann eine neuerliche und eindrucksvolle Mauer, der zentrale Ort der Einschließung, der Angelpunkt, an dem sich die horizontale Bewegung des Fortschreitens in einen vertikalen Abstieg verwandelt; zentraler Ort, in dem komplexe und widersprüchliche Bestimmungen sich scharen, zusammenprallen, sich aufklären; Ort der Suche, der Begegnung, des Dialogs, der Enthüllung, der Gegenüberstellung – zu vollgestopft, zu überladen, zu explosiv, um nicht am Ende der Erzählung oft zu einem allgemeinen Brand zu führen.

Eine neue Etappe der Umhüllung und der Angst beginnt, wenn der Held mit einem Mut oder besser einer *Naivität*, einer *Unbewußtheit*, die schaudern läßt, über eine krumme, von *knarrenden* Türen unterbrochene und mit Spinngeweben verhangene Treppe in ein Kellergeschoß gelangt; gewölbt, finster, umhüllend, im höchsten Maße uterin; und hier findet er sich tatsächlich, nicht mehr symbolisch, sondern ganz physisch *eingeschlossen*. Der Prozeß der Schrumpfung des Raums, der Verdichtung oder Zusammenziehung der symbolischen Formen führt uns mit dem Helden vor eine neue Hülle, einen neuen Behälter: den Sarg. Und die Überlieferung – und mit ihr oder in ihr der Sinn, die Logik und die Bewegung der Phantasie selbst – will es schließlich, daß sich im *Innern* des Sargs ein wenig *Heimaterde* befindet, der mütterliche Humus, den der Vampir stets mit sich trägt. Dieses letztere Zeichen kann weggelassen werden, die Erde braucht am Ende des Ineinandergreifens von Räumen und Formen nicht einmal mehr genannt zu werden – es bleibt die Tatsache, daß der Held genau auf diesen letzten Punkt zusteuert, den äußersten Punkt, der seine Suche beendet.

Das Durchdringen der verschiedenen Mauern bringt jeweils einen Rhythmus von Durchgangsverboten ins Spiel, der sich in dem Maße intensiviert, in dem die räumliche oder plastische Form (Schloß, Sarg) enger, bestimmter, umhüllender wird; dieser Rhythmus geht einher mit einem ganz ähnlichen Wechselspiel, dessen Wirksamkeit auf der Ebene der Erzählung offenkundig ist, das aber vor allem den Vorteil hat, auf phantastischer Ebene die Nicht-Anwesenheit, das Verdecktsein der Mutter spürbar zu machen: der Begegnung mit ewas oder der Entdeckung von etwas – etwas Grauenvollem, das in Wahrheit das grauenvolle Ding selbst ist, nämlich der Fetisch-Phallus, der in seinem Mittelpunkt, seinem wesentlichen Sein die mütterliche Lücke trägt – geht im allgemeinen die Wahrnehmung einer Leere, eines Mangels voraus. Öde ist die Gegend, in die sich der Held zu Anfang wagt; das Dorf erscheint auf den ersten Blick verlassen; der Held findet sich allein in dem großen Wald, und die Kamera verweilt oft genüßlich bei dieser Abwesenheit von drohenden Wesen – bis zu dem Augenblick, da die vom Vampir geschickte oder gelenkte Leichenkarosse auftaucht; auch das Schloß scheint verlassen zu sein, es wird lange nicht geöffnet, und das Tor geht manchmal ganz von allein auf, niemand steht hinter ihm, niemand in dem großen verfallenen oder barocken Saal, den der Held mit augenscheinlichem Interesse mustert – bis zu dem Augenblick, da oben auf der Treppe oder durch einen verborgenen Eingang Dracula in Person auftaucht; lange Augenblicke der Leere im Kellergeschoß, in der Krypta, und leer ist oftmals auch der Sarg selbst – bis zu dem Augenblick, da schlagartig eine Anwesenheit hervorbricht. Man ahnt, daß diese grauenvolle Leere nicht bloße Negativität ist; es ist eine – phantasmatisch gesprochen – sehr beredte Leere, sehr aktive, sehr gehaltreiche Leere, eine mit erstickten Echos gefüllte Stille; wir sahen, daß sie die späteren Erscheinungen, die Dracula-Form ankündigte; sie ist auch, mit mehr oder weniger Rhetorik, angefüllt mit unmittelbar ablesbaren Zeichen: aggressive oder heimtückische Türen, knarrende Geräusche, verrostete Metalle und Ketten, steile oder krumme Treppen, erdrückende Steinplatten, Staub, Abfälle usw., alles Elemente, die auf die *Imago* der archaischen bösen Mutter verweisen. Böse zweifellos für den Helden, gut aber für den Vampir, der hier Schutz, Geborgenheit, Lebenskraft findet. Diese Ambivalenz, in Verbindung mit dem fundamentalen Verdecktsein, von dem wir sprachen, suggeriert die Vorstellung einer noch archaischeren Mutter, eines mütterlichen Dings, das diesseits von Gut und Böse liegt, diesseits jeglicher organisierter Form, diesseits jedes Ereignisses – eine ozeanische, totalisierende Mutter, eine »finstere und tiefe Einheit«, die beim Subjekt Verschmelzungsangst, Auflösungsangst hervorruft; die Mutter von vor der Entdeckung der wesentlichen Lücke, des *kein-Phallus*; eine Mutter, die reine Phantasie ist, insofern sie als allgegenwärtige und allmächtige Totalität, als absolutes Sein nur in der unmittelbaren Erkenntnis selbst gesetzt ist – sie hat keinen Phallus –, die sie absetzt; auch insofern sie nur in ihrem Verdecktsein der Wahrnehmung preisgegeben ist (wie es unser Schema darstellt, in dem der große Kreis »allgegenwärtige Mutter« der Form I sich verlagert und in dem kleinen Kreis »verdeckte Mutter« versinkt); schließlich und hier wesentlich insofern die Erzählung sie nur im Zustand der reinen Präexistenz, eines nie wahrgenommenen noch genannten *Vorher* zuläßt.

9. Was hingegen wahrgenommen und genannt wird, das Vorhandene, Gegenwärtige, die scheinbar vollste, strotzende, emphatische, superlative, intensivierte Form, die stets bereit ist, und zwar über alle Maßen – ihr gelten auch die großen Plakate der Filmreklame –, die leeren Räume und hohlen Rahmen zu füllen, die man für sie schafft und die stets dazu da sind, sie »zurückzuholen«, so daß sie sich dank einem boshaften Gott (und Freddie Francis) auf der Blutspur eines Pfarrers befindet; die auf einem Thron sitzende Form, hoch über dem Schloß, dem Dorf, der Gegend, dem ganzen Universum – diese Fetisch-Form ist Dracula. Als *Ersatz für den Phallus der Mutter*, nach der Freudschen Definition, ist er eine phallische Form, die sich nicht in Richtung einer schöpferischen Erotik, der genitalen Erfüllung entwickelt, sondern als Mutterfigur *fungiert*, von ihr abhängt und ihre tiefe Lücke trägt, eine Form, die eben dem ein Denkmal setzt, gegen das sie gebildet wurde, um sich zu verteidigen; die sexuelle Energie diente zur Verwandlung der mütterlichen Form (Form I) in ein kompliziertes, versteintes, verdinglichtes Produkt; die fetischistische Dracula-Form läßt sich somit als sexualisiertes Total-Objekt bezeichnen. Und es zeigt sich auch so strotzend als solches, daß häufig der Fehler begangen wurde, Dracula als eine relativ vollwertige erotische Form aufzufassen. Der phallische Exhibitionismus des Vampirs bestätigt seine fetischistische Natur (vgl. die von Freud erwähnte Beobachtung eines Fetischisten, »dessen Fetisch in einem Schamgürtel bestand, wie er auch als Schwimmhose getragen werden kann«; er verdeckte, sagt Freud, die Geschlechtsorgane und den Unterschied der Genitalien und ließ überdies die Annahme der Kastration zu; aber man muß hinzufügen, daß der Gürtel die

Genitalien auch einschloß, erstarren ließ und zur Schau stellte). Dracula trägt seinen Körper wie einen erigierten Phallus: davon zeugen seine häufigste Pose, eine hochgereckte Gradheit, sein steifer und spitzer schwarzer Umhang, seine brutalen Auftritte, die einem blitzartigen Anschwellen gleichen; und wie um diesen phallischen Wert noch besser hervorzuheben, steht die Kamera häufig still: Dracula posiert. In einem Film wie *Nosferatu*, dem Prototyp des Horrorfilms, ist der menschliche Vampir in seiner fast permanenten Erscheinung nichts anderes als eine solche Erektion, ein wandelnder Phallus, ein »Phallambul«. Gleichzeitig ist seine Starre ganz offensichtlich Leichenstarre, aber die Zeichen für eine aggressive Sexualität sind so zahlreich und spektakulär, daß sie das Vorherrschen der phallischen Dimension rechtfertigen. Nosferatu ist, so kann man sagen, der Spitze – mit allem, was dieses Wort an einfacher und wesentlicher Symbolik birgt. Spitz sind das Gesicht, die Ohren, die Schultern, die Knie, der Rücken, und selbstverständlich die Fingernägel und Eckzähne; nach einem primitiven geistigen Mechanismus, dem es widerstrebt, zwischen der Struktur der Teile und der des Ganzen zu unterscheiden, ist Nosferatu, der Spitze, ein Konglomerat von Spitzen.

Der phallambule Vampir kann als solcher nur paradieren – ein Vorbeimarsch von Mannequins. Doch die Phantasie braucht auch Fixpunkte, und die Erzählung braucht Handlung. Die (phallische) Struktur der globalen Form (Dracula) muß in anderen Formen nachklingen, in verdichteten und zu präzisen Details verkleinerten Formen, Merkzeichen, die als psychische Kristallisationspunkte dienen. Hier kommen die großen stereotypen Bilder des Horrorfilms ins Spiel: das *Schloß*, in seiner inneren Form Vektor der archaischen Mutter, verkündet und erheischt in seiner äußeren Form (Erektion seiner Masse, der Felsen, die es umgeben, und der Türme) den erigierten Körper des Vampirs; die mit aggressiver Sexualität besetzten Organe, die berühmten Eckzähne, die nicht nur das bevorzugte sexuelle Werkzeug des Vampirs sind, sondern zudem die unvergleichliche Gabe haben, aus dem Mund einer Frau hervorzuschießen – und sie damit, in einer eklatanten Rückkehr des Verdrängten, genau in das verwandeln, was die vampirische Form erzeugt hat, in die phallische Frau, die böse Mutter. In spektakulärer Weise kommen die Eckzähne in den gegenwärtigen Horrorserien vor, insbesondere in den Filmen von Terence Fischer; zu Klauen verkrampfte *Hände* und krallenartige *Fingernägel* kennzeichnen auch den *Dracula* von Tod Browning sowie den *Nosferatu* von Murnau; wenn man die Metapher des »durchdringenden Blicks« und der »stechenden Augen« wörtlich nimmt, erzeugt man eine wirksame Verschiebung des phallischen Zeichens; der Blick des Dracula von Browning ist strahlend, ein wahrer »Laserstrahl«, und das Opfer wird magnetisiert, gezähmt; in *Dracula und die Frauen* treibt Freddie Francis das Bild der »blutunterlaufenen Augen« auf die Spitze, sie sind *wirklich* von Blut unterlaufen, und da die Erektion durch einen Blutandrang entsteht, ist der Blutandrang in den Augen von Dracula eine Erektion. Der totale Körper sowie die verschiedenen Organe (Augen, Hände usw.) helfen den Eckzähnen bei der Ausführung des entscheidenden Akts: dem beißenden Kuß; wenn sie sich (zuweilen sehr liebevoll) in den Hals der Frau oder (eher aggressiv) in den des Mannes schlagen, hinterlassen sie darin zwei kleine Einschnitte, zwei kleine, kaum mit etwas Blut umrandete Löcher – den hervorragenden, verdichteten Ausdruck der fetischistischen Verbindung von Sexualität und Kastration.[7]

7 Die Erektion der Eckzähne, der Augen und sogar der Haut, verbunden mit Magnetismus und Zähmung, feiert in *Die Schlangenfrau* Triumphe, einem Film von John Gilling (1967). Die Figur der Schlangenfrau, die ihre Opfer beißt und ihnen »den schwarzen Tod« einträufelt, ist durch und durch *Montage:* der Kopf besteht aus riesigen, aus den Höhlen tretenden, aufgedunsenen Augen, übergroßen Eckzähnen und einer Haut aus Schuppen; er ist auf einen weiblichen Körper »montiert«, der nichts weiter ist als ein Trugbild, ein Nichts. Diese Schlangengestalt ist wahrhaft »dressiert« – gezähmt und erigiert – von einer exotischen Figur, die eine geheime und archaische Sekte repräsentiert, die Sekte der Schlange, die ihre Kraft auf rein magnetische Weise ausübt: infantile Allmacht des Gedankens! Die

10. Aus dem Grundmuster der archaischen Mutter hebt sich der Fetisch-Phallus, die Dracula-Form ab (und heftet sich an sie). Doch der Ersatz für den fehlenden mütterlichen Phallus, den *kein-Phallus*, kann in letzter Instanz nur Illusion und Täuschung sein. Nach dem oben herausgearbeiteten Glaubensschema ist der Phallus der Mutter vorhanden; das haben wir bisher gezeigt und davon zeugen die spektakulärsten Aspekte des Horrorfilms; zugleich ist er *nicht* vorhanden, und die Originalität des Horrorfilms besteht eben darin, daß es ihm gelingt, die Verbindung spürbar zu machen: er ist da – er ist nicht da. Dracula tritt auf, er ist da, Zuschauer und Personen sehen ihn; aber für die Logik der Phantasie *darf er nicht da sein*; hier tritt das bemerkenswerte Spiegelverfahren in Erscheinung: Dracula ist im Zimmer gegenwärtig, in der anderen Hälfte der Realität, die der Spiegel einfängt. Diese Teilung, diese Spaltung der Realität in zwei Seiten, die sich gegenseitig »verleugnen« und deren vollkommenstes Modell das Fehlen eines Bildes im Spiegel ist, läßt sich in verschiedenen Formen erkennen: Dracula hat keinen Schatten, macht kein Geräusch; man wähnt ihn in seinem Grab, er ist nicht darin; in seinem Sarg, er ist nicht darin; er ist allmächtig, er beherrscht das ganze Land, er regiert eine große Gemeinde, er ist verblüffender, eines Superman würdiger körperlicher Leistungen fähig, aber zugleich von ungewöhnlicher Schwäche, so daß er der Dienste eines verkrüppelten mißgestalten Dieners nicht zu ent-

Überdeterminierung der Symbole und Archaismen wird noch durch einen kosmischen Wert bereichert: das Trugbild der Schlangenfrau läßt sich nur in einem Kellergewölbe erhalten, das eine kochende Quelle beherbergt, gleichsam ein Bild vom Beginn der Welt, Zeichen eines ursprünglichen Chaos. Der Film von Gilling zeichnet sich zudem durch eine bemerkenswerte Gegenüberstellung von Räumen spezifischer Wertigkeit aus, nach einem dreifachen Rhythmus, der viele Horrorfilme charakterisiert (das Schloß, das Landhaus, die Herberge); es stellt sich heraus, daß auf einer bestimmten Regressionsebene die Gestalten, zweifellos allzu abhängig von kulturellen Wahrnehmungssystemen, der Bezeichnung nicht mehr fähig sind und daß der Faden mittels der räumlichen Erfahrung wiederaufgenommen wird, die eng mit den elementaren taktilen und motorischen Werten verknüpft ist.

raten vermag; des Nachts ist er alles; am Tage nichts. Die Eckzähne, schriller und mächtiger Ausdruck der drakulanischen Energie, haben als Kehrseite ihr Werk, die beiden kleinen Löcher, in der sich jene Energie, wenngleich sie sich in einem neuen Mitglied verdoppelt, zugleich auch verliert, denn der Kreislauf der Vampirisierung ist endlos. Und sogar diese gebieterische Aktion der Eckzähne ist illusorisch: man braucht nur rechtzeitig eine Flamme über die beiden Wunden zu halten, und schon vernarben sie: der Vampir beißt nicht wirklich, es ist nichts vorgefallen. Weitere Spaltung: draußen ist Dracula ein Herr und gefürchtet, ein »Herr der Menschen« wie Zalmoxis; aber die religiöse Form hat sich entleert, und im Innern befindet sich nichts, es fließt kein Blut aus Draculas Körper. Und sogar die blendende Hülle, jene prächtige schwarzdrapierte Silhouette ist Täuschung; sobald man ihr einen Pfahl ins Herz stößt, zerfällt sie, zerbröckelt, ist nur noch ein kleiner Haufen Staub, den ein Windstoß verweht.

11. Die Kastrationsangst und die Phantasiearbeit um den mütterlichen Phallus mögen noch so viele grauenerregende, besonders gefräßige Formen entwickeln, sie können nicht das Monopol auf der Leinwand für sich beanspruchen. Es sind weitere Faktoren am Werk: ideologischer Druck, wirtschaftliche und Produktionszwänge, Erzählstrukturen komplizieren oder simplifizieren das Spiel und werten vor allem bestimmte Abwehrtypen auf. Schon im Dracula-System sind befriedigende Mechanismen am Werk; die Fetischisierung ist auch eine Entwicklungsachse der Sexualität; die Schaffung des Fetischs gewährt einen stabilen Anhaltspunkt, eine gewisse Ordnung (in mancher Hinsicht zuviel Ordnung), der das narrative Ritual des Horrorfilms zum Teil entspricht (Verknüpfung der Sequenzen, entscheidende Augenblicke, binäre Rhythmen usw.). Die Vampirisierung funktioniert gewiß in Richtung der beiden Abgründe unseres Schemas (*kein-Phallus* und *verdeckte Mutter*) und steckt alle Energie hinein, aber sie läßt einen Rest übrig, nämlich jenes Band, das sich von einem vampirisierten

Wesen zum anderen zieht, ein Steg zwischen zwei Leeren, und dadurch kann eine Gemeinschaft, eine Bruderschaft (die von Mircea Eliade zitierten *Männerbünde*) existieren, die alle (sexuellen, gesellschaftlichen usw.) Unterschiede hinwegfegt, um einzig dem Gesetz des Wunsches zum Sieg zu verhelfen. An der Wiege des Kindes, das der Koitus von Satan und Rosemarie erzeugte (eine in schwarz, im Negativ behandelte Form, verkehrtes Kruzifix), verkünden die »Satansjünger« aus *Rosemaries Baby* schwärmerisch ihre Solidarität. In gewissem Sinn stellt der von Masud R. Khan beschriebene homosexuelle Vorhaut-Fetischist, wenn er zwanghaft den Partner wechselt, nur eine Art Gemeinschaft her, deren Mittelpunkt er ist.

Da jedoch die Drohung vom fehlenden mütterlichen Phallus herkommt, liegt es auf der Hand, daß die hauptsächliche Abwehr der Sexus ist. Der vom fehlenden mütterlichen Phallus geprägte und behexte, sich mit der archaischen Mutter identifizierende Vampir wird, weil er keinen Phallus *hat*, selbst zum Phallus; er hebt eine Schwäche des *Habens* auf die Ebene eines illusorischen *Seins*; seine wesentliche Ohnmacht und Passivität (denn in seinem täglichen Sarg ist er allen feigen Angriffen ausgeliefert!) verkehrt er – in einem *tour de force*, nach dem Ausdruck von Masud R. Khan – in eine paranoische Aggressivität, die ihm wenigstens ein weites Aktionsfeld schafft und ihn vor katatonischen Zusammenbrüchen, vor der Verwesung, der Auflösung schützt. So wie der Vampir, der dadurch, daß er sich stets den Anderen zuwendet, sie stets belauert, erwartet und begehrt, schließlich – unabhängig vom geraubten Blut – ein wenig von ihrem Wesen erwirbt, etwas Konsistenz für seine leere Form sammelt, so entlarven die Anderen durch die Konfrontation mit dem Vampir die Fetischisierungsprozesse, denen sie unterliegen. Um die Teufelskünste des Vampirs zu bekämpfen, sucht der Gelehrte (in *Der Kuß des Vampirs, Die Jungfrauen des Satans* usw.) im Fetisch-Buch, in irgendeinem Lovecraftschen Nekronomikon nach erstarrten Rezepten, einem versachlichten, verdinglichten Wissen – rituellen kabbalistischen Formeln, unter Verwendung irgendwelcher

Fetisch-Objekte. Ebensowenig wie dieses verdinglichte Wissen ist die »Unkenntnis«, die der Held an den Tag legt, von besonderem Wert. Mit welchem Leichtsinn schlüpfen doch die vier englischen Touristen in *Dracula, Fürst der Finsternis* in den Rachen des Vampirs! Darf man in solchem Maße seine Phantasien von sich werfen, seine Ängste ausräumen, jede Drohung auslöschen, um sich in dem von einem erhabenen Diener bewachten Dracula-Schloß zu verhalten wie in einem beliebigen Ferienclub! Und so weiß man es denn sehr zu schätzen, daß sich der Feisteste von ihnen artig im unterirdischen Opferraum dem Messer darbietet und daß sein schönes rotes und reich fließendes Blut eine Art *pulverisierten Dracula* überströmt und regeneriert.

Zwei bevorzugte sexuelle Instrumente neutralisieren den Vampir: der Pfahl und das Kreuz. Wenn der Pfahl ins Herz des Vampirs gestoßen wird, zerstört er ihn völlig; allerdings muß Dracula reglos und ohnmächtig in seinem Sarg liegen; im allgemeinen ist es der Gelehrte, derjenige, den man für wissend hält, der die Operation vollzieht. Die entscheidende Prüfung, in der die Realität über den Schein siegt, der wahre Phallus (der vertikale Pfahl) über den falschen Phallus (den lebenlosen, waagrecht in seinem Sarg, dem mütterlichen Behälter liegenden Dracula); daß das ganze Wesen des Vampirs nur im Herzen lag, beweist, daß der Rest, der totale Körper nichts als Verkleidung, Maske war. Vom Pfahl durchbohrt, erweist sich das Herz, nach einem kurzen Blutstrahl, als hohl, als eine klaffende Wunde – es ist die fleischgewordene Kastration, Blut und Lücke, der Augenblick einer blitzartigen Erkenntnis, da sich alsbald sein Träger gewissermaßen zersetzt und dem Helden oder dem Gelehrten angesichts des Häufchens Asche, das mit der mütterlichen Erde im nunmehr für immer geschlossenen Sarg verschmilzt, nichts anderes mehr bleibt als das Gefühl eines überstandenen Schreckens, eines verflogenen Albtraums.

Freilich hat der Pfahl endgültig nur Macht über einen bereits toten Dracula; das Kreuz hingegen kämpft mit ihm dauernd und von Angesicht zu Angesicht, mit geballter Energie; das Kreuz schlägt den Vampir in die Flucht, verbrennt ihn, wenn er es berührt, pfählt ihn; am Schluß von *Dracula und die Frauen* verschmilzt es mit dem Pfahl, und der Vampir stürzt hinein und wird zunichte. Man könnte in diesem Antagonismus von Kreuz und Vampir leicht das Fortleben eines Konflikts sehen, des Konflikts zwischen archaischen Religionen, die der Mutterfigur verhaftet sind und magische und mystische Beziehungen zur Welt der Tiere unterhalten, und dem Christentum als Religion des Vaters und vor allem des Sohnes, insofern der Sohn zur vollen väterlichen Machtfülle gelangt, zur sexuellen Macht des Vaters. Aber in seinem Antagonismus zu Dracula als fetischistischer Phallus-Form offenbart und übertreibt das Kreuz seine eigene phallische Symbolik; es hat die Tendenz, dem religiösen und gesellschaftlichen System, in dem es steht, zu entrinnen, und unterliegt einem Prozeß der Fetischisierung, durch den es den tiefen fetischistischen Gehalt des Systems bloßlegt. Im Horrorfilm liegt seine Kraft nicht in der Tatsache, daß es ein Symbol des Christentums ist, sondern eher darin, daß es die Regression in ein magisches Stadium vollzieht; es nimmt seinen Platz unter den fetischistischen Gerätschaften ein, neben dem Pfahl, dem Knoblauch, den Amuletten aller Art; es bekämpft den Vampir wirksam nur insofern, als es selbst von gleicher Natur ist wie er. Die magische Verwandlung des Kreuzes wird hervorragend in *Die Nacht des Werwolfs* beschrieben. Der Held des Films vermag nichts gegen das finstere Schicksal, das ihn zum Werwolf bestimmt; zwar gelingt es der Liebe, die Entwicklung zu hemmen (wir erinnern daran, daß in *Nosferatu* einzig die Liebe über den Vampir siegt), aber seine verbrecherischen Triebe gewinnen die Oberhand, und er richtet ein wahres Blutbad an; die Güte eines Priesters und die Zärtlichkeit eines Adoptivvaters vermögen nichts dagegen; seinem mörderischen Wahnsinn ist nur dadurch ein Ende zu bereiten, daß man ihn mit einer Kugel niederstreckt, die aus dem Metall eines Kruzifix geschmolzen ist. Überdeutlich verliert das Kruzifix seine religiöse Form und ist nur noch ein magisches Geschoß, dessen phallischer Wert sich vielleicht durch die beiden spermatischen Züge des Strahls und der Weiße definieren läßt. Und der Vater ist es, der den »Gnadenstoß« versetzt, worin sich eine Art umgekehrtes Christentum enthüllt: statt des vergöttlichten Sohns, der gekreuzigt wurde, um wiederaufzuerstehen, wird hier der zum Tier gewordene Sohn auf dem Gipfel der Kirche zur Strecke gebracht und völlig vernichtet.

Parallel zum Fetischismus oder innerhalb seines Systems könnten noch weitere Aspekte im Horrorfilm entdeckt werden. Es hätte sicher ein großer Raum der Behandlung des Todes eingeräumt werden müssen; es wäre auch gut gewesen, wenn eine besonders tiefgreifende und schwer zu ortende Phantasie zur Geltung gebracht worden wäre: die der fehlenden Brust in Zusammenhang mit dem Wunsch des Mannes, ein Kind zu tragen. Bestimmte Verhaltensweisen von Dracula rechtfertigen eine solche Andeutung: im Augenblick des beißenden Kusses beugt er sich über sein Opfer, als wolle er ihm die Brust geben; er trägt es mütterlich und zugleich bräutlich, in seine Arme geschmiegt, in den Keller. Sollten seine verschlingende Kraft (die Eckzähne), sein unstillbarer Durst (der Vampirismus ist ein Faß ohne Boden, ein Danaidenfaß) vielleicht die Kehrseite (für den Zuschauer die richtige Seite) eines uranfänglichen Wunsches sein, des Wunsches zu ernähren, zu tränken, die unerschöpfliche Mutter zu sein?

»Aber trotzdem« – all dies ist »nur Kino«; mit anderen Worten, die Motivationen, Phantasien und Eigeninteressen der Individuen können nur innerhalb ästhetischer, gesellschaftlicher, wirtschaftlicher und ideologischer Systeme vorkommen, erkannt werden und sich abreagieren, die ihnen unfehlbar ihre Gesetze aufdrängen. Während die fetischistische Perversion einzig zu Lasten des Fetischisten geht, in seiner höchst beängstigenden Einzelheit, werden im Kino die perversen Möglichkeiten der Zuschauer von der Institution übernommen; diese Möglichkeiten werden von der Institution beschworen und so »behandelt«, daß die Ängste und Phantasien selbst dem Entfremdungsprozeß Nahrung geben; andererseits aber, kann man sagen, liefert die Gesellschaft *Katharsis*. Das heißt, daß die Verteilung der fetischistischen Werte auf verschiedene Systeme – vom Phantastischen zum Ökonomischen, vom Narrativen zum Religiösen oder Folkloristischen – dem Subjekt einen gewissen Spielraum schafft, zu Verschiebungen und Mobilität verhilft und folglich, bei der Prüfung der wechselseitigen Durchdringung von Phantasie, Form und Ideologie, einen gewissen politischen Zugriff zuläßt.

Psycho, von Alfred Hitchcock; nach einer Novelle von Robert Bloch; mit Anthony Perkins, Janet Leigh etc. (1960)

King Kong, von Ernest B. Schoedsack und Merian C. Cooper; nach einer Geschichte von Merian C. Cooper und Edgar Wallace; Spezialeffekte: Willis O'Brien; mit Fay Wray, Robert Armstrong etc. (1933)

Night of the Living Dead, von George A. Romero; mit Duane Jones, Judith Ridley etc. (1969)

Dance of the Vampires, von Roman Polanski; mit R. Polanski, Sharon Tate etc. (1967)

Rosemary's baby, von Roman Polanski; nach dem Roman von Ira Levin; mit Mia Farrow, John Cassavetes etc. (1968)

Dr. Terror's House of Horror, von Freddie Francis (1964)

Dracula, von Tod Browning; nach dem Roman von Bram Stoker, Kamera: Karl Freund; mit Bela Lugosi, Helen Chandler etc. (1930)

Kiss of the Vampire, von Don Sharp (Hammer Prod. 1962)

Nosferatu, von F. W. Murnau; nach dem Roman von Bram Stoker; mit Max Schreck etc. (1922)

Dracula has Risen from the Grave (Dracula und die Frauen), von Freddie Francis; mit Christopher Lee etc. (1968)

Dracula, Prince of Darkness, von Terence Fisher; mit Christopher Lee, Barbara Shelley etc. (1965)

The Curse of the Werewolf (Die Nacht des Werwolfs), von Terence Fisher; mit Oliver Reed, Clifford Evans etc. (1961)

The Reptile (Die Schlangenfrau), von John Gilling; mit Noel Willman, Jacqueline Pearce, Jennifer Daniel etc. (Hammer Prod. 1966)

Pierre Fédida
Die Reliquie und die Trauerarbeit

> *»Die Trauer hat eine ganz bestimmte psychische Aufgabe zu erledigen, sie soll die Erinnerungen und Erwartungen der Überlebenden von den Toten ablesen.«*
>
> Freud, *Totem und Tabu*

Die Reliquie ist das, was von dem Toten aufbewahrt wird, damit es im Namen der Realität dafür garantiere, daß er nicht wiederkehrt. Das heißt schon, daß dem mit dem Reliquienkult verknüpften Ritual – im individuellen Mythos wie im kollektiven Glauben – die Allmacht der Verschwundenen durchaus gegenwärtig ist. »Wir wissen«, sagt Freud, »daß die Toten mächtige Herrscher sind . . . «[1] Wie die Trauerarbeit bezeugt, ist es keine leichte Sache, seine Toten zu begraben, wenn man es allein versucht.

Weil die Reliquie in ihrer Stofflichkeit einen so vertrauten wie lächerlichen Rest versammelt, die seltsame Kraft des abwesenden Körpers, verleiht sie der Realität ihre Notwendigkeit, und durch das Ritual des privaten Kultus, den sie einführt, trotzt sie in der Trauerarbeit dem äußeren Schein des Todes. Während die Trauerarbeit, wie Freud meint, das Ich veranlassen muß, nach einer Zeit der Auflehnung das strenge Urteil der Realität zu akzeptieren, gewinnt die Reliquie ihren Sinn in dem Wunsch, etwas von dem zu bewahren, von dem man sich trennt, ohne deshalb darauf verzichten zu müssen, sich von ihm zu trennen. Als Fragment eines verschwundenen Körpers, in dem sich die Erinnerung an das Sein in seiner Totalität versammelt, ist die Reliquie das geheiligte Objekt, das es, mit Hilfe einer wahren Verhöhnung des Alltäglichen, dem

1 Freud, *Totem und Tabu*, GW IX, 66.

Verschwundenen in Zukunft verbietet, sich unter den Gewohnheiten aufzuhalten, und ihm als Wohnsitz einige armselige Reste zuweist, die von ihm zurückbehalten oder seiner äußeren Gestalt entnommen wurden. »Die Toten töten«, sagt Freud. Die Reliquie *verwirklicht* den illusorischen Kompromiß, dessen der Mensch sich bedient, um der Todesangst widerstehen zu können, so daß es ihm niemals gelingt, die Vorstellung vom Tod mit der – Schicksal gewordenen – Notwendigkeit eines *Nicht-mehr* in Einklang zu bringen. Die Todesangst – insofern sie sich der Kastrationsangst anschließt – stellt in ihrer Auflösung das ganze Problem eines möglichen, unveränderlichen und unzerstörbaren Rests, der sich jenseits aller Trennung erhält. Daß es zur Verhütung des vollständigen und endgültigen Verlusts einen Rückstand gibt, den man versteckt, um ihn *hinterher* besser zu entdecken, führt zur Erkenntnis, daß uns einzig die Erinnerung – Reliquie par excellence – an die Toten die unerträgliche Enthüllung unseres eigenen Todes erspart. In diesem Sinn hat Freud recht, wenn er die Betonung auf die narzißtische Befriedigung legt, welche die Realität, wenn die Bindung an das vernichtete Objekt gelöst ist, am Ende dem Trauernden gewährt, d.h. auf den nachweislichen Vorteil, »am Leben zu sein«[2], d.h. sich selbst zu erhalten. Umgekehrt weiß man, daß das psychotische Ereignis entweder auftreten kann als eine Negation der Realität, die in einer halluzinatorischen Besetzung eine imaginäre Bewahrung des verlorenen Objekts herbeiführt, oder in Form eines brutalen Einbruchs des Todes (Selbstmord oder Mord) im Leben des Zurückbleibenden.[3] Somit schafft die Reliquie, wäh-

2 Freud, *Trauer und Melancholie,* GW X, 442.

3 In ihrem Buch *L'Homme et la psychose* (Paris 1969) zitiert Gisela Pankow jene Erzählung von G. Rodenbach (Bruges la Morte), in der vom Mord an Jane durch den Helden Hugues berichtet wird. Jane hat das lange Haar der toten Frau an sich genommen, das ihr Mann als Reliquie aufbewahrte: »Schon seit Jahren wagte er nicht, dieses Ding zu berühren, das tot war, da es von einer Toten stammte. Und dieser ganze Kult, der unter so viel Tränen der Reliquie geweiht worden war – nur damit sie schließlich einer Frau als Spielzeug diente, die es beleidigte.« Nachdem Jane mit dem Haar er-

rend sie vor der Bedrohung schützt, welche die Toten für die Lebenden bilden, bei diesen die für die Erhaltung des eigenen Lebens notwendige Vermittlung.
Die Reliquie, obwohl sie weder Talisman noch Fetisch ist, antwortet dennoch – als *Realitäts*beweis –, daß man trotz einem *Wissen* über die Trennung *glauben* muß, daß etwas überlebt. Hier hat das Reliquien-Objekt Erfolg in seiner Funktion der mystifizierten Trauer, zum Preis eines Spiels von Umkehrungen, von denen einige unmittelbar erkennbar sind. Zunächst die Wechselbeziehungen zwischen Vertrautem und Fremdem, Abstoßendem und Kostbarem, Alltäglichem und Ungewöhnlichem, oder auch zwischen Gebräuchlichem (oder Nützlichem) und Unbenutztem. In der privaten rituellen Praxis, die sich mit der Erinnerung an den Verstorbenen nach der Trauer verknüpft, läßt sich die Gewohnheit beobachten, von ihm entweder einen Teil des Körpers (Haare, Zähne ...), ein Schmuck-

würgt ist, das sich als Zopf um ihren Hals schlang, fährt Rodenbach fort: »Sie war gestorben, weil sie das Geheimnis nicht erraten hatte und weil da etwas war, das man nicht hätte berühren dürfen. Aber sie hatte Hand an das rächende Haar gelegt, jenes Haar, das auf den ersten Blick zu verstehen gab – denen, deren Seele rein ist und die sich mit dem Geheimnis eins fühlen –, daß es in dem Augenblick, da man es entweihte, zum *Todesinstrument* werden würde.« Aus diesem sehr informativen Text wollen wir zwei Dinge hervorheben. Einerseits verliert die Reliquie, sobald sie ihr Kästchen verläßt, um ein Spielzeug zu werden, ihre Heiligkeit und hört auf, ein Gegenstand der Verehrung in der Trauer zu sein (die Reliquie hinter Glas gehört zur Ordnung der *Vorhandenheit*); sie erlangt eine Pseudo-Instrumentalität (nach dem manischen Modus der *Zuhandenheit*), die sie als Quasi-Fetisch setzt. Für Hugues andererseits hat das als Reliquie aufbewahrte Haar der verschwundenen Frau wirklich die Funktion des *Anhaltens* in der Trauer der Witwerschaft. »Jenes Haar gehörte noch ihr.« Die Trauer kann sich also nicht auflösen, denn die Reliquie eliminiert ihre gesamte *Arbeit*. Und indem Hugues die Reliquie dazu benutzt, die Frau zu erwürgen, die sich ihr entzieht, gewinnt diese Tat den Wert eines psychotischen Akts der Erfüllung und Auflösung der Trauer. Durch den Mord an Jane befreit sich Hugues mittels der zum Todesinstrument gewordenen Reliquie vom Tod seiner Frau. Beim Psychotiker können Mord oder Selbstmord genau die Form sein, die in dem zitierten Fall die Erfüllung der Trauer sowie ihre Auflösung annimmt. Die Reliquie birgt eine Kraft zum Mord.

stück oder auch einen scheinbar unbedeutenden Gegenstand, der ihm gehört hat[4], zu bewahren. Die Reliquie hat hier, ganz oder zum Teil, nichts mit der Vorstellung eines objektiven Werts zu tun, den man diesem Gegenstand zuerkennen könnte. Es scheint vielmehr, als entscheide sich der diesem Gegenstand zuerkannte Reliquienwert im Bedeutungsspiel zwischen den Gegensätzen. Wir stehen also vor einem Phänomen, dessen Wichtigkeit schon Freud betont hatte, insbesondere in seinem Aufsatz *Das Unheimliche*[5] und auch in bezug auf das *Tabu*[6]. Nach ähnlichen unbewußten Determinationen gewinnt die Reliquie ihren Sinn – ihre Natur und zugleich ihre Macht – aus der möglichen Umkehrung einer Bedeutung des Gegenstandes in seine gegenteilige Bedeutung. Man sollte im übrigen besser sagen, daß die Reliquie das Objekt ist, mittels dessen sich der Übergang von einer Bedeutung zur anderen ereignet und auf das er sich bezieht. Deshalb »kann« ein Gegenstand, der dem Verstorbenen gehört hat und als solcher an seinen

4 Der mit dem Begriff des Eigentums verbundene Begriff der Zugehörigkeit ist hier von großer Wichtigkeit. Vom Toten etwas bewahren, was ihm gehört hat, bringt genealogische Zugehörigkeit (die Ahnen) und Besitz der Körper miteinander in Beziehung. Wir könnten hierin auch eine zusätzliche Bestätigung für den analen Status der Reliquie sehen. Vgl. Abraham: »Unsere psychoanalytischen Erfahrungen zeigen nun mit einer Deutlichkeit, die jeden Zweifel ausschließt, daß auf der mittleren der drei Entwicklungsstufen der Libido die begehrte Person als Gegenstand des Besitzes aufgefaßt und dementsprechend mit der primitivsten Form des Besitzes, d. h. Körperinhalt, Kot, gleichgesetzt wird.« (»Versuch einer Entwicklungsgeschichte der Libido auf Grund der Psychoanalyse seelischer Störungen« in: Karl Abraham, *Psychoanalytische Studien zur Charakterbildung und andere Schriften*, Frankfurt 1969, S. 120). Vgl. auch (bei Freud, Jones, Abraham) die berühmte, bei der Analerotik vorhandene Assoziation: Kinder haben = Kot produzieren.

5 GW XII. Vgl. die Rolle der zwanghaften Triebe im Unheimlichen.

6 *Totem und Tabu.* Im Kapitel »Das Tabu und die Ambivalenz der Gefühlsregungen« schreibt Freud: »Uns geht die Bedeutung des Tabu nach zwei entgegengesetzten Richtungen auseinander. Es heißt uns einerseits: heilig, geweiht, anderseits: unheimlich, gefährlich, verboten, unrein.« Außerdem erwähnt er, daß das Gegenteil von *tabu* im Polynesischen *noa* = gewöhnlich, gemein, heißt (GW IX, 26).

vertrauten Handlungen teilhatte, nicht *fortgeworfen* werden: aufbewahrt von den Überlebenden, die ihm verbunden waren, schafft er ihnen eine *andere* Wahrnehmung; vorausgesetzt, daß er außerhalb des gewöhnlichen Gebrauchs steht und jede Nützlichkeit verliert, *erhält* er sich und erstarrt als Gegenstand eines privaten Kultes. Inmitten des Alltäglichen festgehalten, hört er indessen auf, mit den anderen häuslichen Gegenständen zu kommunizieren und in Austausch zu treten.
Wie also läßt sich die Reliquie in ihrem Realitätsstatus definieren? Als materielles, einem verschwundenen Körper entnommenes Fragment ist die Reliquie Zeuge für eine *Sichtbarkeit* des Verborgenen. Beim Tod ist das Verborgene die Verwesung des Leichnams, seine fortschreitende Zerstörung. Wie es die Kinder durch die Fragen bezeugen[7], die sie bezüglich des Verschwindens eines Toten stellen, definiert die Beerdigung den Sinn des *Verborgenen* auf der Ebene der Suche nach einer visuellen Vorstellung von der Kehrseite der Dinge und ihrer unterirdischen Gestalt.[8] In der Reliquie offenbart dasjenige, von dem der Tote sich getrennt hat und das von den Überlebenden aufbewahrt wird, die Macht, den Teil des Toten sichtbar zu halten – unverwest und vor jeder Vernichtung geschützt –, der versteckt oder außerhalb jeder Vorstellung bleiben muß. Der Widerwille, sich einen verwesten Leichnam vorzustellen, gehört, außer bei perverser Motivation[9], zur Ord-

7 Die Beobachtungen von Melanie Klein wären in dieser Hinsicht aufschlußreich. Vgl. insbesondere »Die Entwicklung eines Kindes« (1921).

8 Jones hat diese Neugier auf die Kehrseite der Dinge eng mit der Analerotik verbunden.
In diesem Sinn erwähnt er auch das Interesse für Kellergewölbe, Kanäle, Tunnels ... In seiner Nachfolge bemerkt Abraham, daß sich dieser Zug in Beziehung setzen lasse zum Vergessen von Schulden, und umgekehrt, vom Standpunkt der *Symmetrie*, zum Wunsch, *quitt zu sein.*

9 Eine vollständige Untersuchung der Bedeutungen der Reliquie in der Psychopathologie müßte das Problem auch auf der Ebene der Perversionen wie der Nekrophilie und der Koprophilie wieder aufgreifen. Krafft-Ebing führt ebenfalls zahlreiche Beobachtungen an, in denen Körperteile (Fingernägel, Haare usw.) Gegenstand perverser Fetischisierung sind.

nung des Unerträglichen. In diesem Sinn könnte man also sagen, daß die Reliquie, die in sich selbst ein lächerlicher und abstoßender Rest ist, den Leichnam und seine Verwesung von jeglicher Vorstellung fernhält. Wie Freud sagt: »Der Leichnam hat überhaupt erst den Begriff eines bösen Geistes geliefert.«[10] Das Reliquie gewordene Fragment tritt in den visuellen Bereich des Gegenstandes ein und zeugt auf diese Weise von einer Art notwendiger Grenze bei der Vorstellung vom Tod. Die volle Sichtbarkeit der Reliquie sichert den Glauben gegen die Angst und die Zerstörung ab. Doch damit dies geschehen kann, muß sich jene Rückversicherung des Todes in der Realität mit einer Funktion der Teilhabe an dessen Geheimnis versehen. Wenn also die verborgene Realität des Todes und sein radikaler Sinn aus jeder Vorstellung verbannt werden müssen, ersetzt der mit Reliquien verbundene Glaube das Wissen von dieser Realität durch das geheime Wissen, daß es einen *Rest* gibt, dessen Aufbewahrung dem äußeren Schein Trotz bietet und dessen Realitätskraft nicht minder bezeugt, daß man vom Tod nicht alles wissen kann. Nach dem Muster einer Verleugnung – um dem Schmerz der Trennung zu entrinnen und sich der Halluzination eines Wunsches zu entziehen – konstituiert der Überlebende die Reliquie in einer Art erhöhter Realität oder besser Sur-Realität. Fügen wir noch hinzu, daß die im Tabu enthaltenen Berührungsverbote auf einer anderen Ebene – der der Nutzbarkeit des Gegenstandes – jene Bestätigung einer durch ihre eindringliche Sichtbarkeit unzerstörbaren Realität zu erhellen vermögen.

So werden wir auf der Basis dieser ersten Beschreibung, und ohne einem anderen Interpretationsniveau vorzugreifen, mit der Frage nach dem Verhältnis von *Wissen* und *Glauben* in der Bedeutung konfrontiert, die dieses Verhältnis in bezug auf

10 In *Totem und Tabu* untersucht Freud die Verwandlung des Toten in einen Dämon (GW IX, 74 f.); vgl. auch seine Bemerkungen über die Projektion als Abwehrvorgang (77). Schließlich müßte dem Problem der, wie Abraham bemerkt, mit der Defäkation verknüpften »Allmacht« eine präzisere Untersuchung gewidmet werden.

die Realität gewinnt. Freud stellt diese Frage nicht anläßlich der Trauer, sondern in seiner Untersuchung über den Fetischismus[11]: der Glaube, durch den das Kind auch weiterhin der Frau einen Phallus zuerkennt, während es doch *weiß* – Realitätsbeweis –, daß ihr ein solcher fehlt, schafft den Fetisch. Die Verleugnung betrifft nicht den Affekt (für den der Vorgang der Verdrängung gilt), sondern die dem *bewahrten* (die Frau besitzt einen Penis) und zugleich *aufgegebenen* Glauben innewohnende *Vorstellung*. Der Fetisch tritt also an die Stelle eines Glaubens, um ihn zu ersetzen und die Erkenntnis vom Verlust in die Realität zu retten. Die Einsetzung des Fetischs entspricht der Suche nach einem Kompromiß: wie läßt sich etwas von dem retten, das es gar nicht gab, während der Verlust (Kastration) unerträglich ist (Abscheu vor der Kastration) und der Glaube an die Existenz dieses fehlenden Objekts nur nach dem Muster einer imaginären homosexuellen Besetzung bewahrt werden könnte: »Ja, das Weib hat im Psychischen dennoch einen Penis, aber dieser Penis ist nicht mehr dasselbe, das er früher war.« Und Freud fügt hinzu: »Man überblickt jetzt, was der Fetisch leistet und wodurch er gehalten wird. Er bleibt das Zeichen des Triumphes über die Kastrationsdrohung und der Schutz gegen sie ... «[12] Daraus muß man schließen, daß der Fetisch dem Subjekt erlaubt, in einem wiederhergestellten Wissen das »Urteil« der Realität zu akzeptieren: *die Frau hat keinen Penis*. Nichtsdestoweniger ist er deren notwendiger Überrest, der den Platz des aufgegebenen Glaubens eingenommen hat und das Wissen bei einer durch ihre volle Sichtbarkeit bewiesenen Realität haltmachen läßt. Wie es auch Octave Mannoni präzisiert: »Der Fetischist hat die Erfahrung verworfen, die ihm beweist, daß die Frauen keinen Phallus haben, und er bewahrt nicht den Glauben, daß sie einen haben, sondern bewahrt einen Fetisch, *weil* sie keinen haben.«[13] Und wenn dieses Wissen ausschließt, daß hinter der

11 GW XIV, 311–317 (siehe oben, S. 25–31).
12 ibid., 313.
13 *Clefs pour l'Imaginaire ou l'autre scène*, Paris 1969.

Abwesenheit etwas *verborgen* ist (sonst würde den Fetischisten nichts gegen die Angst eines »spukenden Penis« versichern), so aufgrund der getilgten Erinnerung: »Bei der Einsetzung des Fetisches«, schreibt Freud, »scheint vielmehr ein Vorgang eingehalten zu werden, der an das Haltmachen der Erinnerung bei traumatischer Amnesie gemahnt.«
Die Beziehung, die Todesangst und Kastrationsangst zusammenhält, könnte hier eine neue Bestätigung finden. Auch wenn der Fetisch keine Ähnlichkeit mit einer Reliquie hat, ebensowenig wie diese ein Fetisch ist, so ist man doch erstaunt über die Homologie der beiden Vorgänge, die mit verschiedenen Argumenten – im einen Fall der Tod, im anderen die Kastration – dazu führen, daß in der Realität kompromißhafte substitutive Formationen gefunden werden. Diese Formationen lassen sich als Reliquie bzw. als Fetisch bezeichnen. In gewisser Weise, so sagten wir, hat auch die Reliquie, nämlich in der Trauer, eine Funktion des *Haltmachens*: doch indem sie die Erinnerung an das Verschwundene heiligt, erlaubt sie sein Vergessen auf eine andere Weise. Wenn indessen die Psychopathologie der Reliquie die Zwangsneurose ist, so kann die des Fetischs erst dann als Perversion bezeichnet werden, wenn man den Sinn der Verleugnung als eine Ichspaltung verstanden hat. Freud sagt es so: »Aus der Analyse zweier junger Männer erfuhr ich, daß sie beide den Tod des geliebten Vaters im zweiten und im zehnten Jahr nicht zur Kenntnis genommen, ›skotomisiert‹ hatten ... Da war also ein gewiß bedeutsames Stück der Realität vom Ich verleugnet worden, ähnlich wie beim Fetischisten die unliebsame Tatsache der Kastration des Weibes.« Und in der Folge dieser Beobachtung zeigt Freud, daß die Spaltung zweier Haltungen (den Tod nicht anzuerkennen: Behauptung des Wunsches; und ihm vollkommen Rechnung zu tragen: Behauptung der Realität) im einen Fall »die Grundlage einer mittelschweren Zwangsneurose« geworden war. Desgleichen beim Fetischisten: »In ganz raffinierten Fällen ist es der Fetisch selbst, in dessen Aufbau sowohl die Verleugnung wie die Behauptung der Kastration Eingang gefunden haben.«

Der von Freud bei der Spaltung zwischen Zwangsneurose und fetischistischer Perversion verwandte Vergleich berechtigt uns zu dem Gedanken, daß, wenn es in beiden Fällen um ein *Verlieren* und *Bewahren* ging, deren Gegensatz durch einen haltmachenden Kompromiß aufgelöst wird, und zwar zugunsten einer wahren Umwertung der Realität, – daß dann die Reliquie nicht ausschließlich die Klinik der Neurosen betrifft, sondern dazu angetan ist, auf einer anderen Ebene erneut die Frage nach dem aufzuwerfen, was sie innerhalb der Psychose in bezug auf den Fetisch bezeichnet.

Als Wert an sich aufgestellt, scheint die Reliquie das Geld zu verbieten, es sei denn, sie repräsentiere von ihm das mit dem Status der Analität verbundene psychoanalytische Paradigma. Da die Reliquie weder gekauft noch verkauft werden kann, kann sie nur übergeben oder gestohlen werden. Ihre Aufbewahrung – in dem Sinn, in dem sie dem Tauschhandel entzogen ist und jeder Zerstörung widersteht – ist also durch die Tatsache gesichert, daß sie sich in keiner Weise zu Geld machen läßt. Und wenn sie jemals geschätzt werden müßte, würde das Geld, das ihren Preis anzeigte, wiederum beweisen, welch lächerliche Qualität sie für den gemeinen Blick hat. Und dies ist ein Grund mehr, sie aufzubewahren! Das oft akkumulative Aufbewahren von Reliquien-Objekten durch Neurotiker beweist klar die psychologische Bedeutung, die ihnen zukommt: Gegenstände aller Art, die zu nichts mehr dienen, der Praxis des Austauschs sowie der Verwertung und Zerstörung entzogen sind, aber noch affektive Abhängigkeitsbindungen unterhalten, die sich auf das archaische Bild eines verschwundenen Körpers beziehen. Den Status der Analität, den die Psychoanalyse der Reliquie zuerkennen kann, präzisiert ihre Bedeutung sowohl hinsichtlich der Trauer wie im Licht der Analyse melancholischer Prozesse.